上海市锦天城律师事务所
华东政法大学经济法律研究院 | 合作编写

COMPANY LAW REVIEW

公司法律评论

顾功耘　主编

2021
第1卷
总第21卷

法律出版社 LAW PRESS·CHINA
北京

图书在版编目(CIP)数据

公司法律评论.2021.第1卷:总第21卷/顾功耘主编.--北京:法律出版社,2021
ISBN 978-7-5197-6204-9

Ⅰ.①公… Ⅱ.①顾… Ⅲ.①公司法-研究-中国-2021 Ⅳ.①D922.291.914
中国版本图书馆CIP数据核字(2021)第228003号

公司法律评论2021第1卷(总第21卷)
GONGSI FALÜ PINGLUN 2021 DI-1JUAN
(ZONG DI-21JUAN)

顾功耘 主编

策划编辑 薛 晗 田 浩
责任编辑 薛 晗 田 浩
装帧设计 马 帅

出版发行 法律出版社
编辑统筹 法商出版分社
责任校对 晁明慧
责任印制 胡晓雅
经　　销 新华书店

开本 710毫米×1000毫米 1/16
印张 21.25 **字数** 437千
版本 2021年12月第1版
印次 2021年12月第1次印刷
印刷 三河市龙大印装有限公司

地址:北京市丰台区莲花池西里7号(100073)
网址:www.lawpress.com.cn
投稿邮箱:info@lawpress.com.cn
举报盗版邮箱:jbwq@lawpress.com.cn

销售电话:010-83938349
客服电话:010-83938350
咨询电话:010-63939796

书号:ISBN 978-7-5197-6204-9 **定价**:88.00元

凡购买本社图书,如有印装错误,我社负责退换。电话:010-83938349

锦天城律师事务所简介

锦天城律师事务所成立于1999年，是一家提供一站式法律服务的大型综合性律师事务所，在核心业务领域（如资本市场、金融与信托、公司并购与重组、破产与清算、基础设施建设与房地产、国际贸易、跨境投资、反垄断反倾销、诉讼与仲裁、知识产权以及海事海商等）具备专业优势或行业领先优势。现有注册律师3000余名。

发轫于中国上海的锦天城，已在中国内地21个城市（北京、杭州、深圳、苏州、南京、成都、重庆、太原、青岛、厦门、天津、济南、合肥、郑州、福州、南昌、西安、广州、长春、武汉、乌鲁木齐）及中国香港、英国伦敦、美国西雅图开设分所，并与香港史蒂文生黄律师事务所联营，与国际律师事务所鸿鹄（Bird & Bird LLP）建立战略合作关系。

华东政法大学经济法律研究院简介

华东政法大学经济法律研究院是由华东政法大学独立设立，集理论研究、科研成果转化与人才培养、社会服务于一体的科研机构。研究院以经济法律研究为特色，旨在突破单一专业瓶颈，实现法学与经济学、管理学的融合，密切联系政、产、学、研，强调理论研究的应用性、实践性与前瞻性，是一流的学术研究与交流平台、高层次的经济法律人才培养基地以及经济立法、政府决策、企业咨询的专业性法律智库。经多年建设，研究院先后被认定为上海市法学会重点研究基地、上海市普通高校人文社会科学重点研究基地。

研究院自成立以来，先后组织、策划、出版了“经济法文库”“经济法文集”“商事法文库”以及《经济法前沿问题》《中国商法评论》《公司法律评论》《金融法律评论》等系列性学术著作或年度刊物，创办了“经济法律高峰论坛”“公司法律论坛”“国资法律论坛”“能源法治论坛”等系列性品牌论坛，在学界和实务界具有广泛的影响力。

本出版物受上海市高水平地方高校（学科）建设项目资助

卷首语

2020年，正是中国资本市场发展的30周年。随着2019年修正的《证券法》全面实施，诸多配套制度和改革细则相伴而生，这极大地提升了我国证券发行和交易的市场化水平、上市公司治理的规范性以及投资者保护机制的有效性。本卷“年度法制报告”将为读者全方位梳理和解读2020年我国证券市场的主要立法、执法和司法动态。

新一轮《公司法》修订正在推进。《公司法》的制度规则如何规范国有公司、登记为夫妻一方的股权应如何处分、股东会决议的法律性质和效力究竟应如何对待、多重股东代表诉讼在我国是否有引入的制度空间等诸多问题都值得理论界、实务界乃至立法者的关注。本卷“公司法制”栏目将对上述问题进行深入分析，以期为我国《公司法》的修订提供一份智力支持。

在资本市场，投资者保护是制度设计的基石。其中，适当性义务日益受到关注，如何认定互联网技术支撑下的理财代销平台的适当性义务规则，关涉到广大投资者的切身利益，亟待思考；同时，面对证券市场屡屡发生的虚假陈述行为，如何对提供专业服务的中介机构进行合理的责任认定，明确其责任边界也成为理论界和司法实务界关注的热点。此外，随着机构投资者参与上市公司治理的积极性不断提升，如何借鉴域外的制度经验对我国的相关规则进行设计和完善，也有待立法者思考。“证券法制”栏目将对上述问题逐一予以探讨。

“破产法制”栏目将重点关注破产重整中债务人自行管理制度的适用性问题，并从文化和经济的视角，结合域外的制度规则，进行差异化分析，就我国破产重整制度中重整企业的管理方式提出适合我国国情的制度建议。

“专题研究”栏目专门登发了亚洲开发银行技术援助项目“建立金融消费者保护的市场行为监管机制”的研究成果。该研究在中国人民银行有关专家指导下，以金融市场的行为监管理论为支撑，结合我国金融监管实践中存在的典型问题，就金融消费者保护中的信息披露制度、个人金融数据监管制度、金融消费 ADR 机制、金融监管执法体制等进行全面、系统的分析，并提出针对性的完善建议。

此外，本卷《公司法律评论》依旧保留了传统的“律师实务”“域外法制”“案件聚焦”等栏目，就融资融券让与担保问题、外国公司问责法案制度、蚂蚁集团暂缓上市事件等进行了介绍、分析或评述，以便将最新的域外制度、最受关注的资本市场典型事件呈现于读者。

《公司法律评论》已经连续出版发行20年，她受到社会各界尤其是关心公司治理以及证券市场法治发展的同仁的真心爱戴。为增加信息容量和进一步提升社会影响力，从本卷开始，《公司法律评论》将由往年的每年一卷改为每年两卷，并继续由华东政法大学经济法律研究院和上海市锦天城律师事务所联合编写出版。我们承诺将评论的质量放在首位。希望读者朋友们继续予以关注、关心和支持！

顾功耘

2021 年 9 月于华政园

目　录 CONTENTS

破产法制

律师实务

域外法制

专题研究

案件聚焦

年度法制报告

2020 年中国证券市场法制研究报告

石　达*

2020 年是中国资本市场发展的 30 周年。随着 2020 年 12 月 31 日 A 股收官，一年以来，上海证券综合指数上涨了 13.87%，深圳成份股指数上涨了 38.73%，创业板指数更是大涨 64.96%。截至 2020 年 12 月 31 日，人民币普通股票（A 股）上市公司总数达 4148 家、总市值 77 万亿元，新三板挂牌企业 8187 家。30 年来，资本市场累计实现股权融资超过 21 万亿元；交易所债券市场，存续余额近 16 万亿元，[1]股市、债市规模均居全球第二。[2]证券市场的快速发展离不开法治建设的不断完善。2020 年的中国证券市场经历了深刻的制度变革。随着 2019 年修正《证券法》的全面实施，诸多配套制度和改革细则相伴而生，证券发行和交易的市场化水平不断完善、上市公司治理规范不断完善、投资者保护机制不断完善，这些制度规则的创新为证券市场的纵深化发展留下了浓墨重彩的一笔。

一、2020 年中国证券市场法制概况

2020 年 3 月 1 日，我国证券市场最重要的法律《证券法》2019 年修正后正式实施，成为我国证券法制发展的里程碑事件。2020 年大量的立法和修法活动均围绕着《证券法》（2019）的内容，配合着《证券法》的全面实施，呈现多维度、

* 石达，华东政法大学经济法学院 2020 级博士研究生。

〔1〕 参见安宁：《推动资本市场直接融资再上新台阶》，载《证券日报》2020 年 12 月 31 日，A01 版。

〔2〕 参见《风华正茂，磅礴进击——寄语中国资本市场开启新征程》，载《中国证券报》2020 年 12 月 29 日，A01 版。

宽范围的特征。这一年，国务院办公厅发布了关于贯彻实施修订后的《证券法》有关工作的通知 1 件；最高人民法院发布与证券相关的司法解释 1 件；中国证券监督管理委员会（以下简称“证监会”）制定或者修改部门规章 27 件、部门规范性文件 87 件；上海证券交易所（以下简称“上交所”）制定或者修改规章、指引等共 25 件。

在法律层面，2015 年开始修订、2019 年年底正式通过的《证券法》终得正式实施，标志着我国证券市场发展进入了新的历史阶段。由于正式实施的《证券法》对诸多制度进行了修改和增删，随之带来的便是各项配套制度与法律规范的同步跟进。

对此，国务院办公厅专门发布了《关于贯彻实施修订后的证券法有关工作的通知》，明确提出要充分认识《证券法》修订的重要意义，稳步推进证券公开发行注册制，依法惩处证券违法犯罪行为，加强投资者合法权益保护和加快清理完善相关规章制度。

在司法解释层面，最高人民法院发布了《关于证券纠纷代表人诉讼若干问题的规定》，专门针对《证券法》新规定的证券特别代表人诉讼作出了与普通代表人诉讼不同的制度安排。

在部门规章层面，证监会进行了大量规则的修订和制定工作，先后修改了《上市公司证券发行管理办法》《创业板上市公司证券发行管理暂行办法》《证券发行上市保荐业务管理办法》等文件，制定了《科创板上市公司证券发行注册管理办法（试行）》《创业板上市公司证券发行注册管理办法（试行）》等规范性文件，配合 2020 年生效的《证券法》，完善公司上市流程。证监会还修改了《证券期货规章制定程序规定》《证券期货市场诚信监督管理办法（2020 年修订）》《证券投资基金托管业务管理办法》《公开募集证券投资基金信息披露管理办法》《证券投资基金管理公司管理办法》等二十余部部门规章，分别就证券上市、发行及交易环节所涉及的不同主体及行为规范进行了严格规范。针对证券领域违法行为的新特征，证监会修改了《中国证券监督管理委员会限制证券买卖实施办法》《中国证券监督管理委员会冻结、查封实施办法》等规则，进一步丰富了行政处罚的手段，优化了行政处罚的流程。这些部门规章具有内容广、层次多的特点，从证券发行到证券交易再到证券违法行为的惩治与预防，构建起了一套严密的法律框架。同时，为应因注册制的落实和扩大证券领域的对外开放，证监会也进行了专项立法。证监会会同中国人民银行、国家外汇管理局发布了《合格境外机构投资者和人民币合格境外机构投资者境内证券期货投资管理办法》（以下简称《QFII、RQFII 办法》），中国证监会同步发布了配套规则《关于实施〈合格境外机构投资者和人民币合格境外机构投资者境内证券期货投资管理办法〉有关问题的规定》。《QFII、RQFII 办法》及其配套规则将合格境外机构投资者（Qualified Foreign Institutional Investor，QFII）、人民币合格境外机构投资者（RMB Qualified Foreign Institutional Investor，RQFII）资格和制度规则合二为一，不仅放宽了准入条件，简化了申请文件，缩短了审批时限，还允许 QFII、RQFII 投资全国中小企业股份转让系统挂牌证券、私募投资基金、金融期货、商品期货、期权等，允许参与债券回购、证券交易所融资融券、转融通证券出借交易。

在自律规则方面，中国证券业协会发布了《公司债券业务工作底稿内容与目录指引》《公司债券承销业务尽职调查指引》《证券公司投资银行类业务工作底稿电子化管理系统建设指引》《证券经营机构及其工作人员廉洁从业实施细则》《公司债券承销机构关于构建良好生态强化职业道德的自律公约》等十余部自律规则，进一步强化了对证券公司及其从业人员的自律规范要求。上交所发布了《上海证券交易所科创板企业发行上市申报及推荐暂行规定》《上海证券交易所科创板上市公司证券发行上市审核规则》等文件，修改了《上海证券交易所科创板股票发行上市审核规则》《上海证券交易所科创板股票上市规则（2020 年 12 月修订）》《上海证券交易所退市公司重新上市实施办法（2020 年 12 月修订）》等规则办法。深圳证券交易所发布了《深圳证券交易所创业板首次公开发行证券发行与承销业务实施细则》等配套制度文件，修改了《深圳证券交易所创业板股票上市规则（2020 年 12 月修订）》《深圳证券交易所创业板上市公司规范运作指引（2020 年修订）》《深圳市场首次公开发行股票网下发行实施细则（2020 年修订）》《深圳证券交易所交易规则（2020 年 12 月修订）》等规则文件。此外，深圳证券交易所、中国证券金融股份有限公司、中国证券登记结算有限责任公司（以下简称中国结算）发布了《深圳证券交易所、中国证券金融股份有限公司、中国证券登记结算有限责任公司创业板转融通证券出借和转融券业务特别规定》。这些规定更加细致地规范了市场主体在参与证券活动中的业务准则，有效提高了上位法的可操作性，促进了证券市场上自律管理机制的有效形成，为完善我国证券资本市场提供了必要的制度保障。

二、上市公司的制度规范

上市公司作为证券市场的核心主体，其证券质量的高低、治理模式的优劣直接关系着整个证券市场的发展前景。2020 年，围绕着提升上市公司治理水平的各项举措持续不断出台。国务院专门于 2020 年 10 月 9 日发布了《关于进一步提高上市公司质量的意见》，在提高上市公司治理水平、推动上市公司做优做强、健全上市公司退出机制等方面作出系统性部署安排，成为推动上市公司高质量发展的纲领文件。南开大学中国公司治理研究院发布的《2020 年中国上市公司治理指数（CCGINK）》评价结果显示，2003 ~ 2020 年中国上市公司治理水平在总体上不断提高，并在 2020 年达到新高——63. 49。上市公司治理水平的提高与法制建设密不可分。

（一）信息披露制度日趋严格

作为注册制改革的关键配套措施，信息披露制度在整个制度改革中备受关注。由于信息披露制度能够在注册制之下为投资者提供用以决策的最主要信息，确保该信息的实质有效尤为必要。我国《证券法》（2019）设专章规定了信息披露制度，可见其对证券市场的重要性。例如在创业板市场上，证监会于 2020 年 6 月公布了《创业板上市公司持续监管办法（试行)》（以下简称《持续监管办法》)。《持续监管办法》特别针对信息披露制度进行了以下内容的完善：一是针对创业板上市公司成长型创新创业的特点，强化行业定位、风险因素等信息的披露，进一步提高信息披露的针对性、有效性；二是突出控股股东、实际控制人等关键少数的信息披露责任；三是规范自愿披露行为，要求公司按照同一标准披露后续类似信息；四是允许重大事项不确定时暂缓披露、允许非交易时段对外发布重大信息等，提升信息披露的弹性和包容度。

对于信息披露的内容和形式，证监会于 2020 年 3 月 20 日公布了大量修订后的编报规则，如《公开发行证券的公司信息披露内容与格式准则第 15 号——权益变动报告书》《公开发行证券的公司信息披露内容与格式准则第 16 号——上市公司收购报告书》等。这些规则和指引均从不同方面对原先的规则进行了细化和优化，进一步明确了上市公司在不同上市阶段所需要披露的文件内容。

信息披露制度作为连接证券市场资金供给方和需求方的重要纽带，对于投资者、上市公司与监管机构而言均具有重要意义。信息披露质量的提高，对投资者而言，能够帮助其更加准确地分析判断股票预期并作出更为精准的投资抉择；对上市公司而言，信息公开化能够优化其内部治理结构，提高中小投资者参与公司治理的积极性；对监管者而言，能够减少监管成本。不断严格信息披露要求，提高信息披露违法成本，切实维护投资者利益，是我国推行注册制的持续动力。

（二）再融资行为的持续优化

再融资制度作为资本市场的一项基础性制度，在促进上市公司做优做强，支持实体经济高质量发展等方面发挥着重要作用。但现行再融资制度部分条款不能完全适应市场形势发展需要，市场对此反映较多，各方面改革呼声较高。为此，中国证监会于 2020 年 2 月对《上市公司证券发行管理办法》《创业板上市公司证券发行管理暂行办法》《上市公司非公开发行股票实施细则》中有关再融资条款（以下合称《再融资规则》）进行了修改。其修订内容包括三个方面：一是精简优化了再融资发行条件，规范了上市公司再融资行为，支持优质上市公司利用资本市场发展壮大，大力推动提高上市公司质量；二是优化非公开制度安排，支持上市公司引入战略投资者；三是适当延长批文有效期，方便上市公司选择发行窗口。

《再融资规则》以精简融资发行条件、提升信息披露质量和优化再融资市场发行定价机制为主要出发点和立足点，对于督促上市公司切实关注投资者利益，真实、准确、完整地进行信息披露，推动形成买卖双方充分博弈的市场定价机制等方面具有积极意义。

（三）上市公司收购制度进一步细化

在我国上市公司收购中，有的收购方并不具备运营上市公司的行业经验，却可以凭借高杠杆融资带来的资本优势，以小吞大、以弱吞强，强行收购优质的实体企业，此类收购不仅没有体现资本的服务价值，还对实体经济和企业产生了冲击和破坏；还有不少收购方通过资本运作，争夺已经空心化的上市企业控制权，养壳卖壳，将上市公司作为资本运作的平台，降低了资本资源配置效率。[1]为防止过度的资本投机行为，促进资本回归理性和本源，证监会于 2020 年 3 月 20 日修订了《上市公司收购管理办法》（以下简称《收购办法》）。此次修订的主要内容包括：一是调整持股 5% 以上股东增减持股份的信息披露和操作要求；二是增加对前述股东持股变动达到 1% 时的信息披露要求；三是明确超比例增持股份不得行使表决权的期限；四是增加对增持资金来源的披露要求；五是取消要约收购义务豁免行政许可；六是延长上市公司收购中收购人所持被收购公司股份的锁定期限等。

此次《收购办法》的修订与《证券法》（2019）保持同步，细化了对持股变动信息的披露要求，明确了针对上市公司发行的不同种类股的差异化收购条件，跟随《证券法》（2019）取消了要约豁免审批，重新明晰和厘定了收购方的责任与义务，更有利于发挥收购制度的价值，既能促进上市公司进行符合自身条件的产业并购和转型升级，鼓励市场化方式的收购形式，实现收购方、被收购方与投资者利益的三方共赢；又能通过严格的披露义务约束投机性资本收购，避免收购成为资本家“击鼓传花”的游戏。

三、证券公司的制度发展

证券公司作为市场证券重要的中介组织，其“看门人”的作用在证券市场注册制改革的大背景下越发重要。在证券业发展早期，受限于政策监管与窗口指导过多、市场基础薄弱、创新动能不足等现实原因，证券公司呈现同质化发展的特征，主要表现在业务同质化、网点布局同质化、经营模式同质化、营销策略同质化等多个方面。[2]随着证券行业的业务边界不断拓展，证券业务资格逐渐扩散，证券行业竞争加剧倒逼证券公司主动探索特色化、专业化的发展路径，差异化发展趋势逐步显现。在此过程中，不断优化对证券公司的监管方式、引导证券公司落实中介组织的责任尤为重要。

（一）宏观审慎监管理念进一步落实

随着金融全球化的不断推进，银行业、证券业和保险业等行业以资产负债表的形式紧密联系在一起，微观审慎监管方式的弊端逐步显现，其不仅不能维持整个宏观经济的稳定，甚

〔1〕 参见卢文道：《上市公司收购中的资本文明与制度保障》，载《中国证券报》2017 年 12 月 18 日，A03 版。
〔2〕 参见何诚颖：《中国证券业改革发展回顾与新时代发展方向》，载《特区经济》2020 年第 11 期。

至可能会加大金融体系发生系统性风险的概率。因而，以宏观审慎监管为核心的监管理念引起世界各国的重视。[1]相较于微观审慎监管，宏观审慎监管的目标是防范系统性金融风险，降低金融危机给实体经济发展带来的冲击，提高整个金融体系的稳定性。

在党的十九大后，我国确立了“守住不发生系统性金融风险的底线”和“健全货币政策和宏观审慎政策双支柱调控框架”两大监管目标。由于证券公司与各种市场主体的特殊关系导致证券公司自身风险具有较强的外部性、溢出效应和传染效应，对证券公司进行审慎监管的要求日益强烈。[2]证监会于2020年7月修订了《证券公司分类监管规定》，主要从以下方面进行了完善：一是强化风险管理能力加分指标的导向性；二是完善持续合规扣分标准及调降级别依据；三是完善风险管理能力评价指标与标准；四是优化业务发展状况评价指标。

此次分类监管规定的修订正是进一步明确合规与审慎监管导向的具体体现，对完善公司治理与合规管理、风险管理等方面均提出了细化的指标，强调了对于不同类型的证券公司分类监管的原则，力图实现证券公司的业务活动与其治理机构、内部控制、合规及风险管理等能力相适应，以促进机构专业化发展与行业错位竞争。

（二）上市证券公司的监督力度进一步加强

近年来，证券公司等金融中介的上市引起了学术界和实务界的关注和争论。一方面，证券公司等中介机构上市扩大了公司规模、改善了公司治理，有利于提升公司综合竞争实力和企业价值；但另一方面，也有可能因股价波动等引发管理层的短视行为，从而偏离其作为金融中介本应遵循的诚实守信和勤勉尽责的职业操守。[3]考虑到上市证券公司具有证券公司与上市公司的双重属性，为做好机构监管和上市公司监管的有效衔接，证监会于2009年发布了《关于加强上市证券公司监管的规定》（以下简称《监管规定》），《监管规定》实施以来，对加强上市证券公司监管，特别是在提高公司治理、信息披露水平等方面发挥了积极作用。[4]

但是，随着资本市场的发展，上市公司治理规则体系不断完善，内幕信息管理、信息披露等方面的要求日益健全，证券公司内部控制和合规管理有效增强，原《监管规定》中的部分条款丧失了其适用空间有必要予以调整完善。本次修订，在保留原《监管规定》基本内容的前提下，针对市场发展和监管需要，进行了局部调整：一是与《证券法》（2019）衔接，完善相关条款及表述；二是要求证券公司强化内部控制和内幕信息管理；三是取消月度经营

[1] 参见孙国茂等：《宏观审慎监管与证券市场系统性风险测度研究》，载《济南大学学报》（社会科学版）2020年第6期。

[2] 参见孙国茂、李猛：《宏观审慎监管下的证券公司系统重要性评价体系研究》，载《山东大学学报》（哲学社会科学版）2020年第5期。

[3] 参见王化成：《证券公司上市可以提高IPO企业市场表现吗?》，载《管理评论》2021年第3期。

[4] 参见赵文涵：《证监会修订〈关于加强上市证券公司监管的规定〉》，载 http：//m. xinhuanet. com/2020－09/19/c_1126514105. htm，最后访问时间：2021年3月2日。

数据的披露要求，取消中期报告关于证券公司分类结果的披露要求。

总体而言，本次修订提升了《监管规定》的适应性和有效性，完善了上市券商作为“上市公司”信息披露频率的公平性要求，同时兼顾其“证券公司”属性，强化了信息披露内容的针对性要求。

四、股票发行与退市制度的改革深化

股票市场作为目前我国资本市场的核心组成部分，三十年来虽发展迅速，但相较于发达国家成熟的股票市场，我国在政府与监管机构的市场定位、上市公司的体系建设和发行、上市、交易、退市等制度设计上，均与其存在一定的差距。2020 年，随着《证券法》（2019）的生效，我国股票市场迎来了重大的改革机遇期，发行制度和退市制度发生了重大变革，为持续深化资本市场改革提供了法律保障。

（一）注册制改革稳步推进

自 2018 年 11 月习总书记宣布在上海证券交易所设立科创板并试点注册制以来，我国不断积累和总结注册制试点的经验，《证券法》（2019）的正式实施，为全面实施注册制奠定了必要的法制基础。由于注册制改革涉及的政府部门及市场主体广泛、涉及的程序及条件众多，改革并非一蹴而就，注册制的具体范围、实施步骤等仍需由国务院统筹推进。为此，国务院专门发布了《关于股票发行注册制改革有关工作情况的报告》。其他有关的部门在各自职权范围内为注册制的推进发挥了必要的作用。上海证券交易所、深圳证券交易所、中国结算、中国证券金融股份有限公司等相关单位也都为创业板试点注册制进行了一系列的制度安排，注册制改革取得了一定的成果。

1. 注册制试点范围不断扩大

2020 年 4 月 27 日，中央全面深化改革委员会第十三次会议审议通过了《创业板改革并试点注册制总体实施方案》，提出在创业板试点注册制，推进发行、上市、信息披露、交易等基础性制度改革，构建符合创业板上市公司特点的持续监管规则体系。随后，证监会于 2020 年 6 月 12 日发布了《创业板首次公开发行股票注册管理办法（试行）》、《创业板上市公司证券发行注册管理办法（试行）》、《创业板上市公司持续监管办法（试行）》和《证券发行上市保荐业务管理办法》，自公布之日起施行。与此同时，证监会、深圳证券交易所、中国结算、证券投资基金业协会等发布了相关配套规则。创业板改革和注册制试点正式开始。

这次改革将重点解决两个问题：一是在科创板的基础上，扩大注册制试点，为存量板块推行注册制积累经验；二是增强对创新创业企业的包容性，突出板块特色。综观改革方案，改革将把握“一条主线”和“三个统筹”。“一条主线”，即实施以信息披露为核心的股票发行注册制，提高透明度和真实性，由投资者自主进行价值判断，真正把选择权交给市场。

“三个统筹”则是统筹创业板改革与多层次资本市场体系建设、统筹注册制试点与其他基础制度建设、统筹增量改革与存量改革。改革后的创业板主要服务成长型创新创业企业，支持模式创新、服务创新、业态创新，支持传统产业与新模式、新业态、新应用的深度融合。[1]

2. 注册制的司法保障力度不断加强

最高人民法院于2020年8月8日发布了《关于为创业板改革并试点注册制提供司法保障的若干意见》（以下简称《创业板试点注册制司法保障意见》）。这是最高人民法院继2019年出台设立科创板并试点注册制改革的司法保障意见后，为资本市场基础性制度改革安排而再次专门制定的又一部系统性、综合性司法文件。《创业板试点注册制司法保障意见》主要围绕2019年修订的《证券法》关于证券发行注册制的相关规定，在充分借鉴科创板司法保障意见的基础上，结合创业板改革相关成果，从增强为创业板改革并试点注册制提供司法保障的自觉性、依法保障创业板改革并试点注册制顺利推进、依法提高市场主体违法违规成本、依法有效保护投资者合法权益四个方面提出10条举措。

《创业板试点注册制司法保障意见》的发布实施，是以司法力量保障创业板改革并试点注册制顺利推进的重要体现，有助于建设一个规范、透明、开放、有活力、有韧性的资本市场，完善资本市场基础性制度。

3. 注册制改革的现状与展望

随着我国注册制试点的不断扩大，改革过程势必会遇到一些问题。中国证监会专门颁布了《关于创业板改革并试点注册制实施前后相关行政许可事项过渡期安排的通知》，用以理顺科创板试点前后企业上市制度衔接。但除了程序上的问题，注册制改革依然面临着许多深层次的障碍亟须解决。

（1）信息披露的质量问题。注册制绝不只是放松审核要求，目前交易所仍然需要履行严格的发行审核职责，只是审核的方式发生了变化，以问询式为核心的上市公司选拔机制，督促发行人真实、准确、完整地披露信息，督促中介机构履行好“看门人”的职责，体现了注册制包容开放的特点。[2]因此信息披露成为注册制的核心，信息披露的质量直接关系着注册制的成败，现行的信息披露制度赋予了发行人、中介机构等主体更多的义务与责任，但信息披露制度仍存在进一步完善的空间，如存在信息披露内容要求固化、披露主体责任泛化、外部监督力量乏力等问题，从而导致了“真实、准确、完整、及时、简明清晰、通俗易懂”的披露标准难以保证。

（2）中介机构的责任问题。注册制之下将更多的选择权交给了市场，上市公司质量把控

---

〔1〕 参见《创业板改革扬帆起航》，载 http：//www. xinhuanet. com/2020 －04/27/c_1125914346. htm，最后访问时间：2020 年 3 月 2 日。

〔2〕 参见择远：《注册制改革是提高直接融资比重和质量的关键举措》，载《证券日报》2020 年 12 月 2 日，A01 版。

的责任更多地落到了保荐机构等中介机构身上。然而，不少中介机构还未能适应注册制下的新股发行环境，尚未真正具备与注册制相匹配的理念、组织和能力，“穿新鞋走老路”的情况时有发生，一些发行人在现场检查前撤回申报材料，一些证券公司因保荐项目领了罚单，受到市场诟病。要顺利推进注册制改革，从入口处确保上市公司质量，确保市场平稳健康运行，压实中介机构责任、督促保荐机构归位尽责迫在眉睫。

（3）其他配套制度的问题。参考国外发达证券市场的制度建设，注册制改革作为证券市场的重大体制改革，除了严格信息披露制度、提高中介机构责任外，监管机构的事中事后监管水平和执法效率、退市制度、投资者保护制度等一系列配套制度的落实情况均关系到注册制的实施效果。

总而言之，注册制改革能否行稳致远受诸多因素影响，作为证券市场的重大制度改革，以此为契机对我国证券立法的理念和监管执法的功能进行提升，进一步推动我国证券市场的转型发展，是这项改革的应有之义，也是我国证券市场持续健康发展的重要保障。

（二）退市制度进一步完善

退市制度是证券市场的基础性制度，良好的退市制度是形成优胜劣汰、有进有出良性市场生态的客观需要。但是由于我国长期以来上市标准严格，衍生出了“借壳上市”“买壳上市”等异化的上市途径，退市制度的功能价值一直得不到有效发挥。加之受原先退市制度退出渠道较为单一、市场约束机制尚未形成、各方认识不够统一、退市阻力大等原因掣肘，A股市场退市难问题比较突出。为此，2020年12月31日，上海证券交易所发布《上海证券交易所风险警示板股票交易管理办法（2020年12月修订）》《上海证券交易所退市公司重新上市实施办法（2020年12月修订）》（以下合称退市新规）等规则，对退市制度进行了完善。在退市程序上，本次修订主要包括以下三个方面内容：一是取消暂停上市和恢复上市环节，明确上市公司连续两年触及财务类指标即终止上市；二是取消交易类退市情形的退市整理期设置，退市整理期首日不设涨跌幅限制，将退市整理期交易时限从30个交易日缩短为15个交易日；三是将重大违法类退市连续停牌时点从收到行政处罚事先告知书或法院判决之日，延后到收到行政处罚决定书或法院生效判决之日。

相比此前公布的征求意见稿，正式实施的退市新规作出了多方面调整，其中值得关注的便是从严设置重大财务造假退市量化指标。但重大财务造假退市量化指标只是证券重大违法五种退市指标之一，其他四种情形均没有规定金额指标和比例指标。公司如果触及其他四种重大违法退市情形，如欺诈发行或者年报造假规避退市，不需要触及此次新增的造假金额和比例量化指标，只要触及退市情形的，都将被退市。退市新规对财务造假标准大幅度收紧，多项红线力度空前，是对严重失信主体保持“零容忍”的重要制度安排。

经过A股市场退市制度的多次改革，近年来退市公司数量逐渐增多。2020年累计退市公司达20家，创历年来新高。本轮退市制度改革堪称史上最严，将对优化市场生态环境产生重大影响。就此前存在的退市不系统、不坚决、不彻底等突出问题，退市新规采取了针对性措施，将有效改变A股公司退市率偏低的状况。本次退市制度改革新增“扣非净利润+营业收入”组合指标，直指没有持续经营能力的空壳公司，将在一定程度上解决通过外部输血、出售资产等手段规避退市的问题。总体而言，退市新规塑造了更健全的市场退出机制，有利于引导投资者形成健康成熟、理性的价值投资理念。[1]

五、债券上市与交易制度的突破

我国证券市场长期以来存在“重股轻债”的现象，即使目前我国债券市场规模已经跃居世界第二，但债券融资相比于股权融资而言，其规模数量和金额都相对较小，远低于美国、欧洲等发达市场中的债券比重。在很长的一段历史时期，我国将债券仅仅作为股票的补充融资方式，导致资本市场层次单一与结构失衡，不利于直接融资比重的提升。

考虑到市场规模、融资需求、信用程度、政策传导、宏观调控、金融稳定等维度，债券市场对实体经济的影响在很大程度上要大于股票市场。[2]2020年我国对债券市场进行了一系列制度性改革，为推动债券市场高质量发展奠定了坚实的基础。

（一）企业债券和公司债券完成注册制改革

2020年3月1日，国家发改委发布了《关于企业债券发行实施注册制有关事项的通知》，该通知明确提出，企业债券发行由核准制改为注册制，国家发改委为企业债券的法定注册机关，发行企业债券应当依法经国家发改委注册。企业债券发行人应当具备健全且运行良好的组织机构，最近三年平均可分配利润足以支付企业债券一年的利息，应当具有合理的资产负债结构和正常的现金流量，鼓励发行企业债券的募集资金投向符合国家宏观调控政策和产业政策的项目建设。企业债券发行实施注册制是重大改革，对于《证券法》（2019）施行前已受理的企业债券项目，发改委将按原核准制有关要求继续推进。企业债券注册制改革也要求发改委不断完善监管规则，制定注册文件格式、申报文件目录等配套文件，建立公开、透明、高效的企业债券发行注册管理体系。

同日，证监会发布《关于公开发行公司债券实施注册制有关事项的通知》，该通知明确，自2020年3月1日起，公司债券公开发行实行注册制。公开发行公司债券，应当符合修订后的《证券法》规定的发行条件和信息披露要求等。对于公开发行公司债券，由证券交易所负责受理、审核，并报证监会履行发行注册程序。为此，上海证券交易所发布公布了《关于上海证券交易所公开发行公司债券实施注册制相关业务安排的通知》，深圳证券交易所公布了

---

〔1〕 参见张炜：《史上最严退市制度优化市场生态》，载《中国经济时报》2021年1月5日，第2版。

〔2〕 参见徐云松：《多维视角透视中国债券市场》，载《中国证券报》2021年4月24日，A06版。

《关于公开发行公司债券实施注册制相关业务安排的通知》，均对审核标准、审核程序、上市条件、交易方式等相关事宜作了专项规定，明确了材料报送及操作流程。

至此，包括企业债券和公司债券在内的债券市场已先于股票市场，完成了注册制改革。这一成果也与债券市场的发展密不可分。五年来，公开发行公司债券已建立了由证券交易所上市预审核、证监会采用简易核准程序的发行监管制度，形成了较为成熟的投资者适当性制度，健全了以偿付能力为核心的信息披露制度和投资者保护制度。[1]债券市场的注册制改革对深化资本市场改革、完善资本市场基础制度建设、提升资本市场功能具有重大意义。

（二）取消暂停上市制度

由于《证券法》（2019）取消了暂停上市、恢复上市环节，为进一步提高退市效率，上海证券交易所、深圳证券交易所分别发布《关于上海证券交易所公开发行公司债券实施注册制相关业务安排的通知》和深圳证券交易所《关于公开发行公司债券实施注册制相关业务安排的通知》。上海证券交易所、深圳证券交易所同时明确，自 2020 年 3 月 1 日起，不再实施暂停上市制度。

上海证券交易所指出，已暂停上市的债券，发行人按照《关于调整债券上市期间交易方式有关事项的通知》第 1 条规定的情形确定交易方式并及时公告。深圳证券交易所明确，已暂停上市的公司债券按照深圳证券交易所《关于调整债券上市期间交易方式有关事项的通知》相关规定进行交易。

债券市场取消暂停上市等环节的改革与股票市场一脉相承，其意旨均在于强化退市监管力度，压实实际控制人、控股股东、上市公司、董监高、中介机构等相关主体责任，打击退市过程中伴生的财务造假、利益输送、操纵市场等违法违规行为，提高退市效率，降低市场风险。

（三）债券市场的司法保护力度不断加强

近年来，我国债券市场发展迅速，但也出现了债券发行人因经营不善、盲目扩张、违规担保等原因而不能按期还本付息的情况，加之欺诈发行、虚假陈述等违法违规事件时有发生，严重损害了债券持有人和债券投资者的合法权益。为正确审理因公司债券、企业债券、非金融企业债务融资工具的发行和交易引发的合同、侵权和破产民商事案件，统一法律适用，最高人民法院经商国家发改委、中国人民银行、中国证监会等相关部门同意，研究制定了《全国法院审理债券纠纷案件座谈会纪要》（以下简称《债券纠纷会议纪要》），于 2020 年 7 月 15 日正式发布。

《债券纠纷会议纪要》是我国第一部审理债券纠纷案件的系统性司法文件，主要针对三类债券的发行和交易活动所引发的三类民商事纠纷案件的审理问题统一裁判尺度。三类债券

---

〔1〕 参见温济聪：《加快实施公司债注册制改革》，载《经济日报》2020 年 8 月 12 日，第 9 版。

是指公司债券、企业债券、非金融企业债务融资工具，三类纠纷案件是指债券违约纠纷案件、欺诈发行和虚假陈述纠纷案件以及发行人破产案件。《债券纠纷会议纪要》全文共计34条，分别就债券纠纷案件审理的基本原则，诉讼主体资格的认定，案件的受理、管辖与诉讼方式，债券持有人权利保护的特别规定，发行人的民事责任，其他责任主体的责任，发行人破产管理人的责任七个方面的法律适用问题进行了规定。

《债券纠纷会议纪要》的及时发布，有利于畅通债券纠纷司法救济渠道，统一债券纠纷案件裁判思路，增强债券审判的公开性、透明度以及可预期性，对于完善债券市场基础制度、防范化解债券市场金融风险、提升债券风险处置机制的市场化、法治化水平均具有重要意义。

六、基金法律制度的快速发展

继2018年4月中国人民银行等四部门联合发布《关于规范金融机构资产管理业务的指导意见》后，2019年修订的《证券法》首次在立法上确立了资产管理产品的证券性质，并授权国务院依照本法的原则规定资产管理产品发行与交易的管理办法。2019年修订的《证券法》的颁布实施，使加快健全资产管理法律制度成为推动我国金融市场健康发展的重要课题。证券投资基金作为各国最重要的资产管理方式之一，在2020年迎来了重要的发展机遇期。

（一）证券基金托管业务进一步开放

为进一步扩大金融业的对外开放，支持外国银行在华分行申请证券投资基金托管业务资格，2020年7月10日证监会和中国银行保险监督管理委员会（以下简称银保监会）对《证券投资基金托管业务管理办法》（以下简称《托管办法》）进行了修订。其主要内容包括：一是落实《中美经贸协议》，允许符合条件的外国银行在华分行申请基金托管资格；二是完善监管安排，防范基金托管业务风险；三是进一步落实“放管服”改革要求，简化申请材料，优化审批程序；四是统一商业银行与其他金融机构准入标准与监管要求。[1]

《托管办法》进一步放宽了基金托管人准入范围，允许外国银行在华分行符合条件后办理证券投资基金托管业务，有利于增强证券领域对外开放的程度，吸引外资；明确商业银行及其他金融机构适用统一的基金托管人条件，增强了标准的透明化的细化；将违规主体扩大至相关人员，并且完善相应的监管处罚措施。总体而言，《托管办法》体现了宽严相济的监管政策，在促进市场开放、降低准入门槛的同时，将重心移至事中、事后监管。

（二）公募基金风险管理进一步强化

为进一步提升公募基金风险防控能力，更好地保护投资者合法权益，借鉴境外市场成熟

〔1〕 参见《证监会和银保监会联合发布〈证券投资基金托管业务管理办法〉》，载 http://www.gov.cn/xinwen/2020-07/11/content_5525922.htm，最后访问时间：2020年3月2日。

经验，中国证监会于2020年7月10日公布了《公开募集证券投资基金侧袋机制指引（试行）》（以下简称《侧袋机制指引》），并于2020年8月1日起施行。

《侧袋机制指引》主要内容包括以下几个方面：一是明确侧袋机制是在符合法定条件下将难以合理估值的风险资产从基金组合资产中分离出来进行处置清算，确保剩余基金资产正常运作的机制；二是规定了侧袋机制的启用条件、实施程序和主要实施环节的操作要求；三是压实基金管理人的风险管控主体责任，着力规范费用收取、信息披露等投资运作环节及相关内部控制，并明确托管人和会计师事务所职责，形成管理人内部约束、公众监督、外部专业机构制衡的机制。

侧袋机制的推出，有利于进一步丰富公募基金的流动性风险管理工具，缓解特定情形下因基金赎回引发的潜在系统性风险，也可防范先赎占优等行为，保障投资者合法权益。但由于这一机制刚刚引入建立，其现实效果的发挥还有待市场主体的共同遵守，也需要证监会继续按照《侧袋机制指引》以及相关法律法规的要求，督促基金管理人“练好内功”、筑牢防线，持续提升公募基金风险管控能力，并及时总结实践经验，不断完善优化相关监管制度。

（三）基础设施领域不动产投资信托基金试点启动

为进一步深化投融资体制改革，积极稳妥降低企业杠杆率，保持基础设施补短板力度，深化金融供给侧结构性改革，2020年4月24日，中国证监会和国家发改委联合发布了《关于推进基础设施领域不动产投资信托基金（REITs）试点相关工作的通知》（以下简称《REITs试点通知》），开始推动我国公募不动产投资信托基金（Real Estate Investment Trusts，REITs）业务，标志着境内基础设施领域公募REITs试点正式起步。

《REITs试点通知》明确了基础设施REITs试点的基本原则、试点项目要求和试点工作安排。按照《REITs试点通知》要求，证监会于8月6日公布了《公开募集基础设施证券投资基金指引（试行）》（以下简称《指引》）。《指引》共51条，主要对产品定义、参与主体资质与职责、产品注册、基金份额发售、投资运作、项目管理、信息披露、监督管理等进行规范。具体包括：一是明确了产品定义及运作模式；二是强化基金管理人与托管人专业胜任要求；三是发挥专业机构作用，准入环节严控项目质量；四是明确定价方式和发售安排；五是规范基金投资运作，加强项目运营管理，压实管理人受托责任；六是坚持“以信息披露为中心”，确保基金运作公开透明；七是明确监督管理和法律责任。

对于中国REITs市场建设而言，公募基础设施REITs相关通知与指引政策的落地是一个里程碑式事件，对我国不动产投融资体制改革意义重大。对盘活存量基础资产、拓宽社会融资渠道、丰富机构投资品种、增强市场活跃度等方面都有直接的推动作用。但对某些实操细节中的问题尚缺乏统一的政策或指导性规范，如国资进场流程、产品的会计处理方式、基础设施REITs税收政策、流动性机制、不同主体的投资匹配性与积极性及投资者教育与引导工作等领域方面还有待制定相关配套政策，以促进基础设施 REITs 更快更好的发展。[1]

（四）基金销售业务进一步规范

《公开募集证券投资基金销售机构监督管理办法》（以下简称《基金销售办法》）是《证券投资基金法》的基础性配套规则，于2004年首次发布，并于2011年、2013年作了两次修订。《基金销售办法》自发布实施以来，在规范基金销售业务秩序，保护投资者合法权益等方面发挥了重要作用。但是近年来，随着资本市场改革的持续深化，基金市场环境发生较大变化，原先的《基金销售办法》已不能完全适应行业发展需要，需适时予以调整。证监会于2020年8月28日修订了《基金销售办法》，其主要内容为：一是强化基金销售活动持牌要求，厘清基金销售机构及相关基金服务机构职责边界；二是优化基金销售机构准入、退出机制，着力构建进退有序、良性发展的行业生态；三是夯实业务规范与机构管控要求，推动构建以投资者利益为核心、促进长期理性投资的体制机制；四是完善独立基金销售机构监管，促进独立基金销售机构专业合规稳健发展。

本次修订以保护投资者合法权益为出发点和落脚点，进一步规范了基金销售行为，着力培育以投资者利益为核心、以长期理性投资为导向的基金市场环境，严格落实销售适当性要求，在提升基金销售机构专业服务能力和合规风控水平、强化树立长期理性投资理念、积极培育基金行业良性发展生态等方面发挥了积极作用。

（五）私募投资基金监管从严

近年来，由于私募基金到期不兑付或违约的情况逐渐增多，为加强私募投资基金监管，严控私募基金增量风险，提升行业规范发展水平，保护投资者合法权益，2020年12月30日，证监会公布了《关于加强私募投资基金监管的若干规定》（以下简称《私募规定》）。《私募规定》共十四条，主要包括以下内容：一是规范私募基金管理人名称、经营范围和业务范围；二是优化集团化私募基金管理人监管；三是重申细化非公开募集和合格投资者要求；四是明确私募基金财产投资要求；五是强化私募基金管理人及从业人员等主体规范要求；六是明确法律责任和过渡期安排。

总体上，《私募规定》进一步重申和强化了私募基金行业执业的底线行为规范，形成了私募基金管理人及从业人员等主体的“十不得”禁止性要求，并加大对违法违规操作的处罚力度，有利于规范私募基金行业的业务流程，提升投资者保护水平。

---

〔1〕 参见 REITs Forum：《“基础设施领域不动产投资信托基金（REITs）有关支持政策研究”课题座谈会圆满举行》，载 https://baijiahao.baidu.com/s?id=1694225544346973524&wfr=spider&for=pc，最后访问时间：2021年3月2日。

七、新三板市场的持续发展

长期以来，新三板市场是我国主板、中小板和创业板市场的有效补充，是我国多层次资本市场的重要组成部分（见图 1）。运行良好的新三板制度，既能解决主板企业的退市问题，又可以成为创业板的孵化器来协助创业板，为初创期的高新技术企业提供融资服务，极大地推动科技型和创新型民营企业的大力发展。但我国的新三板市场长期以来流动性不足，是一个典型低流动性市场。[1]

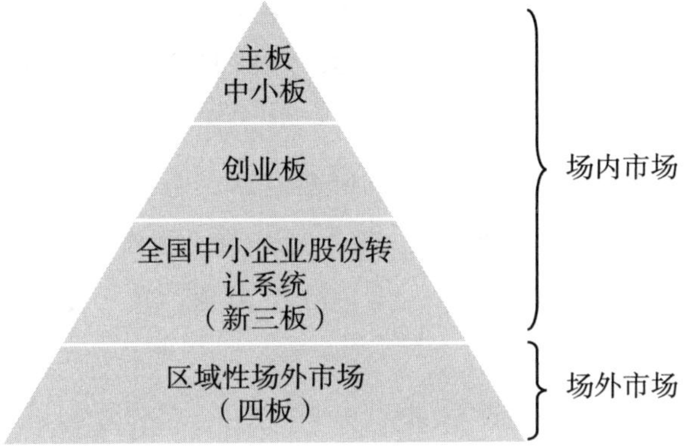

图 1　我国多层次资本市场示意

2019 年 12 月，中央经济工作会议提出要稳步推进新三板改革；同时，《证券法》（2019）第 96 条将新三板定位为等同于证券交易所的法律地位，新三板市场迎来了发展的重大改革机遇期。而转板上市制度作为本轮新三板改革的核心政策之一，是强化新三板市场承上启下作用的重要制度安排，能够为优质中小企业提供更多上市选择，拓宽融资渠道及发展空间。

（一）法律地位有所提升

《证券法》修订前，新三板市场所依据的仅仅是行政法规，法律层级较低，法律地位尚不清晰，但根据《证券法》（2019）第 96 条的规定，新三板作为目前唯一一家“国务院批准的其他全国性证券交易场所”，与证券交易所具有相同的法律地位。二者都可以组织公开发行证券的交易，挂牌公司与上市公司履行同等的信息披露义务，都依法实施自律管理等，从而确立了新三板场内、公开、独立市场的法律地位，使投资者参与新三板市场更加“有法可依”，权益保障也具有了更加坚实的法律依据。[2]

---

〔1〕 参见冯燕妮、沈沛龙：《我国多层次资本市场体系研究》，载《经济问题》2020 年第 10 期。

〔2〕 参见徐明：《新证券法提升了新三板市场法律地位》，载 http：//www. xinhuanet. com/2020 -09/05/c_1126456105. htm，最后访问时间：2021 年 7 月 23 日。

随着2019年修订后《证券法》的正式实施，新三板的法律地位得到提升，《证券法》中关于投资者保护、法律责任等内容同样适用于新三板，提升了新三板的法律保障水平，有力地保护了新三板市场的投资者，也为转板上市机制的落实奠定了制度基础。

（二）精选层被寄予厚望

为有效提升融资并购交易效率，增加新三板企业转板上市机会，自2020年1月起，全国股转公司先后公布了《全国中小企业股份转让系统股票向不特定合格投资者公开发行并在精选层挂牌规则（试行）》《全国中小企业股份转让系统精选层挂牌审查细则（试行）》等业务规则，2020年7月证监会发布了《非上市公众公司监管指引第5号——精选层挂牌公司持续监管指引（试行）》《非上市公众公司信息披露内容与格式准则第13号——精选层挂牌公司年度报告》等文件，新三板市场正式在原先基础层和创新层之上增设精选层，形成了“基础层－创新层－精选层”梯次递进的结构，三个层次分别定位于中小企业规范、培育、升级。开设初期，首批就有32家企业进入精选层。〔1〕截至2020年年末，精选层、创新层、基础层挂牌公司分别为41家、1138家、7008家。精选层示范引领作用逐步发挥，244家公司披露筹备公开发行并进入精选层的相关公告，累计受理120家，超七成创新层公司计划1～3年内公开发行进入精选层。〔2〕

设立精选层是全面深化新三板改革的核心内容之一，是建立转板市场制度的重要制度基础。按照目前转板上市规则，精选层挂牌企业申请转板至科创板上市或创业板上市的，需要相应满足科创板或创业板现行的上市市值与财务指标等发行条件，但精选层作为未来转板上市的重要阵地，将会发挥更重要的作用。

（三）转板上市规则逐步明确

为加强多层次资本市场的有机联系，规范全国中小企业股份转让系统挂牌公司向上海证券交易所、深圳证券交易所转板上市行为，中国证监会于2020年6月出台了《关于全国中小企业股份转让系统挂牌公司转板上市的指导意见》（以下简称《转板意见》）。《转板意见》主要内容包括三个方面：一是基本原则。建立转板上市机制将坚持市场导向、统筹兼顾、试点先行、防控风险的原则。二是主要制度安排。对转入板块的范围、转板上市条件、转板上市程序、转板上市保荐要求、股份限售等事项作出原则性规定。三是监管安排。明确证券交易所、全国股转公司、中介机构等有关各方的责任。

《转板意见》作为我国建立健全多层次资本市场的重要制度设计，致力于解决新三板市场的流动性不足问题，解决转板上市的体制机制矛盾。建立转板上市机制有助于丰富挂牌公

---

〔1〕 参见全国中小企业股份转让系统：《新三板与多层次资本市场体系构建》，载 http：//www.neeq.com.cn/important_news/200010291.html，最后访问时间：2021年7月11日。

〔2〕 参见证券日报网：《新三板2020年市场改革发展报告》，载 http：//www.zqrb.cn/stock/sanban/2021－01－19/A1611049027769.html，最后访问时间：2021年7月19日。

司上市路径，打通中小企业成长壮大的上升通道，加强多层次资本市场的有机联系，增强金融服务实体经济能力。但这一机制作为顶层设计，其具体切实落地和完整运行，依然需要上海证券交易所、深圳证券交易所、全国股转公司、中国结算等机构的通力合作。

为配合转板上市制度的落地，上海证券交易所、深圳证券交易所于2020年11月27日分别公布了《全国中小企业股份转让系统挂牌公司向上海证券交易所科创板转板上市办法（试行）（征求意见稿）》《深圳证券交易所关于全国中小企业股份转让系统挂牌公司向创业板转板上市办法（试行）（征求意见稿）》（以下合称《转板上市征求意见稿》）。《转板上市征求意见稿》对转板上市条件、转板上市程序、转板上市安排等事项作出了具体规定，进一步明确了挂牌公司转板上市的实施路径、规范要求和制度衔接；明确在精选层挂牌满一年，符合科创板、创业板定位，达到交易所规定上市条件的企业，可直接向交易所申请转板上市。

《转板上市征求意见稿》的发布，意味着新三板挂牌公司转板上市的具体实施路径已经明确，标志着转板上市工作即将进入实际操作阶段。转板制度为优质中小企业提供了更多的选择，拓宽了融资渠道及发展空间。同时企业"进可攻、退可守"，如果转板不成功，也可以在精选层充分享受制度红利，转板风险更为可控。

（四）其他配套制度不断完善

为完善新三板市场的运行规范，全国股转公司制定和修订了一大批自律规范，修订了《全国中小企业股份转让系统复核实施细则》《全国中小企业股份转让系统做市商评价指引（试行）》等规则，制定了《全国中小企业股份转让系统挂牌公司股票限售及解除限售业务指南》《全国中小企业股份转让系统主办券商管理办法（试行）》《全国中小企业股份转让系统做市商做市业务管理细则（试行）》等规则。

这些自律性规范作为建立转板市场制度的配套业务规范，从市场主体的业务规范、上市的流程设计、违法违规行为的责任构建等方面为新三板市场的可持续发展奠定了制度基础。但只有全国股转公司的自律规范尚不能有效解决新三板市场的全部问题，更难以实现转板市场机制的完全建立，这些问题仍有待后续上海证券交易所、深圳证券交易所、中国结算等相关业务部门共同出台配套措施。

八、多元化纠纷解决机制不断健全

虚假陈述、内幕交易、操纵市场等违法犯罪行为是资本市场的"毒瘤"。近年来连续发生多起上市公司财务造假案件，严重损害了投资者的合法权益，危及资本市场的健康稳定发展，影响极为恶劣。投资者保护工作作为法治保障的重要议题，但由于证券纠纷专业性较强，投资者维权成本较高。多元化纠纷解决机制的建立，对于提高投资保护水平具有重要意义。

（一）证券纠纷代表人诉讼正式落地

为进一步化解证券纠纷、便利投资者维权，2020 年 7 月，最高人民法院发布了《关于证券纠纷代表人诉讼若干问题的规定》（以下简称《证券代表人规定》）。《证券代表人规定》重点规范以下内容：一是全面规范普通代表人诉讼和特别代表人诉讼程序。二是细化了两类代表人诉讼的程序规定，包括先行审查、代表人的推选、审理与判决、执行与分配等。三是准确回应了代表人诉讼中的实践难题，如代表人诉讼的启动条件、代表人的推选方式、代表人的权限范围、调解协议草案的审查、重大诉讼事项的审查、代表人放弃上诉的处理、特别代表人诉讼的启动等。四是充分发挥投资者保护机构和证券登记结算机构的职能作用，依托信息化技术手段开展各项工作，提高审判执行的公正性、高效性和透明度。

《证券代表人规定》遵循依法合规与机制创新相协调、诉讼效率与权利保障相平衡、实体审查与正当程序相结合的原则，具有以下价值导向与现实意义：一是降低了维权成本，便利投资者提起和参加诉讼；二是提升了诉讼效率，促进证券群体纠纷多元化解；三是践行了正当程序原则，重视当事人诉讼权利的保护；四是强化了实体审查，发挥司法权的监督制约作用。

（二）证券期货行政和解逐步完善

自 2015 年 2 月证监会颁布《行政和解试点实施办法》以来，行政和解在证券纠纷案件中发挥了重要的作用，但行政和解制度的运用仍然过少，其积极作用尚未得到充分发挥。2019 年修订的《证券法》第 171 条对行政和解制度作了专门规定，证监会以此为契机对这一办法进行了修订，于 2020 年 8 月 7 日公布了修订后的《证券期货行政和解实施办法（征求意见稿）》（以下简称《征求意见稿》）。

《征求意见稿》保持原办法框架结构不变，主要修改了以下几方面内容：一是调整了行政和解申请的期间。二是调整了行政和解的适用范围与条件，不再对案件类型作特别限定。三是完善行政和解的启动程序，删除证监会不得主动或者变相主动提出和解建议的规定。四是删除内部征求意见规定。五是完善行政和解金的确定因素。六是完善行政和解金的管理和使用。七是加强当事人权益的保障。八是明确行政和解的信息公开。九是明确记入诚信记录的情形。

《征求意见稿》扩大了案件适用范围，提高了证监会在行政和解过程中的主动性，从程序和实体两方面保障了投资者利益，有利于进一步发挥行政和解在化解行政资源与行政效率之间矛盾方面的积极作用，提高投资者损失受偿的及时性。

九、证券市场执法与司法情况

2020 年资本市场较为活跃，各项改革稳步推进，但证券领域违法犯罪也有所抬头。为此，在从严监管的态势之下，证监会、交易所等不断提高自己的监管能力和执法水平，严厉打击了各类证券违法行为。最高人民法院，一方面，积极化解证券领域纠纷，切实维护投资者权益；另一方面，严厉打击证券犯罪行为，以公布证券期货领域的典型犯罪案例的形式，强有力地威慑了不法行为人。

（一）行政执法情况

2020 年中国证监会共办理案件 740 起，其中新启动调查 353 件（含立案调查 282 件），办理重大案件 84 件，同比增长 34%；全年向公安机关移送及通报案件线索 116 件，同比增长 1 倍。[1] 总计作出行政处罚决定 342 件，同比增长约 16%。其中派出机构作出的行政处罚决定数量明显增加，超过行政处罚委员会全年行政处罚决定数量的两倍。各类行政调查及处罚案件情况如图 2 所示。

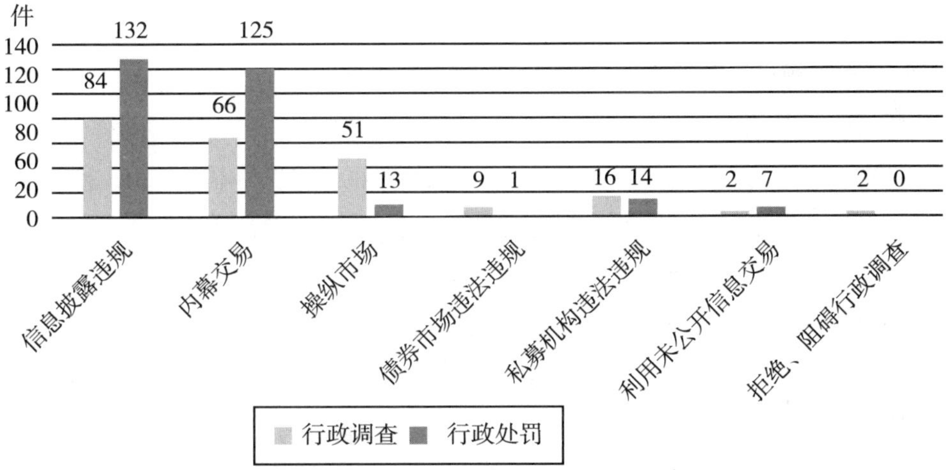

图 2　2020 年证监会行政调查及处罚案件情况

总结 2020 年中国证监会的行政调查和处罚情况，有以下趋势[2]：

（1）对证券违法违规行为的刑事追责力度加大，全年向公安机关移送及通报案件线索 116 件，同比增长 1 倍。

（2）信息披露违规和内幕交易都是执法关注的重点领域，查处力度较大，对中介机构勤勉尽责关注度仍然较高。

（3）上市公司实际控制人操纵公司股价案件凸显，全年先后对 10 名实际控制人启动调查；对 3 名实际控制人作出处罚，其中两名被分别处以终身或 10 年市场禁入。

（4）对债券发行以及持续信息披露违规的关注度逐步提高，全年办理债券市场违法违规

[1] 参见中国证监会：《证监会通报 2020 年案件办理情况》，载 http：//www. csrc. gov. cn/pub/newsite/zjhxwfb/xwdd/202102/t20210205_392292. html，最后访问时间：2021 年 3 月 1 日。

[2] 参见中国证监会：《证监会通报 2020 年案件办理情况》，载 http：//www. csrc. gov. cn/pub/newsite/zjhxwfb/xwdd/202102/t20210205_392292. html，最后访问时间：2021 年 3 月 1 日。

案件9起，主要涉及财务造假、未按规定披露重大事项及定期报告。

（5）对私募违规的关注度逐步提高，全年新增私募机构违法立案案件16起，同比增长33%；受到处罚的私募违规行为仍集中在操纵市场、私募产品未备案、募集违规、产品管理违规、未按约定履行信息披露义务等方面。

（6）对资产管理行业利用未公开信息交易的查处力度依然较强，尤其是涉及私募基金管理人、投资顾问从业人员从事的利用未公开信息交易的情形。

（7）首次依据2019年新修订《证券法》的规定，对上市公司董事长及相关工作人员拒绝、阻碍证监会调查的行为立案调查。根据《证券法》（2014年修正）第230条规定，拒绝、阻碍证监会行使调查、检查职权的，只能由公安机关给予治安管理处罚。而根据2019年新修订《证券法》，证监会可以处以10万元以上100万元以下罚款并由公安机关给予治安管理处罚。

（二）证券市场司法保障情况

1. 切实维护投资者利益

随着我国资本市场法治化进程的不断推进、投资者维权意识的不断增加，2020年全年全国资本市场的受案数量呈现较快的上涨趋势，案件的辐射量和关注度也不断提升。以上海金融法院为例，2020年上海金融法院受理案件总体数量多、类型新、标的额高、执行难度大。案件涉及交易类型多，包括信托通道业务、涉外金融衍生品交易、期货强行平仓、私募有限合伙人对赌、质押式证券回购等市场交易形态。上海金融法院全年受理各类金融案件7230件，审结7235件，同比上升4.97%和4.23%。同时，新类型、大标的额案件不断涌现，全年涉案标的总额达1822.22亿元人民币，同比增长14.51%。[1]

正是由于近年来证券领域新型、大额案件频发，为切实维护投资者利益，解决投资者维权过程中成本较高的问题，集体诉讼制度被赋予众望。集体诉讼制度作为较为便利、低成本的维权渠道，其“聚沙成塔、集腋成裘”的赔偿效应能够对证券违法犯罪行为形成较大的威慑力和高压态势。因此，在《民事诉讼法》第53条、第54条规定关于普通代表人诉讼的基础上，《证券法》第95条第3款规定了“默示加入、明示退出”的特别代表人诉讼，为我国集体诉讼制度的完善提供了法律依据。最高人民法院的《证券代表人规定》通过详细规定具体的程序规则，为各级人民法院正确实施法律，统一裁判尺度，提高证券集体诉讼质量和效率，提供具有可操作性的指引，使证券集体诉讼制度落到实处。

2. 严厉打击证券犯罪行为

随着我国证券市场的不断发展、证券领域各方面的改革不断推进，证券、期货类犯罪也

〔1〕参见人民法院报：《上海金融法院发布2020年度十大典型案例》，载 http：//www. shjrfy. gov. cn/jrfy/gweb/xx_view. jsp? pa = aaWQ9Mzc3NQPdcssPdcssz，最后访问时间：2021年3月2日。

呈现四大特点：一是“新”，证券期货犯罪涉及产品从股票、期货发展到私募债券、期权，作案领域由主板、创业板、中小板向新三板市场蔓延，还出现了跨境、跨市场犯罪案件，利用新概念、新技术实施的犯罪案件也在持续增多，无论是犯罪类型、涉及领域还是犯罪方法手段都呈现新的态势。二是“专业”，从事证券期货犯罪的大部分人员，是证券期货从业人员或者这方面的“行家里手”以及会计师事务所等专门中介机构，这些人员都掌握专业知识，相互之间分工精细，且作案设备精良，专业化、组织化程度很高。三是“隐蔽”，内幕交易、利用未公开信息交易等案件中信息传递方、接收方通常会形成攻守同盟，常常出现“零口供”，办案难度大。四是“逐利”，无论是上市公司法人、高管、股东还是证券期货从业人员，为了牟取私利罔顾法律、毫无底线，严重损害其他投资者的利益。[1]

为此，最高人民法院发布了《7件人民法院依法惩处证券、期货犯罪典型案例》，最高人民检察院、证监会联合发布了《12起证券违法犯罪典型案例》，以典型案例的形式公布这些犯罪案件，体现了司法机关对证券、期货领域犯罪行为的特别关注，形成了从严打击此类犯罪的司法氛围，有利于形成高压的威慑作用，维护证券市场的良好生态环境。

十、结语

2020年正值中国资本市场建立三十周年，综观2020年证券市场法制发展脉络，法律制度供给为证券市场的发展提供了坚实的保障，基础性制度不断发展完善、配套性制度逐步细化落实。具体表现为：上市公司的治理水平不断提升，证券公司的制度规范不断加强，股票市场的制度变革不断深化，债券市场的改革力度不断加强，基金业务的内容体系不断拓展，新三板市场的发展模式不断明晰，多元化纠纷解决机制的体系构建不断完善，证券执法与司法保障水平不断提高。但体制机制性矛盾依然存在，我国证券市场要实现公开透明、规范化、国际化的目标，依然有待更多的法律制度提供充足的保障。目前，我国证券市场注册制改革草创未就，上市公司质量有待进一步提高，中介机构的作用有待进一步发挥，多层次资本市场的构建有待进一步推进，投资者保护机制有待进一步完善……这些都成为我国证券市场发展的重要议题，不断完善规章制度保障证券市场长远发展，是证券法制建设的应有之义，也是证券市场法制完善的不竭动力。

---

〔1〕 参见最高人民检察院：《依法从严打击证券违法犯罪！刚刚，最高检与证监会联合举行新闻发布会》，载https：//baijiahao. baidu. com/s? id =1682600673811748698&wfr = spider&for = pc，最后访问时间：2021年3月3日。

公司法制

国有公司规范的体例调适与制度安排

——以《公司法》新一轮修改为契机

周友苏　周春光 *

目　次

一、国有公司制度的立法模式调适：单独成章之证成

新一轮《公司法》修改背景下对国有公司予以规制在学术界已基本达成共识，但围绕国有公司进行何种立法模式选择却莫衷一是。主流观点有两种：单独立法的模式[1]和《公司法》专章立法模式。[2]国有公司的立法模式应立足于国有公司

* 周友苏，四川省社会科学院研究员、教授，中国法学会商法学研究会副会长；周春光，西南财经大学民商法学博士研究生。西南政法大学赵忠奎博士后为本文提供了宝贵的修改意见，在此致谢。

〔1〕 参见胡改蓉：《〈公司法〉修订中国有公司制度的剥离与重塑》，载《法学评论》2021 年第 4 期；郑彧：《论实际控制人的法律责任——公法的路径依赖与私法的理念再生》，载《财经法学》2021 年第 3 期。

〔2〕 参见赵旭东等：《公司法修改大家谈（笔谈）》，载《西北工业大学学报》（社会科学版）2021 年第 1 期。

的实然存在，在关注国有公司特殊性的同时作出较为适恰的进路选择。

（一）现行《公司法》关于国有公司的体系性规定严重不足

现行《公司法》关于国有公司的规定主要集中于第二章第四节“国有独资公司的特别规定”。为什么《公司法》没有将国有公司的所有类型都予以涵摄，而仅调整国有独资公司呢？这要回溯至 1993 年《公司法》出台之时的背景。当时关于立法框架的讨论聚焦于如何选择公司的具体形式，争议的焦点集中在我国《公司法》规定的公司是应当囊括大陆法系国家公司采取的所有形式，即无限公司、两合公司、股份有限公司、有限责任公司，还是只选择其中的股份有限公司和有限责任公司？多数人的意见认为，我国《公司法》只规定股份有限公司和有限责任公司是适当的，既符合国际发展趋势，也符合我国国情。立法机关最终采用了后一种意见。〔1〕

进一步看，1993 年《公司法》没有对国有公司作出专章规定主要有三个方面的原因：首先，尽管当时已经明确企业改革的目标就是建立现代企业制度，但就现代企业制度是否以公司形式为主导，在认识上并不统一；〔2〕在“股份制”还处于试行阶段、国有企业改革最终采取何种形式为主导尚不清晰的情况下，《公司法》中过多涉及国有公司显然是不现实的。其次，《公司法》在有限责任公司一章中只规定国有独资公司的类型，很大程度是在国企改革形式选择上的“试水”，基本可适应国企改制试点的需要，既然是“试水”，就没有必要列专章来规定国有公司。最后，《公司法》把国有公司当作公司的一般形式来看待并适用一般公司的调整规范，不仅可以应对当时对其特殊性缺乏必要抽象和提炼的立法困境，而且还可以彰显法律对所有企业一视同仁的基本态度。

1993 年《公司法》实施后，公司制度的迅速发展和国企改革的深化程度很快就超越了立法之初的考虑。1997 年党的十五大报告明确提出，建立现代企业制度是国有企业改革的方向，要按照“产权清晰、权责明确、政企分开、管理科学”的要求，对国有大中型企业实行规范的公司制改革，使企业成为适应市场的法人实体和竞争主体。〔3〕这一定位标志着国有企业改革的目标已逐步清晰，公司改制从立法之初“建立现代企业制度的有益探索”发展为“国有大中型企业实行规范的公司制改革”。随后，中央又对国有企业提出按照建立中国特色现代企业制度的构想，有计划、分步骤地“实行规范的公司制改革”的系列要求。〔4〕截至 2021 年年初，我国国有企业已全面完成公司制改制，实现了从依照《全民所有制工业企业

〔1〕 参见周友苏：《新公司法论》，法律出版社 2006 年版，第 5 页。

〔2〕 按照 1993 年 11 月党的十四届三中全会通过的中共中央《关于建立社会主义市场经济体制若干问题的决定》的表述，现代企业按照资产构成可以有多种组织形式，国有企业实行公司制，是建立现代企业制度的有益探索。

〔3〕 参见 1997 年 9 月 12 日江泽民在党的十五大会上所作的题为《高举邓小平理论伟大旗帜，把建设有中国特色社会主义事业全面推向二十一世纪》的报告。

〔4〕 参见 1999 年 9 月 22 日党的十五届四中全会通过的中共中央《关于国有企业改革和发展若干重大问题的决定》。

法》注册的企业到公司企业的转变。[1]公司不仅是我国国有企业改制选择的主导形式，也成为中国特色现代企业制度当之无愧的主导形式。

也应看到，1993年《公司法》出台后虽经2005年、2013年两次较大幅度的修改，但对公司形式确立的立法框架并未出现明显的改变。现行《公司法》在国有公司立法规制上至少存在如下问题：第一，缺乏对国有公司系统性制度的安放，所谓系统性制度，包括了国有公司的定义、国有公司的基本形式、国有公司的治理结构等基本内容。第二，只有关于国有独资公司和国有全资公司的一些规定，而对国有公司中数量最多也最为重要的国有控股公司基本没有涉及，使之只能适用一般公司的规范进行调整。第三，现有涉及国有独资公司和全资公司的条文也十分简略粗疏，国有全资公司只有第44条第2款的规定，完全没有公司治理的内容。缺乏对国有公司的应然规定并不等于国有公司不存在，更不意味着现实的国有公司不需要法律规制。正是基于实然状态下大量国有公司缺乏有针对性的法律规范来调整，为了弥补《公司法》制度供给的不足，实践中国有公司治理的多数规范都来自中共中央和国务院的相关政策性文件（见表1），客观形成《公司法》和政策性文件并行规制国有公司的局面，这也被人认为中国有两套公司法在运行。[2]国有公司的发展现状表明，《公司法》现行规定显然已不能适应实践的需要，应当在本次修法中作出积极的回应。

表1　中共中央、国务院关于国有企业的主要政策性规定

序号	名称	时间
1	中共中央《关于国有企业改革和发展若干重大问题的决定》	1999年9月22日
2	中共中央办公厅、国务院办公厅《关于进一步推进国有企业贯彻落实“三重一大”决策制度的意见》	2010年7月15日
3	中共中央、国务院《关于深化国有企业改革的指导意见》	2015年8月24日
4	中共中央办公厅《关于在深化国有企业改革中坚持党的领导加强党的建设的若干意见》	2015年9月20日
5	国务院《关于国有企业发展混合所有制经济的意见》	2015年9月23日
6	国务院办公厅《关于加强和改进企业国有资产监督防止国有资产流失的意见》	2015年10月31日
7	中共中央组织部、国务院国资委党委《关于扎实推动国有企业党建工作要求写入公司章程的通知》	2017年3月15日

〔1〕参见《国务院新闻办就国企改革发展情况举行发布会》，载中国政府网：http：//www.gov.cn/xinwen/2021-02/24/content_5588623.htm，最后访问时间：2021年6月19日。

〔2〕参见蒋大兴：《国企为何需要行政化的治理——一种被忽略的效率性解释》，载《现代法学》2014年第5期。

续表

序号	名称	时间
8	国务院办公厅《关于进一步完善国有企业法人治理结构的指导意见》	2017年4月24日
9	中共中央办公厅、国务院办公厅《关于加强国有企业资产负债约束的指导意见》	2018年9月13日
10	中共中央《中国共产党国有企业基层组织工作条例（试行）》	2019年12月30日
11	中共中央《关于新时代推进国有经济布局优化和结构调整的意见》	2020年11月2日

（二）《公司法》现有体例难以充分彰显国有公司的特殊性

中国特色的国有公司法律制度根植于国有公司的特殊性之中。《公司法》缺乏国有公司的体系性规定和实践大量适用党中央与国务院的政策性文件说明国有公司从立法上有进一步完善的必要，而要在《公司法》修法中独立成章，更取决于国有公司是否具备立法抽象所必须的特殊性。笔者认为，国有公司在我国经济生活中的地位、股权结构特点和实际运行中特有的公司治理模式，不仅能够为其在《公司法》中独立成章提供有力支撑，而且可以凸显国有公司的专章立法是《公司法》修改中最具中国特色的内容之一。

首先，国有公司在我国经济生活中占有非常重要的地位，发挥着不可替代的作用。这从国有公司在全部公司中所占比重、影响力及其作用可以体现出来。截至2021年6月9日，我国共有上市公司4349家，其中沪市有1908家，深市有2441家。国有公司数为1194家（以第一大股东为国有股东作为依据），占据上市公司的27.46%，尽管总体占比并不显著，但国有公司中许多是上市公司中的大型或特大型公司，例如沪市市值第一的贵州茅台（2.49万亿元）、深市市值第一的五粮液（1.07万亿元），在两市市值排名前10位的20家上市公司中，国有公司占11家（见表2）。由此可见，国有公司在公司企业中具有特殊的影响力，发挥着龙头示范作用。相较而言，西方国有企业在整个国民经济中并不居于主体地位，一般仅占经济总量的5%～15%，[1]也不起主导作用，仅作为一种国家干预经济的手段发挥着调控与补充的作用。

表2　沪深两市市值排名前10位中的国有公司

证券代码	证券简称	大股东名称	大股东性质
600519.SH	贵州茅台	中国贵州茅台酒厂（集团）有限责任公司	国有法人

［1］参见王宏波、陶惠敏：《中西国有企业的性质和功能比较》，载《思想理论教育导刊》2015年第7期。

续表

证券代码	证券简称	大股东名称	大股东性质
601398. SH	工商银行	中央汇金投资有限责任公司	国有法人
601288. SH	农业银行	中央汇金投资有限责任公司	国有法人
601857. SH	中国石油	中国石油天然气集团有限公司	国有法人
601628. SH	中国人寿	中国人寿保险（集团）公司	国有法人
601988. SH	中国银行	中央汇金投资有限责任公司	国有法人
601888. SH	中国中免	中国旅游集团有限公司	国有法人
000858. SZ	五粮液	宜宾市国有资产经营有限公司	国有法人
002415. SZ	海康威视	中电海康集团有限公司	国有法人
000001. SZ	平安银行	中国平安保险（集团）股份有限公司	国有法人
000568. SZ	泸州老窖	泸州老窖集团有限责任公司	国有法人

资料来源：上海证券交易所与深圳证券交易所官网。

国有公司是《宪法》确定的公有制经济的主导企业形态，国有经济是我国国民经济中的主导力量，国有公司借助其股权控制力将国有经济的主导影响力渗透到经济生活的各个方面。因此，国有公司的发展事关国家经济制度的性质，国有公司的地位也需要在法律制度中得到应有体现。这是《公司法》修法中必须回应的重大问题。从另一角度看，国有公司的性质决定其能够适应我国经济发展中市场目标与社会目标的统合。国有公司是党和国家事业发展的重要物质基础和政治基础。国有公司的国有资产属于全民所有，是保障人民共同利益的重要力量。改造国有公司现行制度，实现市场目标与社会目标的兼容，是当下我国《公司法》改革所面临的一项艰巨任务。[1]《公司法》作为保障市场经济运行的重要法律之一，需处理好市场目标与社会目标之间内生性的紧张关系。如何在《公司法》中妥善安放国有公司，并借助其实现双重目标统合效果的提升，是《公司法》修法的应有之义。

其次，国有公司的股权结构呈现出从独资到绝对控股再到相对控股的发展态势。国有公司改革历程的变迁与我国经济转型密切相关：一方面，国有公司的股权结构在《公司法》出台早期具有集中的特点，这与不少国有企业改制采取国有独资公司或国有全资公司密切相关，也构成1993年《公司法》出台时没有规定国有控股公司的实践基础。此后一段时期内改制上市的国有公司中国有股“一股独大”的现象也十分突出，成为不少学者批评的国有公司存在的问题之一，反映出改革过程中以往制度惯性的影响和新企业形态尚未定型的实际。需要指出，国有公司股权集中的结构是受特定因素影响形成的，既有深化改革的必要性，也有着现实合理性。我们看到，在很多重要场合和历史时刻，国有资本占优势的国有公司发挥了关键性作用。如应对新冠肺炎疫情的过程中，正是大量的国有独资和国有控股公司勇挑重

〔1〕 参见冯果：《整体主义视角下公司法的理念调适与体系重塑》，载《中国法学》2021年第2期。

担，以社会目标为重，在应急保供、医疗支援、复工复产、稳定产业链和供应链等方面发挥了中流砥柱的作用。〔1〕另一方面，随着公司制改革的不断深化，尤其是随着证券市场的发展，国有上市公司相对控股现象越来越普遍，不仅原有国有股“一股独大”和持股50%以上绝对控股局面得到改观，而且出现了许多国有持股在30%以下的相对控股公司，国有公司股权结构渐次呈现分散化的趋势，这不仅使国有经济对国民经济的控制力与竞争力大幅度增强，而且提出了国有控股公司，尤其是国有相对控股公司，如何在《公司法》修法中得到规制的重要问题。

最后，国有公司治理是最具国有公司特色的内容。国有公司治理立足于两个特别的背景：一是党的领导在公司治理结构中必须居于核心地位，这是中国特色社会主义最本质特征和最大优势所在；二是在公司治理过程中要保证国有资本的控制力，以此来实现国有资产的保值增值。从治理结构的特点看，公司治理首先指向公司组织机构的设置和权力配置。由于我国现行《公司法》对国有公司并无特别的规定，国有公司治理结构主要依据党中央和国务院政策性文件来形成基本架构。国有公司经过长期探索已形成较为成熟经验和定型内容的是：党组织在公司治理中必须发挥领导核心和政治核心的作用。党的领导是国有公司的“根”和“魂”。这一特征与包括非国有公司在内的非公企业的党组织“在职工群众中发挥政治核心作用，在企业发展中发挥政治引领作用”有着明显的区别。发挥党组织的领导核心和政治核心作用并非是在国有公司中引入新的领导体制和嵌入新的政治结构，而是把党的领导嵌入公司治理各环节，党组织成为公司治理结构的重要组成部分。从国有资产管理看，国有公司如何体现国有控股地位并通过它来保证党组织对公司“三重一大”（重要干部任免、重要事项决策、重要项目安排、大额资金的使用）事项决策过程中的足够影响力，使党组织真正成为公司治理结构的有机组成部分；国有公司如何建立有效的机制来对作为国有资产代理人的公司董监高发挥好激励、监督和制衡作用等内容，都是国有公司治理的特殊问题。从实质上看，公司治理就是对公司组织机构及其成员履行职责的规制过程，需要依法合规，遵循公司治理的一整套制度体系规则。所有这些都需要在《公司法》修法中得到相应的回应。

（三）国有公司单独成章的体例优势

围绕国有公司进行全面系统的规定，从必要性与可行性角度审视是较为合理的。在《公司法》修改的背景下，国有公司选择何种立法进路更为适宜呢？笔者认为采取单独成章的立法体例是较为适恰的选择。国有公司单独成章的体例具有立法成本低、规范统合性高、修法思路连贯三个方面的优势：首先，国有公司单独成章的立法成本较低。法律资源的稀缺性与有限性决定了立法时必须权衡成本与收益，合理分配法律资源。国有公司单独成章的立法成

〔1〕 参见《从央企抗疫看中国力量》，载中国网：http：//www.china.com.cn/opinion2020/2020－09/11/content_76693892.shtml，最后访问时间：2021年6月23日。

本较低是相对于国有公司单独立法而言的。此外，单独成章的立法选择还可以加快立法速度，提高立法效率，便于国有公司急需的规范能与修订后的《公司法》一并出台。其次，国有公司单独成章的规范统合性更高。国有公司虽具有特殊性，但也会呈现公司一般性的特征。将国有公司置于《公司法》中单独成章，可在对国有公司特殊性内容进行规定的同时，也将其一般性内容纳入公司制度中进行普适性调整，使《公司法》规范的统合性更高，《公司法》的整体性功能将得到进一步彰显。最后，国有公司单独成章可以保证修法思路更为连贯。综观《公司法》以往历次沿循的修法逻辑，就是对特殊公司采取专节特别规定的方式。1993 年《公司法》以专节规定了国有独资公司，2005 年《公司法》以专节形式增加了一人有限责任公司的特别规定和上市公司组织机构的特别规定。其中一人公司作为有限责任公司的特别形式，《公司法》对其的特别规定与对有限责任公司一般性规定构成一般法与特别法的关系：专节有规定的，适用专节规定；专节没有规定的，适用有限责任公司的一般性规定。易言之，用特别法规制特殊性主体，无特别规定则适用《公司法》的一般性规定，这便是我国《公司法》修法的基本逻辑。国有公司作为专章存在是对这一修法逻辑的延续，只是将“专节”变成了“专章”，不仅保证了修法思路的连贯性，而且便于人们对《公司法》新内容的理解与把握。

总的来说，国有公司的立法不是脱离《公司法》自行其是，而是在《公司法》框架内建立起中国特色国有公司较为系统的法律规范，因此，国有公司在本次《公司法》修订中不需要另起炉灶，单独制定一部国有公司法，现行《公司法》修改后能够为中国特色国有公司治理提供足够的适用空间。现行《公司法》修改单列一章来对国有公司进行规制，可以将国有独资公司、全资公司和控股公司全部纳入其中。

二、国有公司规范展开的逻辑前提：国有公司之概念界定

对国有公司进行立法设计需明晰国有公司规范展开的逻辑前提，因此对国有公司的界定便成为研究的起点。对国有公司的界定可从内涵与外延两个维度展开。以国有公司的实然状态审视，由此可见国有相对控股公司实为国有公司的关键环节，明确国有相对控股公司的判断标准将为国有公司的界定提供坚实的理论基础。

（一）国有公司概念模糊

笔者在中国知网以“国有公司”与“定义”或“概念”为主题词进行单句检索，合计检索出 139 篇文献，逐一进行梳理后发现至今鲜有文献对国有公司的概念进行明确界定。较具官方意味的文件是 2003 年国家统计局《关于征求对国有公司企业认定问题意见的函》，其

从广义角度认为国有企业是具有国家资本金的企业，分为三个层次：一是纯国有企业；[1]二是国有控股企业；[2]三是国有参股企业。[3]该文件从内涵与外延两方面对国有公司制企业的概念予以表达，也是学术界较为常见的讨论范式。具体到内涵维度审视，有观点认为国有公司是其财产完全属于或者相当部分属于国家所有，并且国家对全部财产具有控制支配力的公司。[4]另有观点主张将实际控制人为政府机构或其他国有企业的公司定义为国有公司。[5]具体到外延角度审视，有观点认为股份制改造后的国有企业呈现以下几种形态：一种是数量占比较低的国有独资企业，主要分布在公益领域及部分基础产业，而大部分国有企业为国有控股公司或国有参股公司，属于典型的混合所有制企业。[6]有观点以国有产权比例为标准，将国有企业以分为国有独资公司、国有控股公司和国有参股公司等。[7]更有学者认为，国有企业至少有五种现存类型：全民所有制企业、国有独资公司、国有全资公司、国有控股公司、国有参股公司等。[8]以上表明，无论是从内涵角度还是从外延层面对国有公司的概念界定都不够清晰。

现实中除了《公司法》外还存在一些涉及国有企业内容的法规性文件，[9]经查阅后发现，这些法规要么是使用“国有企业”的概念来作出的有关规定，要么是对国有资产监督管理的规定，大多未直接使用“国有公司”概念，即使有个别涉及国有公司概念的，也并未对国有公司的内涵和外延作出界定。因此，国有公司概念在现行法律法规规定中也处于模糊状态。

（二）《公司法》框架下国有公司审视

《公司法》并没有对国有公司的外延进行界定，直接涉及国有公司的内容仅有国有独资

---

〔1〕 纯国有企业包括国有独资企业、国有独资公司和国有联营企业三种形式，企业的资本金全部为国家所有。

〔2〕 根据国家统计局《关于统计上国有经济控股情况的分类办法》的规定，国有控股包括国有绝对控股和国有相对控股两种形式。国有绝对控股企业是指在企业的全部资本中，国家资本（股本）所占比例大于50%的企业。国有相对控股企业（含协议控制）是指在企业的全部资本中，国家资本（股本）所占的比例虽未大于50%，但相对大于企业中的其他经济成分所占比例的企业（相对控股）；或者虽不大于其他经济成分，但根据协议规定，由国家拥有实际控制权的企业（协议控制）。

〔3〕 国有参股企业是指具有部分国家资本金，但国家不控股的企业。

〔4〕 参见贾宇、舒洪水：《论刑法中“国有公司”及“受委派从事公务的人员”之认定》，载《法学评论》2002年第3期。

〔5〕 参见王克敏等：《上市公司“出身”与盈余质量研究》，载《中国会计评论》2009年第1期。

〔6〕 参见杨瑞龙：《探索国有制与市场经济相兼容的中国特色改革道路》，载《中国人民大学学报》2021年第3期。

〔7〕 参见廖红伟、杨良平：《以管资本为主新型监管体制下的国有企业深化改革研究》，载《学习与探索》2018年第12期。

〔8〕 参见李建伟：《国有企业特殊法制在现代公司法制中的生成与安放》，载《中南大学学报》（社会科学版）2017年第3期。

〔9〕 如最高人民法院《关于如何认定国有控股、参股股份有限公司中的国有公司、企业人员的解释》、国务院国有资产监督管理委员会《关于施行〈上市公司国有股东标识管理暂行规定〉有关问题的函》、国家统计局、国家工商行政管理总局《关于划分企业登记注册类型的规定调整的通知》《企业国有资产交易监督管理办法》《国有企业境外投资财务管理办法》《企业国有资产监督管理暂行条例》等。

公司和国有全资公司的规定，另外根据《公司法》关于一般公司的规定和对控股股东的解释，可以从外延视角概括出现实中的国有公司有四类：一是国有独资公司，依据《公司法》第 64 条第 2 款的规定，国有独资公司是指国家单独出资、由国务院或者地方人民政府授权本级人民政府国有资产监督管理机构履行出资人职责的有限责任公司，即由政府国资委履行出资人职责的公司。二是国有全资公司，依据《公司法》第 44 条第 2 款的规定，国有全资公司是指两个以上的国有企业或者两个以上的其他国有投资主体投资设立的有限责任公司。由此可见，国有独资公司与国有全资公司区别主要在于履行出资人职责的机构或组织不同。三是国有控股公司，分为绝对控股的国有公司和相对控股的国有公司。依据《公司法》第 216 条第 2 项的规定，绝对控股指持股占公司资本总额 50% 以上；相对控股指持股比例虽然不足 50%，但享有的表决权已足以对股东会决议产生重大影响。四是国有参股公司，根据前述《关于征求对国有公司企业认定问题意见的函》的说明，国有参股企业是指具有部分国家资本金，但国家不控股的企业。

通过梳理可知，虽然国有独资公司、国有全资公司、国有控股公司、国有参股公司都有国有资本的注入，但依《公司法》的现行规定来看，不宜将国有参股公司纳入国有公司体系。原因有二：其一，《公司法》中虽未有条款涵摄国有控股公司，但对控股有专门的说明，国有参股公司不是控股公司，相对普通公司而言并不具有特殊性，可适用《公司法》关于投资入股的一般原理。其二，依照《公司法》对控股的解释，控股包括绝对控股和相对控股两种情形，而国有参股是指国有资本并未达到两种情形的程度，或者说依国有资本所享有的表决权不足以“对股东会、股东大会的决议产生重大影响”，在公司治理上也无须实行《公司法》规定以外的做法。依据中共中央和国务院有关文件规定的要求，国有企业应当实行体现党的领导的法人治理结构，这也意味着只有按照该要求建立特殊治理结构的公司才能被纳入国有公司的范畴。现实中并未强制要求国有参股公司实行国有公司治理，而是按照《公司法》上的一般公司进行治理，所以国有参股公司不宜被纳入国有公司的范围，应当将其作为一般公司看待。除了国有资产管理的行为需特别遵守国有资产管理的法律法规之外，其余公司治理的行为均应受《公司法》调整。

综上所述，从外延上看，国有公司包括国有独资公司、国有全资公司、国有控股公司三大类（见图 1）；从内涵上看，依据《公司法》对控股股东的解释，可以采取“二分法”来划分国有公司：一种是国有资本“占公司资本总额 50% 以上”当然归属于国有公司，包括国有独资公司、国有全资公司、国有绝对控股公司，这类公司比较容易辨识；另一种是国有资本占公司资本总额不足 50%，但享有的表决权已足以对股东（大）会决议产生重大影响的国有相对控股公司。尽管《公司法》对相对控股作出了界定，但如何据此来认定公司实践中国有相对控股公司却并非易事，难点主要在于何种情形属于“国有资本享有的表决权已足以对股东（大）会决议产生重大影响”，值得进一步讨论。

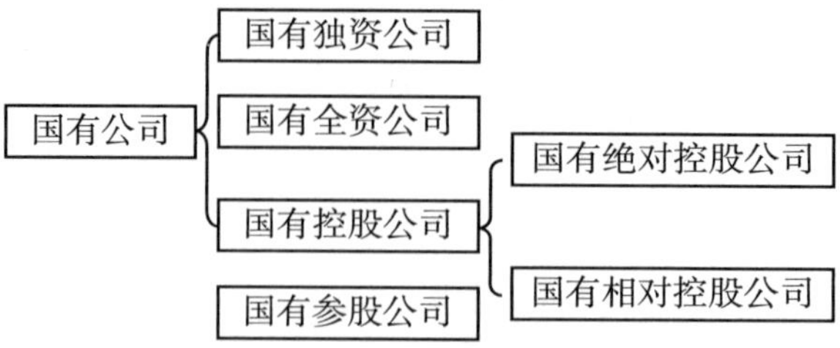

图1 《公司法》规范下国有公司的类型划分

（三）国有相对控股公司的界定

国有相对控股公司属于混合所有制的国有公司。它可以“放大国有资本功能，提高国有资本配置和运行效率，实现各种所有制资本取长补短、相互促进、共同发展”。因此党和国家要求“推进国有企业混合所有制改革”。[1]近年来，我国在国有企业“混改”上已经取得不小的进展。笔者对截至2021年3月底国有上市公司中国有股东作为第一大股东的持股比例数据作了统计和实证分析，[2]凸显出国有相对控股公司在国有公司中的重要地位（见表3）。

表3 国有股东作为第一大股东的持股比例分布（截至2021年3月底）

第一大股东持股比例	国有上市公司数量（合计1194家）	所占比例
50%以上（包含50%）	392家	32.8%
30%～50%（包含30%）	356家	29.8%
20%～30%（包含20%）	303家	25.4%
20%以下（不包含20%）	143家	12%

资料来源：CSMAR系列研究数据库资料。

由表3可知：首先，第一大股东持股比例高于50%的国有上市公司有392家，占比不足1/3，说明早期国有股“一股独大”的现象有所改变，一定程度上反映出国有公司的股权结构变化有渐次分散的信号；其次，上市公司中国有第一大股东持股比例低于50%以下的占比为67.2%（大于1/3），由此可见在数量上，国有上市公司中国有相对控股公司占据主导地位，国有相对控股公司成为国有公司需要重点规制的对象；最后，在国有相对控股公司中，30%～50%、20%～30%、20%以下的不同区间，公司数量是呈现逐渐减少的趋势，第一大股东的持股比例越低，股权所对应的表决权数量就越少，股东通过表决权来对股东会决议产生重大影响的难度就越大。由此便产生是否应对国有相对控股公司中国有第一大股东的持股比例设置下限的问题，如果没有下限，能不能仅凭国有股东是公司的第一大股东就将该公司界定为国有公司？

〔1〕参见中共中央、国务院《关于深化国有企业改革的指导意见》（中发〔2015〕22号）。

〔2〕数据显示，截至2021年3月底，我国共有上市公司4248家，其中第一大股东为国有股东的公司为1194家。

笔者认为，国有股东作为公司第一大股东应当是认定国有公司的必要条件，但不是充分条件。也就是说，还需要具备其他必要条件才能符合国有公司的标准。之所以要将国有股东为公司第一大股东作为认定国有公司的必要条件之一，是因为如果国有股东连公司第一大股东的身份都没有，何谈控股地位？又何谈是国有控股公司？之所以认为这只是要件之一而不是认定国有公司的全部要件，是因为符合第一大股东条件并非就能符合《公司法》关于“所享有的表决权已足以对股东会、股东大会的决议产生重大影响”的要求，在上市公司实践中，已经出现在股权分散的情况下没有控股股东和实际控制人的现象。[1]即使国有股东在这类公司中是第一大股东，也难以符合《公司法》对控股界定的标准。不仅如此，更重要的理由还在于国有公司除了国有控股的本质特点外，还包括了诸如国有公司行为的双重目标性与特有的公司治理等内容。因此，对国有相对控股公司的界定可以考虑从外观标准和实质标准两个方面予以统筹和明晰。

1. 外观标准。外观标准是指根据国有股东持股情况和实际控制情况来作出判断的标准，前者也称为持股条件，后者也称为实质控制条件。由于这一标准基本可以根据现行《公司法》来作出判断，因此是较为直观明了的标准。

（1）持股条件，具体指国有股东在公司中的持股地位和持股比例。首先，持

股地位必须符合作为公司第一大股东的要求，否则划归国有公司就不适格；其次，持股比例可以考虑设置一个基本下限，具备公司第一大股东身份且国有股东持股比例达到下限的，即视为符合持股条件的要求。关于持股比例的下限，中国证监会2020年修正的《上市公司收购管理办法》第84条第2项规定了“投资者可以实际支配上市公司股份表决权超过30%”可认定为“拥有上市公司控制权”；另外，该会2019年3月发布的《首发业务若干问题解答》中还规定，“第一大股东持股接近30%，其他股东比例不高且较为分散，公司认定无实际控制人的”，可将持股不足30%的第一大股东认定为实际控制人。考虑到上市公司股权分散化加强的趋势，结合证券市场国有公司的实际，笔者认为，上市公司可将20%作为国有第一大股东持股比例的下限。

（2）实质控制条件，具体指符合《公司法》关于表决权足以对股东会决议“产生重大影响”的要求。这一条件尽管相对抽象，但可以参照有关法规的规定来界定，包括两种途径，其一是国有第一大股东与第二大股东持股有足够的差距，[2]第二大股东的意见不能对第

---

[1] 截至2020年12月31日，在4154家上市公司中，没有直接控股股东的有238家，没有实际控制人的为262家；既没有直接控股股东，又没有实际控制人的为188家。数据源于CSMAR系列研究数据库资料。

[2] 笔者曾就母子公司划分标准对第一大股东和第二大股东持股差距作过研究，认为对上市公司而言，若第一大股东与其第二大股东拥有该上市公司的有表决权股份之差额为该上市公司发行在外股份总额的10%以上时，推定其第一大股东为该上市公司的相对控股母公司；对于非上市公司（包括有限责任公司）而言，若其第一大股东拥有该公司的有表决权股份占其股份总额30%以上，且与其第二大股东拥有的表决权股份之差额在20%以上时，推定第一大股东为该公司的相对控股母公司。

一大股东的决定构成实质影响，第一大股东可以直接依自身持股的表决权对公司机关决议产生重大影响。其二是国有第一大股东通过协议或其他安排，与其他股东形成一致行动人，保证国有股东的优势表决权，取得对国有公司的实质控制。对于这种情况，笔者通过对第一大股东持股比例在20%以下的国有相对控股公司持股比例与实际控制情况〔1〕进行分析发现，在掌握公司实质控制权上，有7家〔2〕公司是通过《表决权委托协议》取得，有5家〔3〕公司是通过《一致行动人协议》取得，共占总数的60%。可见，协议约定路径成为国有第一大股东取得实质控制权的主要方式。据此，笔者认为，即便国有第一大股东没有达到持股比例20%下限，但如果与第二大股东持股比例存在足够差距，或已经通过协议约定等方式取得对公司实质控制权的，也应当视为符合国有公司认定的外观标准。

2. 实质标准。相对外观标准而言，实质标准是界定国有相对控股公司更为重要的标准。国有公司是国有企业的主导形式，是“党和国家事业发展的重要物质基础和政治基础”。〔4〕国有公司不仅要具有国有企业的形式，更须具备国有企业的实质内容。因此，这一标准必须与国有企业的性质、行为目标、党和国家对国有企业的控制程度密切相关。从某种意义上讲，实质标准不仅是《公司法》上的识别标准，更是一种政治标准，不符合这一标准的，不能划归国有公司的范畴。笔者认为，最能体现国有公司实质标准的就是国有公司的治理模式。国有公司治理是国有公司最为鲜明的特征，也是界定国有公司最重要的标准。如前所述，国有公司治理模式目前是由党中央和国务院的政策文件进行规定，其中最重要也是最核心的内容就是党的领导，党的领导要融入公司治理的各环节，党组织在公司治理中必须发挥领导核心和政治核心的作用，包括党管干部、党组织对公司“三重一大”事项的决策作用，在公司章程中对党组织参与公司治理的内容作出规定等。〔5〕将国有公司特有的治理模式作为界定国有相对控股公司的实质标准，为国有公司的界定和《公司法》专章规定国有公司提供了重要依据，据此也可得出结论：国有股东持股达到50%以上的公司，必须按照国有公司治理模式和准则来规范公司行为；国有第一大股东持股在30%～50%的公司，也应当按照国有

〔1〕 选取第一大股东持股比例在20%以下的国有相对控股公司更能反映出国有股掌控公司话语权的方式，笔者随机选取了20家第一大股东持股比例在20%以下的国有相对控股公司进行分析，分别是600638.SH新黄浦、300281.SZ金明精机、300088.SZ长信科技、300185.SZ通裕重工、000725.SZ京东方A、300091.SZ金灵通、300422.SZ博世科、002564.SZ天沃科技、000827.SZ秦机、603637.SH镇海股份、600653.SH申华控股、600103.SH青山纸业、002783.SZ凯龙股份、000420.SZ吉林化纤、002449.SZ国星光电、600601.SH方正科技、600116.SH三峡水利、002321.SZ华英农业、300142.SZ沃森生物、002386.SZ天原股份，数据来源于以上各公司2020年年报。

〔2〕 300088.SZ长信科技、300185.SZ通裕重工、000725.SZ京东方A、300091.SZ金灵通、300422.SZ博世科、002564.SZ天沃科技、000827.SZ秦机。

〔3〕 603637.SH镇海股份、600653.SH申华控股、600103.SH青山纸业、002783.SZ凯龙股份、000420.SZ吉林化纤。

〔4〕 中共中央、国务院《关于深化国有企业改革的指导意见》（中发〔2015〕22号）。

〔5〕 参见2010年7月15日中共中央办公厅、国务院办公厅印发《关于进一步推进国有企业贯彻落实“三重一大”决策制度的意见》。

公司治理模式和准则来规范公司行为；国有第一大股东持股在20% ~30%的公司，原则上应参照国有公司治理模式和准则来规范公司行为；国有第一大股东持股不足20%的公司，依照国有公司治理模式和准则来规范公司行为的，应当认定为国有公司。

三、国有公司治理中的特殊代理问题：代理链条过长

党的领导融入国有公司治理各环节是国有公司治理模式最重要的特点，但并不等于国有公司治理模式只具有这一特点。公司治理是在股权多元化基础上，通过对公司组织机构的设置和权力配置，并对公司各组织机构及其成员的履职行为进行约束，平衡和协调相关主体间的利益关系，形成既有合力和活力，又有制衡和效率的公司运行机制的制度。公司治理包括公司治理结构、公司治理行为、公司治理过程、公司治理规则和公司治理效果等方面的内容。党的领导和党组织的地位作用主要是从公司治理结构角度来讨论的，与公司组织机构的设置和权力配置密切相关。国有公司治理作为贯穿于公司存续全过程的制度，基于国有资产管理的背景和要求，除了公司组织机构设置和权力配置上体现的特点，在公司治理行为上，如公司组织机构、控股股东和实际控制人、法定代表人和董监高的义务与责任等方面都有一些与一般公司治理不同的特殊问题，需要在《公司法》修法中予以回应。

公司治理是以上市公司为原型设计的制度。"代理问题"和"代理成本"是学者们讨论公司治理时热衷运用的一种理论工具。"当被称为委托人的一方的福利，取决于被称为代理人的一方的行为时，就产生了代理问题。"[1]代理问题与股东人数和股权结构密切相关，股东"公众化"程度越高，代理问题也就越突出。为了保持委托人与代理人行为目标的一致性或减小行为目标的偏离度，需要提高代理人对委托人的忠诚度以及对代理人行为进行必要的监督约束，代理成本也就因此产生。公司治理就是为解决"代理问题"而作出的制度设计，其制度逻辑十分清晰：通过公司治理来降低和减少代理成本。一方面，对代理人施加忠实义务、勤勉义务和法律责任，约束控股股东、实际控制人和董监高的行为，督促其自觉地为公司追求经营效率最大化目标尽职尽责；另一方面，采取有效的监督措施来防止和减少控股股东、实际控制人和董监高损害公司利益的行为。在国有公司中，根据《企业国有资产法》规定"国有资产属于国家所有即全民所有"，国务院和地方人民政府"分别代表国家对国家出资企业履行出资人职责，享有出资人权益"。显然，国务院和各级地方政府在国有公司中居于作为第一大股东的委托人地位，而通过授权委托代表其履行出资人职责的机构和具体派到公司担任董监高的管理者则处于代理人的地位。在公司治理结构（组织机构设置和权力配置）已经确定的前提下，国有公司治理也要着眼于解决代理问题，即最大限度减少代理成

[1] 罗培新：《公司道德的法律化——以代理成本为视角》，载《中国法学》2014年第5期。

本，最大限度提高公司效率，以实现国有资产的保值增值。

应当看到，国有公司与一般公司在公司治理中面临的“代理问题”尽管具有共性但也有自身的特殊性。以上市公司为例，研究表明，解决代理问题采用的公司治理方式与公司股权集中和股权分散两类结构具有相关性：在股权集中，尤其是“一股独大”的情形下，公司治理面临的主要问题是控股股东或实际控制人与中小股东因异质化形成的矛盾冲突，重点是防止和杜绝控制股东或实际控制人采取关联交易等手段来“掏空公司”的行为。当前中国证监会针对一般上市公司出现此类行为采取的是抓“关键少数”和“追首恶”的思路，其对象主要指向控股股东或实际控制人。而在股权分散的情形下，由于没有控股股东或实际控制人，公司治理要解决的主要是作为公司管理者的董监高不履行信义义务，甚至损害公司利益及全体股东利益的“内部人控制”问题。

但是，公司治理中解决“代理问题”的这一思路却并不一定适用于国有上市公司。尽管国有上市公司“一股独大”的现象已逐渐减少，但无论是国有绝对控股公司还是国有相对控股公司，都不存在因股权分散化而没有控股股东的情况。那么，是否能因国有公司股权集中而将国有公司治理重点定位为解决控股股东或实际控制人“掏空公司”而损害公司和中小股东利益的行为呢？回答显然是否定的。应当看到，国有上市公司在公司治理上面临的“代理问题”有着不同于一般上市公司的特殊性：

1. 国有资产因授权委托机制导致了代理链条过长，容易出现“所有者缺位”和对代理末端缺乏有效控制的情况。代理链条过长主要源自国有资产的授权委托机制。国有资产至少需要几次授权委托才能到达企业管理者的层次。由于国有公司中国有资产主体的特殊性，国家、国有资产管理部门、国有公司管理者之间存在的层层委托代理关系加剧了代理问题的复杂性。[1] 按照《企业国有资产法》的规定，国有资产属于全民所有，只能由国务院或地方政府作为国家代表行使对国有公司的出资人权利，这就有了法律规定的第一层次的授权委托；国务院和地方政府对国有公司享有的股权不可能大小事项都亲力亲为，需要授权委托给其属下的国有资产监督管理机构来履行监管职责，这就有了第二层次的授权委托关系；而国有资产监管机构作为机构还需要委派有关工作人员作为股东代表到国有公司具体行使股权或选派工作人员到国有公司担任管理者，于是又有了第三层次的授权委托关系；如果出资人是国有企业，则还可能有第四层次甚至更多层次的授权委托关系。与民营公司通常由出资人股东担任公司管理者相比，国有公司从出资人到管理者可能会多出二至三个层次，如果任何一个层次上代理机制不健全或具体人员履职不力，就可能出现“所有者缺位”和代理链条上必要监督制约脱节的问题，从而增大代理成本。

2. 与代理链条过长问题相伴，国有上市公司在股权相对集中情况下容易出现的现象主要

---

〔1〕 参见林琳、潘琰：《经营环境不确定性、内部控制质量与国有上市公司的价值创造效果》，载《湖南社会科学》2019 年第 2 期。

不是控股股东或实际控制人通过"掏空公司"来损人利己的问题，因为作为控股股东的国家不具有损人利己的动机，而作为其代理人的管理者也一般不愿冒风险去做损人不利己的事情，而问题恰恰是一般上市公司在股权分散情况下容易出现的"所有者缺位"和"内部人控制"现象。国有控股股东对公司管理者行为的影响体现为股权上的超弱约束。[1]我们看到，如果国有资产代理链条末端存在监督机制薄弱或缺失监督制衡的情况，作为代理人的管理者，尤其是作为国有公司主要负责人的董事长、总经理则可能因此控制公司，变成了公司实际上的"老板"，一旦权欲、私欲膨胀不受控制，就可能出现机会主义行为：或是过分地在职消费，增大公司成本；或是以权谋私，贪污贿赂；或是偷懒怠惰、不负责任、玩忽职守，导致包括国有大股东在内的全体股东利益受损。例如，近年国有公司出现的赖小民案就十分典型，赖小民在担任中国华融资产管理股份有限公司党委书记兼董事长期间，利用职权之便收受贿赂共计折合人民币 17.88 亿余元，这种为个人私利而不惜损害包括自己委托人在内的全体股东利益的现象并不鲜见，可见内部人控制产生的问题危害程度之大。

3. 国有公司监督机制的薄弱。形式上的完备与治理效果的完美并不能相提并论。虽然国有公司组织机构在形式上较为完整，但功能效果的体现却差强人意，尤以监督机制的薄弱为甚。投资者多元往往只是徒有其表，经济民主理念难以真正贯彻于公司运行的实践，[2]监事会难以落实监督职责，监督机制在内部控制人的操控下明显失灵。对国有公司管理层的监督事实上只能由政府履职，而政府监督效能可能会因履职不力和信息不对称受到弱化。同时，国有公司管理者的任职大多与政府行政行为有着千丝万缕的联系，管理者薪资收入受企业经营效益的影响较小，缺少内生性利润激励制度，而私人股东的外部监督也难以形成有效机制，造成内部人实质掌握了公司控制权。权力制衡机制的缺乏自然会导致内部人滥用权力风险的增加，不利于国有公司的持续稳定发展。

四、《公司法》国有公司制度安排：专章规则的具体设计

基于《公司法》对国有公司专章规定的必要性和可行性，国有公司专章内容应当在明确界定国有公司概念的基础上，主要围绕公司治理这一主线来展开。在体例安排上，可将现有的国有独资公司一节纳入其中，根据《公司法》对公司形态的整体修改思路，针对不同类型的国有公司治理作出统筹安排，重点是混合所有制中的控股和相对控股的国有公司。这类公司治理涉及的主要内容和规则安排可作如下考虑。

---

〔1〕 参见杨华军、胡奕明：《制度环境与自由现金流的过度投资》，载《管理世界》2007 年第 9 期。

〔2〕 参见赵万一、华德波：《公司治理问题的法学思考——对中国公司治理法律问题研究的回顾与展望》，载《河北法学》2010 年第 9 期。

（一）明确党组织在公司治理中的地位和作用

中国特色的国有公司制度应突出党组织在公司治理中的核心地位，从立法上明确和保证党组织在公司治理中的地位和作用。这并非在国有公司中引入新的领导体制和嵌入新的政治结构，更不是对公司治理结构的取代，而是把党的领导融入国有公司治理各环节，党组织成为国有公司法人治理结构的有机组成部分。现行《公司法》第 19 条关于党组织在公司开展党的活动只能是针对一般性公司的原则性规定，远不能适应国有公司加强党的领导的要求。《公司法》修订设置国有公司专章的主旨，就是要对国有公司党的领导的特有问题作出直接回应，将目前规制国有公司治理的党中央和国务院的政策性文件与《公司法》进行有效衔接并上升为法律，完善涵摄整个公司治理全过程和全部内容的相关特殊性规则。

党组织在公司治理中的地位和作用宜在《公司法》专章中明确宣示并作出原则性规定，具体内容主要通过公司章程来完成。这不仅有立法技术上考量的因素，还在于可以此提升国有公司章程的法律地位。公司章程本身就是公司治理结构的集中体现，章程条款只要不违反法律、行政法规的强制性规定，就具有规范公司内部各行为主体的效力，也意味着具有法律上的效力。国有公司完全可以依托国有资本的控制地位，根据《公司法》的“资本多数决”原则，通过公司章程依法配置各公司机关的权力，使党组织地位和作用组织化、制度化、具体化、法定化。公司章程可以明确规定党组织和其他治理主体的权责边界，形成各司其职、各负其责、协调运转、有效制衡的公司治理机制。目前，许多国有公司在通过修改章程将党组织的机构设置、职责分工、工作任务和工作方式纳入公司的管理体制、管理制度、工作规范之中。通过这些规定，保证党组织对公司“三重一大”事项有足够的决策影响力，使党组织真正成为公司法人治理结构的有机组成部分。[1]

笔者认为，规定党组织参与国有公司治理相关内容时还应当把握以下要点：首先，明确发挥党组织在国有公司中的领导核心和政治核心作用应以提高企业效益、实现国有资产的保值增值为重要目标。国有公司作为营利性法人必须将提高效益放在非常重要的位置，不能本末倒置。其次，党组织对公司治理的介入是全方位的，针对国有公司在公司治理上的特点，更多引导和促成公司治理上“善治”与“良治”的机制形成，当前尤其应当加快形成董事会、经理层管理者行为规范化的监督机制。最后，发挥共产党员先进性在国有公司治理中的模范带头作用，不断增强党组织在公司内部的领导力、号召力和凝聚力。

---

〔1〕 如深圳证券交易所市值排名第一的宜宾五粮液股份有限公司通过对公司章程进行修订，将党组织在公司治理中的地位与作用进一步予以强化。公司章程明确依据《中国共产党章程》《中国共产党国有企业基层组织工作条例（试行）》规定，国有企业重大经营管理事项必须经党委研究讨论后，再由董事会或者经理层作出决定，同时强调董事会决定公司重大问题必须由公司党委前置研究讨论，还对党委领导班子的构成与党委的具体职责进行了细化规定。参见《深圳证券交易所五粮液公司章程（2021 年 6 月）公告》，载 http：//www. szse. cn/disclosure/listed/bulletin Detail/index. html? 73096f84 -38fd -4d16 -a291 -68f0a7f6f092，最后访问时间：2021 年 7 月 12 日。

（二）建立功能强大的董事会

强化董事会功能不能回避公司治理模式选择上的“董事会中心主义”与“股东会中心主义”理论之争。考察公司发展历史和现状不难发现，两种理论对应不同的公司股权结构，都有其合理性与不足之处。国内外大量文献表明，股权结构的分散与集中程度对公司治理结构以及公司绩效均有重大影响。[1]一般而言，在股权结构分散化的公司，“董事会中心主义”具有更多的合理性和优势；而在股权结构集中化的公司，“股东会中心主义”具有更多的合理性和优势。前文的分析表明，国有公司虽然从总体上属于股权结构集中化的公司，但却具有在股权结构分散化才出现的公司治理问题。因此，国有公司的专章制度设计绝不能忽视国有公司这一特殊性问题。笔者认为，尽管“董事会中心主义”与“股东会中心主义”有理论价值，但在国有公司制度设计时却不能随意套用，《公司法》修订时应当针对国有公司的特殊性作出回应，具体可考虑以下要点：

1. 建立功能强大的董事会的公司治理结构主要是从权力配置上来考虑的，不仅符合党中央、国务院关于国有企业“健全公司法人治理结构，重点是推进董事会建设”的要求，也能很好地契合国有公司实践中董事长通常是由党委书记兼任的制度安排。这一制度安排并非没有考虑到国有股东的地位和作用，而是基于国有公司代理链条长的实际，不仅有利于发挥董事会的作用，也有利于党组织发挥政治核心和领导核心的作用。

2. 建立功能强大的董事会可以考虑从三个方面着手：第一，明确国有资产代理环节中剩余权力归属于公司董事会，规定董事会享有除《企业国有资产法》规定由出资人享有权利以外的所有权利。第二，在董事会构成上，国有公司的董事会成员一律应当为5人以上（包括有限责任公司），董事会应有职工代表，外部董事（包括独立董事）应占多数，董事任职资格应有特别要求，董事长行权应有特别规定等。以上都应成为专章中的强制性规定。第三，建立董事约束和激励机制，明确董事信义义务要求，公司的经营业绩与董事会董事个人利益挂钩。第四，明确董事会成员与党组织的成员“双向进入”机制，董事会依照《公司法》规定的程序作出决策决议。

3. 公司治理是一个动态的过程，没有一个固定不变的模式，完全可能随着股权结构、公司并购重组等情况而发生变化，但公司治理目标又是基本不变的，即公司治理要服务于提升公司效益的目标，在这个意义上，国有公司专章中的有关规定宜粗不宜细，在留有公司自治足够空间的同时，明确董事会要服务于提高国有公司效率、实现国有资产保值增值的目标。

（三）形塑公司治理的协调制衡机制

公司治理过程就是在股权多元化基础上形成的公司内部利益关系协调与平衡的一种状

---

〔1〕 参见黄辉：《现代公司法比较研究——国际经验及对中国的启示》，清华大学出版社2020年版，第151页。

态。公司治理的效果如何，一是关注治理是否形成一种协调制衡机制；二是关注这一机制是否能够实现提高公司效率的目标。针对国有公司代理链条长的特点，公司治理形成的协调制衡机制应当是“权责对等、运转协调、有效制衡的决策执行监督机制，规范董事长、总经理的行权行为，充分发挥董事会的决策作用、监事会的监督作用、经理层的经营管理作用、党组织的政治核心作用”。[1]可见，党中央、国务院要求建立的公司治理机制涵盖了决策、执行和监督三个环节。根据国有公司实践反映的有关代理末端监督制衡薄弱的问题，当前尤其要重视公司内部约束机制对作为代理人的公司管理者的履职行为监督，确保代理人与委托人的行为目标一致。

国有公司的监督机制包括内部监督与外部监督两部分。对于国有公司的内部监督而言，外部董事制度对内部监督有着积极的优化作用，但在立法层面并未明确这一治理形式，可以考虑将其纳入《公司法》，并明确具体的选任方式、选任条件、权利义务关系以及监督机制等内容。此外，要加强监事会的职权。为了保证内设监事会有职有权，需要设计保证其职权行使的程序和机制。《公司法》对国有公司监事会应有强制性的规定，不宜采取与一般公司的监事会“一刀切”的做法，应体现国有公司监事会规则的特殊性，如监事会列席董事会的事项，董事会就必须通知，监事会也应列席。同时，监事会应当对涉及财务、董事、经理的履职行为、公司内部控制和风险控制、信息披露等事项发表监督意见。

（四）强化对公司管理者的问责追责

国有公司代理链条过长导致公司董事和高管成为问题的多发区，因此，在加强监督制衡的同时，应当建立起国有公司管理者的问责追责机制，将一般公司中对控股股东和实际控制人的一些责任施加于国有公司的管理者，尤其是作为“一把手”的董事长和总经理，抓住“关键少数”。问责机制包括对国有公司管理者的考核评价、责任认定和责任追究等内容，还涉及承担责任的性质与种类。目前，无论是在《公司法》还是在《企业国有资产法》中，均缺乏国有公司管理者相应的制度安排。从国有公司治理的特殊性出发，《公司法》本次修法时应结合有关董监高信义义务和责任方面的修改，在国有公司专章中对公司管理者追责机制作出原则性规定，如对重大决策失误和失职、渎职责任追究倒查机制；要求国有公司建立和完善重大决策评估、决策事项履职记录、决策过错认定标准等制度；对以权谋私的侵吞、贪污、输送、挥霍公司资产的行为除承担刑事、行政责任外，还应追究其民事赔偿责任。

五、结语

国有公司不是普通公司，其担负的不仅有普通的商事营业任务，还有国家责任、社会责

---

〔1〕 中共中央、国务院《关于深化国有企业改革的指导意见》。

任和政治责任。国有公司作为国有经济和国有企业的主导形式，应当在新时代获得更大发展，为经济社会做出更多贡献。国有公司的稳定发展需要法治的保障，《公司法》是其法治环境中最为重要的内容。现行《公司法》缺乏国有公司体系性规定，与国有公司制度需求严重不匹配；国有公司自身具有的特殊性凸显单独成章的必要性，而由于单独成章的体例立法成本低、规范统合性高、修法思路连贯，又增强了立法的可行性。《公司法》修改应当突出国有公司与一般性公司的应然差别，国有相对控股公司的明晰成为国有公司界定的突破口。国有公司特有的代理问题使公司治理成为国有公司专章重点规制的内容。当然，在国有公司专章规则的设计上，除笔者在文中所提，还需更多学者建言献智。

夫妻一方股权法律问题研究

——基于个体法与团体法相互关系的视角展开

林　芳　章光园 *

目　次

引　言

近年来，因夫妻一方股权引发的纠纷日益受到社会高度关注，〔1〕司法实践中对此的处理也存在较大分歧，各方认识并不统一，类案不同判现象一定程度上客观存在。那么，何为夫妻一方股权呢？目前，关于夫妻一方股权，并没有明确的法律界定，称谓也不统一。〔2〕笔者认为，夫妻一方股权是指夫妻关系存续期间，

---

* 林芳，江西旅游商贸职业学院教师；章光园，法学博士、江西省高级人民法院法官。

〔1〕 北京当当科文电子商务有限公司李国庆与俞渝夫妻上演的股权与公司控制权争夺大戏就是实例。

〔2〕 除“夫妻一方股权”的称谓外，还有“夫妻股”“夫妻共有股权”“夫或妻股权”“夫妻一方名下股权”“夫妻共同股权”“夫妻股权”等不同称谓。

以夫妻共同财产向公司出资或受让公司股权，登记于夫或妻一方名下，并以夫或妻一方的名义享有行使的股权。夫妻一方股权既存在于有限责任公司，也存在于股份有限公司。一般情况下，夫妻一方股权又可分为两种情形，一种是夫或妻一方是公司股东，另一方不是公司股东；另一种是夫妻双方都是公司股东，都持有公司一定比例的股权。二者的相同之处是，夫妻一方股权一般都是夫妻关系存续期间以夫妻共同财产出资或受让而取得的，所以，一旦离婚等情形出现，就需要对该股权进行分割。

可见，夫妻一方股权同时牵涉两个不同的法律领域，一是夫妻关系的婚姻法领域，二是股权关系的公司法领域。相对而言，夫妻关系为内部关系，股权关系为外部关系。从私法主体法的角度来看，《婚姻法》是典型的个体法，强调结婚自愿离婚自由，夫和妻的地位在法律上都是独立、平等的；而《公司法》是典型的团体法，更加强调团体意志和团体拘束。笔者认为，夫妻一方股权纠纷的处理，是观察个体法与团体法既相互分离又相互转化关系的一个绝佳视角；同时，借助个体法与团体法这对理论分析工具，对于正确合理处理夫妻一方股权纠纷也具有很强的现实指导意义，有利于统一认识，进而实现类案同判。

一、个体法与团体法的辩证关系——一个观察分析框架

个体法与团体法的提法，学界一直在使用，但对何为个体法、何为团体法，却没有一个统一的界定。“基尔克在《德意志私法论》一书中，将私法分为个人法和团体法，认为个人法是从主体的自由出发，规范个人相互平等对立的关系的法律；团体法或曰社会法将人视为拥有社会意志的成员，将人视为整体的一分子。所以，团体法是从对主体的约束出发，规范有组织的全体成员的法律。”〔1〕

笔者认为，个体法是指有关个体的法律制度和学说的总称。〔2〕此处的“个体”不仅指个人（也就是自然人），凡是没有独立法律主体资格的非法人组织都是个体。所以，个体法为什么不叫个人法，因为个人法一般仅仅是指自然人法，而除此之外，个体法尚包括个体工商户、农村承包经营户，以及个人独资企业、合伙企业、不具有法人资格的专业服务机构等非法人组织的法，所以称为个体法比较恰当。此外，各种类型的共有包括夫妻共有，虽然带有一定的组织体关系，但共有人之间的法律地位还是独立的，共有本身也没有取得独立的法律主体资格，所以共有仍属于个体法范畴。〔3〕叶林教授认为：“个人法是以主体自由来界定其范围的，包括两种形态：一是有关自然人个体自由的法律；二是有关具有独立法律地位之私

---

〔1〕 叶林：《私法权利的转型——一个团体法视角的观察》，载《法学家》2010 年第 4 期。

〔2〕 章光园：《民法典适用中个体法与团体法的区分及其实益》，载《人民法院报》2021 年 5 月 21 日，第 5 版。

〔3〕 章光园：《民法典适用中个体法与团体法的区分及其实益》，载《人民法院报》2021 年 5 月 21 日，第 5 版。

法人自由的法律。”[1]

与个体法对应，笔者认为，团体法是指有关团体的法律制度和学说的总称。[2]团体法上的“团体”，一定要有独立的团体人格，并基于这个团体人格取得法人资格。与此同时，团体中还有成员，成员在团体中拥有独立的成员资格或地位，并基于该成员资格或地位而享有独立的权利——社员权。叶林教授认为：“团体法是社会成员结成团体（或称私人团体）所遵循的特别私法，它既规范团体的设立、组织和运行，又规范团体与成员、成员与成员的相互关系，还规范团体机关的职权等。”[3]现行法律体系中，公司法是最典型、最成熟、最完善的团体法。

一般来说，团体法不同于法人法，因为法人包括公法人、私法人，公法人是根据法律规定直接成立的，而私法人中还包含财团法人，与公法人一样其实都没有组织成员，所以难以称为严格意义上的团体法人，因为团体法人一定是有团体成员在内的。正如叶林教授所指出的：“在团体的范围上，团体泛指社会成员自由结成的团体，包括公司等营利团体，也包括非营利团体，但通常不包括‘财团’在内。”[4]

需要强调的是，个体法与团体法不是截然独立分离的，二者存在一个相互依存、相互转化的关系。个体法是团体法的基础，没有个体法也就无所谓团体法；而且，团体法最终也会转化为个体法，回归个体法，因为只有个体的自然人才是法律最终关怀的对象，忽略个体的团体法是虚伪的，最后必然导致专制独裁。同时，团体法又是个体法发展的高级形态，团体法满足了经济社会发展的现实需求，在现代社会扮演了极其重要的角色，实现了由个体自由向团体自由的发展，扩大了个体的独立自由范围，更有利于促进个体的自然人的全面自由发展。所以，团体法也具有自身独立的地位和价值。

承认并强调个体法与团体法的相互关系非常重要，在一些具体法律问题中，包括夫妻一方股权纠纷处理中，就需要很好地把握这一特性，既不能混淆二者的外在区别，又不能完全区隔二者的内在联系，否则都容易陷入极端，不利于具体法律问题的处理。本文便是从个体法与团体法相互关系的角度，结合《民法典》和《公司法》的相关规定，探讨分析夫妻一方股权的法律归属（主要集中于法律性质和权利行使）与分割诸问题，以期为相关纠纷的处理提供一个务实可行的方案。

二、夫妻一方股权的法律性质

关于夫妻一方股权的性质认识，无论是理论研究还是司法实践，都存在重大分歧，而这

[1] 叶林：《私法权利的转型——一个团体法视角的观察》，载《法学家》2010 年第 4 期。

[2] 章光园：《民法典适用中个体法与团体法的区分及其实益》，载《人民法院报》2021 年 5 月 21 日，第 5 版。

[3] 叶林：《私法权利的转型——一个团体法视角的观察》，载《法学家》2010 年第 4 期。

[4] 叶林：《私法权利的转型——一个团体法视角的观察》，载《法学家》2010 年第 4 期。

又带来了一系列迥异的理论认知、制度构建和实践操作，已经并将继续深刻影响夫妻共同财产制度。所以，准确界定夫妻一方股权的法律性质，是妥善认定股权归属，合理处理股权纠纷的基础和前提。

（一）夫妻一方股权不能直接认定为夫妻共同财产

按照一般人的理解，股权是财富的象征，当然是财产，夫妻一方的股权当然是夫妻共同财产，从夫妻二人内部关系的角度来看，这是没有任何问题的。而且，司法实践中也有这样的判例，在张某某诉武某甲、武某乙股权转让纠纷一案中〔1〕，法院认为，武某甲与张某某原系夫妻关系，某公司20%的股权系武某甲与张某某婚姻关系存续期间取得的财产，属于夫妻共同共有，夫妻作为共同共有人，对共有财产享有平等的占用、使用、收益和处分的权利，任何一方不得擅自处分。〔2〕杨立新教授点评该案时，亦认同该观点。〔3〕

但是，股权并非一般意义上的财产。股权是股东在公司中基于股东资格或地位享有的权利总称，既包括财产性权利，又包括非财产性权利，性质上属于社员权，而且是最为典型、最为成熟、最为完善的社员权，与一般的物权、债权等较为纯粹的财产性权利不同。相对于夫妻二人的内部关系，公司法上的股权关系是外部关系，在公司治理过程中，外部关系优先于内部关系。

即使公司是股东就只有夫妻的“夫妻公司”，“夫妻公司并不因为股东之间存在特殊夫妻关系即对公司特性甚至公司人格有何影响，所谓夫妻公司与其他普通公司并无人格以及责任独立等方面之差异”。〔4〕“具体而言，夫妻关系与股东关系是两类有着不同法律意义之法律关系，无论是夫妻关系还是股东关系都是法律明文规定存在的法律上之人身与财产关系，对其具体理解有着严格之法律界定。”〔5〕“企业作为营利法人，有着独立于股东之外的‘第三人格’。法人资格的意义在于使公司财产和股东财产相隔离，公司财产属于公司，股东无权直接分配。”〔6〕可见，夫妻虽然是公司股东，享有股权，但公司本身仍然具有独立的主体地位，公司的财产与夫妻的财产是不同的，不能简单混同。

在股权分割之前，登记在夫或妻名下的股权，在公司法上就归属于夫或妻一方，这也是由公司法作为团体法的组织结构决定的。所以，认为夫妻一方股权应为夫妻共同财产，从个体法上的夫妻财产最终归属意义上讲没有任何问题，但在外部的公司治理过程中，只有登记

〔1〕参见（2013）朝民初字第03916号。

〔2〕参见杨立新主编：《中华人民共和国民法典释义与案例评注·总则编》，中国法制出版社2020年版，第329页。

〔3〕参见杨立新主编：《中华人民共和国民法典释义与案例评注·总则编》，中国法制出版社2020年版，第329页。

〔4〕虞政平：《公司法案例教学》（上），人民法院出版社2018年版，第229页。

〔5〕虞政平：《公司法案例教学》（上），人民法院出版社2018年版，第230页。

〔6〕沈彬：《股东纠纷为何演变成丛林游戏》，载《中华工商时报》2020年7月15日，第3版。

在册的夫或妻才是公司股东，才有资格行使股权，另一方与公司之间不发生直接的法律关系，不是公司股东，[1]不能直接跨越夫妻共同财产这个个体法界限，主张行使配偶在团体法典型代表的公司法上的股权。所以，从这个意义上说，夫妻一方股权不能直接认为是夫妻共同财产。

需要注意的是，《民法典》第1062条新增规定了“投资的收益”也属于夫妻共同财产，但此处“投资的收益”与第125条规定的“民事主体依法享有股权和其他投资性权利”是不同的，一个是收益，另一个是权利，股权可以产生投资收益，但是投资收益不能等同于股权。正如辽宁省高级人民法院在（2017）辽民终1170号民事判决书中所指出的，法律仅规定婚姻关系存续期间的股权收益属夫妻共同财产，而未规定带来收益的股权本身为夫妻共同财产。

（二）夫妻一方股权是夫或妻一方在公司中享有的股权

经由上文论证可知，夫妻一方股权不是个体法上的夫妻共同财产，那么作为股权，夫妻一方股权是否属于“夫妻股”呢？是否存在“夫妻股”？而这就需要深入考察夫妻结合的共同体能否成为独立的法律主体，进而取得独立的股东资格，享有并行使“夫妻股”。

笔者认为，虽然夫妻在法律上是一个结合共同体，可以产生夫妻法律关系，但这个共同体本身还不是一个独立的法律主体，夫妻法律关系本身也没有否定夫或妻在法律上的独立地位。也就是说，夫妻关系仍然属于婚姻法范畴，还没有上升到团体法的高度，不同于公司法上的股东与公司的关系，因为股东与公司各自都具有自身独立的主体地位。《民法典》第1057条规定：“夫妻双方都有参加生产、工作、学习和社会活动的自由，一方不得对另一方加以限制或干涉。”这条规定明确了夫和妻在法律上的各自独立地位。《民法典》并没有承认夫妻结合共同体独立主体地位的规定。

所以，作为婚姻法上的夫妻共同体与公司法上夫妻设立或入股的公司完全不同，夫妻共同体不是独立的法律主体，没有独立的法律地位，夫妻各自的事务由各自决定，双方的事务由双方共同决定，而夫妻设立或入股的公司，在法律意义上则是独立的法律主体，具有自身独立的法律地位。有学者将夫妻关系视为团体，并从夫妻团体的角度探讨夫妻债务的处理，具有一定的新颖性。[2]但是，该学者所主张的团体，充其量只是夫妻共同体，一种结合的共同体，如上所述，这种共同体还没有上升到作为独立法律主体的团体的高度。王泽鉴教授指出：“婚姻家庭系一种具组织性的集体，但其成员间的关联尚不足据以认定其有独立的人格权。”[3]这个判断同样适用于夫妻关系，夫妻间的关联同样不足以认定其享有独立的人格权。

---

〔1〕 有一种观点认为：“在夫妻婚姻关系存续期间，一方以家庭共有财产投资，在有限责任公司记载为股东，为显名股东，另一个为不显名股东。”参见张钢成、林挚：《夫妻共同股权分割“隐名股东显名化”的特性分析及法律适用——以李某1诉陈某、李某〈股权转让协议书〉无效案为例》，载《法律适用（司法案例）》2019年第6期。

〔2〕 参见冉克平：《夫妻团体债务的认定及清偿》，载《中国法学》2017年第5期。

〔3〕 王泽鉴：《人格权法——法释义学、比较法、案例研究》，北京大学出版社2013年版，第59页。

也就是说，无论是家庭关系还是夫妻关系，都还不足以产生一个独立的家庭主体或夫妻主体，进而享有人格权。

另外，客观而论，在当前的理论研究中，团体法思维亟待阐发和应用。正如学者们所指出和呼吁的："由于国内鲜有文献论及团体法的问题，因此，团体法的概念、方法在我国并未得到广泛认同。"〔1〕"团体法领域的法律研究素来是我国学界的薄弱地带，团体法思维具体到部门法中的学术成果亦不为丰。"但是，"团体法的视角对公司法中的诸多问题有较强的解释力，值得更多的公司法学者来关注。"〔2〕具体到夫妻一方的股权，笔者认为，正是因为缺乏团体法思维和视野，这个问题的处理变得异常复杂。

从团体法的角度来看，在团体内部，社员资格与社员权是一一对应的关系，一般情况下二者是禁止分离的。正如德国学者所指出的："与成员权相关的各个权利的一个最重要的基本特征是，这些权利是不能与成员资格相分离的。"〔3〕具体到公司中，一个股东资格对应一个独立的法律主体，这个主体既可以是个人，也可以是组织，但不存在将多个主体直接对应为一个股东资格，因为这违背了团体内部社员资格与社员权一一对应的基本原理。回到夫妻法律关系，夫妻尽管也是一个共同体，但在法律上该共同体不是一个独立的主体，夫妻还是两个不同的独立主体，在法律意义上不存在夫妻结合体可独立取得股东资格，进而出现所谓的"夫妻股"。对此，最高人民法院法官明确指出："从根本上讲，即便夫妻财产一体化，但这也完全不能等同认为，夫妻公司原本两个自然人股东即应视为一个股东主体，人们显然不能将财产之共同制与人格之同一性相混同，财产一体化与人格一体化显然是两回事，夫妻财产再共有，也不可能将夫妻两人合为一人。"〔4〕可见，从团体法基本原理来看，不存在所谓的"夫妻股"，夫妻一方股权也就不属于所谓的"夫妻股"。

所以，在夫妻一方股权分割之前，登记在夫或妻一方名下的股权，〔5〕在公司法上就归属于夫或妻一方，这是由公司法作为团体法的组织结构所决定的，只有登记在册的夫或妻才是公司股东，才享有股权，另一方与公司之间不发生直接的法律关系，既不是公司股东，也不享有股权，因为奉行外观主义是团体法的一个基本原则。正如《最高人民法院第二巡回法庭法官会议纪要》指出的："无论是通过原始取得还是继受取得，要取得完整无瑕的股东资格和股东权利，应符合实质要件和形式要件两方面的要求。实质要件，指股东应当向公司履行出资或者认缴出资义务，这是取得股东权利的'对价'；形式要件，则指股东资格应通过特

〔1〕 李志刚：《公司股东大会决议问题研究——团体法的视角》，中国法制出版社2012年版，第249页。

〔2〕 李志刚：《公司股东大会决议问题研究——团体法的视角》，中国法制出版社2012年版，第249页。

〔3〕［德］托马斯·莱赛尔、吕迪格·法伊尔：《德国资合公司法》，高旭军等译，法律出版社2005年版，第103～104页。需要说明的是，此处"成员权"与"社员权"、"成员资格"与"社员资格"同义。

〔4〕 虞政平：《公司法案例教学》（上），人民法院出版社2018年版，第229页。

〔5〕 在实践中，"登记在夫或妻一方名下"通常表现为持有出资证明书、被记载于公司章程或股东名册、在公司登记机关登记等，尤以公司登记机关登记的效力最强。

定的形式为他人所认知和识别，如取得公司签发的出资证明书、被记载于公司章程或股东名册、在公司登记机关登记等。"[1]

总之，股权的社员权属性，加之夫妻结合共同体的非独立主体地位，决定了不存在所谓的"夫妻股"，夫妻一方股权本质上只能是夫或妻一方在公司中享有的股权。[2]至于夫妻一方股权是否属于夫妻共有股权，下文还会专门讨论，此处不再展开。

三、夫妻一方股权的行使

经由上文的论证，夫妻一方股权不能直接认定为夫妻共同财产，也不存在所谓的"夫妻股"，是夫或妻一方在公司中享有的股权，当然由夫或妻一方享有并行使，这是没有任何问题的。但在实践中，因为夫妻关系的特殊性，股东配偶行使股权的现象比较常见，而且容易让人误认为股东在行使股权，影响交易安全与稳定。那么，作为股东配偶能否行使股权？以什么理由行使？行使的效力如何？夫妻一方股权能否认定为共有股权并共同行使？这些问题尚需进一步讨论。

（一）股东配偶无权直接行使夫妻一方股权

我国《公司法》第 32 条第 2 款规定了股权行使的最基本条件："记载于股东名册的股东，可以依股东名册主张行使股东权利。"但是，基于夫妻之间特殊的人身关系，而且夫妻一方的股权一般也是以夫妻共同财产出资取得的，所以该股权的行使，当然可以委托给配偶方，也可以不委托给配偶方。如果配偶没有得到授权而行使对方股权，并据此作出公司决议，那么这种情况下，另一方追认的话，能否产生预期的法律效果呢？对此，笔者认为，《公司法》不是个体法，一般不存在个体法意义上的追认问题。因为作为团体法的公司法对程序要求非常严格，所以，公司决议一旦作出，其效力状态不因事后追认而发生任何改变，只能重新召开股东会作出一个新的公司决议。而且，需要说明的是，配偶行使另一方的股权，应以不损害另一方的利益为前提，否则这种行使行为无效，即使事先有授权亦是如此。

此外，与夫妻一方股权行使相关的法律制度还有家事代理权和股权代持，但从家事代理权和股权代持的角度，也不能推导出非股东一方有权行使股东一方股权。《民法典》第 1060 条第 1 款规定："夫妻一方因家庭日常生活需要而实施的民事法律行为，对夫妻双方发生效力，但是夫妻一方与相对人另有约定的除外。"笔者认为，家事代理权行使的对象限于家庭

---

[1] 贺小荣主编：《最高人民法院第二巡回法庭法官会议纪要》（第 2 辑），人民法院出版社 2021 年版，第 221 ~222 页。

[2] 此外，通过梳理相关文献和司法裁判可知，围绕夫妻一方股权，有观点认为夫妻之间存在股权代持关系，即股东配偶的股权被股东代持；有观点认为，相对于股东而言，股东配偶是潜在股东；还有观点认为夫妻之间是显名股东与不显名股东关系，股东是显名股东，股东配偶是不显名股东。上述三种观点的共同之处是，均承认股东配偶是公司股东。

日常生活中的事务，而股权行使牵涉外部公司事务，不属于家庭日常生活中的事务，不能以家事代理权的名义行使，尤其是在夫妻双方关系恶化的情况下，以家事代理权的名义行使另一方名下的股权更不现实，也不符合生活逻辑。而股权代持一般是由名义股东行使股权，当然如果另有约定的话，也可以由隐名股东行使，但这要对公司、其他股东事先披露，如果没有专门约定的话，一般情况下就只能由名义股东行使股权，也就是登记在谁名下的股权就由谁行使。

（二）夫妻一方股权不宜认定为夫妻共有股权并共同行使

因为夫妻关系的特殊性，很多学者明确主张夫妻一方股权是夫妻共有的股权。如果该股权是夫妻共有股权，那么夫妻双方都可以享有并行使。这里又涉及一个普遍性问题，即股权能否共有？目前，关于股权共有，虽然在我国立法上尚未得到明确承认，[1]但理论界主张股权共有的学者不少，[2]而且国外或域外也有相关立法例。[3]

所以，如果夫妻一方持有的股权不能直接认为是夫妻共同财产，那么属不属于夫妻共有股权呢？如果属于夫妻共有股权的话，是按份共有还是共同共有呢？如果是共同共有的话，没有对方的同意，任何一方都无法行使股权；如果是按份共有的话，夫妻双方的股权份额如何确定，一人一半还是按登记份额计算？不管是前者还是后者，要实现占比超过2/3也是困难重重（准用《民法典》第301条对按份共有物的处分的规定）。也就是说，在多数情况下，共有股权根本无法行使。如果共有股权不能有效行使的话，那么公司的内部治理将遇到制度性障碍，而这对公司的影响重大，将导致公司经营无法顺利展开，甚至最终形成公司僵局。这一点与普通的财产共有不同，普通的财产共有一般只牵涉共有人之间的关系，对外部的影响不大。这也从股权行使这个特定的角度，否定了股权共有的可行性。

不仅如此，笔者认为，股权共有本身从法理逻辑、立法规定与司法实践普遍做法来看，都难以成立。第一，共有属于物权制度，而股权性质上属于社员权，《民法典》第310条关

〔1〕《最高人民法院关于适用〈中华人民共和国公司法〉若干问题的规定（三）》起草过程中曾经就股权共有作了规定，但最后通过时被删除了。除此之外，《最高人民法院关于适用〈中华人民共和国婚姻法〉若干问题的解释（二）》第15条规定的“股票”、第16条规定的“出资额”，是在夫妻共同财产分割意义上的规定，是从财产最终归属意义上作出的规定，不能认为立法就已经明确承认了夫妻一方股权是共有股权。而且，从立法逻辑和体系来看，《婚姻法》只管财产的归属与分割，股权共有与否应交由《公司法》规定。

〔2〕参见王涌、旷涵潇：《夫妻共有股权行使的困境及其应对——兼论商法与婚姻法的关系》，载《法学评论》2020年第1期；刘俊海：《股份有限公司股东权的保护》（修订本），法律出版社2004年版，第176～181页；沈贵明：《股份共有的公司法规范》，载《法学研究》2010年第2期；梁开银：《论公司股权之共有权》，载《法律科学（西北政法大学学报）》2010年第2期。

〔3〕《德国有限责任公司法》第18条规定：“股份不可分割地属于数人共同所有时，由该股份发生的权利应由该数人共同行使。关于共有股份的缴纳，共同所有人向公司负连带责任。”《日本商法典》第203条设置了股权共有人的义务：第一，共同认股者，负连带缴纳股款的义务；第二，股份属数人共有时，共有人应确定一人为行使股东权利的人；第三，无股东权利行使人时，公司对共有人所发出的通知或催告，对其中一人发出即可。我国台湾地区“公司法”第160条也规定：“股份为数人共有者，其共有人应推定一人行使股东之权利。股份共有人，对于公司负连带缴纳股款之义务。”

于准共有的规定也仅限于用益物权和担保物权，股权共有似有非驴非马、不伦不类之嫌。第二，股权与股东资格是一一对应关系，具备股东资格才享有股权，享有股权也就具备股东资格。但问题是二人以上主体如夫妻的股东资格不能确定，因为此二人以上主体在对外关系上毕竟不是一个完整独立的法律主体，在法律上不能确定到底谁为股东，谁享有股权，这将导致股权行使上的一系列法律难题。第三，主张股权共有者，都会在共有人中间推选所谓的股东代表，由其代表全体共有人享有股东权利、履行股东义务。但问题是此种情形下，实际上已经发生两个完全独立的法律关系，一为股权共有人与股东代表的内部法律关系，二为股东代表与公司的外部法律关系，前者为民事代理关系，后者才是真正意义上的股东与公司的法律关系。也就是说，从严格的公司法规范意义上讲，此时只有股东代表才是公司真正的股东，而所谓的股权共有人根本就不是公司股东，不享有公司股权。〔1〕最后，在司法实践中，从最高人民法院到地方各级人民法院都有相当部分裁判明确否认了股权共有。〔2〕最高人民法院在（2014）民二终字第48号判决书（艾某、张某田诉刘某平、王某、武某雄、张某珍、折某刚股权转让纠纷案）中指出："股权作为一项特殊的财产权，除其具有的财产权益内容外，还具有与股东个人的社会属性及其特质、品格密不可分的人格权、身份权等内容。如无特别约定，对于自然人股东而言，股权仍属于商法规范内的私权范畴，其各项具体权能应由股东本人独立行使，不受他人干涉。在股权流转方面，我国《公司法》确认的合法转让主体也是股东本人，而不是其所在的家庭。"而且，在股权登记实践操作中，"市场监管部门为了明确公司的收益分配和责任承担，只允许将一定比例股权登记在一人名下"。〔3〕也就是说，夫妻二人不会登记在同一股权名下，要么登记一方为股东，要么分别登记为股东。

综上，即便是夫妻一方的股权，也不能想当然认定为夫妻共有股权。而且，我国《公司法》第71条第3款第2句规定："两个以上股东主张行使优先购买权的，协商确定各自的购买比例；协商不成的，按照转让时各自的出资比例行使优先购买权。"此处也没有规定股东间可以共同购买股权，而是按出资比例行使优先购买权，这从立法层面间接否定了股权共有制度。

本质上，所谓的股权共有，还是个体法思维的产物，具体落实到公司法上，共有人内部一般都会推出一个代表人。也就是说，在公司法上，只有这个代表人才是公司真正的股东，享有并行使股权，其他共有人与公司不发生直接的法律关系，更不是公司的股东。但是，一旦股权转让，所获得的对价则是纯粹的个体法上的财产，已经脱离了公司法的外在约束，在内部归属上当然属于共有人共有。从这个角度来看，所谓的股权共有，也只能是共有股权转让之后的财产对价而已。

〔1〕章光园：《多人继承不宜共有股权》，载《人民法院报》2015年7月16日，第7版。

〔2〕参见最高人民法院民事判决书（2014）民二终字第48号，最高人民法院民事裁定书（2014）民申字第2195号，辽宁省高级人民法院民事判决书（2015）辽民二终字第00341号，等等。

〔3〕王涌、旷涵潇：《夫妻共有股权行使的困境及其应对——兼论商法与婚姻法的关系》，载《法学评论》2020年第1期。

而且，部分股权共有论者的观点贯彻并不彻底，他们在坚持非公众公司（包括有限责任公司、非上市股份公司等）夫妻一方股权属于股权共有的同时，又明确承认："公众公司股权行使应当坚持《证券法》及证券监管规则的特殊要求。一方面，要落实证券账户实名制、'一码通'，不允许多人共有一个证券账户，必须明确由夫妻一方持有股权并完成公示，不考虑出资财产来源及出资意思表示；另一方面，公众公司股权的管理性权利和处分权只能由公示记载的股东行使，非公示方不得干涉。但股权转让收益、股息红利可纳入夫妻共有财产。"〔1〕对于公众公司，该论者主张夫妻一方股权由公示记载的夫或妻一方持有，该股权的管理性权利和处分权只能由公示记载的股东行使，同时又承认股权转让收益、股息红利属于夫妻共有财产。言下之意，该股权本身不属于夫妻共有财产。这些主张与本文的观点是一致的。

可见，在是否存在股权共有这个问题上，学者与审判实务专家的意见产生了较大分歧。大体而言，学者的观点偏保守，认可股权共有；而审判实务专家的意见反而走得更远，不承认股权共有。背后的原因，笔者认为，一是学者习惯以民法思维看待处理商法问题，将共有制度跨界引入了公司法领域。众所周知，在我国民商法学界，研究商法的学者大多是研究民法出身，容易将民法思维带入商法问题研究中，习惯于在原有的民法思维路径之下思考研究问题。二是混淆模糊了个体法与团体法的界线，犯了形而上学的错误，人为将简单问题复杂化，而这既不利于交易安全，又不利于提高交易效率，还容易诱发夫妻之间的矛盾纠纷，最终也不利于夫妻关系的和谐稳定，徒增立法、执法与司法成本。

四、夫妻一方股权的分割〔2〕

夫妻一方股权的分割，通常因离婚、继承等原因引起，并且由于受《婚姻法》与《公司法》的双重调整，该股权的分割远较夫妻共同财产分割复杂。而且，"随着市场观念、股权意识的增强，离婚财产分割中，越来越多的股东的配偶所看重的，已不再是一次性的股权财产的折价补偿，而是长期的、可持续的公司未来收益的可期待利润。这就造成股东的配偶想要成为股东，参与公司治理的强烈诉求"。〔3〕配偶成为公司股东，除了要接受公司人合性考

〔1〕王涌、旷涵潇：《夫妻共有股权行使的困境及其应对——兼论商法与婚姻法的关系》，载《法学评论》2020 年第 1 期。

〔2〕本文接下来探讨的夫妻一方股权分割，如无特别说明，就是以有限责任公司为考察对象的。因为对于股份有限公司的股权分割，《最高人民法院关于适用〈中华人民共和国民法典〉婚姻家庭编的解释（一）》（以下简称《民法典婚姻家庭编解释（一）》）第 72 条作了明确规定："夫妻双方分割共同财产中的股票、债券、投资基金份额等有价证券以及未上市股份有限公司股份时，协商不成或者按市价分配有困难的，人民法院可以根据数量按比例分配。"在司法实践中，对股份有限公司的股权分割争议不大。

〔3〕这方面的判决有：江苏省泰州市高港区人民法院（2017）苏 1203 民初 41 号民事判决书，江苏省泰州市高港区人民法院（2015）锡滨民初字第 00674 号民事判决书，重庆市渝中区人民法院（2016）渝 0103 民初 3756 号民事判决书，四川省成都市武侯区人民法院（2011）武侯民初字第 943 号民事判决书，河南省新乡市中级人民法院（2014）新中民四终字第 39 号民事判决书。

验外，客观上也会对公司的持续稳定经营带来较大冲击，尤其当双方矛盾尖锐时更是如此，所以，平稳顺利实现夫妻一方股权分割就很重要。根据夫妻双方是否达成一致意见，夫妻一方股权的分割可分为合意分割与非合意分割，以下分述之。[1]

（一）合意分割

夫妻一方的股权，是夫妻财富的重要组成部分，夫妻双方围绕该股权的分割可以协议选取如下方法：

1. 对外转让股权。此处“对外”是相对于夫妻双方而言的。对外转让股权需遵循《公司法》上股权转让的一般规则。我国《公司法》第 71 条规定了股东对外转让股权的一般条件、程序、步骤等[2]，具体又因受让人是否是公司股东而有所不同，股东之间可以相互转让其全部或者部分股权。股权对外转让的对价，就是从团体法上的股权，变现回归到个体法上的财产，成为夫妻共同财产的一部分，当然可以进行财产分割。

2. 配偶方受让股权。除了对外转让股权，配偶方受让股权也是一种重要的分割方式。不过这种方式，配偶通常要接受公司人合性考验，对此，《民法典婚姻家庭编解释（一）》第 73 条作了详细规定。配偶方受让股权又分为部分受让与全部受让，全部受让意味着转让方退出公司。当然，如果配偶方也是公司股东，也即在夫妻双方都是股东的情形下，配偶方受让股权是自由的，可以参照《公司法》第 71 条的规定进行，因为这实质上属于股东之间转让股权。

3. 股权评估作价。这种分割方法就是股东不转让股权，并就所持有的股权价值依法进行评估作价，配偶方可以分得股权评估价一半的财产。如果夫妻双方都是股东的话，双方的股权都要进行评估作价，然后根据双方持股数量和价值，进行差额补足。不过，在实际操作

---

〔1〕 关于有限责任公司中夫妻一方股权分割，《民法典婚姻家庭编解释（一）》第 73 条作了明确规定：“人民法院审理离婚案件，涉及分割夫妻共同财产中以一方名义在有限责任公司的出资额，另一方不是该公司股东的，按以下情形分别处理：（一）夫妻双方协商一致将出资额部分或者全部转让给该股东的配偶，其他股东过半数同意，并且其他股东均明确表示放弃优先购买权的，该股东的配偶可以成为该公司股东；（二）夫妻双方就出资额转让份额和转让价格等事项协商一致后，其他股东半数以上不同意转让，但愿意以同等条件购买该出资额的，人民法院可以对转让出资所得财产进行分割。其他股东半数以上不同意转让，也不愿意以同等条件购买该出资额的，视为其同意转让，该股东的配偶可以成为该公司股东。用于证明前款规定的股东同意的证据，可以是股东会议材料，也可以是当事人通过其他合法途径取得的股东的书面声明材料。”不过，从规定内容来看，该条只就夫妻双方协商一致时的股权分割作了规定，对协商不一致时的股权分割没有规定，而后者是司法实践中的常态，目前却陷入无法可依的局面。所以，为了更有针对性地探讨问题，笔者将夫妻一方股权的分割分为合意分割与非合意分割。

〔2〕 我国《公司法》第 71 条规定：“有限责任公司的股东之间可以相互转让其全部或者部分股权。股东向股东以外的人转让股权，应当经其他股东过半数同意。股东应就其股权转让事项书面通知其他股东征求同意，其他股东自接到书面通知之日起满三十日未答复的，视为同意转让。其他股东半数以上不同意转让的，不同意的股东应当购买该转让的股权；不购买的，视为同意转让。经股东同意转让的股权，在同等条件下，其他股东有优先购买权。两个以上股东主张行使优先购买权的，协商确定各自的购买比例；协商不成的，按照转让时各自的出资比例行使优先购买权。公司章程对股权转让另有规定的，从其规定。”

中，如何评估作价，也是一个非常复杂的法律问题。[1]有的公司名存实亡，名为股权实为债务的不少；有的公司管理混乱，相关事实很难查清。

比较而言，上述三种分割方法中，股权评估作价是对公司经营影响最小的分割方法，因为股东及其持股数量都没有发生改变。当然，夫妻一方股权的分割有时候会综合采取上述分割方法，尤其夫妻双方都是公司股东时更是如此。

（二）非合意分割

通常，中国式离婚，夫妻之间的矛盾往往已经发展到不可调和的阶段，好聚好散的毕竟还是少数，这就使夫妻双方在财产分割上较难达成一致，夫妻一方股权的分割亦是如此。夫妻双方未达成一致意见的，股权分割要复杂一些，除对外转让股权外，需要司法力量介入和干预，因为股权分割陷入僵持，既不利于公司稳定持续经营，也不利于迅速结束夫妻财产关系，更不利于提高交易效率和交易安全，所以，法院裁判分割也是夫妻一方股权分割的重要方法。

1. 对外转让股权。此种情形下，股东仍然可以转让名下股权，因为这是其作为股东享有的权利，但转让对价应成为夫妻共同财产。相反，如果配偶方要求转让股权，而股东一方不同意转让，则股权是无法对外转让的，因为股权是否对外转让、以什么条件对外转让，只能由股东说了算。所以，从这个意义上说，对外转让股权有合意与非合意两种情形。当然，配偶方无权处分股权时，并不否认第三人的股权善意取得。即使夫妻双方都是股东，配偶方也无权转让另一方的股权。除此之外，配偶方受让股权与股权作价评估，没有夫妻双方协商一致也不可能实现。这就意味着，夫妻一方股权分割经常会陷入僵持阶段，需要司法力量介入和干预。

2. 法院裁判分割。有学者主张，在离婚当事人不能就夫妻一方股权分割达成协议的情况下，法院应该裁判分割股权。[2]同时，在司法实践中，也已经出现了在股东不同意分割股权的情况下法院裁判分割的实例。[3]我国《公司法》第72条规定："人民法院依照法律规定的强制执行程序转让股东的股权时，应当通知公司及全体股东，其他股东在同等条件下有优先购买权。其他股东自人民法院通知之日起满二十日不行使优先购买权的，视为放弃优先购买权。"这条规定也间接肯定了法院可以强制分割股权。然而，也有观点反对法院裁判分割股权，认为"当夫妻双方对共有股权分割协商不一致时，人民法院不能直接对夫妻共有股权予

---

〔1〕 参见王琦：《离婚时夫妻共有股权的处分规则——以夫妻共有股权的价值评估为中心》，载《河南财经政法大学学报》2020年第3期。

〔2〕 参见王建东、毛亚敏：《离婚诉讼之公司股权分割问题探讨——兼论"〈婚姻法〉司法解释（二）"第16条之完善》，载《法学》2007年第5期。

〔3〕 例如，天津市河东区人民法院（2007）东民初字第48号民事判决书，河北省承德市中级人民法院（2015）承民终字第1983号民事判决书，贵州省黔南布依族苗族自治州中级人民法院（2015）黔南民终字第127号民事判决书，四川省绵阳市中级人民法院（2013）绵民终字第1432号民事判决书。

以判决分割。如果强行判决分割，无疑会使未持股一方直接获得股权。这种强制判决的方法，违反了新公司法关于股权转让的规定”。[1]这实际上是对法院裁判分割股权的误解，即便是配偶方受让股权，同样要遵循《民法典婚姻家庭编解释（一）》第73条和《公司法》第71条等的规定，所以裁判分割并不一定会使未持股一方直接获得股权。

当然，法院裁判分割方法也不外是对外转让股权、配偶方受让股权与股权作价评估。具体采取哪种分割方法，由法院根据具体案情，充分听取夫妻双方的意见建议，并适当参考公司及其他股东的意见建议，按照最有利于夫妻双方、公司及其他股东的利益原则，自由裁量确定。一旦法院确定具体分割方法，分割的步骤、程序等与合意分割相同，此不赘述。需要强调的是，通常情况下，法院宜坚持“维持现状”原则，充分尊重股东的意愿，如果股东不愿意转让股权，不愿意退出公司经营管理，那么法院宜采取作价评估的分割方法，配偶方可以分得股权评估价格一半的财产，以尽可能减少股权分割给公司正常经营带来的冲击和影响。

如果夫妻双方都是股东的话，应充分听取夫妻双方的意见建议，并适当参考公司和其他股东的意见建议，也可以判决一方退出公司，对外转让股权或由配偶方受让股权，退出一方分得原先双方持有股权价值一半的财产。因为夫妻间产生矛盾纠纷对于公司经营会产生不利影响，尤其当夫妻双方都是公司大股东时更是如此，这种影响有时候将是致命的。[2]退而求其次，当然也可以维持原状，然后根据双方持股数量和价值，进行差额补足。也就是说，法官可以自由裁量确定具体分割方法，一切视具体情况而定。

无论是合意分割还是非合意分割，在以上三种分割方式中，最彻底的分割方式，还是对外转让股权，夫、妻都退出公司，所获得的股权对价就是纯粹意义上的财产，当然属于夫妻共同财产，可以直接进行分割，这就又回到了起点，因为夫妻一方股权一开始就是以个体法上的夫妻共同财产出资而取得的，而该股权的对外转让又实现了从团体法（公司法）上的股权到个体法（婚姻法）上夫妻共同财产的回归。

当然，现实远比想象丰富，夫妻一方股权的分割非常复杂，尤其与公司经营效益密切相关，公司经营效益好，双方都争股权、争公司控制权；而如果公司经营效益不好，双方都想退出公司，尽早兑现股权经济价值。这就注定了夫妻一方股权分割是一个艰难的博弈过程。

---

〔1〕 王庆善：《夫妻共有股权离婚分割的裁判规则研究——以有限责任公司中夫妻一方持股为研究视角》，载《公民与法》（法学版）2013年第9期。

〔2〕 因夫妻离婚引发公司治理危机断送公司前程的实例已经不少，最著名的例子是2010年11月当时在视频网站领跑的土豆网在美国筹备上市时，创始人王微已经被判决离婚的前妻申请法院冻结土豆公司的股权，导致土豆网上市推迟到了2011年8月，但这大半年内恰逢中国概念股泡沫破灭，公司估值跳水，从此落后于优酷网，并被竞争对手优酷网并购。与之类似但影响相对较小的是：2009年赶集网创始人杨浩然的妻子在美国起诉离婚要求分割财产，随后还发生了男方声称双方当初未亲自办理结婚登记、主张婚姻无效，又将公司股权赠送给弟弟等波折。在旷日持久的离婚诉讼中，2013年赶集网的对手58同城率先实现美国上市，并于2015年收购赶集网。参见缪因知：《李国庆被拘留，当当内战的一个逗号》，载《经济观察报》2020年7月13日，第24版。

不过，当务之急，笔者还是建议新一轮《公司法》修订时，对此予以充分关注，全面总结已有立法成绩与司法实践经验，通过《民法典》与《公司法》的分工合作，在现有合意分割的基础上，明确规定非合意分割方法，以彻底解决夫妻一方股权分割这个现实难题。

五、结语

夫妻是家庭的基础，而家庭又是社会的细胞，夫妻关系稳定与否，对于整个社会的影响都是重大而深远的。当前，随着我国改革开放的深入推进，社会主义市场经济体制机制日益建立健全，私人财富迅速增长，夫妻一方股权已经成为现代社会夫妻共同财产的重要来源。尤其当夫妻都是公司大股东，双方甚至围绕夫妻一方股权争夺而引发纠纷。这是就夫妻内部关系而言。从外部来看，围绕夫妻一方股权引发的公司控制权争夺纠纷，如何定位夫妻双方在《公司法》上的角色扮演，如何平衡兼顾夫妻双方合法权益及其与公司、其他股东及公司债权人等的长远利益，也事关公司的稳健持续发展，甚至对整个企业家群体权益保护、实体经济健康发展都将产生重大而深远的影响，对此不能不慎重考虑、充分调研与妥适安排。本文即是对此的一个初步尝试，以期抛砖引玉。

股东会决议的性质及效力认定

郑 雅

目 次

一、民法对决议行为的法律性质界定及问题

决议的性质是效力认定的前提。理论界对于公司决议行为法律性质的讨论历久弥新。尽管现行生效的《民法典》对决议行为的法律性质已作明确规定，这一立法选择却并未在理论界起到定纷止争的良好效果。当前公司法下的决议规则存在诸多疏漏，民法对决议行为的法律性质界定，不可避免地在股东会决议效力认定的规则适用上产生影响。

（一）《民法典》将决议行为纳入民事法律行为章

《民法典》第134条第2款规定了决议行为的成立要件，并将其置于民事法律行为章下，从立法上明确了决议行为的法律性质应属法律行为。[1]在此前提下，

---

〔1〕《民法典》第134条规定："民事法律行为可以基于双方或者多方的意思表示一致成立，也可以基于单方的意思表示成立。法人、非法人组织依照法律或者章程规定的议事方式和表决程序作出决议的，该决议行为成立。"

法律行为的一般成立要件及生效要件也理应成为规制决议行为的理论来源。需要注意的是，决议行为在私法体系中不仅包含公司决议，还包括农村集体组织决议、业主管理规约等传统民法领域的普通社团决议。[1]而《民法典》下决议行为的成立要件规定，并未就法人和非法人组织、营利法人和非营利法人作特殊区分。

将决议入“典”的立法创新，在一定程度上贯通了个体法律行为和团体法律行为的一般理论，并对民商合一体例下的法律解释都具有益处。[2]从规制目的来看，《民法典》规定决议行为的共性规则，是意欲完善法律行为规则体系之举，旨在构筑起私法体系下决议行为的一般性规定。然而，就公司决议而言，当前的决议规则散落于《民法典》和《公司法》及其司法解释中，导致股东会决议效力规则体系呈现零散化分布。此外，《民法典》对营利法人决议效力类型的涵摄亦不复完整。具体而言，《民法典》仅在其第85条就营利法人可撤销决议的事由及法律后果作特殊规定，[3]并未对其决议的其他效力类型作出相应规定，导致营利法人的决议规则在民法典缺乏体系完整性。[4]

（二）法律行为规则在股东会决议领域的适用可能

关于决议行为的性质界定，将对公司法领域股东会决议效力认定的标准及规则适用产生根本性的影响。长期以来，公司法下的决议规则未尽完善，在司法实践的运用中常受诟病。作为股东会决议效力规则的核心条款，《公司法》第22条创设的可撤销与无效二分格局过于狭隘和原则化。尽管最高人民法院《关于适用〈中华人民共和国公司法〉若干问题的规定（四）》（以下简称《公司法司法解释（四）》）针对严重的程序瑕疵增设了决议不成立制度，使得我国股东会决议效力体系从传统的“二分法”走向“三分法”格局，实践中决议效力的认定规则仍然出现适用不足的情形。在民法将决议行为纳入民事法律行为体系后，公司法现行决议规则体系的不周延，为民事法律一般规则的补充适用留存了较多空间。

《九民纪要》规定，民法与公司法属于一般法与特殊法的关系，当民法与公司法规定不一致的，原则上应当适用公司法的规定。但是，在公司法未作规定或规定不明时，民事法律行为的一般规则可否直接补充适用于股东会决议领域？当前理论界主要存在三种观点：第一，肯定说。该观点认为，公司决议行为属于法律行为，故法律行为理论下的意思表示瑕疵规则、无权代理等一般规则均得以适用于股东会决议的效力认定上。譬如，伪造股东签名的决议行为因意思表示不真实存在效力瑕疵。第二，否定说。此观点认为法律行为规则重在保

[1] 参见王雷：《〈民法总则〉中决议行为法律制度的力量与弱点》，载《当代法学》2018年第5期。

[2] 参见瞿灵敏：《民法典编纂中的决议：法律属性、类型归属与立法评析》，载《法学论坛》2017年第4期。

[3] 《民法典》第85条规定：“营利法人的权力机构、执行机构作出决议的会议召集程序、表决方式违反法律、行政法规、法人章程，或者决议内容违反法人章程的，营利法人的出资人可以请求人民法院撤销该决议。但是，营利法人依据该决议与善意相对人形成的民事法律关系不受影响。”

[4] 参见钱玉林：《公司法总则的再生》，载《环球法律评论》2019年第4期。

护个人意思表示真实，在立法价值和规制目的层面均不适用于团体法属性的公司决议。[1]第三，部分否定说。这一观点认为，民事法律行为理论无法适用于公司决议层面，但意思表示瑕疵规则可以适用于个别股东的表决瑕疵，进而对决议效力产生影响。

秉承一般法对特殊法的补充适用功能，民事法律行为规则固然在填补公司法漏洞时回应了司法实践的现实需求。在当前立法将决议行为定性为法律行为的背景下，原本仅由公司法调整的股东会决议，在效力认定时存在民法与公司法的双重规制可能。多有学者提出，在股东会决议的效力认定须置于多重体系下，首先遵循《公司法》第 22 条设置的程序瑕疵和内容瑕疵标准，其次还应评价股东的个体表决行为是否存在意思表示瑕疵。上述思路冲击了此前公司法建立起的股东会决议效力评价体系，是否与公司法的立法精神和规制目的相符，是否会造成决议机制在规制效果上的脱节仍有待商榷。

二、效力认定的前提：股东会决议性质的再探讨

长期以来，学界关于决议法律性质的探讨未有定论且观点纷纭。当前理论界对决议行为的法律性质界定仍存在较多讨论和质疑。决议的性质是效力认定规则适用的前提，在当前立法背景下，对股东会决议的性质进行再探讨仍存在必要。

（一）股东会决议性质的学理争议

从整体来看，当前学界对于股东会决议性质的观点，主要存在传统的法律行为说与非法律行为说的对峙。

1. 法律行为说

法律行为是以意思表示为要素，因意思表示而发生一定私法效果的法律事实，[2]其内部又分以下几种观点：第一，单方法律行为说。这一观点认为，股东会决议经由多数决原则吸收个体意思表示，个别股东的意思表示失去独立性，形成公司单一的集体意思。[3]意思表示的主体应当为社团单方，而非内部的表决权人。第二，多方法律行为说。此观点强调决议是由多个股东的意思表示构成，将股东作为意思表示的主体，认为决议是由多方民事主体根据法定或约定的议事方式及表决程序作出各自的意思表示，形成最终决定的民事法律行为。[4]第

〔1〕 李永军认为，《民法总则》第 134 条第 2 款仅仅是说在“决议成立”的问题上，准用《民法总则》关于法律行为成立的时点之规则。不能因为公司法没有规定即适用《民法总则》，从而使决议的救济适用法律行为的规则，“那将是公司的灾难”。参见李永军：《从〈民法总则〉第 134 条评我国法律行为规范体系的缺失》，载《比较法研究》2019 年第 1 期。

〔2〕 参见王泽鉴：《民法总则》，中国政法大学出版社 2001 年版，第 234 页。

〔3〕 参见吴高臣：《论股东大会决议的性质》，载《首都师范大学学报》（社会科学报）2014 年第 6 期。

〔4〕 参见王雷：《论民法中的决议行为——从农民集体决议、业主管理规约到公司决议》，载《中外法学》2015 年第 1 期。

三，共同行为说。该观点认为，股东会决议由多方主体基于平行意思表示一致而作出。决议行为即由同一内容的多数意思表示合致而成立的共同行为，意思表示向社团为之。[1]第四，特殊法律行为说。此观点承认股东会决议有别于传统分类下的法律行为，在类型认定上不再僵化地将其纳入上述三种类型中，而将其视为一种特殊的法律行为以作区别。[2]其特殊性体现在决议形成过程中遵循的多数决规则，故将其从传统法律行为分类中独立出来是最符合现实需求的方式。[3]

2. 非法律行为说

非法律行为说又包括两种观点：第一，意思形成说。决议的作出并非完整的法律行为，而仅是法律行为效果意思的形成阶段，其无法依当事人意思产生权利义务关系，仍需执行机关的对外作出表示行为。[4]团体成员的表决在性质上属于意思通知而非意思表示，故决议行为缺乏法律行为的核心要素即意思表示。[5]第二，商行为说。现代商法重在调整复合体主体而非个体行为。[6]商行为理论基于商法独立体系的构建，重视程序规范，旨在充分贯彻和遵循商事外观、商事效率和安全等原则。商行为制度独立于法律行为理论外，调整基于商行为而发生的商事法律关系，[7]在规制决议时能够充分重视其蕴含的民主和程序价值。[8]

3. 观点之评析

可以看到，在股东会决议法律性质的讨论中，传统法律行为说占据了半壁江山。然而，法律行为说并未完全涵盖公司决议行为的特殊性，不可避免地存在自身的局限性，其中单方法律行为说认识到公司决议是公司层面的独立意思表示，但忽视了该意思表示只对内部成员产生直接效力；多方行为说忽视了决议属于公司层面的整体意思，而非内部表决权人意思表示的相加；共同行为说并未将决议行为这一团体法行为从个人法属性中完全脱离出来；[9]相对而言，特殊法律行为说有意识地将决议从传统法律行为分类中独立出来，但并未充分论证将决议行为纳入法律行为体系的合理性，回避了法律行为规则应如何适用于公司决议的问题，造成了虽在框架内，却在法律适用上游离于框架外的矛盾情形。[10]

---

〔1〕 参见王泽鉴：《民法总则》，中国政法大学出版社 2001 年版，第 242 页。

〔2〕 参见柯芳枝：《公司法论》，中国政法大学出版社 2004 年版，第 239 页。

〔3〕 参见孔洁琼：《决议行为法律性质辨——兼评〈民法总则〉第 134 条第 2 款》，载解亘主编：《南京大学法律评论》（总第 51 卷），南京大学出版社 2019 年版，第 147 页。

〔4〕 参见徐银波：《决议行为效力规则之构造》，载《法学研究》2015 年第 4 期。

〔5〕 参见叶林：《商行为的性质》，载《清华法学》2008 年第 4 期。

〔6〕 参见范健：《商法的时代性与时代商法——创制一部反映时代需求的〈中国商法通则〉》，载《学术论坛》2019 年第 1 期。

〔7〕 参见王建文：《〈民法典〉立法背景下商行为的立法定位》，载《南京大学学报》（哲学·人文科学·社会科学）2016 年第 1 期。

〔8〕 参见陈醇：《商法原理重述》，法律出版社 2010 年版，第 178 页。

〔9〕 参见吴飞飞：《决议行为归属与团体法“私法评价体系”构建研究》，载《政治与法律》2016 年第 6 期。

〔10〕 参见瞿灵敏：《民法典编纂中的决议：法律属性、类型归属与立法评析》，载《法学论坛》2017 年第 4 期。

（二）股东会决议的特殊性

在既有规则下，对决议行为法律性质的归类纯属民法学的解释问题，取决于用何种上位法概念指称。〔1〕无论决议行为的性质为何，不可否认的是，与法律行为相比，决议存在自身的特殊性。法律行为缘起于个人法下对当事人合意的关注，更适于解释合同行为，注重保护自然人个体的意思表示自由和真实。〔2〕决议是伴随着团体法现象提出的概念，〔3〕公司决议是社团决议在商事领域的延伸，天然地带有团体性特征和程序性色彩，与法律行为乃至于民法上的人合性普通社团决议均存在较大差异。

1. 意思的交互整合性

组织内的决策应当是一种达到理想状态的运行机制，每个决策的作出都是一种动态的过程，并受到众多因素的影响。〔4〕作为法律拟制的主体，公司不能像自然人一般依靠内心形成意思，主要依靠内部成员召开会议及表决形成多数意见，并通过决议的作出上升为公司的意思。因此，股东会决议最大的特点即在于，复数成员股东在会议上的讨论、质询、信息披露与游说等环节。这个过程是表决权人意思不断交互、动态转变的过程，原本的少数意见可能转变成多数意见，最终在投票节点作出统一的格式化的意思通知，即对提案的“赞成”、“否决”和“弃权”，少数意见被多数意见所吸收，形成公司层面的整体意思。决议牵涉复杂烦琐的意思交互过程，法律行为理论则难以体现决议形成过程中成员意思的动态交互性。

2. 过程的程序外观性

决议规则是遵循民主和正当程序原则而设立的，是公司意思形成的行为规则。〔5〕决议程序的正当性保障了公司整体意思能够约束内部持反对意见的成员的合理性。股东会决议涉及的程序主要包括会议召集、股东资格的确认、提案的选择和排序、主持人的确定、质询与答复、会场秩序的维持、表决、计票、会议记录签署等。决议中的程序要求并不简单地等同于要式法律行为中的形式要件。民法意义上的形式要件与商法中的程序概念存在差异，程序的功能包含了提高商事效率、促进交易安全和公正等价值取向，但民法上的形式并没有如此多的丰富含义，其主要在于证明意思表示的内容。〔6〕例如，实践中出现的管理层恶意缩短会议时间，故意拖延股东进入会场及投票计票环节的舞弊操作等行为，这些会前、会中等所涉及的环节都是法律行为理论难以涵盖的。

---

〔1〕 参见王雷：《〈民法总则〉中决议行为法律制度的力量与弱点》，载《当代法学》2018年第5期。

〔2〕 参见叶林：《股东会会议决议形成制度》，载《法学杂志》2011年第11期。

〔3〕 参见叶林：《私法权利的转型——一个团体法视角的观察》，载《法学家》2010年第4期。

〔4〕 See James L. Gibson, John M. Ivancevich, James H. Donnelly, Jr., Robert Konopaske, *Organizations: Behavior, Structure, Processes*, 14th ed., McGraw-Hill Inc., 466, 2012.

〔5〕 参见陈雪萍：《程序正义视阈下公司决议规则优化之路径》，载《法商研究》2019年第1期。

〔6〕 参见陈醇：《商行为程序研究》，中国法制出版社2006年版，第23页。

3. 效果的团体意思性

决议的作成往往并非经全体成员的一致合意，其中多有个人的权利或意思受到限制，因此团体意思的形成并不意味着其结果体现了所有个体的表决意思。[1]在股东的个体意思在经由正当程序上升为合法合乎章程的团体意思后，持少数意见的成员必须尊重决议结果，即使该决议与自身意志相违背。这就注定了公司决议的规制目的必然不是以关注个体意思表示为重心，其注重的是在公司意思自治的范围内，以规范化的程序维护公司内部民主、整体利益平衡和商事效率。同时，决议的效力范围仅限于社团内部，并不会直接对外部关系产生权利义务的变动效果，决议的落实仍需通过代理人或执行机关对外具体执行。即便决议涉及公司内部成员关系的调整，如法人代表的更替、董事的任免，只有进行工商登记后才具备对外公示效力。[2]

（三）股东会决议应属团体的意思形成

股东会决议以股东的表决意思为基础并转化，一旦作出，就不再代表股东个体的意思，而是形成新的公司意思。[3]在此过程中，参会人员之间无须达成合意，无须商定采取一致行动，只要在格式化的投票形式中作出表决意思，就得以通过多数决原则形成公司合意。[4]作为拟制法人，公司在成立之初就被假设为“理性人”，其意思的形成过程更多的是强调通过特定的程序和多数决原则，将内部成员的意思整合成公司的共同意思，并非社员意志加总形成的集合意志。[5]股东会决议的最终作出如同自然人内心的意思形成，只对内部产生效力，而并非对外部人作出意思表示。其中，表决权人的单个表决行为，只是向公司内部就提案发表格式化的意见，与法律行为中的意思表示存在区别，无法在事实上或法律上发生追求特定法律效果的意思。从规制效果来看，将股东会决议视为团体意思形成，相较于法律行为，能够在关注决议内容的正当性之外，更强调股东会意思形成过程中的程序正当性，而非仅仅局限于对个体成员意思表示真实与否的评价。

三、股东会决议效力认定的路径分析

股东会决议属于团体的意思形成，对其效力的认定不应重点回溯到对个体成员的意思评价，而应从整体意思层面进行评价，并尤为关注意思形成过程中的程序正当性和内容正当性，以及其背后蕴含的利益平衡。

---

〔1〕 参见王雷：《公司决议行为瑕疵制度的解释与完善》，载《清华法学》2016 年第 5 期。

〔2〕 参见最高人民法院民事裁定书（2014）民四终字第 20 号。

〔3〕 参见蒋大兴：《公司组织意思表示之特殊构造——不完全代表/代理与公司内部决议之外部效力》，载《比较法研究》2020 年第 5 期。

〔4〕 参见叶林：《股东会会议决议形成制度》，载《法学杂志》2011 年第 10 期。

〔5〕 参见邓峰：《普通公司法》，中国人民大学出版社 2009 年版，第 110 页。

（一）股东会决议效力认定的基本原则

1. 区分表决行为与决议

首先，应当明确个体成员的表决行为与决议相分离。股东会决议在作出之时即否认了股东个体表决意思的独立性，决议已从多个表决意见整合成为团体的整体意思。其次，个别股东的表决瑕疵不必然影响决议效力。决议效力来源的根基在于团体意思形成的公正性，每个成员的意见均须有机会得到充分表达。正如学者所言，决议是团体内部成员通过会议上的信息披露、讨论与游说之后“偶然形成的结果”,〔1〕并非单纯地属于所有成员的意思合致或意思表示的相加。因此，对决议效力的整体评价实应关注其意思形成的方式与内容，而非着眼于个别成员的表决意思。〔2〕

2. 重视程序正义在决议中的价值

程序正义主要体现在三方面：被听取意见的机会；无偏见；具备一定的判断基础。〔3〕然而，我国的法律实践长期以来存在“重实体、轻程序”的传统，程序工具主义偏见的存在，使得程序正义价值在公司决议规制中并未得到应有的重视。〔4〕在规范缺失的情况下，民法中的诚实信用、禁止权利滥用等普适原则虽可在司法实践中发挥兜底性适用，但难以代替具体的程序规则。〔5〕程序正义实现了对个体独立意见的尊重，并赋予了决策结果尽可能实现的正当性。〔6〕即使股东的最初表意都是公正自由的，程序的不公正仍然会导致最终结果的不公正。〔7〕例如，在决议过程中本该有的议事、质询环节被强行删减，又或是，投票箱却被抱离会议现场，每个环节的疏漏都将给决议结果不公正造成可乘之机。基于决议的特性，程序正义是公司决议效力评价中的必然关注点。

3. 关注决议机制蕴含的利益平衡

决议机制是公司意思形成的方式，也是提高公司内部经营决策、监督管理和民主的重要途径。商事组织内部多采用资本多数决机制形成公司意思，因此，决议效力规则的设计往往会对其背后涉及的利益关系加以考量，例如控股股东与中小股东的利益平衡；商事效率与安全的价值平衡；公司意思自治与司法干预之间的平衡。若过于宽泛地允许股东提起决议瑕疵诉讼，则存在滥诉与司法干预过甚之风险；若严格限制效力瑕疵范围，则难以有效制衡控股

---

〔1〕 参见叶林：《股东会会议决议形成制度》，载《法学杂志》2011 年第 10 期。

〔2〕 参见周淳：《组织法视阈中的公司决议及法律适用》，载《中国法学》2019 年第 6 期。

〔3〕 See James Mattson, *What's Involved in Making a "Fair" Decision? —Natural justice or procedural fairness*, at https://www.bartier.com.au/insights/articles/whats-involved-in-making-a-fair-decision-natural-justice-or-procedural-fairness/, March 8, 2021.

〔4〕 参见梁上上：《论公司正义》，载《现代法学》2017 年第 1 期。

〔5〕 参见陈醇：《商行为程序研究》，中国法制出版社 2006 年版，第 50 页。

〔6〕 参见龚蔚红、牛文浩：《“少数服从多数”的证成及其限度——程序价值角度的研究》，载《浙江社会科学》2019 年第 2 期。

〔7〕 参见［韩］李哲松：《韩国公司法》，吴日焕译，中国政法大学出版社 2000 年版，第 13 页。

股东并救济中小股东。

（二）《公司法》下股东会决议的效力认定标准

股东会决议的效力取决于决议内容的合法性和程序的公正性，而非全体行为人的意思表示一致。[1]公司法体系下，决议效力瑕疵的认定标准源自法律规定和章程意定的内容瑕疵和程序瑕疵，旨在充分尊重公司意思自治，通过程序正义维护决议的结果公平。

1. 决议的内容是否存在瑕疵

《公司法》第22条规定，股东会决议内容不得违反法律、法规和公司章程的规定。其中，以股东会决议内容瑕疵的严重程度为标准，分别赋予决议可撤销、无效的效力认定。决议的内容瑕疵并非用于评价股东个体的意思表示是否真实或自由，而是强调决议整体结果的合法性与合章程性，为公司意思自治和内部公平设置合理的边界。违反章程性规定的决议内容瑕疵，与违反法律、行政法规的决议内容相比，危害后果更小且影响多局限于内部，但其对公司自治规范的无视仍受到规制，这是公司法作为组织法肩负着调整内部成员关系的使命所在。

2. 决议的程序是否存在瑕疵

公司决议是民主的决定，是正当程序的结果，公司决议瑕疵的基本形态是程序瑕疵。[2]我国公司法依照程序瑕疵的严重程度不同分为三类后果：对于严重的程序瑕疵，[3]如未召开会议等情形，视为决议不成立；对于一般的程序瑕疵，如未在合理时间内通知会议地点等情形，则决议可撤销；对于不影响决议内容实质的轻微瑕疵，[4]立法者在考量商事效率与稳定的前提下予以一定的宽容。公司法下的决议效力瑕疵制度旨在引导公司决议符合正当程序等公司法基本价值，这也是营利性社团法人在团体决策方面所应遵循的规则。[5]

（三）《民法典》定性下效力认定思路的变化

法律行为定性与意思形成定性的区分，导致决议效力认定标准的差异化。在法律行为定性下，有学者认为，决议效力的认定除了在决议整体层面考虑程序瑕疵和内容瑕疵外，还须

---

〔1〕 参见陈雪萍：《程序正义视阈下公司决议规则优化之路径》，载《法商研究》2019年第1期。

〔2〕 参见陈雪萍：《程序正义视阈下公司决议规则优化之路径》，载《法商研究》2019年第1期。

〔3〕《公司法解释（四）》第5条："股东会或者股东大会、董事会决议存在下列情形之一，当事人主张决议不成立的，人民法院应当予以支持：（一）公司未召开会议的，但依据公司法第三十七条第二款或者公司章程规定可以不召开股东会或者股东大会而直接作出决定，并由全体股东在决定文件上签名、盖章的除外；（二）会议未对决议事项进行表决的；（三）出席会议的人数或者股东所持表决权不符合公司法或者公司章程规定的；（四）会议的表决结果未达到公司法或者公司章程规定的通过比例的；（五）导致决议不成立的其他情形。"

〔4〕《公司法解释（四）》第4条："股东请求撤销股东会或者股东大会、董事会决议，符合公司法第二十二条第二款规定的，人民法院应当予以支持，但会议召集程序或者表决方式仅有轻微瑕疵，且对决议未产生实质影响的，人民法院不予支持。"

〔5〕 参见王雷：《公司决议行为瑕疵制度的解释与完善》，载《清华法学》2016年第5期。

在股东层面考量其表决行为是否存在意思表示瑕疵。[1]下文就此思路对股东会决议效力认定路径带来的变化进行分析。

1. 新增股东的表决瑕疵为认定标准

在法律行为的定性前提下，股东的表决被视为意思表示，成为股东会决议的构成要件之一。在公司法原有的程序瑕疵和内容瑕疵两项效力认定标准之外，其进一步将股东的表决瑕疵扩充为决议效力瑕疵的认定标准。[2]

（1）基本前提：股东的表决属于意思表示

按照法律行为说的主流观点，决议是由多个成员的意思表示构成的法律行为，因此，每个股东的表决均属于意思表示。在此思路下，股东属于意思表示的主体，股东的投票表决并非只是内部的意思通知，而是构成股东会决议的核心要素。股东作出表决在主观要件上具备了产生法律效果的内心意思，并通过举手或在投票纸上作出格式化标记的方式向外部表明其内心意思。

（2）表决行为适用意思表示瑕疵规则

将意思表示瑕疵规则运用于认定内部成员表决瑕疵的立场，是以单个表决行为作为意思表示为前提的。意思表示瑕疵的成因包括通谋虚伪表示、错误、欺诈、胁迫、真意保留等，公司作为拟制的法人，无法像自然人一样存在真意保留等情形，因此，民法上的意思表示瑕疵规则通常难以适用于公司层面。[3]但在此思路下，意思表示瑕疵规则在股东的单个表决行为层面仍存在适用空间。自然人股东自由参与投票表决，其表决内容应当体现其个人的真实意思。按照法律行为理论，若自然人的意思表示并非个人意思的真实体现，或存在受胁迫、欺诈等情形，那么法律行为的效力则存在瑕疵。[4]

（3）股东的表决瑕疵影响决议效力

在决议属于法律行为的前提下，多有观点认为，股东的表决属于意思表示，股东的表决瑕疵能够直接或间接地影响决议的最终效力。其中，直接影响说认为，当存在若干表决权人意思表示不真实或不自由时，决议最终因缺少真实的意思表示而存在效力瑕疵。间接影响说实质为“因果关系”说，其认为，决议的效力取决于非瑕疵表决的数量，若在扣除瑕疵表决数后，有效表决数仍然能够达到决议通过的最低要求，那么决议效力不会因此产生影响。自2017年《民法总则》出台后，司法实践中多有股东主张其因重大误解、遭受欺诈、胁迫而在股东会会议上表决不自由或不真实，请求撤销决议或确认决议无效。

---

〔1〕 参见马强：《论决议行为适用意思表示瑕疵的规则——以公司决议中表决人意思表示瑕疵为考察重点》，载《华东政法大学》2021年第1期；赵心泽：《股东会决议效力的判断标准与判断原则》，载《政法论坛》2016年第1期。

〔2〕 参见赵心泽：《股东会决议效力的判断标准与判断原则》，载《政法论坛》2016年第1期。

〔3〕 参见钱玉林：《民法总则与公司法的适用关系论》，载《法学研究》2018年第3期。

〔4〕 参见赵心泽：《股东会决议效力的判断标准与判断原则》，载《政法论坛》2016年第1期。

2. 扩充决议的效力评价规则

根据《公司法》第22条的规定，股东会决议的内容瑕疵包括内容违反法律、行政法规或章程的规定，并分别带来决议无效或可撤销的后果。在法律行为定性下，多有学者认为，法律行为的相关效力性规则，同样可以适用于股东会决议的整体效力认定，例如显失公平规则、诚实信用原则等。除此之外，也有学者认为，因无权代理未予追认而无效等合同效力规则均可类推适用至股东会决议。

（四）适用法律行为规则带来的规制效果偏差

对上述效力认定思路的变化，学界存在不同观点：有观点认为，应从程序正当和权限正当两个维度对公司决议的效力进行认定；[1]也有观点认为，股东会决议难以适用意思表示瑕疵规则，决议的效力认定并无审视表意人是否存在意思表示不真实或不自由的必要。[2]不可否认的是，自决议行为纳入法律行为框架后，在理论层面，股东会决议的效力认定在法律适用上有了更多重可能，长此以往容易在规制效果上偏离决议本身的价值取向。具体而言，主要体现在：

1. 过度关注个体权利的救济

现实中，以个别股东的表决存在意思表示瑕疵为由，提起决议效力瑕疵诉讼的纠纷不在少数。对于单个表决行为瑕疵是否影响决议整体效力，根据检索到的案例，分析法院的法律行为裁判思路主要有：（1）单个表决瑕疵属意思表示瑕疵，决议可撤销或无效；[3]（2）因果关系说，即单个表决瑕疵并不直接影响决议效力，还要通过扣除瑕疵表决权数看剩余表决权数是否影响表决结果；（3）否定意思表示瑕疵作为确认公司决议效力瑕疵的理由；[4]（4）采取回避态度，因证据不足等原因而不予支持。[5]实践中，仍有少数法院认可表决瑕疵对决议效力的影响。在“张某与胡某某股权转让纠纷、公司决议纠纷”一案中，法院认为因股权变更而作出的股东会决议和股权转让协议并非各方的真实意思表示，且对转让价款的巨大差额存在重大误解和显失公平，故决议应予以撤销。[6]更有法院兼以《公司法》第22条与《合同法》第52条作为决议效力确认的法律依据，将决议与合同行为混淆。[7]

---

〔1〕 参见周淳：《组织法视阈中的公司决议及法律适用》，载《中国法学》2019年第6期。

〔2〕 参见刘成墉：《再论股东（大）会决议性质：“团体意思形成的成果”观点下之探析》，载张卫平、齐树洁主编：《司法改革评论》（第二十辑），厦门大学出版社2016年版，第319页。

〔3〕 参见安徽省广德县人民法院民事判决书（2019）皖1822民初1222号。

〔4〕 参见四川省西昌市人民法院民事判决书（2020）川3401民初3535号；浙江省高级人民法院民事裁定书（2018）浙民申2135号；北京市第二中级人民法院民事判决书（2019）京02民终3555号；四川省成都市中级人民法院（2020）川01民终10107号民事判决书；杭州市滨江区人民法院（2016）浙0108民初2618号民事判决书。

〔5〕 参见河南省武陟县人民法院民事判决书（2017）豫0823民初3020号；湖南省高级人民法院民事裁定书（2019）湘民申1030号。

〔6〕 参见安徽省广德县人民法院民事判决书（2019）皖1822民初1222号。

〔7〕 参见广东省中山市中级人民法院民事判决书（2020）粤20民终2833号。

法律行为规则下追求结果公平而强调个体意思表示自由与真实的价值取向，难以兼顾公司决议下强调程序正义对内部民主和利益平衡的价值取向。决议的效力来源应当在于内容和程序的正义，对于决议效力的认定不应回溯至一一探寻个别表决权人的意思表示真实与否。意思表示瑕疵规则在股东表决瑕疵中的适用，容易导致以个别成员意思表示存在瑕疵作为否决团体意思的整体效力，将个别成员意思凌驾于团体意思之上，过分强调对个体意思的倾斜保护，动辄造成团体意思的效力不稳定和决策效率低下。

2. 注重结果公平而忽视程序正当

对于股东表决瑕疵的情形，不应局限于个别股东表意不自由或不真实的考量，而应当看到该瑕疵的背后可能是对决议程序的破坏，对股东基本权利的侵害，甚至是对其他股东表决造成的间接影响。

（1）将程序瑕疵视为意思表示瑕疵

决议程序的违背损害了公司法的价值和原则，反映的更多是公司内部资本多数决的滥用、控股股东信义义务的缺失及对中小股东利益的平衡。法院以个别表决权人意思表示存在瑕疵或无权代理等规则作为判决依据，在法理支撑上略显单薄，且无法体现不法行为对决议机制的破坏性，更甚者以合同法规则套用以实现最终裁判结果的公平，偏离了决议蕴含的程序价值。

以司法实践中常见的伪造股东签名为例，法院的判决思路主要是从民法路径与公司法路径展开，其中民法路径之一即完全适用法律行为理论下的意思表示瑕疵规则，以个体表决权人的意思表示不真实认定整个决议行为无效；之二在于通过撤销瑕疵表决数后，看有效表决能否到决议通过的最低比例；之三即采用无权代理，可以赋予股东追认权以恢复决议的效力。[1]公司法路径则聚焦程序瑕疵和内容瑕疵，同时还可在公司法下获得其他途径救济。对民法路径的质疑在于，被伪造签名的股东往往多因未接到会议通知而未参会，若认定被伪造的签名属于意思表示不真实，未免忽略了其程序存在重大瑕疵的本质。

（2）对因果关系说的反思：效果决定论与决议机制的脱节

因个别表决权人意思表示不真实而直接否认决议整体效力的思路，显然违背公司决议的形成机制。对此，因果关系说对表决瑕疵的认定思路进一步修正，即表决瑕疵不直接导致决议效力瑕疵，而是通过扣除瑕疵表决数，看剩余的有效表决数能否达到决议通过的比例要求，旨在保护股东的意思表示与追求决议的稳定性之间寻求平衡。从比较法上看，德国理论界也曾存在因果关系说。[2]韩国理论界认为，个别股东的表决瑕疵不能作为请求决议撤销的理由，但仍适用意思表示理论，在定足数上作为否定决议效力的理由。[3]

---

〔1〕 参见王延川：《伪造股东签名的股东会决议效力分析》，载《当代法学》2019 年第 3 期。

〔2〕 参见［德］迪特尔·梅迪库斯：《德国民法总论》，邵建东译，法律出版社 2000 年版，第 843 ~844 页。

〔3〕 参见［韩］李哲松：《韩国公司法》，吴日焕译，中国政法大学出版社 2000 年版，第 226 页。

因果关系说不仅仅是理论上的探讨，在我国的司法实践中也有迹可循。在“肖某某、贵阳某科技发展有限公司公司决议纠纷”中，法院认为，个别股东的意思表示存在瑕疵并不必然影响股东会决议效力。但是，原告持股比例仅占20%，案涉另一股东占股80%，即使决议上的签字非由原告本人签字，决议仍然能够以2/3多数决通过，故决议仍然有效。[1]尽管此案中原告事先知晓并同意决议通过的增资扩股事项，但是，即便全体股东事先同意增资扩股而免于召开股东会，对该事项的书面决定仍须由全体股东进行签字。伪造签名破坏程序的后果是全局性的。[2]若股东对事前签署的增资扩股协议反悔，违反诚实信用原则，可以在合同法下以违约责任进行规制，但不能在扣除瑕疵表决权数后股东会决议仍然达到表决数要求，而认可存在伪造签名情形的股东会决议有效。

民法规则构造下“结果重于程序”的理念，与商法理念下对决议程序正义的追求存在差异。[3]从结果来看，因果关系说下扣除瑕疵表决权数倒推决议效力的思路似乎并未存在问题，并尽量维持股东会决议效力的稳定性。然而，以扣除后的表决权数是否充足为标准，倒推决议有效与否的做法，显然是对因果关系的颠倒，且忽视了程序价值在多数决原则中的重要性。其法理基础仍在于把公司决议拆分为股东的表决意思表示相加，有效表决数不受瑕疵表决数的影响。可见，这一思路仍然带有民法下的法律行为色彩，偏离了股东会决议效力的应然认定标准。其缺陷在于：第一，看似维持了决议效力的稳定，实则将决议效力置于更加不确定的状态，也为控股股东或管理层的事后施加不正当干预提供了可能；第二，仅仅停留于股东表决瑕疵上，并未上升到程序瑕疵高度。剔除瑕疵表决数的做法虽简单但略显粗暴，也与团体意思形成的正当性相背离。

3. 难以平衡公司内部的利益冲突

公司法作为组织法的功能价值之一即在于平衡内部成员的不同利益关系，以尽可能规制资本多数决的滥用与中小股东的利益保护。但是，法律行为规则在设计之初是从关注自然人意思表示真实或自由的立场出发，套用民事法律行为规则容易导致决议的效力认定过度关注个体意思，而使股东间的利益规制失衡。

以滥用多数决导致股东会决议显失公平为例，显失公平的法律行为在民法下的后果是可撤销，并未对当事人的意思自治进行无效之全盘否认。其情形往往为一方利用了另一方处于窘迫、轻率或无经验的劣势地位而得利。[4]然而，决议不公平但仍得以通过的原因，却源于中小股东天然存在的较低持股比例，使其在资本多数决机制下对公司的控制权较低。对于显

---

〔1〕 参见贵州省贵阳市中级人民法院民事判决书（2020）黔01民终10405号。

〔2〕 参见王延川：《伪造股东签名的股东会决议效力分析》，载《当代法学》2019年第3期。

〔3〕 参见蒋大兴：《〈商法通则〉/〈商法典〉的可能空间？——再论商法与民法规范内容的差异性》，载《比较法研究》2016年第5期。

〔4〕 参见梁慧星：《〈民法总则〉重要条文的理解与适用》，载《四川大学学报》（哲学社会科学版）2017年第4期。

失公平的股东会决议，应当具体分析其仅仅是股东间利益分配不公，还是侵害了其他股东利益或公司利益。仅以可撤销的民事法律行为规则进行规制，难免疏于对公司运行机制的综合考量。另有观点认为，可将显失公平的股东会决议视为《公司法》第22条下的“决议内容违反法律”而无效。然而，应当看到，滥用多数决造成的表象是决议内容显失公平，其实质却反映了控股股东侵害中小股东权利，破坏公司内部平衡之问题，应将该决议视为违反公司法的基本原则或公司法具体规定而存在效力瑕疵。民法上的显失公平规则较为抽象，若一概将显失公平作为决议内容瑕疵的事由，容易导致实践中的滥诉可能。而动辄适用法律行为一般规则保护个体意志，可能会破坏内部成员之间的利益平衡机制，极易导致团体内部法律关系的不稳定。[1]

四、股东会决议效力规则的完善建议

当前我国公司法下的决议规则存在诸多漏洞，体现在法律规定过于原则化和简单化，效力类型范围界定不清等方面。例如，决议不成立在现实中存在扩张适用的可能；许多破坏决议程序导致决议不公的情形难以通过公司法进行规制；决议无效的事由存在多重解释路径等。在此情形下，民事法律行为规则在股东会决议效力认定上存在补充适用的可能。在公司法面临新一轮修订的契机下，构建完善的股东会决议效力规则势在必行。

（一）应明确由公司法对股东会决议进行规制

在当前的立法体系下，公司法对股东会决议的规制存在疏漏，对于应作规定而未作规定的立法漏洞，直接援引民法一般规则可能导致对该特殊事项的规制缺乏目的性和正当性。[2]从短期来看，可将其作为特别法的漏洞在公司法体系下予以解释和填补，[3]根据公司法的精神与目的尽可能进行法律解释，而非径直以结果找法，适用法律行为的一般规则。[4]从长远来看，股东会决议存在自身的特殊性，未来必然要构建起一套独立的规则对其进行规制。

“公司法是规范公司组织和行为的基本法，属于典型的商法范畴。”[5]强调公司决议应在公司法下建立独立的规则体系，并非仅仅基于公司法是特殊法的关系，而是从股东会决议背后蕴含的商事价值和理念来看，其理应由组织法进行调整。以公司法体系规制股东会决议存在必要性，主要体现在：（1）平衡公司内部成员之间的利益。公司法作为组织法的逻辑在于超越对个体权利的救济，而对决议的合法性与合章程性进行维护。[6]民事法律行为理论的介

---

〔1〕 参见［韩］李哲松：《韩国公司法》，吴日焕译，中国政法大学出版社2000年版，第412页。
〔2〕 参见钱玉林：《商法漏洞的特别法属性及其填补规则》，载《中国社会科学》2018年第12期。
〔3〕 参见钱玉林：《商法漏洞的特别法属性及其填补规则》，载《中国社会科学》2018年第12期。
〔4〕 参见周淳：《组织法视阈中的公司决议及法律适用》，载《中国法学》2019年第6期。
〔5〕 参见钱玉林：《民法总则与公司法的适用关系论》，载《法学研究》2018年第3期。
〔6〕 参见丁勇：《公司决议纠纷诉讼规则重构》，载《中国法学》2019年第5期。

入，难免存在过分保护个别成员意思表示自由，使判决结果偏离公司法价值取向的可能。(2) 维护公司内部的民主。个别股东表决瑕疵问题映射的更多的是公司内部的民主程序破坏问题，以公司法进行全局性保障和救济，通过规范化的决议机制、配套的股东权利救济途径，对控股股东、管理层进行制约，能够避免中小股东和公司利益被随意攫取。(3) 兼顾商事效率与公平价值。公司法下诸多规则的设计均体现着商事法追求效率与公平的价值取向，这也是公司法作为商事组织法的特殊性之一。在未来公司法的修订过程中，应当回归其组织体法本位，以公司独立法人和股东权利保护为中心，以自治为原则构造组织机构的决议事项、议事表决及效力规则等。[1]

(二) 对决议不成立的功能定位及界定

《公司法司法解释（四)》中的决议不成立制度对存在严重程序瑕疵的决议进行规制，其范围涵盖未召开会议、未对决议事项进行表决、出席会议人数不符合规定等。有观点认为，决议不成立制度的创设，遵循了法律行为理论中的事实判断与价值判断的划分方法，先判断法律行为的成立与否，再对效力进行价值判断。也有民法学者提出，应按照法律行为的成立要件确立公司决议的成立要件，其中包括主体要件、内容要件、程序要件等。[2]另外，作为兜底条款的"导致决议不成立的其他情形"，从理论上为民事法律行为一般规则的补充适用创造了一定的可能，容易造成决议不成立事由的扩张。对此，有必要明确决议不成立范围的界定原则。

1. 回归决议不成立制度的效力瑕疵定位

《公司法司法解释（四)》创设决议不成立制度之后，《民法总则》才将决议行为纳入法律行为体系。从直接的现实需求来看，增设决议不成立的效力类型，更多的目的是在于为存在严重程序瑕疵的公司决议提供效力否定的依据，将其作为公司法体系下与决议无效、可撤销并列的第三种效力类型，以填补当前《公司法》第 22 条下决议无效事由过窄的漏洞，弥补公司效力瑕疵二分法的局限。正如学者所言，决议不成立制度并非立法逻辑的必然，若立法者通过扩张决议的无效事由来处理决议严重程序瑕疵问题，决议不成立制度的独立意义即可被削弱甚至被消除。[3]公司法上效力规则体系的不完善被理论界和实务界诟病已久，不成立制度的引入能在司法实践层面有效缓解存在适法不足、判决不一的情形。

2. 决议不成立事由的界定原则

《公司法司法解释（四)》第 5 条的兜底条款为决议不成立事由的扩张解释创造可能。决议不成立与可撤销的区分关键在于，程序瑕疵的严重程度是否使决议缺失基本外观。因此，

---

〔1〕 参见邹海林：《关于公司法修订的几点思考》，载《法律适用》2020 年第 1 期。
〔2〕 参见张旭荣：《法律行为视角下公司会议决议效力形态分析》，载《比较法研究》2013 年第 6 期。
〔3〕 参见殷秋实：《法律行为视角下的决议不成立》，载《中外法学》2019 年第 1 期。

决议不成立的界定原则应仅限于违反最根本性的程序规则。[1]从比较法视角来看，日本公司法将具备决议外观，但召集过程中未向大多数股东发送通知的瑕疵视为决议不存在。[2]韩国公司法判例中曾将无召集权限者的召集、未向大部分股东进行召集通知、全体董事未参加股东大会等情形视为决议不成立。[3]也有学者提出，应当将主持人未对决议结果的认定作为极端的程序瑕疵。[4]对此，应明确不成立事由范围的界定原则，即决议违反了最根本性的程序规则，或程序上的重大瑕疵导致决议在实质上缺乏必要的程序外观。违反最根本性的程序规则可以包含如下情形：未向多数股东进行召集通知、未进行议事、缺乏表决程序、法定参会人数不足、未对决议结果进行认定等导致会议缺乏基本程序外观的情形，由此方能体现会议的召集、议事等价值对股东决议的重要性。

（三）扩充决议可撤销的认定事由

一些域外国家对公司会议的程序规则往往有着详尽的规定，相比之下，我国公司法关于决议规则的相关规定较为抽象和简单化。加之现实中公司治理程度的高低不同，一旦公司章程未有规定，部分恶意操作成为法外之地，严重侵害中小股东的利益。例如，董事会集体不出席会议，蓄意阻碍中小股东进入会场，拖延股东进入会场并临时更改提案表决顺序等情形。对此，可从控股股东及高管的说明义务，召集、议事或表决方式显著不公正等方面进一步扩充决议可撤销的事由。

1. 违反议事过程中的说明义务

股东享有知情权是公司法内涵赋予社员的基本权利。基于种种原因，当前我国《公司法》的股东知情权多集中于对公司账簿、会计凭证等书面文件的查阅，缺乏对会议过程中股东知情权和质询权的关注。实践中，控股股东、高管等在会议上拒绝回答、蓄意隐瞒等侵害股东权利的情况多发，股东难以及时、有效地通过决议效力瑕疵诉讼得到救济。

从比较法视角来看，《日本公司法》对股东大会议长、董事等人员的说明义务作出规定，其制度基础在于保障股东的质询权利，让股东在充分了解议案的基础上作出真实的价值判断。[5]同时，说明义务的履行标准须达到一般股东作出合理判断所必须的平均水平和范围。[6]《德国股份法》在股东会决议撤销事由中，规定了以客观标准判断未提供正确、全面的信息或拒绝提供信息是否导致侵害股东的参与权和成员权。[7]同时，也规定董事会经请求

---

〔1〕 参见丁勇：《公司决议瑕疵诉讼：历史、功能与规则改进》，上海人民出版社2020年版，第58页。

〔2〕 参见［日］山本为三郎：《日本公司法精解》，朱大明等译，法律出版社2015年版，第148页。

〔3〕 参见［韩］李哲松：《韩国公司法》，吴日焕译，中国政法大学出版社2000年版，第425页。

〔4〕 参见丁勇：《公司决议瑕疵诉讼：历史、功能与规则改进》，上海人民出版社2020年版，第59页。

〔5〕 参见［日］近藤光男：《最新日本公司法》（第7版），梁爽译，法律出版社2016年版，第197～198页。

〔6〕 参见［日］近藤光男：《最新日本公司法》（第7版），梁爽译，法律出版社2016年版，第197～198页。

〔7〕 参见［德］Deutsches Handelsgesellschaftsrecht：《德国商事公司法》，胡晓静、杨代雄译，法律出版社2014年版，第179页；高旭军编著：《德国公司法典型判例15则评析》，南京大学出版社2011年版，第153页。

原则上应当对股东质询作出答复，满足股东对所议事项作出评判的需求，同时对于不合理的质询范围以列举方式予以排除，对于未获答复的争议应记录在案，并在两周内请求法院裁决。〔1〕

控股股东、高管等人员在议事过程中的说明义务衍生于信义义务，基于信息不对称的天然劣势，履行说明义务能够为股东提供合理的表决基础，保证公司决议最贴近全体股东的真实意思。在现行立法下，可对《公司法》第 22 条第 2 款的程序瑕疵作目的性扩张解释，将议事过程中控股股东、高管等人员的故意隐瞒或恶意欺诈视为议事方式存在瑕疵，赋予其他股东提起决议可撤销之诉并重新行使表决权的可能。〔2〕从未来决议效力规则完善的角度来看，应明确规定控股股东、高管等人员在议事中的说明义务，其义务的履行标准应达到一般理性股东能够依据提供的信息对议案作出合理判断为标准。这既能在公司法下对股东的基本权利进行全局性和有效性的救济，也能避免司法实践中裁判依据的不一。

2. 召集、议事或表决方式显著不公正

实践中，对于“显失公平”的探讨多集中于决议内容的不公正。然而，诸多程序的不公正，如事前设置不利条件阻碍中小股东参会行使表决权，将投票箱抱离会议现场，恶意缩短小股东的质询时间等情形，使得决议看似具备程序外观，实则侵害股东权利。《公司法司法解释（四）》征求意见稿也曾试图将“召集程序”和“表决方式”作扩大解释，将决议的程序瑕疵涵盖至召集通知、股权登记、确定提案及议程、会议的主持、投票计票、宣告表决结果、会议记录及签署等阶段，但最终在正式稿中并未保留此条款，有待进一步研究。

从比较法来看，《日本公司法》规定的决议撤销之诉事由包含召集程序或决议方法显著不公正的情形，避免管理层或控股股东通过“总会屋”阻碍股东行使表决权，实行利益输送。〔3〕“总会屋”即指管理层默许部分特殊股东妨碍会议议事程序，或者采用不当程序阻止其他股东的发言。〔4〕韩国股东大会决议撤销之诉事由也包含召集程序或决议方式存在明显不公平情形。〔5〕例如，韩国商法规定会议召集地应当在总公司所在地或与此相邻的地区召集，若选择远离正常区域的场所，则属于召集程序显著不公正的情形。〔6〕实践中，若临时延迟开会时间或变更会议场所，使股东无法合理期待按时参加会议的，等同于召集程序显失公平。〔7〕

---

〔1〕 参见［德］Deutsches Handelsgesellschaftsrecht：《德国商事公司法》，胡晓静、杨代雄译，法律出版社 2014 年版，第 132～133 页。

〔2〕 参见周淳：《组织法视阈中的公司决议及法律适用》，载《中国法学》2019 年第 6 期。

〔3〕 参见［日］近藤光男：《最新日本公司法》（第 7 版），梁爽译，法律出版社 2016 年版，第 205 页。

〔4〕 参见［日］近藤光男：《最新日本公司法》（第 7 版），梁爽译，法律出版社 2016 年版，第 206 页。

〔5〕 参见［韩］金建植等：《公司法判例研习：以韩国公司法为视角》，张珍宝等译，法律出版社 2021 年版，第 83 页。

〔6〕 参见［韩］李哲松：《韩国公司法》，吴日焕译，中国政法大学出版社 2000 年版，第 358～359 页。

〔7〕 参见［韩］金建植等：《公司法判例研习：以韩国公司法为视角》，张珍宝等译，法律出版社 2021 年版，第 62 页。

2016 年美国修订的《标准商事公司法》规定，股东会会议的主持人有权决定提案的顺序，并为会议的举行确立公平的规则，不得侵害股东的权利。[1] 根据官方解释，会议规则包含发言的方式、时间及次数等。

对此，我国立法可以考虑未来在决议撤销事由上增加“召集程序或议事、表决方式显著不公正”的规定，其范围可以扩大涵盖到恶意召集、股东被剥夺质询和发言机会、被恶意拒绝入场、伪造股东签名等情形，以更好规制实践中程序不公正问题。同时，对于会议召集和主持人维护召集、议事等规则，维持股东大会秩序等权利和义务进行明确，避免股东滥用质询权扰乱会场秩序，以达到内部成员之间的权利义务制衡。

（四）明确决议无效事由的范围

决议无效的效力评价是对公司意思自治最严苛的限制，是对商事组织内部意思自治的全盘否定。即便公司在意思形成过程中遵循了正当程序，决议内容仍然可能因为违反法律、行政法规而无效。相较于决议撤销之诉，决议无效之诉的原告范围更广，后果更加严重，故对无效事由的界定更应谨慎对待。学界主流观点认为，应对决议无效事由进行限缩解释，但在解释路径与具体情形等方面存在不同观点，需要予以进一步明确。

1. 决议无效事由的解释路径

现行《公司法》第 22 条第 1 款规定的决议无效事由过于原则和抽象化，多有观点认为应对“法律、行政法规”作限缩性解释，将无效事由限定在强制性规定或是效力性强制性规定范围之内。[2] 也有观点认为，“强制性规定”只是认定决议效力的形式标准而非实质标准，忽视了合同法与公司法之间的差异，应从公司法的具体规范层面出发，在维持决议效力的稳定性与消除决议内容的违法性，限制大股东滥用股东权利与小股东权利保护之间寻求平衡点。[3]

当前，司法实践对决议无效事由的认定呈现扩张趋势，法律行为规则等适用使得股东会决议无效事由的解释从公司法走向民事一般法的路径。[4] 如伪造股东签名而认定决议无效的法律依据在于，被伪造签名股东的意思表示不真实或无权代理未经追认。解释路径的拓宽无疑会造成规制效果上的偏差。在当前立法下，本文赞同对决议无效事由的解释应采取公司法路径的观点，除了需要考量组织内部的意思形成是否公平，是否对外部债权人或国家、社会利益造成损害之外，还需考量是否兼顾商事效率与稳定，是否考量了不同股东之间的利益平衡。这不仅满足了民法的普适法要求，同时，还针对商事组织的特性作出特殊规制，与《公

[1] Model Business Corporation Act（2016 Revision）Section 7. 08.
[2] 参见赵心泽：《股东会决议瑕疵诉讼制度研究》，法律出版社 2017 年版，第 133 页。
[3] 参见叶林：《股东会决议无效的公司法解释》，载《法学研究》2020 年第 3 期。
[4] 参见叶林：《股东会决议无效的公司法解释》，载《法学研究》2020 年第 3 期。

司法》第1条的立法目的及第5条公司的义务相契合。[1]

2. 决议无效事由的类型化

以列举形式明确决议无效的事由的做法，能够在一定程度上避免立法规则的空洞化和随意扩张。从比较法来看，《德国股份法》对决议无效事由的规定尤为详尽：首先，通过条款引致将违反股东会议的召集程序、会议记录中的关键规则作为无效事由；其次，列举了三项无效事由，包括与股份公司性质不符、内容违反专为保护债权人利益或其他公共利益而制定的规定、善良风俗等情形。[2]韩国公司法理论将决议内容违反法律、滥用资本多数决导致决议不公正的情形作为决议无效的事由，前者包括违反股东大会权限、违反股东有限责任原则、将股东大会权限事项委托他人及违反强制性法规等情形。[3]

在我国的立法进程中，《公司法司法解释（四）》征求意见稿第6条曾试图对决议无效事由作类型化规定，其中包括三种情形：滥用股东权利损害公司或其他股东利益、过度分配利润等损害公司债权人利益及内容违反法律、行政法规的强制性规定。立法者在未来的公司法修订过程中，可将具体情形在公司法中予以明确，避免通过抽象性条款的随意引致造成适用范围的无限扩大，其规制重心可具体涵盖以下情形：第一，与公司法基本原则相违背的情形，如滥用公司有限责任、违反股权平等原则、违反资本维持原则等；第二，违反公司法强制性规范的情形，包括专门为保护利害关系者制定的相关条款；第三，违反公序良俗原则。[4]对于学界中讨论较多的显失公平的决议效力，本文认为应将显失公平作为现象，透过现象深入分析个案中决议显失公平的本质原因，具体从内容瑕疵和程序瑕疵两方面展开，如是否存在滥用资本多数决而违反公司法的基本原则，是否由于程序不公正而导致决议得以通过，而非单纯地将“内容显失公平”概括作为内容瑕疵的法定事由，否则容易导致现实中的滥诉可能。由此可见，明确决议无效事由的范围也更能彰显其意义所在。

五、结语

在当前公司决议效力体系未尽完善的背景下，《民法典》将公司决议行为纳入法律行为体系下的新举措，似乎能够回应公司法下决议规则立法漏洞的现实司法需求。然而，公司决

---

〔1〕《公司法》第1条规定：“为了规范公司的组织和行为，保护公司、股东和债权人的合法权益，维护社会经济秩序，促进社会主义市场经济的发展，制定本法。”第5条规定：“公司从事经营活动，必须遵守法律、行政法规，遵守社会公德、商业道德，诚实守信，接受政府和社会公众的监督，承担社会责任。公司的合法权益受法律保护，不受侵犯。”

〔2〕参见［德］Deutsches Handelsgesellschaftsrecht：《德国商事公司法》，胡晓静、杨代雄译，法律出版社2014年版，第177页。

〔3〕参见［韩］李哲松：《韩国公司法》，吴日焕译，中国政法大学出版社2000年版，第419页。

〔4〕参见赵心泽：《股东会决议瑕疵诉讼制度研究》，法律出版社2017年版，第133页；叶林：《股东会决议无效的公司法解释》，载《法学研究》2020年第3期。

议自身蕴含着团体性和强调程序正义的特殊性，在现行立法下，若将民事法律行为一般规则强行套用于股东会决议，长此以往将对公司法规则体系及商事交易的效率和稳定都会造成严重影响。

股东会决议的形成包含着内部成员不断的意思交互的动态过程。其效力能够约束到持反对意见的内部成员，依据的坚实基础即在于内容的正当性和程序的正义性。在性质之争与效力认定标准的讨论背后，反映的不仅是理论层面对股东会决议的学说解释，更是学者们对现行民商事法律适用关系的思考，以及如何在股东会决议规则的完善中维护商事法基本精神，践行程序正义价值，平衡公司内部利益的问题。套用民事法律行为规则，侧重从个体法视角出发保护股东的表决意思，容易忽视程序正义在股东会决议中的价值，对个体利益的过分保护也容易破坏公司内部的利益平衡。与民事法律相比，商事法律在尊重公司内部意思自治，兼顾商事效率与公平以及平衡公司整体利益和内部成员权利救济方面均体现了组织法特有之关怀。值此公司法修订契机下，应明确公司决议规则之漏洞仍应在公司法体系下解决，对决议效力瑕疵的事由进行完善和明确，并通过建立配套的保障机制以实现公司意思形成的正当性。

新加坡多重股东代表诉讼的路径建构

Srruthi Ilankathir *著　李诗鸿**　蒋文玥***译

目　次

新加坡显著的经济进步使复杂的集团公司结构被越来越多地使用。在这种发展趋势下，在这些实体的不同层级中实施不当行为的风险增加。本文讨论了多层级公司结构所带来的一个有针对性的问题。目前，当子公司及其控股公司都受到不法行为人的控制，因而无法提起必要的诉讼以展开对信义义务违反的救济，或者在子公司遭遇的其他利益损失时，尚缺乏一个全面的机制来填补这一缺口。股东压迫救济手段与新加坡股东代表诉讼目前所承认范围的局限性，要求我们必须找到一种能够在根本上和功能上都适合解决这一问题的办法。可行的解决办法就

---

* Srruthi Ilankathir，新加坡国立大学（荣誉）法学学士。本文是在新加坡国立大学法学院副教授丹·W. 普奇尼亚克（Dan W. Puchniak）博士的指导下撰写的，特此致谢。

** 李诗鸿，华东政法大学国际金融法律学院副教授。

*** 蒋文玥，华东政法大学国际金融法律学院硕士研究生。

是多重股东代表诉讼——一种使某家公司的股东能够在其子公司的利益遭受损失时代表该子公司提起诉讼的程序性救济手段。

引 言

股东代表诉讼，无论是在成文法还是普通法上，都是一种让公司的股东能够代表该公司提起诉讼以补救受损害的公司利益的程序性手段。这一制度的作用在公司控制人阻止公司本身提起此类诉讼时更为明显。这是一个非常有效的机制，它赋予了股东在公司本身无法对其所遭受的利益损害予以补救时执行公司权利的法律地位。

试想一家大型上市公司（控股公司），其拥有多个全资子公司，其唯一资产就是这些子公司的股份；想象一下，一个拥有不同公司的董事会席位，控制着控股公司及其子公司；之后，这位董事为了自己的利益，一举将所有子公司的资产转让出去；而在他的控制下，他能够保证这些公司都不会将其诉诸法庭。事实上，在新加坡，没有法律认可的机制来补救如此严重违反对这些利益受损的全资子公司的信义义务的行为。而一家大型上市公司内部的少数股东也无法为该子公司寻求救济。

上面这个看似极端的例子阐释了在多层次公司结构中权力滥用的潜在可能性。这是一个无法弥补的漏洞。要保持投资者对经济的信心，就必须对公司事务的处理施加责任。这反过来又要求将问题纳入法院的管辖范围，这就意味着需要采用多重股东代表诉讼（Multiple Derivative Action，MDA）。多重股东代表诉讼是一种能够使公司的股东代表该公司的子公司提起诉讼的机制。多重股东代表诉讼已在加拿大、新西兰、澳大利亚和中国香港特别行政区等普通法法域通过成文法条得到了认可，并在英国通过普通法中得到了承认（这将在后文第一部分中详细介绍）。本文认为，新加坡应当承认多重股东代表诉讼是股东的补充救济手段之一。上述普通法法域采用多重股东代表诉讼的动机和原因同样适用于新加坡（详见本文第二部分）。

股东的救济权在历史上受到两大原则的制约——福斯诉哈博特尔案（Foss v. Harbottle）[1]判决产生的多数决原则和适格原告原则。简言之，适格原告原则规定，如果公司的利益遭受损失，能够起诉和行使公司权利的适格原告是公司本身。[2]多数决原则进一步规定，决定公司事务处理的权利归属于多数股东。[3]这意味着对公司所受利益损失提起诉讼的权力仅掌握在多数股东手里。这带来的结果是，如果多数股东本身就是损害公司利益的人，那么公司所

---

〔1〕 Foss v. Harbottle，［1843］2 Hare 461，67 ER 189.

〔2〕 Prudential Assurance Co. Ltd. v. Newman Industries Ltd. （No. 2），［1982］Ch 204（210G）；Margaret Chew，*Minority Shareholders' Rights and Remedies*，LexisNexis，2007，p. 5.

〔3〕 Margaret Chew，*Minority Shareholders' Rights and Remedies*，LexisNexis，2007，p. 5.

受损失将不会得到救济。

随着时间的推移，英国法院在福斯诉哈博特尔一案所产生的僵化规则的基础上发展出了“针对少数股东的欺诈”（fraud on the minority）[1]这一例外规则。新加坡也采纳了这一规定。[2]根据这一例外规定，当公司因其控股股东而遭受利益损失时，少数股东有权规避适格原告原则而代表公司提起诉讼。[3]这种程序上的规避就是普通法上的股东代表诉讼（Common Law Derivative Action，CLDA）。这一狭隘的例外规则是因为需要一种机制以使得公司的申诉能够诉诸法院。[4]普通法上的股东代表诉讼正是为填补这一缺口而发展出来的。

无独有偶，1993 年，股东代表诉讼在新加坡《公司法》（Companies Act）第216A 条[5]中得到了承认。成文法上的股东代表诉讼（Statutory Derivative Action，SDA）的颁布主要是为了提供更好的程序[6]，从而为以公司名义补救公司所受之损失提供“直接的途径”，而不存在任何因福斯诉哈博特尔一案的规则[7]和“针对少数股东的欺诈”这一例外规则的狭隘性而带来的困难。随着《2012 年公司法改革法案》（Companies Act Reform of 2012）的颁布，让更大范围的股东有权采取补救措施的希望也将从股东代表诉讼的适用范围扩大到在新加坡或其海外上市的新加坡股份有限公司这一改变中得以体现。[8]

这些情况表明，法院和议会一直在努力强化股东的权利[9]，以更好地填补现有救济公司所遭损失机制的漏洞。如今，股东可采取的补救措施机制还有另一个现有的、相关的缺口：如果有人违反了对子公司的信义义务，那么该子公司的利益就受到了损失。一般情况下，董事会（或在例外情况下，股东大会上的股东）将决定公司何时对偏离正轨的董事或其他不法行为人提起法律诉讼。

然而，这种机制在特定情况下将变得无能为力，多重股东代表诉讼因而成为必要的补充机制：

---

[1] Prudential Assurance Co. Ltd. v. Newman Industries Ltd. （No. 2），[1982] Ch 204（210G）.

[2] Ting Sing Ning v. Ting Chek Swee，[2009] 1 SLR 197（12）.

[3] Prudential Assurance Co. Ltd. v. Newman Industries Ltd. （No. 2），[1982] Ch 204（211A）.

[4] Prudential Assurance Co. Ltd. v. Newman Industries Ltd. （No. 2），[1982] Ch 204（211A）.

[5] Companies Act，1967，§216A.

[6] Dan W. Puchniak & Wee Meng Seng，*Singapore Derivative Actions：Mundanely Non – Asian，Intriguingly Non – American and at the Forefront of the Commonwealth*，in Dan W. Puchniak，Harald Baum and Michael Ewing – Chow eds.，The Derivative Action in Asia：A Comparative and Functional Approach，Cambridge University Press，2012，p. 337.

[7] Government of Singapore，*Report of the Select Committee on the Companies（Amendment）Bill（Bill No. 33/92）*，1993，at A9.

[8] Singapore：Ministry of Finance，*Review of the Singapore Companies Act：Ministry of Finance's Responses to the Report of the Steering Committee for Review of the Companies Act*，Singapore：Minister of Finance（Oct. 3，2012），www. mof. gov. sg/portals/O/Publico2OConsultation/AnnexA SC RCA. pdf.

[9] Pearlie Koh，*For Better or For Worse—The Statutory Derivative Action in Singapore*，7 Singapore Academy of Law Journal 74（1995）.

第一，如果不法行为人对受害子公司拥有足够的控制权，他将阻止该子公司对自己提起诉讼。[1]如此一来，作为适格原告的子公司将无法对其所受到的损失展开救济。

第二，作为子公司股东的控股公司仍可以代表子公司对不法行为人提起股东代表诉讼。当控股公司此时怠于提起股东代表诉讼时，多重股东代表诉讼就能够发挥其作用。然而，如果该不法行为人也控制了控股公司，他就不太可能允许控股公司代表子公司对自己提起股东代表诉讼。

第三，尽管不法行为人在阻止控股公司强迫子公司对自己提起诉讼时违反了其对控股公司的义务，[2]但控股公司的股东在此基础上不能代表控股公司对该不法行为人提起股东代表诉讼。这是因为控股公司所遭受的损失仅仅是“反射损失”。这种损失（如由于挪用子公司资产而导致的股票价值下降的损失）是子公司所直接承受的损失的反射，这是不可恢复的。[3]除非控股公司有独立的诉由，如虚假陈述和/或遭受了间接损失，否则这一诉讼救济途径就是不可用的。即便如此，子公司的诉讼理由仍将“保持不可起诉”。[4]

此外，如果子公司中没有其他的股东（如全资子公司），[5]或者其他股东本身就是不法行为人，或者子公司非控股股东不太愿意代表子公司提起股东代表诉讼[6]，不法行为人让子公司遭受的损失将永远不会得到补救。

因此，只要该不法行为人“控制了代理机构或多数股权”，就可以“逍遥法外”。[7]这在本文中将称为“子公司问题”。多重股东代表诉讼通过允许控股公司的股东代表子公司对不法行为人提起股东代表诉讼（诉讼事由属于子公司），来防止此类有问题的结果

---

〔1〕 Wallersteiner v. Moir (No. 2), [1975] 1 QB 373 (CA) 390.

〔2〕 Austl., Commonwealth, Companies and Securities Law Review Committee, *Enforcement of the Duties of Directors and Officers of a Company by Means of a Statutory Derivative Action* (Report No. 12), Australian Government Takeovers Panel (1990), http://www.takeovers.gov.au/content/Resources/cslrc/ cslrc – report no 12. aspx.

〔3〕 参见沃丁顿诉陈振虎·托马斯案（Waddington v. Chan Chun Hoo Thomas, [2008] HKCFAR 370 (74)）中引注的约翰逊诉戈尔伍德公司案（Johnson v. Gore Wood Co., [2002] AC 1）所提及的关于反射损失不可恢复性本质的解释。

〔4〕 Austl., Commonwealth, Companies and Securities Law Review Committee, *Enforcement of the Duties of Directors and Officers of a Company by Means of a Statutory Derivative Action* (Report No. 12), Australian Government Takeovers Panel (1990), http://www.takeovers.gov.au/content/Resources/cslrc/ cslrc – report no 12. aspx.

〔5〕 Austl., Commonwealth, Companies and Securities Law Review Committee, *Enforcement of the Duties of Directors and Officers of a Company by Means of a Statutory Derivative Action* (Report No. 12), Australian Government Takeovers Panel (1990), http://www.takeovers.gov.au/content/Resources/cslrc/ cslrc – report no 12. aspx.

〔6〕 Austl., Commonwealth, Companies and Securities Law Review Committee, *Enforcement of the Duties of Directors and Officers of a Company by Means of a Statutory Derivative Action* (Report No. 12), Australian Government Takeovers Panel (1990), http://www.takeovers.gov.au/content/Resources/cslrc/ cslrc – report no 12. aspx.

〔7〕 关于加拿大成文法上的股东代表诉讼的表述。See M. A. Maloney, *Whither the Statutory Derivative Action*, 64 Canadian Bar Review 309 (1986).

发生。

到目前为止，新加坡普通法上的股东代表诉讼和成文法上的股东代表诉讼只允许公司的一个成员代表该公司提起诉讼。表面上看，它们不允许控股公司的成员代表子公司提起诉讼，而这在不法行为人阻止受害子公司获得应有的补救措施时又显得尤为必要。

根据新加坡的法律框架，除了多重股东代表诉讼之外，没有令人满意的替代方案。2013年新加坡高等法院审理的辛城科技有限公司诉吴克伟（Sim City Technology Ltd. v. Ng Kek Wee）一案〔1〕似乎试图通过控股公司股东对全资子公司董事的股东压迫救济［根据《新加坡公司法》（Singapore Companies Act）第216条］来补救该全资子公司所遭受的纯粹公司损失。这就挑战了我们所认为的第216条所规定的救济是受控股股东压迫的股东的个人救济手段的传统理解。即使用股东压迫救济代替多重股东代表诉讼来解决“子公司问题”，该补救措施也受到其要求的限制。股东压迫救济手段的成功仅限于准合伙、违反准合同理解和压迫行为的情况（详见第三部分）。因此，不符合这些要求的广大股东都无法获得这项权利。

新加坡上诉法院随后推翻了高等法院在吴克伟诉辛城科技有限公司（Ng Kek Wee v. Sim City Technology Ltd.）一案〔2〕中就其事实所作出的上诉决定。因此，法院没有发展出结论性的手段以解决“子公司问题”。事实上，上诉法院对股东压迫救济手段与股东代表诉讼的不同目的的强调只是重申了用股东压迫救济手段解决“子公司问题”的不足而已。〔3〕

因此，在今天仍存在一个极为突出和危险的漏洞，那就是我们除了一个声称是多重股东代表诉讼“功能性”〔4〕替代品的不受约束的股东压迫救济手段之外，没有其他的救济途径。鉴于这样的现状，笔者认为，多重股东代表诉讼在新加坡应当被加以讨论并认真考虑为一种潜在的救济措施。

因此，本文认为多重股东代表诉讼应当在新加坡得到承认和应用。全文共分为以下几个部分：第一部分将对加拿大、新西兰、澳大利亚、英国等普通法系国家或中国香港特别行政区所采用的多重股东代表诉讼进行介绍，并探讨其特点。第二部分将分析促使这些国家或地区在成文法和/或普通法上采用多重股东代表诉讼的原因。第三部分将阐释新加坡“子公司问题”的重要性和现实本质以及其他股东救济措施在解决这一问题上的不足。第四部分将提出将多重股东代表诉讼引入新加坡法律框架的可能路径。

---

〔1〕 Sim City Technology Ltd. v. Ng Kek Wee［2013］SGHC 216.

〔2〕 Ng Kek Wee v. Sim City Technology Ltd. ［2014］SGCA 47，［2014］4 SLR 723.

〔3〕 详见下文第三部分的讨论。

〔4〕 Dan W. Puchniak & Tan Cheng Han，*Company Law*，14 Singapore Academy of Law Annual Review 179（2013）.

一、多重股东代表诉讼

多重股东代表诉讼，主要指双重股东代表诉讼，已被加拿大、新西兰、澳大利亚、英国等普通法系国家或中国香港特别行政区以不同的方式采用。作为股东代表诉讼的先行者，加拿大是第一个采用多重股东代表诉讼的国家。自成文法上的股东代表诉讼在1975年的《加拿大商业公司法》（Canadian Business Corporations Act，CBCA）〔1〕中被首次确认以来，加拿大就将多重股东代表诉讼作为其中的一部分了。跟随加拿大的步伐，新西兰、澳大利亚分别在1993年〔2〕和1999年〔3〕将多重股东代表诉讼成文法化。最近将多重股东代表诉讼成文法化的是中国香港特别行政区。中国香港特别行政区的多重股东代表诉讼最初通过枢密院在沃丁顿（Waddington）一案〔4〕中的判决而在普通法中得到确认。随后，中国香港特别行政区在《2010年公司（修订）条例》［Companies（Amendment）Ordinance of 2010］〔5〕中扩大了中国香港特别行政区成文法上股东代表诉讼的范围，从而将多重股东代表诉讼囊括了进去。〔6〕目前，英国仅在普通法中采纳了多重股东代表诉讼，这在2013年环球项目管理服务有限公司诉吉尔基克堡有限公司（Universal Project Management Services Ltd. v. Fort Gilkicker Ltd.）一案〔7〕的判决中首次得到了承认。值得注意的是，多重股东代表诉讼并不局限于某一特定类型的公司。在本文所审查的司法管辖区内，多重股东代表诉讼在民营上市公司和公开上市公司中均可适用。

（一）多重股东代表诉讼——程序性补救措施

多重股东代表诉讼是一种程序性补救措施，赋予除受损害公司或其股东以外的其他人以法律地位，就该公司所受损害对不法行为人提起诉讼。正如米利廷勋爵（Lord Millett）在沃丁顿一案〔8〕中所承认的一般，每一案例都仅是起诉者是否有所要求的法定诉讼地位的问题。本节阐明了其他司法管辖区赋予起诉者这一被要求的法定诉讼地位的具体机制。

加拿大、新西兰、澳大利亚和中国香港特别行政区的法定多重股东代表诉讼，不仅允许一

---

〔1〕 Canada Business Corporations Act，R. S. C. 1985，c C –44，§ § 238 –239.

〔2〕 Companies Act 1993，§165（N. Z.）.

〔3〕 澳大利亚的法定股东代表诉讼包含了多重股东代表诉讼，这被规定在澳大利亚《1999年公司法经济改革法案》（Australian Corporate Law Economic Reform Program Act 1999）第236条中，现被规定在澳大利亚《2001年公司法》（Australian Corporations Act 2001）第236条中。

〔4〕 Waddington v. Chan Chun Hoo Thomas，［2008］HKCFAR 370（74）.

〔5〕 原规定在《2010年公司条例（修正案）》第A389条［Companies（Amendment）Ordinance（2010），No. 12，§ A389（H. K.）］，现规定在《2013年公司条例》第622章第732条第（1）款［Companies Ordinance，（2013），Cap. 622，§ 732（1）（H. K.）］。

〔6〕 Rita Cheung & Jenkin Suen，*Shareholder Rights and Remedies in Hong Kong*，LexisNexis，2011，p. 123.

〔7〕 *Universal Project Management Services Ltd. v. Fort Gilkicker Ltd.*［2013］EWJC 348（Ch）.

〔8〕 Waddington v. Chan Chun Hoo Thomas，［2008］HKCFAR 370（70）.

家公司的股东代表其直接子公司提起诉讼。[1]《加拿大商业公司法》第239条第（1）款[2]赋予“控股公司的股东以其子公司的名义提起股东代表诉讼的权利”。[3]该“子公司”包含了在复杂集团结构下的多层次子公司。[4]

多重股东代表诉讼在其他司法管辖区的内涵更为广泛。《澳大利亚公司法》（Australian Corporation Act）第236条规定了利益受损公司的“相关法人团体”（a related body corporate）的股东的法定诉讼地位；[5]《香港公司条例》（HK Companies Ordinance）第732条第（1）款规定了利益受损公司的“关联公司”（associated company）的股东的法定诉讼地位。[6]这一措辞使公司的股东不仅有权代表其子公司，而且有权代表其控股公司或其控股公司的另一子公司提起诉讼。[7]

在新西兰，《新西兰公司法》（NZ Companies Act）第165条第（1）（a）款允许公司股东代表“任何关联公司”提起诉讼。然而，这种宽泛的表述其实仅限于[8]控股公司、子公司或“其他拥有相关股份和业务的公司”。[9]

这些多重股东代表诉讼条款宽泛的范围受到了子公司或控股公司定义的限制。从这些条款中提取出共同的要素可知，子公司[10]是指被另一（控股）公司[11]控制的公司，反之亦然；而对于“控制”的含义，由各个法令中的特定要求来决定。[12]

---

[1] Canada Business Corporations Act, R. S. C. 1985, c C-44, §239 (1); Australian Corporations Act 2001, §236; N. Z. Companies Act 1993, §165; Companies Ordinance, (2013), Cap. 622, § 732 (H. K.).

[2] 第238条（a）款中对申诉者（complainant）的定义在此也是相关的。Canada Business Corporations Act, R. S. C. 1985, c C-44, §239 (1).

[3] R. Dickerson et al., *Proposals for a New Business Corporations Law for Canada*, 1 Ottawa: Information Canada (1971).

[4] *Canada Business Corporations Act*, R. S. C. 1985, §5 (a) (ii) – (iii); Dennis H. Peterson & Matthew J. Cumming, *Shareholder Remedies in Canada*, LexisNexis, 2009, paras. 16, 33.

[5] Australian Corporations Act 2001, §236.

[6] 在《香港公司条例》（H. K. Companies Ordinance）中规定。Companies Ordinance, (2013), §§ 13, 15 (H. K.)。

[7] Australian Corporations Act 2001, §50; Goozee v. Graphic World Group Holdings Pty. Ltd. [2002] NSWSC 640, 42 ACSR 534; Oates v. Consolidated Capital Services Limited [2009] NSWCA 183, 27 ACLC 1; R. P. Austin & I. M. Ramsay, *Ford's Principles of Corporations Law*, LexisNexis Butterworths, 2013, paras. 10, 240.

[8] “任何关联公司”定义于《新西兰公司法》（*N. Z. Companies Act*）。*Companies Act* 1993, §2 (3) (N. Z.)。

[9] P. Watts, N. Campbell & C. Hare, *Company Law in New Zealand*, LexisNexis, 2011, p. 725.

[10] Canada Business Corporations Act, R. S. C. 1985, §5; Companies Act 1993, §5 (1) (N. Z.); Australian Corporations Act 2001, §46; Companies Ordinance, (2013), §§ 13, 15 (H. K.).

[11] Companies Act 1993, §5 (2) (N. Z.); Australian Corporations Act 2001, 在奥茨案（Oates v. Consolidated Capital Services Limited [2009] NSWCA 183, 27 ACLC 1 (112)）中被采纳的第9条; Companies Ordinance, (2013), §15 (H. K.)。

[12] Canada Business Corporations Act, R. S. C. 1985, §3（在这里，“控制”仅要求达到“有足够的投票权来选举董事会”的标准）(Dennis H. Peterson & Matthew J. Cumming, *Shareholder Remedies in Canada*, LexisNexis, 2009, paras. 16, 31); Companies Act 1993, §5 (1) (N. Z.); Australian Corporations Act 2001, §§ 9, 50AA; Companies Ordinance, (2013), §15 (H. K.).

中国香港特别行政区普通法上发展于在立法干预之前的多重股东代表诉讼和英国的多重股东代表诉讼仅仅是对普通法上股东代表诉讼的延伸。这在沃丁顿案[1]和吉尔基克堡案[2]中可以看到。为证明有"对少数股东的欺诈"，子公司和控股公司必须受不法行为人的控制。普通法上的多重股东代表诉讼被称为"一个程序上的独创"，它允许在母公司也受到同样的不法行为人的控制的情形下，母公司的一名成员能够作为受不法行为人控制的公司的代表提起诉讼。[3]重要的是，这些判决对于"子公司""控股公司"或"母公司"并没有作出具体的定义，以保证普通法下多重股东代表诉讼的适用。

（二）司法中的多重股东代表诉讼

在对多重股东代表诉讼的有效定义进行推断之前，有必要对多重股东代表诉讼的使用进行一个简短的回顾。有趣的是，在多重股东代表诉讼所有这些年的应用中，其仅被应用在了上面提到的普通法管辖区的少数案例当中——在澳大利亚和英国各有三次，在新西兰和中国香港特别行政区各有一次。

在新西兰，多重股东代表诉讼曾在卡特利诉瓦帕有限公司（Catley v. Waipa Corporation Limited）一案[4]中被应用。原告卡特利先生是瓦帕有限公司的一名股东，他适用该规则代表瓦帕有限公司提起诉讼。他还同时代表红牡鹿木材公司（Red Stag Timber）和红牡鹿木公司（Red Stag Wood）两家公司提起了诉讼，因为瓦帕公司在这两家公司中拥有股份、业务和资产，因此它们是关联公司。[5]虽然他在多重股东代表诉讼条款项下享有法定诉讼地位，但这一诉讼由于其他原因被驳回了。

在澳大利亚，多重股东代表诉讼已经三次在法庭上被提出。[6]值得注意的是，古泽诉图形世界集团控股有限公司（Goozee v. Graphic）一案涉及一个由三层全资子公司组成的多层次集团公司结构。[7]提起诉讼者是该拥有一个全资子公司的图形公司的股东。而这家子公司又拥有自己的全资子公司，如此往复。多重股东代表诉讼的实用性在这里十分明显。通过适用多重股东代表诉讼，该提起诉讼者（该图形公司的股东），成功地代表了该结构中的每一个控股公司（以子公司股东的身份）提起了诉讼，以该子公司受其控制人压迫为由对每个全资子公司进行了清盘。[8]

---

[1] Ng Kek Wee v. Sim City Technology Ltd. [2014] SGCA 47, [2014] 4 SLR 723 (61) – (68).

[2] Ng Kek Wee v. Sim City Technology Ltd. [2014] SGCA 47, [2014] 4 SLR 723 (44).

[3] Universal Project Management Services Ltd. v. Fort Gilkicker Ltd. [2013] EWJC 348 (Ch) (26).

[4] Catley v. Waipa Co. Ltd. [2010] NZHC 128 (N. Z.).

[5] Catley v. Waipa Co. Ltd. [2010] NZHC 128 at (5) – (6) (N. Z.).

[6] Goozee v. Graphic World Group Holdings Pty. Ltd. [2002] NSWSC 640, 42 ACSR 534; Oates v. Consolidated Capital Services Limited [2009] NSWCA 183, 27 ACLC 1; Hannon v. Doyl [2011] 82 ACSR 259 (Austl.).

[7] Goozee v. Graphic World Group Holdings Pty. Ltd. [2002] NSWSC 640, 42 ACSR 534 (5).

[8] Goozee v. Graphic World Group Holdings Pty. Ltd. [2002] NSWSC 640, 42 ACSR 534 (12).

在中国香港特别行政区，沃丁顿一案针对普通法上的多重股东代表诉讼的开创性判决推动了成文法上多重股东代表诉讼的颁布（尚未适用）。原告代表玩伴有限公司（Playmates Ltd.）针对其全资子公司的子公司所受之损失提起股东代表诉讼。当发现其诉请与反射损失原则相冲突时，原告随即将其诉状重新设定为了代表子公司针对这些公司信义义务的违反而提起的多重股东代表诉讼。[1]

在英国，尽管法院在2013年才明确承认多重股东代表诉讼，但实际上自1975年沃勒施泰纳（Wallersteiner）案[2]判决以来，控股公司的股东就被允许代表子公司提起诉讼。这同样也发生在哈雷诉特拉克斯（Halle v. Trax）案[3]，特尔曼投资集团诉法国兴业银行（Trumann Investment Group v. Societe General S. A.）案[4]和艾利诉科德尔（Airey v. Cordell）案[5]中。原告的适格地位在这些案件的判决中都没有遭到反对，因此针对原告的非直接股权利益，没有任何的讨论。[6]在沃勒施泰纳一案中，原告代表HB有限公司成功提起了股东代表诉讼，它是HB有限公司的全资子公司和少数股东。[7]哈雷诉特拉克斯一案中的原告是持有特拉克斯公司50%股份的股东，他代表特拉克斯公司的全资子公司提起了股东代表诉讼。

在吉尔基克堡一案承认了普通法上的多重股东代表诉讼之后，多重股东代表诉讼在2014年的阿布拉亚诉西格蒙德（Abouraya v. Sigmund）案[8]和2015年的布拉尔诉布拉尔（Bhullar v. Bhullar）案[9]中被接受并适用。在布拉尔一案中，这家家族公司的一个小股东针对控制了这家家族公司的董事将两家子公司的财产和货币非法转移至其名下的行为，尝试代表这两家全资子公司提起了诉讼。[10]

这些案件中公司的各种事实和结构说明了多重股东代表诉讼正是在这些情形之下被证明最为有用。

（三）享有诉讼地位所要求的股权占比

在上述司法管辖区中，没有明确要求能够提起多重股东代表诉讼的股东必须是大股东、小股东，还是拥有特定的最低持股权益的股东。尽管如此，新南威尔士州最高法院在斯旺森诉普拉特案（Swansson v. Pratt）[11]中确实评论道，“拥有超过象征性股份的现任股东”[12]将

---

〔1〕 Waddington v. Chan Chun Hoo Thomas,［2008］HKCFAR 370（7），（36），（39），（58）.

〔2〕 Wallersteiner v. Moir（No. 2），［1975］1 QB 373（CA）390；noted in Waddington v. Chan Chun Hoo Thomas,［2008］HKCFAR 370（62）–（63）.

〔3〕 Halle v. Trax［2000］BCC 1020.

〔4〕 Trumann Investment Group v. Societe General S. A.［2002］EWHC 2621.

〔5〕 Airey v. Cordell［2006］EWHC 2728.

〔6〕 Universal Project Management Services Ltd. v. Fort Gilkicker Ltd.［2013］EWJC 348（Ch）（23）.

〔7〕 Universal Project Management Services Ltd. v. Fort Gilkicker Ltd.［2013］EWJC 348（Ch）（23）.

〔8〕 Abouraya v. Sigmund［2014］EWHC 277（Ch）（13）.

〔9〕 Bhullar v. Bhullar［2015］EWHC 1943（Ch）（19）.

〔10〕 Bhullar v. Bhullar［2015］EWHC 1943（Ch）（17）.

〔11〕 Swansson v. Pratt［2002］NSWSC 583（Austl.）.

〔12〕 Swansson v. Pratt［2002］NSWSC 583（38）（Austl.）.

"通过股东代表诉讼的胜诉直接获得明显的利益"〔1〕，从而更容易满足诚信要求。这一标准要求被解释为是为了防止多重股东代表诉讼的滥用，并过滤那些带有骚扰大股东的别有用心的议程的诉讼。〔2〕同样地，在新西兰，有人认为，尽管"原告的持股无关紧要"，但在确定多重股东代表诉讼是否符合公司的最佳利益时，可能会将其纳入考虑。〔3〕

英国的标准要求也达到了类似的目的。阿布拉亚（Abouraya）一案的法院认为，"股东的财务或其他损失对于使其具有足够的利益关系"以成为能够代表利益受损公司的适格原告而言"是至关重要的"〔4〕。尽管原告所遭受的任何此类损失都仅为不可恢复的反射损失，但显然，原告是因为"在所主张的救济程序中享有合法权益"才代表子公司提起诉讼的。〔5〕

根据新加坡目前成文法上的股东代表诉讼，若想获得许可，提起诉讼者"必须是善意的"，而且必须"表面上看起来符合公司的利益"〔6〕。这样做的目的是确保对公司诉请的追求是"以公司的合法利益为指导，并将带来公司价值的增加"〔7〕的。因此，如果《新加坡公司法》（Singapore Companies Act）第216条A款项下的成文法股东代表诉讼被扩展为包含多重股东代表诉讼，新加坡的做法可能与澳大利亚和新西兰一样，即提起诉讼者股份的多少可能将与"善意"及"合法利益"要求相关。如果一项普通法上的多重股东代表诉讼被适用，英国将提供相应的指导以确保股东代表诉讼被合法地使用。

（四）对多重股东代表诉讼的有效定义

本文的重点是赋予控股公司股东救济子公司所受损失的权力。尽管到目前为止，多重股东代表诉讼所包含的范围在不同国家和地区间存在差异，但它们确实存在重叠的部分，从而至少能够对多重股东代表诉讼进行一个有效的定义。共同点是多重股东代表诉讼允许公司股东代表公司的子公司提起诉讼。在本文中，子公司通常被定义为受另一个实体（控股公司）控制的公司。〔8〕而"控制"应指新加坡普通法所确立和认可的"有效控制"〔9〕。这包括

〔1〕 Swansson v. Pratt［2002］NSWSC 583（39）（Austl.）.

〔2〕 "这意味着，尽管仅凭'仅持有单一股份'这一事实，股东不应被拒绝参与诉讼，但更需要予以明确的是，当提起诉讼者并没有明显的经济利益可获得时，其起诉是否有不可告人的目的。" See Aiman Nariman Mohd Sulaiman, *The Statutory Derivative Action in Malaysia: Filling in the Gaps*, 20 International Islamic University Malaysia Law Journal 177（2012）.

〔3〕 关于新西兰双重股东代表诉讼的表述，See Susan M. Watson & Owen Morgan, *A Matter of Balance—The Statutory Derivative Action in New Zealand*, 19 The Company Lawyer236（1998）。

〔4〕 Abouraya v. Sigmund［2014］EWHC 277（Ch）（25）；遵循在沃丁顿（Waddington）一案中的原则，Waddington v. Chan Chun Hoo Thomas,［2008］HKCFAR 370（74）。

〔5〕 Waddington v. Chan Chun Hoo Thomas,［2008］HKCFAR 370（74）；Followed in Abouraya v. Sigmund［2014］EWHC 277（Ch）（24）.

〔6〕 Singapore Companies Act, 1967, §216A（3）.

〔7〕 Ng Kek Wee v. Sim City Technology Ltd.［2014］SGCA 47,［2014］4 SLR 723（64）.

〔8〕 值得注意的是，根据《新加坡公司法》（Singapore Companies Act, 1967）第5条第（1）款（a）-（b）项，如果一家公司控制另一家公司的董事会组成或是在后者中拥有半数以上的投票权，则前者为"控股公司"，后者为"子公司"。

〔9〕 Ng Kek Wee v. Sim City Technology Ltd.［2014］SGCA 47,［2014］4 SLR 723（55）.

"改变董事会或以其他方式控制公司"[1]的能力，例如阻止受害子公司和/或控股公司起诉以强制执行其权利的能力。目前这种能力的压制使赋予控股公司股东权力成为必要，而这正是多重股东代表诉讼的目的。以上就是本文所采用的多重股东代表诉讼的定义。

二、采用多重股东代表诉讼的动机

第一部分中所审查的司法管辖区在不同的时间、以不同的方式以及在不同的适用范围内采用了多重股东代表诉讼。尽管存在种种差异，但这些司法管辖区采用多重股东代表诉讼的动机具有很强的一致性。而这些理由对新加坡也非常适用。

上述五个普通法司法管辖区都已认识到"子公司问题"，并尝试通过多重股东代表诉讼对这一问题予以补救。究其原因，主要有以下几个方面：

子公司问题是一个明显的滥用职权问题。不法行为人之所以能够挪用子公司的资产或者抢夺子公司的经营机会而逃避责任，是因为他"控制"了子公司。加拿大成文法上的股东代表诉讼（包含多重股东代表诉讼）的意图和目的正是阻止不法行为人"滥用其控制权"。[2]这是因为"公司得到良好和诚实的管理"具有公共价值。[3]或者投资者们必须对公司诚实经营有信心或"他们必须相信如果公司没有诚实经营，公司会为此采取行动"[4]，对一个国家的公司体系保持信心对于维持经济增长至关重要，因为它会通过降低相关的风险来鼓励投资。因此，正如新西兰法律委员会所指出的，股东的投资和利益"需要保护其免受管理权力的滥用"[5]。投资者保护也是《加拿大商业公司法》[6]和《澳大利亚公司法》（Australian Corporations Act）[7]的主要目标，这使加拿大和澳大利亚将包含了多重股东代表诉讼的股东代表诉讼予以了成文法化。

重要的是，同样的动机促使了加拿大、新西兰和澳大利亚的立法机构在颁布成文法上的股东代表诉讼的同时规定了多重股东代表诉讼，而无须对多重股东代表诉讼进行专门的审

---

[1] Ng Kek Wee v. Sim City Technology Ltd. [2014] SGCA 47, [2014] 4 SLR 723 (54).

[2] First Edmonton Place v. 315888 Alberta Ltd. [1988] 40 BLR 28 (QB), interpreting the Canada Business Corporations Act, R. S. C. 1985, c C –44, § 239.

[3] M. A. Maloney, *Whither the Statutory Derivative Action*, 64 Canadian Bar Review 309 (1986).

[4] Arad Reisberg, *Derivative Actions and Corporate Governance*, Oxford University Press, 2007, p. 180.

[5] New Zealand Law Commission, *Company Law Reform and Restatement*, 1989, Report No. 9, at 46; Philip Gardyne, *Shareholder – Fiction*, *Rights and Remedies*, 15 Waikato Law Review 212 (2007).

[6] Canada Department of Consumer and Corporate Affairs, Detailed Background Paper for the New Canada Business Corporations Bill, 1973, at 2.

[7] Austl., Commonwealth, Companies and Securities Law Review Committee, *Enforcement of the Duties of Directors and Officers of a Company by Means of a Statutory Derivative Action*, Australian Government Takeovers Panel (1990), http://www.takeovers.gov.au/content/Resources/cslrc/cslrc – discussion – paperno 11. aspx.

议。这为中国香港特别行政区枢密院在沃丁顿一案中和英国法院在吉尔基克堡一案中将普通法上的多重股东代表诉讼作为普通法上的股东代表诉讼的延伸的决定增添了分量。米利廷勋爵强调，使单一股东代表诉讼正当化的理由同样也能够证明多重股东代表诉讼的合理性，即“如果不允许不法行为人以免于惩罚的方式欺骗母公司，那么也不能允许其以免于惩罚的方式欺骗子公司”〔1〕。单一股东代表诉讼与多重股东代表诉讼之间没有真正的区别，这使得多重股东代表诉讼得以被采用。

此外，加拿大、澳大利亚和中国香港特别行政区认识到，公司在复杂集团结构中日益组织化〔2〕，这导致了更多复杂的公司弊病〔3〕，例如子公司问题。这种现象导致了多重股东代表诉讼的适用。澳大利亚公司和证券法审查委员会决定，应制定一项广泛的多重股东代表诉讼规则，以满足“在成员公司之间的各种集团结构和交易范围”〔4〕。这是很有意义的，因为如果没有多重股东代表诉讼，“公司结构中的附加层将阻止公司利益损失的补救与纠正，并将使不法行为人免受司法干预”〔5〕。虽然子公司的独立法人人格和适格原告原则应当得到尊重，但它们不应成为不法行为人逃避责任的避风港。英国法律委员会还指出，有一种“公司倾向于拥有子公司和关联企业的现代趋势”〔6〕。尽管委员会同样指出需要多重股东代表诉讼的情况“可能极为罕见”〔7〕，但它确实表明多重股东代表诉讼“最好交给法院处理”〔8〕。首先，1997 年关于子公司问题罕见性的评论仅仅是在新西兰、澳大利亚和中国香港特别行政区认识到了多重股东代表诉讼的必要性后作出的。其次，法律委员会的“多重股东代表诉讼最好交给法院处理”的观点定是源于英国当时的判例法（1975 年的沃勒施泰纳案），在这一案例中英国法院在不明确称其为“多重股东代表诉讼”的情况下允许了多重股东代表诉讼的适用。在最近有关子公司问题的案例中，如英国的吉尔基克堡案、阿布拉亚案、布拉尔案以及新加坡的辛城案，法律委员会对子公司问题罕见性的评论不再有意义。

在认识到子公司问题和解决此问题的必要性之后，现有救济措施的不足使得这些司法管辖区倾向于采用多重股东代表诉讼。在股东代表诉讼成文法化之前，少数股东对抗公司控制

---

〔1〕 Waddington v. Chan Chun Hoo Thomas，［2008］HKCFAR 370（75）.

〔2〕 Rita Cheung & Jenkin Suen，*Shareholder Rights and Remedies in Hong Kong*，LexisNexis，2011，at para. 3 –94.

〔3〕 R. Dickerson et al.，*Proposals for a New Business Corporations Law for Canada*，1 Ottawa：Information Canada（1971）.

〔4〕 Austl.，Commonwealth，Companies and Securities Law Review Committee，*Enforcement of the Duties of Directors and Officers of a Company by Means of a Statutory Derivative Action*（Report No. 12），Australian Government Takeovers Panel（1990），http：//www. takeovers. gov. au/content/Resources/cslrc/ cslrc – report no 12. aspx.

〔5〕 Brown v. Tenney，532 N. E. 2d 230，233（1988）.

〔6〕 Law Commission，Shareholder's Remedies，1996，142，at para. 16. 51（UK）.

〔7〕 Law Commission，Shareholder's Remedies，1997，246，at paras. 6. 109 –6. 110（UK）.

〔8〕 Law Commission，Shareholder's Remedies，1997，246，at para. 6. 110（UK）.

人的权利在加拿大和新西兰被认为“几乎是不存在的”[1]，因为只有“针对少数股东的欺诈”这一例外规则是可用的。[2]子公司所受损失的补救因而只能依据普通法来处理。但是，从“针对少数股东的欺诈”这一例外规则衍生出来的普通法上的股东代表诉讼有着严重的“程序上的障碍”[3]，因此“阻碍”[4]了这一诉讼的应用。

在澳大利亚，股东压迫救济手段在1999年成文法上的股东代表诉讼及多重股东代表诉讼生效之前，以“有限的方式”[5]解决着它们所涵盖的情况。[6]然而，公司和证券咨询委员会“得出结论，认为‘此种救济手段’是不充分和不适当的”，因而指出“股东代表其公司提起诉讼的权利”是必要的。[7]

鉴于这些担忧和利益问题，多重股东代表诉讼为子公司问题提供了最好的补救办法。加拿大[8]和澳大利亚[9]发现，多重股东代表诉讼最能“监督管理责任”[10]，因此能够提供更好的投资保护，因为它赋予了利益相关者权力。控股公司或关联公司的股东“在诉讼中有直接的经济利益”[11]：首先，他们会因子公司的不当行为所导致的控股公司股价下跌而遭受损失[12]；[13]其次，对该公司的补偿将提高他们所持股份的股价。[14]这一点在第一部分所讨论

---

〔1〕 First Edmonton Place v. 315888 Alberta Ltd. ［1988］40 BLR 28（QB）3.

〔2〕 New Zealand Law Commission, *Company Law Reform and Restatement*, 1989, Report No. 9, at para. 564.

〔3〕 R. Dickerson et al., *Proposals for a New Business Corporations Law for Canada*, 1 Ottawa: Information Canada（1971）.

〔4〕 Adrian Lawrence, Legislative Assembly, *Interim Report of the Select Committee on Company Law*, 1967, 15－16（Ontario）. 该报告确立了《安大略商业公司法》第53章第99条（*Ontario Business Corporation Act*, R. S. O. 1970, c 53, §99）中的成文法上的股东代表诉讼。See M. Baxter, *The D. A. under the O. B. A.: A Review of Section* 97, 27 McGill Law Journal 453（1982）.

〔5〕 Corporate Law Economic Reform Program, Directors' Duties and Corporate Governance: Facilitating Innovation and Protecting Investors, 1997, 3, at 30（Austl.）.

〔6〕 Fexuto Pty. Ltd. Bosnjak Holdings Pty. Ltd. ［1998］NSWSC 413（Austl.）. 此案是针对费克苏托私人有限公司诉博斯尼亚克控股私人有限公司案（Fexuto Pty. Ltd. v. Bosnjak Holdings Pty. Ltd. ［2001］NSWCA 97）提起的上诉。

〔7〕 Corporate Law Economic Reform Program, Directors' Duties and Corporate Governance: Facilitating Innovation and Protecting Investors, 1997, 3, at 30（Austl.）.

〔8〕 R. Dickerson et al., *Proposals for a New Business Corporations Law for Canada*, 1 Ottawa: Information Canada（1971）; Adrian Lawrence, Legislative Assembly, Interim Report of the Select Committee on Company Law, 1967, at para. 7. 4. 1（Ontario）.

〔9〕 Companies and Securities Advisory Committee, Report on A Statutory Derivative Action, 1993（Austl.）.

〔10〕 A. F. Conard, *Winnowing Derivative Suits Through Attorneys Fees*, 47 Law and Contemporary Problems 269（1984）.

〔11〕 M. A. Maloney, *Whither the Statutory Derivative Action*, 64 Canadian Bar Review 309（1986）.

〔12〕 R. Dickerson et al., *Proposals for a New Business Corporations Law for Canada*, 1 Ottawa: Information Canada（1971）.

〔13〕 See Susan M. Watson & Owen Morgan, *A Matter of Balance－the Statutory Derivative Action in New Zealand*, 19 The Company Lawyer236（1998）.

〔14〕 M. A. Maloney, *Whither the Statutory Derivative Action*, 64 Canadian Bar Review 309（1986）.

的多重股东代表诉讼标准要求中也有所体现。要求提起诉讼者需已遭受足够的实际损失（尽管是反射损失）[1]以证明其合法地位，这是对多重股东代表诉讼何时有用以及对谁有用的实际证明。通过为利益受损股东提供一个救济渠道，多重股东代表诉讼为及时揭露公司所受损失创造了更大的动力。

三、新加坡的子公司问题：股东反压迫诉讼与多重股东代表诉讼

迄今为止，新加坡法院只承认《新加坡公司法》第216条A款所规定的单一股东代表诉讼。多重股东代表诉讼在普通法中并没有被认可。因此，目前新加坡的子公司问题还没有公认的、适当的解决办法。最近辛城案的判决似乎表明，根据《新加坡公司法》第216条的规定，子公司问题或许可以通过股东压迫救济手段来解决。[2]有人认为，这种救济手段所带来的结果是不尽如人意的。首先，在此种情况下允许使用股东压迫救济手段是违反原则的；第二，即便允许股东压迫救济手段的适用，这一手段解决子公司问题的能力也是有限的，多重股东代表诉讼仍然是解决该问题最有效的方法。

在辛城案中，原告是控股公司“新加坡国际私人有限公司”（Singalab International Private Limited）的大股东。新加坡国际私人有限公司全资拥有SPL、中国香港特别行政区豆制品厂（Beans Factory，HK）和豆类融合公司（Beans Fusion）这三家子公司，因此又拥有豆类工厂私人有限公司（Beans Factory Pte. Ltd.）和北京豆制品厂（Beans Factory，Beijing）这两家子公司的子公司。[3]第一被告吴克伟（Ng Kek Wee）是这家控股公司的小股东、首席执行官（CEO）、首席技术官（Chief Technical Officer，CTO）和常务董事。[4]在高等法院的审理中，黎穗秋（Lai Sui Chiu）法官认为，吴对控股公司及其子公司行使了“有效的日常控制权”（effective day – to – day control）[5]。

对原告的指控主要基于以下三点（被指控的不法行为）：

（1）吴非法将控股公司在SPL（全资子公司）的股份转让给了自己，并非法将控股公司在中国香港特别行政区豆制品厂（全资子公司）的权益转让给了第三方。[6]

（2）吴挪用和不当管理了SPL的资金。[7]

---

[1] Abouraya v. Sigmund [2014] EWHC 277 (Ch) (25).

[2] Singapore Companies Act, 1967, §216.

[3] 第一被告还持有马来西亚豆制品厂（Beans Factory，Malaysia）的股份，其称是受新加坡国际私人有限公司（Singalab International）的委托。*Sim City Technology Ltd. v. Ng Kek Wee* [2013] SGHC 216 (3), (8), (18).

[4] Sim City Technology Ltd. v. Ng Kek Wee [2013] SGHC 216 (11).

[5] Sim City Technology Ltd. v. Ng Kek Wee [2013] SGHC 216 (100).

[6] Ng Kek Wee v. Sim City Technology Ltd. [2014] SGCA 47, [2014] 4 SLR 723 (17).

[7] Sim City Technology Ltd. v. Ng Kek Wee [2013] SGHC 216 (23); Ng Kek Wee v. Sim City Technology Ltd. [2014] SGCA 47, [2014] 4 SLR 723 (25).

（3）吴将 SPL 的业务、资产和人才转移到了自己的公司（豆制品集团，Beans Group），违反了对 SPL 的信义义务。[1]

原告依据第 216 条对吴提起了股东反压迫诉讼，声称吴基于上述的几点指控，违反了其对控股公司和 SPL 的信义义务，因此使自己遭受了商业上的不公平。[2]尽管这些损害是针对公司的，[3]这一股东反压迫诉讼获得了高等法院的支持，但案件结果在上诉中被推翻。

根据高等法院的观点，该不法行为人吴克伟是案涉控股公司、其子公司以及其子公司的子公司的"唯一主导思想和意志"（sole directing mind and will）[4]，从而对这些公司享有"有效的日常控制权"[5]。这意味着作为适格原告的 SPL 将无法对吴提起诉讼。同样地，由于被该不法行为人所控制，控股公司也无法代表子公司 SPL 提起股东代表诉讼。此外，控股公司也没有独立的诉由，因为它没有因被告违反了对子公司的信义义务而遭受非反射性或间接损失。因此，"控制"现象的存在表明有子公司问题。重要的是，法院通过股东反压迫诉讼回应了这个问题。黎法官认为，由于原告的"投资实际上已经因为控股公司现在只不过是一个一文不值的空壳而付诸东流"，因此存在事实上的商业不公平。在得出这一结论时，黎法官考虑了子公司的事务处理，因为子公司对控股公司价值的直接影响导致了子公司与控股公司的事务"有着千丝万缕的联系"。[6]这一决定的困难在于原告所遭受的诸如"投资付诸东流"的损失，只是一种反映了 SPL 所遭受的损失的反射损失。反射损失不能作为股东提起个人诉讼的依据，尤其是当案涉损失是公司所遭受的损失时。

上诉法院推翻了高等法院所作出的关于吴是拥有"控制权"的不法行为人的判决，理由是原告是有着能将吴从董事会中除名的足够控制权的大股东。[7]根据上诉法院的调查结果，此案中实际上并没有子公司问题。因此，高等法院在辛城案中的做法仍然是对解决子公司问题办法的最接近阐释。

有意义的是，上诉法院在判决附带意见中的确指出，被诉行为"似乎是公司所遭受的损失，这可以通过第 216 条 A 款项下的股东代表诉讼进行追诉"[8]。尽管法院提出股东代表诉讼可以被提起，但很可能仅指原告是控股公司的大股东，从而代表子公司针对不法行为人对 SPL 信义义务的违反而提起股东代表诉讼（单一的股东代表诉讼）这一情形。这里要指出两点：首先，如果原告被发现并没有有效的控制权，子公司问题也会在上诉法院这一层级出现，这导致法院需要考虑多重股东代表诉讼的适用，但这并没有实现。因此，对辛城案的评

---

[1] Sim City Technology Ltd. v. Ng Kek Wee [2013] SGHC 216 (28).
[2] Sim City Technology Ltd. v. Ng Kek Wee [2013] SGHC 216 (41).
[3] Sim City Technology Ltd. v. Ng Kek Wee [2013] SGHC 216 (73).
[4] Sim City Technology Ltd. v. Ng Kek Wee [2013] SGHC 216 (98).
[5] Sim City Technology Ltd. v. Ng Kek Wee [2013] SGHC 216 (100).
[6] Sim City Technology Ltd. v. Ng Kek Wee [2013] SGHC 216 (96) – (98).
[7] Ng Kek Wee v. Sim City Technology Ltd. [2014] SGCA 47, [2014] 4 SLR 723 (55).
[8] Ng Kek Wee v. Sim City Technology Ltd. [2014] SGCA 47, [2014] 4 SLR 723 (71).

论被限定在原告是大股东这一事实基础之上。其次，这也意味着，当需要通过股东代表诉讼这一法律途径来对子公司所遭遇的损失进行补救，而提起诉讼者是在控股公司中没有有效控制权的股东时，在新加坡仍然没有任何救济办法。

与之前的案例相比，辛城案使用股东反压迫诉讼的做法造成了重大的概念上的困难。在卢鹏恩诉卢珍妮（Low Peng Boon v. Low Janie）案[1]和库玛盖谷米有限公司诉泽尼康私人有限公司（Kumagai Gumi Co. Ltd. v. Zenecon Pte. Ltd.）案[2]中，各子公司的行为被用来证明控股公司股东对其的压迫，这导致公司被判给损害赔偿金，以促进依据第216条对请愿人股东的全面收购。尽管子公司受到的损失被用来证明是对卢珍妮的压迫，请愿人对压迫的指控实际上是基于被告对她合法的查询权和请求权一再不屑一顾的事实。[3]同样地，在库玛盖一案中，虽然子公司所受到的损失被用以证明压迫的存在，但索赔的主要依据是被告一直在未经请愿人股东协商或同意的情况下擅自采取行动。[4]然而，辛城案的情况是前所未有的，因为该案的索赔完全是基于子公司所受到的损失，[5]而没有证据表明有任何如同在卢珍妮案和库玛盖案中所看到的针对性压迫行为。在该案一审中，允许这样的股东反压迫诉请违反了适格原告原则。它表明，如果仅仅是子公司遭受了利益损失，事实上可以通过传统的个人救济手段即股东反压迫诉讼来予以救济。这不是一个令人满意的发展。

鉴于目前的法律状况，有人认为股东反压迫诉讼不是解决子公司问题适合或充分的补救办法，原因主要基于以下两点：第一，基本原则层面：从根本上说，不应允许用股东反压迫诉讼来解决子公司问题；第二，股东反压迫诉讼仅是有限的替代品：即使允许使用股东反压迫诉讼，它也只是多重股东代表诉讼的部分替代品，因为它只能在非常有限的情况下提供补救。

（一）基本原则

股东反压迫诉讼从根本上不适合解决子公司问题。辛城案的上诉法院强调，有必要保留股东反压迫诉讼与股东代表诉讼两者之间的区分。在讨论子公司问题的情境下，有以下两个理由来解释为何应当保留此种区分：

第一，法院明确规定了在何种情况下应当提起股东代表诉讼而不是股东反压迫诉讼。子公司问题并不完全符合股东反压迫诉讼的救济范围。米利廷法官（此案时他是法官）在夏利·戴维斯有限公司（2号）[Re Charnley Davis Ltd.（No. 2）]一案[6]中提出，股东代表

[1] Low Peng Boon v. Low Janie [1999] 1 SLR（R）337.

[2] Kumagai Gumi Co. Ltd. v. Zenecon Pte. Ltd. [1995] SGCA 2，[1995] 2 SLR 297.

[3] Low Peng Boon v. Low Janie [1999] 1 SLR（R）337 8（d），（14），（44）.

[4] Kumagai Gumi Co. Ltd. v. Zenecon Pte. Ltd. [1995] SGCA 2，[1995] 2 SLR 297（74）.

[5] Sim City Technology Ltd. v. Ng Kek Wee [2013] SGHC 216（73），（95）－（96）；Ng Kek Wee v. Sim City Technology Ltd. [2014] SGCA 47，[2014] 4 SLR 723（71）.

[6] 夏利案（Charnley，[1990] BCLC 760.）在沃丁顿案（Waddington v. Chan Chun Hoo Thomas，[2008] HKCFAR 370（77））和吉尔基克堡案（Universal Project Management Services Ltd. v. Fort Gilkicker Ltd. [2013] EWJC 348（Ch）（57））中被接受和应用。

诉讼与股东反压迫诉讼的区别因素是"诉讼性质与适当救济"[1]。

如果违反信义义务仅作为不法行为人不考虑少数股东的利益而管理公司事务的证据，要求向公司赔偿并不能解决索赔人的问题且"他们'希望'被收购",[2]那么这个诉讼的性质是个人诉讼。[3]另外，如果违反信义义务的行为被用来作为诉由本身，要求向公司赔偿的诉请会使人满意,[4]如此一来，诉讼的性质就是股东代表诉讼。股东代表诉讼是"纠正不当行为"（remedy for misconduct），而股东反压迫诉讼则是为了"摆脱管理不善"（relief from mismanagement）。[5]

卢珍妮一案的股东反压迫诉讼之所以成功，是因为子公司所受损失仅作为了受压迫的证据。提起诉讼者所遭受的待遇决定了她的诉讼性质，即个人诉讼。一方面，卢珍妮所寻求的"被收购"是一种适当的救济，因为公司的不当管理使"她继续参与公司毫无意义"。[6]仅仅向公司赔偿并不能解决这个问题。[7]另一方面，在子公司问题上，在没有对非控股股东实施压迫行为的情况下，对子公司信义义务的违反本身就会"成为诉由"[8]。辛城案便是如此。吴某非法转让、挪用和不当管理 SPL 的资产并将其资产转让给第三人。除这些行为外，没有证据表明存在压迫行为。因此，如辛城案所述[9]，适当的补救措施是对子公司进行赔偿。而"补救此种不当行为"[10]的方式[11]是股东代表诉讼。根据夏利案中所述的区别，"如果股东仅仅是针对董事违反职责而起诉，那么这不能通过第 216 条项下的诉讼来完成。"[12]

---

[1] Charnley，[1990] BCLC 760 784；Ng Kek Wee v. Sim City Technology Ltd. [2014] SGCA 47，[2014] 4 SLR 723 (67).

[2] Charnley，[1990] BCLC 760 784；Ng Kek Wee v. Sim City Technology Ltd. [2014] SGCA 47，[2014] 4 SLR 723 (68) – (69).

[3] Pearlie Koh，The Oppression Remedy – Clarifications on Boundaries，15 Journal of Corporate Law Studies 407 (2015).

[4] Charnley，[1990] BCLC 760 784；Ng Kek Wee v. Sim City Technology Ltd. [2014] SGCA 47，[2014] 4 SLR 723 (68).

[5] Charnley，[1990] BCLC 760 784；Ng Kek Wee v. Sim City Technology Ltd. [2014] SGCA 47，[2014] 4 SLR 723 (68).

[6] Pearlie Koh，The Reconsideration of the Shareholder's Remedy for Oppression in Singapore，42 Common Law World Review 61 (2013).

[7] Charnley，[1990] BCLC 760 784；Ng Kek Wee v. Sim City Technology Ltd. [2014] SGCA 47，[2014] 4 SLR 723 (68).

[8] Charnley，[1990] BCLC 760 784；Ng Kek Wee v. Sim City Technology Ltd. [2014] SGCA 47，[2014] 4 SLR 723 (68).

[9] Ng Kek Wee v. Sim City Technology Ltd. [2014] SGCA 47，[2014] 4 SLR 723 (71).

[10] Charnley，[1990] BCLC 760 784；Ng Kek Wee v. Sim City Technology Ltd. [2014] SGCA 47，[2014] 4 SLR 723 (68).

[11] Waddington v. Chan Chun Hoo Thomas，[2008] HKCFAR 370 (77).

[12] Dan W. Puchniak & Wee Meng Seng，*Singapore Derivative Actions：Mundanely Non – Asian，Intriguingly Non – American and at the Forefront of the Commonwealth*，in Dan W. Puchniak，Harald Baum and Michael Ewing – Chow eds.，The Derivative Action in Asia：A Comparative and Functional Approach，Cambridge University Press，2012，p. 349.

这也是在沃丁顿案和吉尔基克堡案中援引普通法上的多重股东代表诉讼作为他们部分辩护的原因所在。[1]

此外，如果控股公司股东如辛城案中的一样，除股价下跌之外没有遭受任何损失，[2]那么该损失本身不能作为诉由，因为该损失仅仅是子公司所遭受的实际损失的反射。公司法人独立原则和适格原告原则要求只有公司本身才有资格为其所遭受的损失提起诉讼。股东规避这些原则来获得个人救济将构成对程序的滥用。[3]

第二，有人认为，必须谨慎使用股东压迫救济手段下的自由裁量权。当1993年第216条A款颁布生效时，议会将旁注改为第216条是很重要的。将“受压迫或不公正案件中的补救措施”改为“受压迫或不公正案件中的个人补救措施”[4]清晰地表明了议会打算将股东压迫救济手段仅仅限制在个人诉讼这个范围的意图。此外，正如学者们所指出的，如果股东反压迫诉讼真的是为了补救公司损失以及为公司提供救济而设计出的包罗万象的制度，议会就不会将第216条第（2）款（c）项所规定的“授权代表公司进行诉讼规则”作为一项单独的措施纳入其中了。[5]

因此，子公司问题的最好解决方式是通过股东代表诉讼，而非股东反压迫诉讼。

（二）一个有限的替代品

尽管辛城案将股东反压迫诉讼作为针对子公司问题的“功能性解决方案”这一做法受到称赞，[6]笔者还是对此观点持反对态度。正如前文所述，股东压迫救济手段由于其固有的局限性，很难全面解决子公司问题。

1. 证明商业不公平的困难

要用股东反压迫诉讼解决子公司问题，提起诉讼者必须跨越证明商业不公平行为的障碍。这有两大困难：

首先，商业不公平要求有证据证明被告违反了书面协议[7]或当事人之间非正式的或可通过默示理解[8]所产生的合理预期。由于子公司问题涉及一家与起诉股东分离的公司，特别是在复杂的多层次集团结构中，可能无法找到关于子公司不法行为人与控股公司股东之间的理解的证据。

---

〔1〕 Waddington v. Chan Chun Hoo Thomas，［2008］HKCFAR 370（77）；Universal Project Management Services Ltd. v. Fort Gilkicker Ltd.［2013］EWJC 348（Ch）（57）.

〔2〕 Sim City Technology Ltd. v. Ng Kek Wee［2013］SGHC 216（95）.

〔3〕 Re Chime Corp. Ltd.，［2004］7 H. K. C. F. A. R. 546.

〔4〕 Ng Kek Wee v. Sim City Technology Ltd.［2014］SGCA 47，［2014］4 SLR 723（64）.

〔5〕 Pearlie Koh，*The Reconsideration of the Shareholder's Remedy for Oppression in Singapore*，42 Common Law World Review 61（2013）.

〔6〕 Dan W. Puchniak & Tan Cheng Han，*Company Law*，14 Singapore Academy of Law Annual Review 179（2013）.

〔7〕 See Re Saul D. Harrison & Sons Plc.［1995］1 BCLC 14.

〔8〕 Over & Over Ltd. v. Bonvest Holdings Ltd.［2010］2 SLR 776（84）.

其次，在新加坡的大多数案件中，压迫是从“长期虐待”或“行为过程”中发现的。[1]在卢珍妮案和库玛盖案中也是如此。尽管法院在 Over & Over 案中指出，从“理论上”讲，单一的“孤立行为可能构成压迫”，但这种行为必须与“违反默示理解而明显且惊人的挪用资金”一样具有压迫性。[2]这是一个很高的门槛。涉及单一的、孤立的违反董事利益冲突披露义务或抢夺子公司机会的子公司问题，可能无法通过股东反压迫诉讼得到成功的补救。对于什么样的公司利益受损将可能构成压迫缺乏确定性。同样，也不太可能认定董事违反了其对子公司的勤勉注意义务。股东反压迫诉讼并不总能确保不法行为人担负管理责任，这将危及投资者对集团公司的信心。

股东反压迫诉讼可以确定地涵盖到子公司问题的一种情况是，不法行为人在一段时间内持续违反了其对子公司的信义义务，且这种行为是在不公平地损害或无视特定少数股东的利益的情况下进行的。这种“有针对性的”违反信义义务的行为旨在剥夺少数股东的权利，因而可能构成压迫（夏利案中的区分）。正如卢珍妮案中将诉请变为个人索赔，被压迫的少数股东不太可能仅仅满足于对公司的赔偿。然而，即使股东反压迫诉讼胜诉，利益受损的子公司也不一定能够得到赔偿。依据第 216 条，法院只有在受压迫股东所请求的救济是适当或必要的情况下，才会同时下令对公司进行赔偿。[3]例如，当对公司的赔偿对于确保收购令的实现是必要的时候，法院可能会命令作出不法行为的当事方赔偿公司所遭受的损失。[4]在股东反压迫诉讼下，对子公司的救济是不能被保证的。

2. 准合伙安排

作为一个初步步骤，为了在合法预期的基础上提起股东反压迫诉讼，控股公司通常必须有一个准合伙安排[5]，以支持股东之间非正式理解的存在。这通常要求他们之间建立起相互信任和有信心的关系。[6]这也意味着，如果股东只能够提起股东反压迫诉讼，那么只有在这种准合伙型公司中出现的子公司问题才能够得到补救。将第 216 条 A 款所规定的成文法上的股东代表诉讼扩展到上市公司的论点将在这里被适用于支持多重股东代表诉讼。如此一来，当问题出现时，与大型上市公司中不满的股东可能会“通过在公开市场上出售股票的方式退出”[7]

---

〔1〕 Over & Over Ltd. v. Bonvest Holdings Ltd. ［2010］2 SLR 776（74）.

〔2〕 Over & Over Ltd. v. Bonvest Holdings Ltd. ［2010］2 SLR 776（74）.

〔3〕 Kumagai Gumi Co. Ltd. v. Zenecon Pte. Ltd. ［1995］SGCA 2，［1995］2 SLR 297（71）；Pearlie Koh, *The Oppression Remedy – Clarifications on Boundaries*，15 Journal of Corporate Law Studies 407（2015）.

〔4〕 Pearlie Koh, *The Oppression Remedy – Clarifications on Boundaries*，15 Journal of Corporate Law Studies 407（2015）.

〔5〕 Over & Over Ltd. v. Bonvest Holdings Ltd. ［2010］2 SLR 776（78），（80），（83）accepting Ebrahimi v. Westborne Galleries Ltd. ［1973］AC 360.

〔6〕 Over & Over Ltd. v. Bonvest Holdings Ltd. ［2010］2 SLR 776（88）.

〔7〕 特别委员会于 1993 年提出的不应将股东代表诉讼的适用范围扩展至上市公司的原因。Government of Singapore，Report of the Select Committee on the Companies（Amendment）Bill（*Bill No.* 33/92），1993，at para. 45.

的做法相反的是，股东可能更愿意“留在公司，并对作出不当行为的董事提出质疑”[1]，特别是在离开“将导致损失”[2]的情况下。新加坡最近将成文法上的股东代表诉讼扩展到上市公司这一政策背后的基本原理表明了授予股东提起诉讼的权利，而非让他们仅依赖法规的授权来纠正不法行为的价值所在。[3]这一推理也可以拓展，以支持通过多重股东代表诉讼来解决大型上市公司中的子公司问题的观点。当面临子公司问题时，控股公司的股东可能会认为留在集团结构中并挑战作出不法行为的董事具有更大的价值。重要的是，在加拿大，制定多重股东代表诉讼和成文法上的股东代表诉讼的理论基础是为了提供更好的自我补救措施[4]，并减少对公共救济措施的需要。[5]如果没有多重股东代表诉讼，上市公司的董事、大股东[6]利用子公司挪用资金、抽逃投资的不法行为可能并不能够被有效地阻止。因此，多重股东代表诉讼是一种比股东反压迫诉讼更好的补救方法，因为它没有将子公司问题的可补救性限制为准合伙安排的形式。

3. 全资子公司与控股公司

在辛城案中，黎法官对于这起控股公司股东提起的股东反压迫诉讼，在认定是否具有商业上的不公平时，将子公司的事务处理行为纳入了考量范围。在子公司问题的情况下，为了避免这个诉讼本身成为股东反压迫诉讼，控股公司的股东除了要证明案涉行为属于子公司事务之外，还要证明这也属于控股公司的事务。[7]这符合第216条中的措辞，即要求在股东反压迫诉讼中，“公司事务”必须要以压迫的方式进行。[8]在子公司问题的情况下，此处的“公司”指控股公司。然而，法院在解释这些词语时采用了更加实际的方式，且也考虑到了

---

〔1〕 Arad Reisberg, *Derivative Actions and Corporate Governance*, Oxford University Press, 2007, p. 179.

〔2〕 Singapore, Ministry of Finance, *Consultation Paper on the Report of the Steering Committee for Review of the Companies Act*, Singapore: Accounting and Corporate Regulatory Authority (2011), https://www.acra.gov.sg/uploadedFiles/Content/Publications/Public－Consultation/SCReportChpt2Shareholders.pdf.

〔3〕 Singapore, Ministry of Finance, *Consultation Paper on the Report of the Steering Committee for Review of the Companies Act*, Singapore: Accounting and Corporate Regulatory Authority (2011), https://www.acra.gov.sg/uploadedFiles/Content/Publications/Public－Consultation/SCReportChpt2Shareholders.pdf.

〔4〕 R. Dickerson et al., *Proposals for a New Business Corporations Law for Canada*, 1 Ottawa: Information Canada (1971).

〔5〕 M. A. Maloney, *Whither the Statutory Derivative Action*, 64 Canadian Bar Review 309 (1986).

〔6〕 Singapore, Ministry of Finance, *Consultation Paper on the Report of the Steering Committee for Review of the Companies Act*, Singapore: Accounting and Corporate Regulatory Authority (2011), https://www.acra.gov.sg/uploadedFiles/Content/Publications/Public－Consultation/SCReportChpt2Shareholders.pdf; Pearlie Koh, *For Better or For Worse—The Statutory Derivative Action in Singapore*, 7 Singapore Academy of Law Journal 74 (1995), quoting D. W. Locascio, *The Dilemma of the Double Derivative Suit*, 83 Northwestern University Law Review 729 (1989); Arad Reisberg, *Derivative Actions and Corporate Governance*, Oxford University Press, 2007, p. 178.

〔7〕 Lim Chee Twang v. Chan Shuk Kuen Helina and others [2010] 2 SLR 209; 在辛城案（Sim City Technology Ltd. v. Ng Kek Wee [2013] SGHC 216 (97)）中经同意引用。

〔8〕 SingaporeCompanies Act, 1967, §216 (1) (a).

子公司中的事务处理。[1]在子公司所受损失能够被用以证明控股公司存在压迫之前，索赔人必须证明子公司的事务处理“实际影响到了控股公司”。[2]在必要的情况下，独立法人人格原则将让位于第216条的宗旨和政策。[3]这里的陷阱是，在复杂的多层集团结构中，越来越难以忽视子公司的独立法人人格。正如林志通（Lim Chee Twang）所指出的那样，一家公司是另一家公司的子公司或母公司的单一事实不足以证明这一家公司的事务就是另一家公司的事务。[4]索赔人必须证明更多的东西，而这就包括了需要证明前者的事务是如何影响后者的事务的。[5]

在卢珍妮案和辛城案中，法院在考虑到与子公司事务有关的商业不公平行为时，关注的是全资子公司。[6]在库玛盖案中，子公司的75%股份由控股公司持有，其余的由不法行为人及其亲属持有。在澳大利亚，新南威尔士州最高法院在艾斯电视私人有限公司诉罗斯（IceTV Pty. Ltd. v. Ross）一案中发现，一家公司可以“通过其子公司（特别是全资子公司）的行为”来压迫其股东。[7]同样地，在格罗斯诉拉克金（Gross v. Rackind）一案中，法官韦克斯（Weeks）支持一家公司的事务会影响另一家公司的事务，“显然该子公司是否为全资子公司‘十分重要’”。[8]辛城案法院轻而易举地发现，该子公司SPL的业务经营影响了其控股公司，因为该控股公司的“唯一资产就是在其全资子公司的股份”[9]。这些决定表明，如果子公司是全资子公司或主要由案涉控股公司所有的子公司，那么子公司问题将更有可能依据第216条得到补救。随着控股公司在子公司中股份的减少以及两家公司事务之间独立性的增强——如果控股公司除了受损子公司之外还有许多其他正在运作中的子公司，以及拥有大量独立于受损子公司的未受影响的资产，那么这种情况将可能发生——证明子公司的事务也是控股公司的事务将变得更加困难。因此，证明有压迫将变得更加困难，因而子公司所受的损失将更有可能变为不可诉的。这也说明了用股东压迫救济手段来解决子公司问题的另一个局限性。

不可否认，成文法上的多重股东代表诉讼也面临着同样的问题，但它在确保子公司所遭

---

〔1〕 Kumagai Gumi Co. Ltd. v. Zenecon Pte. Ltd. ［1995］SGCA 2，［1995］2 SLR 297 44；Low Peng Boon v. Low Janie［1999］1 SLR（R）337 in Ng Kek Wee v. Sim City Technology Ltd. ［2014］SGCA 47，［2014］4 SLR 723（39）.

〔2〕 Lim Chee Twang v. Chan Shuk Kuen Helina and others［2010］2 SLR 209（97）；在辛城案（Ng Kek Wee v. Sim City Technology Ltd. ［2014］SGCA 47，［2014］4 SLR 723（41）–（42））中被接受和应用。

〔3〕 Lim Chee Twang v. Chan Shuk Kuen Helina and others［2010］2 SLR 209（97）.

〔4〕 Lim Chee Twang v. Chan Shuk Kuen Helina and others［2010］2 SLR 209（97）.

〔5〕 Lim Chee Twang v. Chan Shuk Kuen Helina and others［2010］2 SLR 209（97）.

〔6〕 Low Peng Boon v. Low Janie［1999］1 SLR（R）337（3）；Ng Kek Wee v. Sim City Technology Ltd. ［2014］SGCA 47，［2014］4 SLR 723（39）（43）.

〔7〕 IceTV Pty. Ltd. v. Ross［2008］NSWSC 1321（Austl.）.

〔8〕 正如韦克斯（Weeks Q. C.）法官于2003年12月11日在高等法院（作为大法官区法官）根据《1985年英国公司法》［Companies Act 1985（UK）］第459条驳回请愿书的申请所指出的和上诉法院在格罗斯诉拉克金（Gross v. Rackind［2004］EWCA（Civ）815）一案中所承认的那样。

〔9〕 Ng Kek Wee v. Sim City Technology Ltd. ［2014］SGCA 47，［2014］4 SLR 723（43）.

受的损失得到补救方面并没有像股东压迫救济手段那样具有这么大的局限性。在有成文法上的多重股东代表诉讼的司法管辖区内，若想被视为第一部分所述的子公司、关联公司或联营公司，利益受损的公司必须满足法定要求。这将决定索赔股东是否有资格代表利益受损的公司提起多重股东代表诉讼。例如，提起诉讼者如果在利益受损公司中的股份占比或对其董事会的控制程度不足以让该公司在公司法规则下被视为“子公司”，那么其将不能代表这家公司提起多重股东代表诉讼。[1]由于法律对于“控制”或“子公司”等的具体定义，成文法上的多重股东代表诉讼在这个意义上可能会受到限制。但是，一旦满足这些要求，子公司与控股公司之间是否有不相关和独立的业务、控股公司是否有多个子公司以致其股票价值不会受到利益受损子公司的严重影响，都将变得无关紧要。当股东反压迫诉讼可能会因为子公司对控股公司缺乏足够的影响力而败诉时，多重股东代表诉讼将很容易被提起。理由正如上诉法院针对股东压迫救济手段所指出的那样，在子公司对控股公司缺乏足够影响力的情况下，控股公司的股东“几乎无法抱怨说他们的利益因为子公司利益的受损而受到了损害”[2]。

普通法上的多重股东代表诉讼似乎并没有面临这一问题。要提起多重股东代表诉讼，对于原告唯一的法律地位要求是其须拥有合法的利益，而这一要求甚至可以通过非经济损失或最小反射损失来满足。例如，在保诚保险（Prudential Assurance）案中，仅持有3%的股份便可满足这一要求。[3]根据这些被长期公认的对于原告的法律地位要求可以推断出，[4]“（股东享有股权利益的）股份公司在‘利益受损的’子公司中不持有多数股份”并不重要。[5]高宝莉（Pearlie Koh）教授指出：

至少有争议的是，股东所提起的股东代表诉讼不会仅因为公司的利益在技术上不足以公开控制子公司而被拒绝。

所应提出的问题或许应当与诺克斯（Knox）法官在史密斯诉克罗夫特（第2号）（Smith v. Croft，No. 2）案中所提出的类似，即代表利益受损子公司所提起的诉讼是否被“不正当地”阻止了。[6]

由于沃丁顿案、吉尔基克堡案、阿布拉亚案、布拉尔案和其他普通法下的多重股东代表诉讼案件都涉及全资子公司，高教授论点的实际应用还有待观察。对单一的普通法上的股东代表诉讼的现行法律地位标准要求的合理延伸确实支持了对诉讼不正当的阻止将在子公司问题情形下满足“不法行为人对子公司进行了有效的控制”进而存在“针对少数股东的欺诈”这一观点。因此，与股东压迫救济手段不同的是，普通法上的多重股东代表诉讼不会仅仅因

〔1〕 详见上文第一部分A点“多重股东代表诉讼—程序性补救措施”。
〔2〕 Ng Kek Wee v. Sim City Technology Ltd. ［2014］SGCA 47，［2014］4 SLR 723（42）.
〔3〕 Prudential Assurance Co. Ltd. v. Newman Industries Ltd. （No. 2），［1982］Ch 204 222.
〔4〕 Johnson v. Gore Wood Co.，［2002］AC 1 66.
〔5〕 Pearlie Koh，*Derivative Actions “Once Removed”*，2 Journal of Business Law 101（2010）.
〔6〕 Pearlie Koh，*Derivative Actions “Once Removed”*，2 Journal of Business Law 101（2010）.

为在利益受损公司中的持股比例而受到阻碍。

从历史性和功能性的角度来看，尽管股东压迫救济手段在成文法上的股东代表诉讼颁布之前的相当长一段时间内（从1967年到1993年）就已存在，股东代表诉讼仍被认为是必要的。股东压迫救济手段具有固有的局限性。股东压迫救济手段仅能适用于具有准合伙安排形式的公司，且它要求必须有会给被压迫方带来足够的个人损失、以使得他试图通过被收购而摆脱的压迫行为的存在。大型上市公司单纯的一次性违约由于缺乏非正式理解，因而无法通过股东反压迫诉讼来补救。这些功能性的原因使股东代表诉讼成为必要。正如沃丁顿案中米利廷勋爵以及上述讨论所指出的，多重股东代表诉讼与成文法上的股东代表诉讼在功能性和优势方面并没有显著的差异。子公司问题中的纯粹公司利益损失最好通过多重股东代表诉讼来解决。

四、新加坡多重股东代表诉讼的引入路径

在分析了多重股东代表诉讼在其他普通法司法管辖区采用的原因并认识到新加坡在法律上缺乏对子公司问题的充分补救之后，笔者认为，新加坡需引入多重股东代表诉讼制度。

随着新加坡经济的发展以及大量涉及集团公司结构的股东代表诉讼和股东反压迫诉讼的发生，新加坡出现了明显的“企业集团的激增”[1]。这表明，类似辛城案中发生的因子公司遭受纯粹公司损失而导致子公司问题的情况有了更高的发生可能性。由于需要提高公司治理和管理责任的标准[2]，新加坡于1993年制定了成文法上的股东代表诉讼。加强管理责任的需求在今天也同样出现了，在考虑到当前缺乏足够的替代补救措施的情况下，多重股东代表诉讼是解决该问题的最佳办法。

因此，笔者认为，多重股东代表诉讼在新加坡应得到承认并引入。这可以通过以下方式实现：（1）将《新加坡公司法》第216条A款项下现有的成文法上的股东代表诉讼的措辞解释为包含了多重股东代表诉讼；或（2）承认普通法上的多重股东代表诉讼是普通法上的股东代表诉讼的延伸；或（3）通过成文法将多重股东代表诉讼法定化。

（一）适当人选

多重股东代表诉讼可能可以被解释为《新加坡公司法》第216条A款第（1）项（c）点中的“适当人选”（proper person）。第216条A款规定：

在本条以及第216条B款中，“原告”指：

（c）任一根据法院的自由裁量权被认定为是能够提起本条所规定的诉讼的“适当人选”的人。（重点补充）

---

[1] Pearlie Koh, *For Better or For Worse—The Statutory Derivative Action in Singapore*, 7 Singapore Academy of Law Journal 74 (1995).

[2] Teo Gek Luang v. Ng Ai Tiong [1999] 1 SLR 434 438.

有人认为，当存在子公司问题时，控股公司的股东可能可以被视为能够针对子公司所受利益损失提起第216条A款所规定的股东代表诉讼的“适当人选”。第216条A款所规定的股东代表诉讼“受到了加拿大立法的启发”。[1]该条款的措辞主要采用的是加拿大成文法中股东代表诉讼的表达。《加拿大商业公司法》第238条同样采用了“适当人选”这一术语：[2]

定义

第238条：“原告”是指

（a）公司或其任何子公司所发行证券的注册持有人或受益所有人，以及前注册持有人或受益所有人；

……

（d）任一根据法院的自由裁量权被认定为是能够提起本条所规定的诉讼的“适当人选”的人。（重点补充）

股东代表诉讼的提起

第239条第（1）款：……原告可以公司或其任何子公司的名义向法院提起诉讼……（重点补充）

《加拿大商业公司法》第239条“其任何子公司”这一措辞“考虑并允许”了多重股东代表诉讼。[3]尽管《新加坡公司法》第216条A款第（1）项（c）点与《加拿大商业公司法》第238条（d）款的规定在实质上是一致的，但“其任何子公司”这一措辞却被排除在了第216条A款的内容之外。

此外，1992年新加坡公司（修正案）法案特别委员会采用了[4]道恩开发公司案（Re Daon Development Corporation）中所提出的关于“适当人选”的定义。[5]在这一案件中，英国哥伦比亚省最高法院根据《英国哥伦比亚公司法》（British Columbia Company Act）第252条第（8）款（b）项对“适当人选”一词作出了解释。[6]值得注意的是，该立法只承认了成文法上的单一股东代表诉讼，而没有规定多重股东代表诉讼。法院将“适当人选”定义为“由于对公司的治理方式有直接的经济利益因而享有与小股东相类似的法律地位的人”。[7]简

---

〔1〕 Margaret Chew, *Minority Shareholders' Rights and Remedies*, LexisNexis, 2007, p. 293.

〔2〕 Canada Business Corporations Act, R. S. C. 1985, c C-44, §238.

〔3〕 R. Dickerson et al., *Proposals for a New Business Corporations Law for Canada*, 1 Ottawa: Information Canada (1971).

〔4〕 Government of Singapore, Report of the Select Committee on the Companies (Amendment) Bill (Bill No. 33/92), 1993, at B5.

〔5〕 Re Daon Development Corporation [1984] 54 BCLR 235.

〔6〕 British Columbia Company Act 1979, c. 59, § 252.

〔7〕 Government of Singapore, Report of the Select Committee on the Companies (Amendment) Bill (Bill No. 33/92), 1993, at B5，采用了在道恩开发公司案（Re Daon Development Corporation [1984] 54 BCLR 235 (38)）中提出的定义。

单地说，控股公司的股东在利益受损的子公司中只享有间接的经济利益。这些发现表明，《新加坡公司法》第216条A款可能并无将多重股东代表诉讼包含进去的意图。

然而，上述所采用的定义必须从特别委员会希望赋予法院广泛的自由裁量权的角度来理解。[1]第216条A款第（1）项（c）点所规定的自由裁量权被解释为“为作出公正且平等的决定”而被赋予的一种广泛的权力。[2]面临子公司问题的控股公司股东确实部分符合“适当人选”的定义，因为他们“与小股东类似，无权影响或改变滥用管理权或违背公司利益的行为”[3]。在这种情况下，允许股东提起诉讼是公正且平等的。

审理埃德蒙顿第一广场（First Edmonton Place）一案的阿尔伯塔省法院（The Alberta Court）已根据《阿尔伯塔省商业公司法》（Alberta Business Corporations Act，ABCA）第231条（b）款第（iii）项解释了“适当人选”一词，[4]而这一条款与《加拿大商业公司法》第238条（d）款和《新加坡公司法》第216条A款的规定在实质上是相同的。法院认为，应适用的相关标准是：不属于“原告”的人，“是否仍然能够使被合理委托，从而成为负有促进公司利益责任的人”[5]。控股公司股东在出现子公司问题的情况下，作为一个要承担因股价下跌而带来的反射损失的人，享有补救子公司所受损失的合法利益。因此，他很可能属于埃德蒙顿第一广场案中所定义的“适当人选”。与《加拿大商业公司法》相同，《阿尔伯塔省商业公司法》同样通过“其任何子公司”这一措施单独规定了多重股东代表诉讼。[6]因此，“适当人选”一词的解释适用范围在新加坡还有待考察。

同样重要的是，学术文献多次将新加坡视为有多重股东代表诉讼的司法管辖区。从沃丁顿案中米利廷勋爵的评述[7]、中国香港特别行政区金融服务局和财政局的《公司条例草案》的咨询文件[8]中以及其他司法管辖区的学者的文章[9]中均可看出，他们认为《新加坡公司法》第216条A款第（1）项（c）点中“适当人选”这一措辞表明了新加坡是承认多重股

---

〔1〕 Government of Singapore, Report of the Select Committee on the Companies (Amendment) Bill (Bill No. 33/92), 1993, at para. 49. [“委员会认为，拟议的第216条A款第（1）项（c）点赋予了法院自由裁量权，使法院有权将该条的适用范围扩大到它认为是能够提起本条所规定的诉讼的‘适当人选’的任何人”]。

〔2〕 Pearlie Koh, *For Better or For Worse – The Statutory Derivative Action in Singapore*, 7 Singapore Academy of Law Journal 74 (1995).

〔3〕 Re Daon Development Corporation [1984] 54 BCLR 235 (38).

〔4〕 AlbertaBusiness Corporations Act 1981, c. B–15, § 231 (b) (iii) [“(iii) 任何根据法院的自由裁量权，被认为是有权提起本节所规定的诉讼的适当人选的人”].

〔5〕 First Edmonton Place v. 315888 Alberta Ltd. [1988] 40 BLR 28 (QB) 63.

〔6〕 AlbertaBusiness Corporations Act 1981, c. B–15, § 232 (1) (a).

〔7〕 Waddington v. Chan Chun Hoo Thomas, [2008] HKCFAR 370 (25).

〔8〕 Hong Kong, Financial Services and the Treasury Bureau, *Draft Companies Bill: First Phase Consultation*, Hong Kong: Financial Services and the Treasury Bureau (2009), http://www.fstb.gov.hk/fsb/co–rewrite/eng/pubpress/doc/CB–Consultation–Paper–Full_e.pdf.

〔9〕 Stephen Girvin, *Charlesworth's Company Law*, Sweet & Maxwell, 2010, p. 517; James Bailey, *Multiple Derivative Actions in Company Law: Can you or Can't You?*, 34 Company Law 302 (2013).

东代表诉讼的。这些足以支持一种观点，即《新加坡公司法》第216条A款第（1）项（c）点所规定的“任一根据法院的自由裁量权被认定为是能够提起本条所规定的诉讼的‘适当人选’的人”应当包含面临子公司问题的受害控股公司的股东。

基于法院在第216条A款项下的广泛自由裁量权，笔者认为，多重股东代表诉讼能够被解释为该款项下的“适当人选”。

（二）普通法上的多重股东代表诉讼

另一种选择是，多重股东代表诉讼可能在普通法上被承认。然而，这种途径有一个初步的困难。在中国香港特别行政区，成文法上的股东代表诉讼并没有废除普通法上的股东代表诉讼，因此在沃丁顿一案中，法院得以引入普通法上的多重股东代表诉讼。[1]同样地，在吉尔基克堡一案中，在使普通法上的多重股东代表诉讼生效之前，法院认定，英国成文法上的股东代表诉讼仅仅废除了普通法上的单一股东代表诉讼，而没有废除普通法上的多重股东代表诉讼。[2]然而，在新加坡，拥有第216条A款提起股东代表诉讼资格的原告是否也有资格提起普通法上的股东代表诉讼，是一个悬而未决的问题。[3]

沃丁顿案和吉尔基克堡案都将普通法上的股东代表诉讼程序扩展到了多重股东代表诉讼。[4]遵循这种方式，原告在新加坡提起普通法上的多重股东代表诉讼时，需要提供一个初步证据，以证明这一诉讼在子公司问题上，属于福斯（Foss）案所确立规则（“针对少数股东的欺诈”）的例外。[5]然后，原告需要证明不法行为人从其所指控的违约行为中获益，且子公司遭受了损失，而该不法行为人拥有阻止利益受损子公司对其提起诉讼的控制权。[6]

承认普通法上的多重股东代表诉讼的一个缺点是，除非不法行为人从其过失中获益，否则不太可能对违反董事勤勉注意义务的行为进行补救。[7]尽管普通法上的多重股东代表诉讼在这方面的益处有限，但如同普通法上的多重股东代表诉讼在香港正式将多重股东代表诉讼

---

〔1〕 *Waddington v. Chan Chun Hoo Thomas*, [2008] HKCFAR 370 (27).

〔2〕 Universal Project Management Services Ltd. v. Fort Gilkicker Ltd. [2013] EWJC 348 (Ch) (34).

〔3〕 Dan W. Puchniak & Wee Meng Seng, *Singapore Derivative Actions: Mundanely Non - Asian, Intriguingly Non - American and at the Forefront of the Commonwealth*, in Dan W. Puchniak, Harald Baum and Michael Ewing - Chow eds., The Derivative Action in Asia: A Comparative and Functional Approach, Cambridge University Press, 2012, p. 331.

〔4〕 Waddington v. Chan Chun Hoo Thomas, [2008] HKCFAR 370 (61) - (68); Universal Project Management Services Ltd. v. Fort Gilkicker Ltd. [2013] EWJC 348 (Ch) (44).

〔5〕 Ting Sing Ning v. Ting Chek Swee [2007] 1 SLR 369 (1) - (3); Ting Sing Ning v. Ting Chek Swee, [2009] 1 SLR 197 (10).

〔6〕 Ting Sing Ning v. Ting Chek Swee, [2009] 1 SLR 197 (14).

〔7〕 *Daniels v. Daniels* [1978] Ch 406; 在丁成宁案（Ting Sing Ning v. Ting Chek Swee, [2009] 1 SLR 197 (13)）中被接受。

成文法化前所起的过渡作用一般，它至少能够在多重股东代表诉讼被成文法化之前起到过渡的作用。[1]

（三）成文法上的多重股东代表诉讼

本文所回顾的五个普通法司法管辖区中的四个已经将多重股东代表诉讼规定于成文法中。将多重股东代表诉讼作为成文法上的股东代表诉讼的一部分的主要动机是希望提供一个“明确阐明的程序”。[2]将多重股东代表诉讼成文法化可通过对《新加坡公司法》第216条A款的文义进行扩张解释从而使其包含多重股东代表诉讼或者在《新加坡公司法》中用专门法条规定多重股东代表诉讼这两种途径来实现。

多重股东代表诉讼在中国香港特别行政区生效，是通过在现有成文法上的股东代表诉讼规则中加入“关联公司”这一名词的方式来实现的：

732（1）如果有针对公司的不当行为，这一公司的成员或这一公司关联公司的成员……（重点补充）[3]

在成文法上的单一股东代表诉讼和多重股东代表诉讼同时生效的加拿大、新西兰和澳大利亚，“子公司”、[4]“任何关联公司”[5]和“关联法人团体”[6]分别被用来引入多重股东代表诉讼。

在《加拿大商业公司法》中：

股东代表诉讼的提起

239.（1）原告可以代表公司或其任何子公司向法院提起诉讼……（重点补充）

在《新西兰公司法》中：

165 股东代表诉讼

（a）根据第（3）小节，对于一个公司的股东或董事提起的诉讼，法院应允许该股东或董事（a）代表公司或任何关联公司提起诉讼；或……（重点补充）

---

〔1〕在香港，多重股东代表诉讼在沃丁顿案（Waddington v. Chan Chun Hoo Thomas，［2008］HKCFAR 370（74））判决的两年后被成文法化。

〔2〕Corporate Law Economic Reform Program，Directors' Duties and Corporate Governance：Facilitating Innovation and Protecting Investors，1997，3，at 30（Austl.）.

〔3〕*Companies Ordinance*，（2013），Cap. 622，§ 732（1）（H. K.）.

〔4〕*Canada Business Corporations Act*，R. S. C. 1985，c C – 44，§239（1）；R. Dickerson et al.，*Proposals for a New Business Corporations Law for Canada*，1 Ottawa：Information Canada（1971）.

〔5〕*Companies Act* 1993，§165（1）（a）（N. Z.）.

〔6〕*Australian Corporations Act* 2001，§236（a）（i）；Austl.，Commonwealth，Companies and Securities Law Review Committee，*Enforcement of the Duties of Directors and Officers of a Company by Means of a Statutory Derivative Action*（Report No. 12），Australian Government Takeovers Panel（1990），http：//www. takeovers. gov. au/content/ Resources/cslrc/ cslrc – report no 12. aspx.

在《澳大利亚公司法》中：

1 代表公司提起或介入诉讼

（1）一个人可以代表公司提起诉讼，如果（a）该人是：

（i）公司或关联法人团体的成员、前成员或有权注册为成员的人；或……（重点补充）

这些条款中使用的不同术语有着不同的适用范围。[1]股东所要求的保护范围最好交由相关国家或地区立法机关根据公众协商来确定。可能有人担心多重股东代表诉讼会被滥用，以及无价值的索赔案件将涌入法院。这实际上是《1992年公司（修正）法案》［Companies (Amendment) Bill of 1992］二读时，议会针对股东代表诉讼成文法化所提出的反对意见之一。[2]然而，在已经将多重股东代表诉讼成文法化的澳大利亚、新西兰和中国香港特别行政区，相关案件的数量却十分有限（如第一部分所述），因此这一担忧可能并不会成为现实。这些法规中对于原告法律地位的要求，如对“控制”或“关联公司”的定义，限制了多重股东代表诉讼的应用。[3]同样地，如其他已经将多重股东代表诉讼成文法化的司法管辖区所示，将《新加坡公司法》第216条A款所规定的法律地位要求扩充至新的成文法多重股东代表诉讼中和/或制定新的多重股东代表诉讼原告法律地位要求将确保多重股东代表诉讼不被滥用。[4]

五、结语

今天的新加坡显然有必要讨论和考虑子公司问题。作为一个经济发展速度如此之快的国家，我们社会的法律必须与之同步。在新加坡通常认为具有说服力和相关性的五个普通法司法管辖区，多重股东代表诉讼已经得到承认，这表明了多重股东代表诉讼的必要性和实用性。正如米利廷勋爵在法庭之外所说的那样，如果没有对子公司问题的补救办法，那么“潜在欺诈者实行欺诈的原则将十分简单，即选择一个‘新加坡’公司，并谨慎地欺诈其子公司，而不欺诈该公司本身”。[5]鉴于子公司问题是一个合理的担忧，并考虑到多重股东代表诉讼将是解决这一问题最合适的办法，同时新加坡法律对于子公司问题并没有其他充分的救济措施，而多重股东代表诉讼又能够通过《新加坡公司法》第216条A款中的“适当人选”被成本较低地引入，因此，在笔者看来，新加坡应当为多重股东代表诉讼制度的引入架桥铺路。

---

〔1〕 详见上文第一部分A点中关于不同条款的不同适用范围的讨论。

〔2〕 60 Parl Deb (1992) cols. 236 – 37 (Singapore).

〔3〕 详见上文第一部分A点中的简要讨论。

〔4〕 Austl., Commonwealth, Companies and Securities Law Review Committee, *Enforcement of the Duties of Directors and Officers of a Company by Means of a Statutory Derivative Action* (Report No. 12), Australian Government Takeovers Panel (1990), http://www.takeovers.gov.au/content/Resources/cslrc/cslrc-report no 12.aspx.

〔5〕 Lord Millett, *Multiple Derivative Actions*, Gore-Brown Bulletin, July 2010.

附录：公司法的相关规定

A. 新加坡

《1993 年公司法》

股东代表诉讼

216A.（1）在本条和第 216B 条中：

“公司”指除在新加坡证券交易所上市的公司之外的公司；

“原告”指：

（a）公司的任何成员；

（b）（在第四部分所规定的宣布成立的公司中指）部长；或

（c）任一根据法院的自由裁量权被认定为是能够提起本条所规定的诉讼的“适当人选”的人。（重点补充）

[22/93；42/2001]

（2）除第（3）条另有规定外，原告可就代表公司提起诉讼或以代表公司起诉、辩护、中止诉讼为目的介入公司是一方当事人的诉讼向法院申请许可。[22/93]

B. 加拿大

1985 年《加拿大商业公司法》，第 44 章

股东代表诉讼的提起

239.（1）除第（2）条另有规定外，原告可就代表公司或其任何子公司提起诉讼或以代表该公司实体起诉、辩护、中止诉讼为目的而介入该公司是一方当事人的诉讼向法院申请许可。

定义

238.“原告”指：

（a）公司或其任何子公司所发行证券的注册持有人或受益所有人，以及前注册持有人或受益所有人；

（b）公司或其任何子公司的董事或高管，以及前董事或高管；

（c）董事；

（d）任一根据法院的自由裁量权被认定为是能够提起本条所规定的诉讼的“适当人选”的人。

定义

2.（1）在本法中……

关联公司

（2）在本法中，

（a）如果一个公司是另一公司的子公司，或两个公司均是同一公司的子公司，或两个公司均被同一人所控制，那么这两家公司是关联公司；

（b）如果两家公司同时附属于同一家公司，那么这两家公司被视为关联公司。

控制

（3）在本法中，当满足以下条件时，应当认定一家公司被某一自然人或被两家及以上的公司所控制：

（a）除了仅仅采用证券持有方式之外，能够选举出公司董事的代表了百分之五十以上投票权的公司证券被该自然人或为自然人的利益而持有，或者被这些公司或为这些公司的利益而持有；且

（b）如果被执行，这些证券所代表的投票权足以选举出这家公司的多数股东。

控股公司

（4）如果一家公司是另一家公司的子公司，那么后者是前者的控股公司。

子公司

（5）当满足以下条件时，应当认定一家公司是另一家公司的子公司：

（a）这家公司被

（i）该另一家公司所控制；

（ii）该另一家公司所控制，并且被该另一家公司所控制的一家或以上的公司所控制；或

（iii）该另一家公司所控制的两家或以上的公司所控制；或

（b）这家公司是该另一家公司的子公司的子公司。

C. 新西兰

《1993年公司法》

165 股东代表诉讼

（1）除第（3）条另有规定外，法院可准许公司的股东或董事：

（a）代表公司或任何关联公司提起诉讼；或

（b）依据具体情况，以代表公司或任何关联公司继续诉讼、辩护、中止诉讼为目的而介入该公司或任何关联公司是一方当事人的诉讼。（重点补充）

2 释义

（1）关联公司具有第（3）条所规定的含义

……

（3）在本法中，当满足以下条件时，应当认定一家公司是另一家公司的关联公司：

（a）该另一家公司是这家公司的控股公司或子公司；

（b）这家公司超过一半的已发行股份（不包括无权超过规定数额参与利润或资本分配的股份）被该另一家公司和与该另一家公司有关联的公司所持有（包括直接持有和间接持有，但以信托身份持有的除外）；或

（c）这家公司超过一半的已发行股份（不包括无权超过规定数额参与利润或资本分配的股份）均被该另一家公司的成员所持有（包括直接持有和间接持有，但以信托身份持有的除外）；或

（d）这两家公司的业务过于混同，以至于无法轻易识别出这两家公司各自的业务或他们业务中的实质部分；

（e）这两家公司均与第三家公司有关联；

关联公司具有相应的含义。

控股公司与子公司的含义

（1）在本法中，当且仅当满足以下条件时，应当认定一家公司是另一家公司的子公司：

（a）该另一家公司

（i）控制了这家公司董事会的组成；或

（ii）能够在这家公司的股东大会上投出或控制投出超过可被投出的最大票数一半的票；或

（iii）持有这家公司已发行股份（不包括无权超过规定数额参与利润或资本分配的股份）的一半以上；或

（iv）有权获得这家公司已发行股份（不包括无权超过规定数额参与利润或资本分配的股份）的分红的一半以上；或

（b）这家公司是该另一家公司的子公司的子公司。

（2）在本法中，当且仅当另一家公司是这家公司的子公司时，这家公司才是该另一家公司的控股公司。

（3）在本条和第七、八条中，“公司”包含法人团体。

7“控制”的含义

就本法第5条而言，在不限制公司董事会的组成被视为受另一家公司控制的情况下，当一

家公司通过行使可行使的权利（无论是否获得了其他任何人的同意或一致同意），能够任命或罢免另一家公司的所有董事或累计享有多数投票权的董事，该另一家公司将被视为被第一家公司所控制。在本法中，当满足以下条件时，应当认定第一家公司有权力作出这样的任命：

（a）若第一家公司不投票给一名董事，这名董事就没有足够的票数当选该另一家公司的董事；或

（b）一名董事在该另一家公司的任命取决于第一家公司的董事或其他高管的投票。

D. 澳大利亚

《2001 年公司法》

236. 代表公司提起或介入诉讼

（1）当满足以下条件时，一个人可以代表公司提起或介入公司为一方当事人的诉讼，以代表公司对诉讼或诉讼中的某一特定步骤（如妥协或和解）负责：

（a）该人是：

（i）公司或关联法人团体的成员、前成员或有权注册为成员的人；或

……

9 控股公司

“控股公司”的含义是，当一家公司是另一家公司的子公司时，后者是前者的控股公司。“控制”的含义参见第 50AA 条。

46 子公司

当且仅当以下情形时，应当认定一家公司（本条称为第一家公司）是另一家公司的子公司：

（a）该另一家公司：

（i）控制了第一家公司的董事会组成；或

（ii）能够在第一家公司的股东大会上投出或控制投出超过可被投出的最大票数一半的票；或

（iii）持有第一家公司已发行股本（不包括无权超过规定数额参与利润或资本分配的股份）的一半以上；或

（b）第一家公司是该另一家公司的子公司的子公司。

47 对公司董事会的控制

在不限制公司董事会的组成被视为受另一家公司控制的情况下，当一家公司通过行使可行使的权利（无论是否获得了其他任何人的同意或一致同意），能够任命或罢免另一家公司

的所有董事或多数董事，该另一家公司将被视为被第一家公司所控制。在本法中，当满足以下条件时，应当认定第一家公司有权力作出这样的任命：

（a）若第一家公司不投票给一名董事，这名董事就没有足够的票数当选该另一家公司的董事；或

（b）一名董事在该另一家公司的任命取决于第一家公司的董事或其他高管的投票。

50 关联法人团体

当一个法人团体是：

（1）另一个法人团体的控股公司；或

（2）另一个法人团体的子公司；或

（3）另一个法人团体的控股公司的子公司；

这两个法人团体将被视为互相关联。

50AA 控制

（1）在本法中，如果一家公司（第一家公司）有能力决定另一家公司（第二家公司）关于财务和经营政策的决策结果，那么第一家公司对第二家公司享有控制权。

（2）在判断第一家公司是否有此种能力时：

（a）第一家公司所能够产生的实际影响（而非第一家公司能够实施的权利）需要被考虑；

（b）任何影响第二家公司财务或经营决策的实践或行为模式需要被考虑（尽管这可能涉及对合约或信任的违反）；

（3）若仅因为第一家公司和第三家公司共同享有决定第二家公司关于财务和经营政策的决策结果的能力，不能认定第一家公司对第二家公司享有控制权。

（4）如果第一家公司：

（a）有能力影响第二家公司关于财务和经营的决策结果；且

（b）负有为第一家公司成员以外的人的利益而去执行这种能力的法定义务；

那么第一家公司将不被视为享有对第二家公司的控制权。

E. 中国香港特别行政区

《香港公司条例》（第 622 章）

832 公司或关联公司的成员有权提起或介入诉讼

（1）若公司遭受不当行为，该公司或该公司关联公司的成员在获得法院依据第 733 条作出的许可后，有权针对该不当行为代表公司向法院提起诉讼。

（2）若公司由于其所遭受的不当行为而无法就任何事宜提起诉讼，该公司或该公司关联公司的成员在获得法院依据第 733 条作出的许可后，有权针对该不当行为代表公司向法院提

起诉讼。

2 释义

关联公司，就法人团体而言，指—

（a）该法人团体的子公司；

（b）该法人团体的控股公司；或

（c）该控股公司的子公司；

法人团体—

（a）包括—

（i）公司；和

（ii）在香港境外成立的公司；但

（b）不包括独资公司。

13 控股公司

（1）在本法中，当满足以下条件时，应当认定一个法人团体是另一法人团体的控股公司：

（a）这一法人团体控制了另一法人团体的董事会组成；

（b）这一法人团体控制了另一法人团体投票权的一半以上；或

（c）这一法人团体持有另一法人团体已发行股本的一半以上。

（2）在本法中，如果一个法人团体是另一法人团体控股公司的控股公司，那么这一法人团体也是该另一法人团体的控股公司。

（3）就本法第（1）条（a）款而言，如果一个法人团体在不经任何其他人同意的情况下，有能力任命或罢免另一法人团体的所有董事或多数董事，那么应当认定这一法人团体控制了该另一法人团体的董事会组成。

（4）就本法第（3）条而言，当满足以下条件时，应当认定一个法人团体有权力作出这样的任命：

（a）若这一法人团体不投票给一名董事，这名董事就没有足够的票数当选该另一法人团体的董事；或

（b）一名董事在该另一法人团体的任命取决于这一法人团体的董事或其他高管的投票。

（5）就本法第（1）条（c）款而言，一个法人团体的已发行股本不包括无权超过规定数额参与利润或资本分配的股份。

15 子公司

在本法中，如果一家公司是另一家公司的控股公司，那么后者是前者的子公司。

证券法制

论互联网理财代销平台的适当性义务与民事责任

邢会强　任妍姣 *

目　次

一、研究背景与目的

2019 年《全国法院民商事审判工作会议纪要》（以下简称《九民纪要》）将金融产品发行人、金融产品销售者和金融服务提供者（以下统称卖方机构）都确定为适当性义务的履行主体。其中，从事代销业务的金融产品销售者极易引发适当性义务纠纷。[1]当前除传统金融机构外，还有一些互联网金融企业取得了代销业务经营资质。截至 2018 年，阿里、京东、腾讯、百度等互联网企业已陆续获得证券投资基金代销牌照，[2]成立了蚂蚁财富、京东金融、理财通、度小满理财等互

---

* 邢会强，中央财经大学法学院教授；任妍姣，中央财经大学法学院法学硕士研究生。

〔1〕 参见曹兴权、凌文君：《金融机构适当性义务的司法适用》，载《湖北社会科学》2019 年第 8 期。

〔2〕 参见张雪因、许孝如：《百度获批！BATJ 都有了基金销售牌照，四巨头谁持金融牌最多？基金代销江山重新划定?》，载微信公众号 "券商中国"，2018 年 8 月 23 日。

联网理财平台，代为销售基金、理财产品等。我们将这些从事代销业务的互联网理财平台简称为“互联网理财代销平台”。这些平台，与传统的金融机构在销售方式上具有重大不同，它们应如何履行适当性义务，在何种情况下可能会因适当性义务履行不当而承担民事责任，有待结合互联网销售的特点，进行细致的研究。

虽然互联网理财代销平台应当履行适当性义务，应当遵循《九民纪要》规定的适当性义务体系框架，自无异议。但在司法实践和理论研究中，仍存在告知说明义务的性质争议。以《九民纪要》发布时间为节点，之前部分裁判有混同适当性义务与告知说明义务之嫌，〔1〕之后北京市第一中级人民法院等7家法院明确告知说明义务是适当性义务的核心内容。〔2〕与之相比，学术界就适当性义务和告知说明义务存在不同也达成了共识，但对二者的关系类型莫衷一是。有学者认为二者构成一般全异关系，如王锐、吴烨主张二者虽互为补充、牵连性强却完全不同；〔3〕也有学者认为二者构成组成关系，如朱磊、严书将后者划为前者的评判标准；〔4〕还有学者认为二者构成交叉关系，如吴弘、吕志强主张二者从宏观来看有所交叉。〔5〕对于上述争议，最高人民法院民事审判第二庭解读《九民纪要》时指出：“金融机构适当性义务实质可以分为两个层次，一是告知说明义务，二是适当推荐义务。”〔6〕总的来看，多数观点赞同告知说明义务是适当性义务的组成部分，其与适当推荐义务同属适当性义务体系，这是我们研究互联网理财代销平台适当性义务履行问题的逻辑前提。

为帮助互联网理财代销平台规范地履行适当性义务，本文从《九民纪要》第72条、第73条、第75条及第76条的规定出发，选取与适当性义务履行过程、纠纷审理有关的若干问题，对民事责任承担与否的认定标准作一详细探讨。

---

〔1〕 参见吴某芳诉平安银行股份有限公司义乌福田小微企业专营支行财产损害赔偿纠纷案，浙江省金华市中级人民法院民事判决书（2017）浙07民终1513号；钱某诉中国建设银行股份有限公司铜陵城中支行合同纠纷案，安徽省铜陵市铜官区人民法院民事判决书（2017）皖0705民初3966号；金某慧诉平安银行股份有限公司南京双门楼支行委托理财合同纠纷案，江苏省南京市鼓楼区人民法院民事判决书（2017）苏0106民初3302号；戴某诉被告平安银行股份有限公司南京双门楼支行委托理财合同纠纷，江苏省南京市鼓楼区人民法院民事判决书（2017）苏0106民初3304号。

〔2〕 笔者在中国裁判文书网以“告知说明义务”“适当性义务”“核心”为关键词，检索获得40份裁判，其中排除6份非经说理得出结论的裁判，将4份同一当事人处于不同诉讼阶段的裁判计算为2起案件，将25起同一当事人就同一违法行为历经不同诉讼阶段的多个裁判计算为1起案件。典型案例，王某诉中国建设银行股份有限公司北京恩济支行财产损害赔偿纠纷案，北京市第一中级人民法院民事判决书（2018）京01民终8761号。

〔3〕 参见王锐：《金融机构适当性义务司法适用的实证分析》，载《法律适用（司法案例）》2017年第20期；吴烨：《金融机构适当性义务的规范逻辑》，载《证券法苑》2020年第1期。

〔4〕 参见朱磊：《适当性义务的司法裁判趋势及商业银行的应对》，载《银行家》2019年第12期；严书：《论金融消费领域卖方机构适当性义务——兼评〈第九次全国法院民商事审判工作会议纪要〉第七十二条》，载《南方金融》2020年第3期。

〔5〕 参见吴弘、吕志强：《金融机构适当性义务辨析——新〈证券法〉及〈纪要〉视角》，载《上海金融》2020年第6期。

〔6〕 最高人民法院民事审判第二庭编著：《〈全国法院民商事审判工作会议纪要〉理解与适用》，人民法院出版社2019年版，第426页。

二、互联网理财代销平台的适当推荐义务剖析

(一)《九民纪要》第72条适当推荐义务的内容

何为适当推荐义务？最高人民法院民事审判第二庭将其定义为“防止金融机构为追求自身利益而推荐不适合的产品，对其课以确保投资建议适当性义务”。[1]尽管《九民纪要》第72条把适当性义务定为条文主旨，但从其将了解客户、了解产品、适当销售划作主要内容来看，准确地讲，这三项义务要求构成了适当推荐义务，也称狭义的适当性义务。其中，“了解客户”与“了解产品”的最终目的是“适当销售”。就适当性管理的具体安排而言，三者分别对应《证券期货投资者适当性管理办法》第3条涉及的评估金融消费者风险承受能力、评定金融产品（金融服务）风险等级和提出适当性匹配意见，这是详细解读适当推荐义务的内涵的逻辑前提。

关于“了解客户”义务，《九民纪要》借鉴了美国金融业自律机构——金融业监管局（The Financial Industry Regulatory Authority，FINRA）第2111规则（Rule 2111）中的特定客户适当性（Customer - Specific Suitability），即有合理理由相信经纪人—自营商的投资建议是基于其投资状况而适合特定客户的。[2]虽然《九民纪要》第72条笼统提出了适当性义务要求，但我国已有金融监管规则对“了解客户”予以详细规定。例如，在“了解客户”的哪些信息方面，根据《证券公司投资者适当性制度指引》第8条、《证券公司监督管理条例》第29条、《证券期货投资者适当性管理办法》第6条以及《证券法》第88条，这具体包括基本信息、财务及金融资产状况、投资经验、投资知识、投资目标、风险偏好、诚信记录、专业能力、交易相关人等影响金融消费者购买金融产品、接受金融服务的相关信息。再如，在以什么样的方式“了解客户”方面，根据《期货经营机构投资者适当性管理实施指引（试行）》第5条、《基金募集机构投资者适当性管理实施指引（试行）》第18条、《证券经营机构投资者适当性管理实施指引（试行）》第3条与第8条，主要有收集信息资料、提供结构化问卷。综上所述，“了解客户”指为评估金融消费者的风险承受能力，卖方机构收集影响金融消费者购买（接受）行为的相关信息，在此基础上以问卷等方式对金融消费者进行风险测评。

哪些金融产品和金融服务必须履行适当性义务呢？《九民纪要》第72条将其限缩为“高

---

〔1〕 最高人民法院民事审判第二庭编著：《〈全国法院民商事审判工作会议纪要〉理解与适用》，人民法院出版社2019年版，第426页。

〔2〕 The Financial Industry Regulatory Authority，*FINRA Rule* 2111（*Suitability*）*FAQ*，FINRA（July. 28，2020），https：//www. finra. org/rules - guidance/key - topics/suitability/faq.

风险等级金融产品”与“高风险等级金融服务”。那么如何理解“高风险”呢？最高人民法院民事审判第二庭强调，这并不是金融学意义的风险等级，而是特指“将来发生不利益状态之可能性”。[1]可见，凡是可能让投资者遭受损失的金融产品与金融服务，均需要履行适当性义务。对于此类金融产品与金融服务，卖方机构在进行销售或提供前，都应当对其有充分的认知并进行风险评级，如此方能称得上是真正履行了“了解产品”的义务。

至于“适当销售”[2]，根据《九民纪要》第72条的规定，是指卖方机构将适当的金融产品销售给适合的金融消费者，抑或将适当的金融服务提供给适合的金融消费者。美国金融业监管局第2111规则中则有“合理根据适当性”（Reasonable - Basis Suitability）与“数量适当性”（Quantitative Suitability），前者要求经纪人—自营商合理勤勉（Reasonable Diligence），有合理理由相信其推荐行为至少适合部分客户；后者要求经纪人—自营商有合理理由相信一系列投资建议，从客户的投资情况来看，即使孤立来看，也是合适的，结合起来亦未过度或不适合客户。王锐强调，“适当销售”环节须评估交易目的、风险、知识、经验与财务状况。[3]笔者认为，由于知识、经验及财务状况在了解客户阶段借由结构化问卷、若干信息资料便可充分展现，卖方机构在适当销售阶段真正要做的，其实只有保障交易目的适当且风险适当。前者强调“金融机构不能滥用市场优势与主导地位欺诈客户，将其他产品假称为客户的目标产品而销售”，[4]所体现的交易目的与适当性义务相联结，源自日本《金融商品交易法》第41条适当性原则增列主观要素“缔结金融商品交易契约之目的”。后者则强调金融产品（金融服务）风险等级与金融消费者风险承受能力的匹配结果适当。

（二）互联网理财代销平台适当推荐义务的具体展开

1. 金融消费者风险测评：“了解客户”

互联网理财代销平台实施风险测评的法律依据和正当性在于：第一，代销机构具有风险测评的主体资格，如《私募投资基金监督管理暂行办法》第17条规定风险测评主体是基金管理公司及其委托的代销机构。第二，互联网理财代销平台理应具备适当性管理的相关功能，如《证券投资基金销售机构通过第三方电子商务平台开展业务管理暂行规定》第10条的“销售适用性实施”。[5]

---

〔1〕 最高人民法院民事审判第二庭编著：《〈全国法院民商事审判工作会议纪要〉理解与适用》，人民法院出版社2019年版，第415页。

〔2〕 既有规定还存在其他表述，如《证券经营机构投资者适当性管理实施指引（试行）》第17条、《证券期货投资者适当性管理办法》第7条第2款的“适当性匹配”。

〔3〕 参见王锐：《论金融机构的适当性义务——基于行为要件的分析》，载《北方法学》2014年第4期。

〔4〕 王锐：《论金融机构的适当性义务——基于行为要件的分析》，载《北方法学》2014年第4期。

〔5〕 该条第1款规定：“通过第三方电子商务平台开展基金销售活动的，基金销售机构的信息技术系统应当符合中国证监会对基金销售业务信息管理平台的要求，具备基金交易账户与投资人信息管理、基金交易、销售适用性实施、投资人服务等功能。”

为了说明互联网理财代销平台在风险测评过程中应当如何履行“了解客户”的义务，我们以私募基金产品为例进行探讨。

（1）如何证明且由谁证明个人投资者的金融资产符合法定要求？《私募投资基金募集行为管理办法》第28条第1款明定一定数量的金融资产属于个人投资者购买私募基金产品的资格条件。实践中，若个人投资者以金融资产进行合格投资者确认，须提供金融资产开户机构出具的证明或金融资产买卖合同。结合《私募投资基金募集行为管理办法》第28条第2款列举的金融资产类型。具体言之，由开户银行柜台出具银行存款证明、银行理财产品购买证明，由开户证券公司出具股票、债券、基金的对账单与交割单，由个人投资者或相关金融资产的开户机构提供基金合同、资管计划合同、信托计划合同、保险合同、期货合同等。

（2）如果联网理财代销平台取得资质而从事私募基金代销业务，其是否会因未尽审核义务而要承担民事责任呢？笔者认为，代销业务本质上系金融产品发行人与代销机构对内形成委托关系，二者就金融产品发行人授权代销机构对外代理其销售金融产品达成合意，应当将代销机构亲自审核或外包审核上述证明或合同的真实性、合法性，视作金融产品发行人要求代销机构处理委托事务的指示之一。同理，基于基金管理公司的受托人身份，互联网理财代销平台应当通过依法实施审核行为来履行“了解客户”的义务。当互联网理财代销平台或外包机构未审核或不当审核而给个人投资者造成损害的，是否应当承担民事责任呢？笔者认为，既然互联网理财代销平台是代理人，金融产品发行人是被代理人，根据代理的一般法理，其法律效果由被代理人承担，即金融消费者应向产品发行人主张权利，请求其赔偿损失。产品发行人承担损失后，可以向不履行或不完全履行职责的代理人进行追偿。[1]在韩国，根据韩国《金融消费者保护法》第45条的规定，金融商品发行方对于金融商品销售代理商、经纪业者的行为承担责任，除非金融商品发行方对金融商品销售代理商、经纪业者的选任以及对其进行的业务监督，具有适当的注意并努力防止损失的发生。由金融商品发行方承担的损害赔偿责任，不妨碍金融商品发行方对金融商品销售代理商、经纪业者等行使求偿权。这里的法理是相同的。

（3）如何对机构投资者进行风险测评并了解其风险承受能力？一方面，常见性、抗干扰性与风险偏好的多维度性，让结构化问卷成为最有效的风险测评手段。[2]帮助个人投资者及其家庭实现资产收益最大化的现有定位，[3]导致目前互联网理财代销平台仅围绕个人投资者设计问卷进行风险测评，但仍存在互联网理财代销平台向机构投资者销售私募基金的可能

---

〔1〕 详见《民法典》第162条、第164条。

〔2〕 参见郝绎等：《投资者风险偏好的测评及海外先进方法介绍》，载中国证券业协会编：《创新与发展——中国证券业2013年论文集》，中国财政经济出版社2013年版，第1445~1446页。

〔3〕 参见浙江金融职业学院课题组：《互联网理财对金融机构理财业务影响的研究》，载浙江省金融学会编：《2016浙江省金融学会重点研究课题获奖文集》，中国金融出版社2017年版，第356页。

性。互联网理财代销平台向机构投资者销售私募基金，在设计机构投资者风险测评问卷时需要注意以下两点：一是合格机构投资者资格认定与真实性验证。关于合格机构投资者的认定方式，如完全依赖机构投资者自行点击或勾选，这是从形式层面进行简单认定，并不可取。互联网理财代销平台理应根据《私募投资基金募集行为管理办法》第28条第1款的法定条件进行实质判断。对此，商业银行线上认定合格投资者的两种方式颇具借鉴意义，即通过网上银行提交认定资料、以白名单销售模式为基础，[1]同时或可利用基于区块链的身份系统，依据法定代表人的数字签名支持机构投资者所提供认定资料的真实性。二是测评维度的多元性与测评指标的双重性。互联网理财代销平台所设计的风险测评问卷，至少应当参考基金业协会正式发布的两类问卷模板，[2]涵括《私募投资基金募集行为管理办法》第19条法定的5项测评维度。在此基础上，以投资知识及经验的测评实践为例，对比表1归纳的两类风险测评问卷内容，不难发现私募基金管理公司在测评机构投资者的投资知识及经验时，为防风险测评流于形式而适用更多的客观指标，即相较个人投资者相关测评主要通过评价这一主观指标展示主观风险承受能力而言，前者更加注重利用数量、频率、金额等客观指标具体呈现机构投资者的客观风险承受能力。[3]

表1　风险测评问卷内容的法定要求与实践处理

法定要求	针对机构投资者的实践处理	针对个人投资者的实践处理
投资者基本信息	再次确认系合格投资者、机构性质（注：第19条第1款第1项要求的“工商登记中的必备信息、联系方式”注册账户时已填写）	再次确认系合格投资者（注：第19条第1款第1项要求的“身份信息、联系方式”注册账户时已填写，但“年龄、学历、职业”未体现）
财务状况	净资产规模、年营业收入、证券账户资产、债务清偿状况	主要收入来源、家庭可支配年收入及用于金融投资（储蓄存款除外）的比例、债务清偿状况

〔1〕参见《新规后如何认定合格投资者?》，载普益标准官网：http：//www.pystandard.com/newsview.aspx? ContentID =10952&t =11，最后访问时间：2020年8月25日。

〔2〕即《私募投资基金投资者风险问卷调查内容与格式指引（个人版）》与《私募投资基金投资者风险问卷调查（机构版）》。

〔3〕参见《私募基金投资者风险调查问卷（机构版）》《私募基金投资者风险调查问卷（个人版）》，载上海明汯投资管理有限公司官网：http：//www.mhfunds.com/website/w/h? mt =6&mc = －999&cc =625424，最后访问时间：2021年6月20日；《私募基金投资者风险调查问卷（机构版）》《私募基金投资者风险调查问卷（个人版）》，载上海世诚投资管理有限公司官网：http：//www.shmti.com/website/w/h? mt =6&mc = －999&cc =9780，最后访问时间：2021年6月20日；《私募投资基金投资者风险问卷调查》，载北京鸿道投资管理有限公司官网：http：//www.suncapital.com.cn/website/w/h，最后访问时间：2021年6月20日。

续表

法定要求	针对机构投资者的实践处理	针对个人投资者的实践处理
投资知识	金融产品投资工作的人员配置（工作人员数量、资格及经验）、金融产品投资管理制度的建设状况	投资知识评价
投资经验	投资经验评价、判断交易频率高低、一年内不同金融产品（含同一类型的不同金融产品）的购买数量、投资两年以上的金融产品种类、金融产品投资交易较活跃时的平均月交易额、证券投资资金不作其他用途的时间段	投资经验评价、风险投资品的投资经验
风险偏好	投资首要目标、拟重点投资品种、可承受的最大投资损失、投资资产分配方案考察、投资主要目的	计划投资期限、拟重点投资品种、投资态度描述、投资资产分配方案考察、可承受的最大投资损失

资料来源：中国证券投资基金业协会官网、上海明汯投资管理有限公司官网、上海世诚投资管理有限公司官网、北京鸿道投资管理有限公司官网。

此外，机构投资者的资产负债表、利润表等，也可以作为了解机构投资者风险承受能力的辅助资料。这是因为：第一，二者通过揭示机构投资者的财务状况呈现其风险承受能力。资产负债表体现企业资产、负债、所有者权益变动状况，利润表借由收入、费用配比表明净收益或净亏损。第二，二者能够客观呈现机构投资者的风险承受能力。相比机构投资者自行填写的结构化问卷，资产负债表、利润表是财务会计报告的组成部分，其被《公司法》第164条、《会计法》第31条附加法定审计要求，通过第三方独立进行的审计保证报告结果的客观性。第三，二者能够帮助完成合格投资者真实性验证。根据《私募投资基金募集行为管理办法》第27条第1款规定，购买私募基金产品的机构投资者仅需提交显示净资产规模的认定资料，资产负债表、利润表作为常见财务报表，当然能够用于判断认定资料是否真实的系统性检验。

2. 金融产品风险评级："了解产品"

实践中"了解产品"义务的履行争议，大多集中于金融产品（金融服务）的风险评级方面。由于《九民纪要》与其他既有金融监管规范间不存在逻辑矛盾及实践冲突，因此，现有金融监管体系中的产品风险等级划分，与《九民纪要》第72条的高风险等级金融产品的风险评级标准实质同一。

私募投资产品的风险评级是当前的热点话题。根据《私募投资基金监督管理暂行办法》第17条规定，风险评级主体由基金管理公司或其委托的第三方机构担任。结合证监会强调第三方机构由基金管理公司自主选择且无资质与独立性要求，[1]拟从事私募基金销售业务的互联网理财代销平台仍有可能担任风险评级主体。笔者于表2梳理了部分证券公司、基金管理公司私募投资产品风险评级的实践情况，结果表明：第一，私募投资产品的风险等级多为R4或R5，[2]表2与《基金募集机构投资者适当性管理实施指引（试行）》的附件《基金产品或者服务风险等级划分参考标准》的主要区别为损失是否可能超过本金、是否运用三倍及以上的杠杆；第二，评定私募投资产品的风险等级，应当从产品基本情况、资产配置情况与管理人情况三方面入手，全面评估市场风险、信用风险、经营风险、流动性风险等风险来源；[3]第三，制定私募投资产品的风险评级标准，至少应当遵循《证券期货投资者适当性管理办法》第16条、第17条和《基金募集机构投资者适当性管理实施指引（试行）》第40条、第41条的产品分级考量要素与审慎评估因素。建议由中国互联网金融协会牵头提炼各类公司不同的实践做法，形成具有软法性质的统一的风险评级标准，以促进互联网理财代销平台主动合规，同时也为审判机关提供参考价值较高的裁判准则。

表2　私募投资产品风险评级标准的实践处理

名称	私募投资产品及其风险等级	私募投资产品风险评级的参考因素
中鼎创富	私募证券基金（R5）	R5：产品结构复杂，过往业绩及净值的历史波动率很高，投资标的流动性差，估值政策不清晰，三倍（含）以上杠杆
博道基金	私募集合资产管理计划（参照公募基金风险等级）	产品的流动性、到期期限、杠杆运用情况、产品结构的复杂性、最低投资金额、投资方向和投资范围及比例、募集方式、发行人等相关主体的信用状况、同类产品过往业绩、基金类型、衍生品投资情况、估值政策等

---

〔1〕参见《证监会关于〈私募投资基金监督管理暂行办法〉相关规定的解释一》，载中国证券投资基金业协会官网：http://www.amac.org.cn/governmentrules/czxgf/gfxwj/gfxwj_smjj/gfxwj_smjj_zhl/201912/t20191222_7544.html，最后访问时间：2019年12月22日。

〔2〕参见《私募基金产品或服务风险等级划分方法和说明》，载广州中鼎创富资产管理有限公司官网：http://www.zdcf.com.cn/news/shownews.php?lang=cn&id=250，最后访问时间：2018年3月9日；《博道基金管理有限公司产品风险等级评价说明》，载博道基金管理有限公司官网官网：http://www.bdfund.cn/contents/2019/3/29-800474005ebb49cb8a8220fa8f0f0e8d.html，最后访问时间：2019年3月29日；《中信证券销售金融产品信息公示中信证券代销金融产品》，载中信证券股份有限公司官网：http://www.cs.ecitic.com/newsite/cpzx/jrcpxxgs/dxjrcp/，最后访问时间：2021年1月9日；《新时代证券股份有限公司基金产品风险评估细则》，载新时代证券股份有限公司官网，http://www.xsdzq.cn/attached/file/20200617/20200617153416_543.pdf，最后访问时间：2021年6月20日。

〔3〕See Satyajit Das, *Risk management*, John Wiley & Sons (Asia), 2006, p. 98.

续表

名称	私募投资产品及其风险等级	私募投资产品风险评级的参考因素
中信证券	私募股权投资基金（R5）、私募证券投资基金（R4/R5）	R4：结构复杂，流动性较低，本金安全面临较大的不确定性，可能损失全部本金，产品的预期风险介于中风险与高风险之间 R5：结构复杂，不易理解，不易估值、流动性低、透明度较低，本金安全面临极大的不确定性，甚至损失可能超过本金
新时代证券	私募股权投资基金（R5）、私募创业投资基金（R5）	产品基本情况：产品类型（投资方向与范围、产品复杂性），产品认申购、运作方式及估值政策（募集及运作方式、申购最低金额、估值政策复杂程度）； 资产配置情况：资产配置潜在风险（合同规定可投资权益多头的最大比例），实际资产配置情况（实际权益多头投资的比例、产品运作杠杆、投资股票的流动性），过往业绩（产品净值波动情况），到期期限及巨额赎回风险（产品规模、单一投资者持有基金份额最高占比）； 管理人情况：管理人相关主体状况及基金违规情况（基金管理人成立时间、治理结构、资本金规模、管理基金规模、投研团队稳定性、资产配置能力、内部控制制度健全性及执行度、风险控制完备性、是否有风险准备金制度安排、从业人员合规性、股东、高级管理人员及基金经理的稳定性；基金发生的违规行为次数及违规严重程度；基金管理人、实际控制人、高管人员涉嫌重大违法违规行为或正在接受监管部门或自律管理部门调查）

资料来源：广州中鼎创富资产管理有限公司官网、博道基金管理有限公司官网、中信证券股份有限公司官网、新时代证券股份有限公司官网。

3．金融产品交易达成阶段：“适当销售”

交易目的适当，要求保证金融消费者自主决定购买（接受）金融产品（金融服务），禁止卖方机构以不当劝诱、过失误导等方式干涉金融消费者的意思表示自由，[1]否则即使其满足风险适当也属违反适当销售义务。以某互联网理财代销平台为例，其为销售的“热门基金”设置“总回报20倍”“年年正收益”等收益宣传标签，涉及不当劝诱、过失误导认定问题。第一，该类标签是否具有投资劝诱性质？投资劝诱要求针对特定金融消费者实行营业行为，[2]而该类标签系面向不特定金融消费者公开设置，明显不符合投资劝诱的对象要件。第二，若最终收益同该类标签的宣传不符，金融消费者能否主张理财通以误导方式干涉其意思表示自由？事实上，金融消费者选择某一金融产品并点击“定投”或“买入”后，该互

〔1〕 参见解亘：《意思表示真实的神话可以休矣》，载《苏州大学学报》（法学版）2018年第2期。
〔2〕 参见董新义：《投资劝诱的金融私法规制——困境及出路》，载《求是学刊》2019年第5期。

联网理财代销平台随即以弹窗显示其风险承受能力、产品风险等级以及二者匹配状况，由其自行决定是否点击“继续买入”。纵然行为金融学研究表明性格、性别、年龄、经验、心理等影响个人投资者的投资行为，[1]金融消费者也不能单纯基于收益宣传标签作出购买金融产品的意思表示，收益宣传标签的背后一般都有很多前提条件，不宜仅凭收益宣传标签认定该互联网理财代销平台对金融消费者的损失承担民事赔偿责任。

对此，查某明（原告）与东亚银行（中国）有限公司杭州分行（被告）合同纠纷一审民事判决书可以佐证。在该案中，原告查某明起诉称：原告于2006年12月12日购买被告为期5年的理财产品“基汇宝”。被告宣称：“由于此产品在整个投资期最高可避免的人民币升值幅度为63.86%，因此若人民币如专家预料般在5年内升值30.58%，此产品将可完全规避人民币升值的风险。”换言之，5年必须有30.58%收益，否则无法规避人民币升值的风险。原告因其绝对性承诺而购买。购买后，该产品不断下跌，人民币持续升值。原告决定止损，并亏损13,769元。原告认为，到期后收益不足被告事先宣传的一半，而且被告宣传使用了绝对化、承诺性语言，违反了《广告法》第4条“广告不得含有虚假的内容，不得欺骗和误导消费者”的规定和《消费者权益保护法》第20条经营者“不得作虚假或者引人误解的宣传”的规定，还涉嫌违反《商业银行个人理财业务管理暂行办法》第62条第3项“提供虚假的成本收益分析报告或风险收益预测数据”以及《银行个人理财业务须加强风险提示》通知第1条规定的“不得使用带有诱惑性、误导性和承诺性的语言宣传理财产品”的相关规定。该虚假广告是侵权行为，因此，请求法院判令被告在其网站首页对其虚假宣传赔礼道歉并赔偿原告损失等。一审法院在审理中查明，就原告查某明举报东亚银行杭州分行涉嫌“虚假宣传”一案，杭州市工商行政管理局于2011年7月4日作出《行政处理告知书》，其中记载：“基汇宝”产品宣传册是对“基汇宝”产品运作机制的整体介绍，仅以宣传册第18页、第25页的内容，认定虚假宣传缺乏事实依据，决定予以销案。再结合其他宣传资料中关于投资风险的揭示，一审法院认为，原告主张东亚银行杭州分行向其赔礼道歉并赔偿损失的请求没有事实和法律依据，不予支持，因此驳回诉讼请求。[2]

只有根据风险测评结果进行客户评估与产品评估，互联网理财代销平台才能通过保障风

---

〔1〕 See Kathryn Kadous, William B. Tayler, Jane M. Thayer, Donald Young, *Individual Characteristics and the Disposition Effect: The Opposing Effects of Confidence and Self – Regard*, Journal of Behavioral Finance, Vol. 15: 235, pp. 240 –248 (2014); Arvid O. I. Hoffmann, Thomas Post, Joost M. E. Pennings, *How Investor Perceptions Drive Actual Trading and Risk – Taking Behavior*, Journal of Behavioral Finance, Vol. 16: 94, pp. 94 – 103 (2015); Andreas Oehler et al., *Investors' Personality Influences Investment Decisions: Experimental Evidence on Extraversion and Neuroticism*, Journal of Behavioral Finance, Vol. 19: 30, p. 46 (2018); Cheng – Po Lai, *Personality Traits and Stock Investment of Individuals*, Sustainability, Vol. 11: 5474, pp. 5489 – 5490 (2019); Ki – Hong Choi, Seong – Min Yoon, *Investor Sentiment and Herding Behavior in the Korean Stock Market*, International Journal of Financial Studies, Vol. 8: 34, p. 46 (2020).

〔2〕 参见杭州市下城区人民法院民事判决书（2014）杭下商外初字第9号。

险适当履行适当销售义务。根据表3对比分析的三家私募基金管理公司的风险测评结果，可以发现评估过程中可能存在的问题有：一是将风险偏好和风险承受能力混为一谈，或不显示风险偏好得分，或显示风险偏好与风险承受能力的总得分。这些做法的错误之处在于，风险偏好和风险承受能力的侧重点不同，不宜将二者混同评估，风险偏好主观呈现金融消费者对投资风险的好恶，风险承受能力则客观反映金融消费者可承受的投资损失或不利预期。[1]二是采用数值等分法简单固定风险测评问卷的分值区间，以较为僵化的静态视角看待个别金融消费者相较金融消费者群体在风险偏好、风险承受能力上的偏离程度。正确做法是对总得分的分值区间作相对不同的灵活调整，尝试以群体为基准动态测评被测试者的风险偏好程度与风险承受能力大小。三是风险测评结果不能提示金融消费者预防或终止非理性投资，或不向金融消费者解析风险测评结果。真正有益于金融消费者理性投资的风险测评结果，应当确保其能够从中获知风险喜恶程度、投资行为特征、适宜投资标的等具体事实信息。

表3　风险测评结果的实践处理

名称	风险偏好得分	风险承受能力类型	产品风险等级类型及匹配标准
明汯投资	未显示	保守型、谨慎型、稳健型、积极型、激进型	保守型、谨慎型、稳健型、积极型、激进型；一一对应
世诚投资	未显示	保守型、谨慎型、稳健型、积极型、激进型	R1、R2、R3、R4、R5；一一对应
鸿道投资	结合风险承受能力的总得分，共5档：1～27分、28～54分、55～78分、79～89分、90～100分	C1（含最低风险承受能力类别）、C2、C3、C4、C5	R1、R2、R3、R4、R5；C1对应R1、C2对应R2及以下、C3对应R3及以下、C4对应R4及以下、C5对应R5及以下

资料来源：上海明汯投资管理有限公司官网、上海世诚投资管理有限公司官网、北京鸿道投资管理有限公司官网。

三、互联网理财代销平台的告知说明义务剖析

（一）《九民纪要》第76条告知说明义务的规定内容

首先，告知说明义务在适当性义务体系中居于重要地位。关于告知说明义务与适当推荐义务的关系，最高人民法院民事审判第二庭指出“告知说明义务是适当推荐义务履行的前

[1] See M. Kannadhasan, *Retail Investors' Financial Risk Tolerance and Their Risk-taking Behaviour: The Role of Demographics as Differentiating and Classifying Factors*, IIMB Management Review, Vol. 27: 175, p. 176 (2015).

提”。[1]卖方机构是否履行、如何履行告知说明义务，足以影响金融消费者对金融产品（金融服务）收益及风险信息能否了解、了解多少，并最终决定是否购买（接受）以及购买（接受）何种金融产品（金融服务）。“了解客户”与“了解产品”的最终目的是“适当销售”，“适当销售”是适当推荐义务的核心内容，而告知说明义务的规范履行是实现“适当销售”的先决条件，可见，告知说明义务是适当推荐义务的履行前提，在适当性义务体系中具有前提地位。《九民纪要》第72条规定适当性义务目的精髓在于“买者自负”，而卖方机构正是通过履行告知说明义务，让金融消费者成为购买（接受）金融产品（金融服务）并自愿接受风险的“买者”。

其次，《九民纪要》第76条强调由“理性人能够理解的客观标准和金融消费者能够理解的主观标准”共同构成的双重判断标准，是卖方机构告知说明义务履行情况的判断依据。最高人民法院民事审判第二庭进一步强调双重判断标准的适用位次，“以一般人能够理解的客观标准为主，以特定金融消费者能够理解的特别标准为辅”。[2]换言之，在保证理性投资者能够获取并注意告知说明内容的基础上，卖方机构应当适当关照不完全具有理性品质的部分金融消费者。追根溯源，我国投资者主导形象决定目前需要通过适用主观标准在一定限度内关照准理性投资者。通过文义解释可知，《九民纪要》第76条的“金融消费者”并非理性投资者，而是不完全具有理性品质的准理性投资者。准理性指“具有目的性、规律性，但与经济理论公理存在系统性差异”。[3]实际上，目前我国投资者主导形象亦呈现准理性特征，2013～2017年，我国股票市场个人投资者投机性较强、处置效应显著，在全市场各类投资者中非理性程度最高。[4]A股市场波动性随机构投资者比重增加而加大，说明近年来机构投资者普遍理性不足。[5]利用主观标准保护多数投资者的必要性在于，其在购买（接受）金融产品（金融服务）时无法完全摆脱对卖方机构的信赖。不过，金融法“三足定理”证明主观标准的适用应当控制在必要限度内。基于“金融安全、金融效率和消费者保护”的“三足”，[6]告知说明义务判断标准的适用原则是平衡公共利益、卖方机构利益与金融消费者利益。无条件适用主观标准在庇护非理性金融消费者的同时，还会加重卖方机构的行为负担，从而降低其经营效率，以及变相否定培育理性投资者的必要性而危及金融安全。是故适用以

---

〔1〕 最高人民法院民事审判第二庭编著：《〈全国法院民商事审判工作会议纪要〉理解与适用》，人民法院出版社2019年版，第426页。

〔2〕 最高人民法院民事审判第二庭编著：《〈全国法院民商事审判工作会议纪要〉理解与适用》，人民法院出版社2019年版，第427页。

〔3〕 Richard H. Thaler，Quasi Rational Economics，*Russell Sage*，1994，pp. 137－167.

〔4〕 参见高改芳：《〈中国股市个人投资者理性指数研究报告〉——沪市机构投资者中QFII最理性》，载中证网：http：//www. cs. com. cn/jg/201903/t20190323_5933001. html，最后访问时间：2021年1月17日。

〔5〕 参见黄婷：《从“最熊基金经理”到年化28%，逆袭的董宝珍是“幸存者偏差”吗?》，载微信公众号“陆家嘴传媒”，2019年5月22日。

〔6〕 参见邢会强：《金融危机治乱循环与金融法的改进路径——金融法中“三足定理”的提出》，载《法学评论》2010年第5期。

准理性投资者为中心的主观标准，不能以牺牲卖方机构交易积极性与金融市场理性化趋势为代价。

最后，对于金融消费者作出的“明确知悉可能存在本金损失风险”等类似内容的书面意思表示，尽管其符合《证券期货投资者适当性管理办法》第24条确认投资者理解、接受卖方机构告知或警示的规定，但《九民纪要》第76条明确反对卖方机构将之作为唯一抗辩事由，〔1〕要求卖方机构根据金融消费者书面意思表示以及“其他相关证据”证明已经履行告知说明义务。从《九民纪要》发布后的相关司法实践来看，“其他相关证据”基本围绕告知说明义务履行情况以及金融消费者具体情况，前者涉及在特定法律文件中、在足以引人注意的特定位置、重要内容与其他部分明显不同、以一定方式持续进行等，后者涉及文化程度、民事行为能力、既往投资经历、回访检查回复等。〔2〕《九民纪要》第76条之所以否定单纯根据书面意思表示直接推定金融消费者就购买行为（接受行为）自担风险，是因为不应完全肯定忽视金融消费者具体情况之原因力的理性预期假说。理性预期假说认为，经济生活中的人皆是追求利益最大预期的理性人，〔3〕根据信息即可准确获知经济活动对未来市场价格概率分布的影响及方式。〔4〕然而，理性品质有限的准理性投资者才是现实中具有普遍性的客观存在。《九民纪要》第76条要求将告知说明义务履行情况、金融消费者具体情况介入因果关系认定过程，能够增加卖方机构的举证难度，进而减少金融消费者负担不利诉讼后果的可能性。

（二）互联网理财代销平台告知说明义务的具体展开

1. 信息获取阶段：要足以引起金融消费者注意

立足当下互联网理财代销平台的单一销售实践，金融产品的收益、风险信息是互联网理

---

〔1〕 相关裁判认为，具有完全民事行为能力的投资者能够认知自身风险承受能力，根据签名确认其自愿承担投资风险符合信赖保护原则。参见张某飞诉中国农业银行股份有限公司上海南汇支行财产损害赔偿纠纷案，上海市第一中级人民法院民事判决书（2017）沪01民终11235号；张某侠诉南京银行股份有限公司江宁科学园支行、南京银行股份有限公司财产损害赔偿纠纷案，江苏省南京市中级人民法院民事判决书（2017）苏01民终2305号；钱某诉中国建设银行股份有限公司铜陵城中支行合同纠纷案，安徽省铜陵市铜官区人民法院民事判决书（2017）皖0705民初3966号。

〔2〕 为得出上述结论，笔者依据“金融委托理财合同纠纷民事案由”，在中国裁判文书网筛选裁判日期始于2019年11月14日的6起案件。参见王某富诉渣打银行（中国）有限公司北京中关村支行金融委托理财合同纠纷案，北京市第一中级人民法院民事判决书（2019）京01民终10745号；程某宇诉招商银行股份有限公司北京东方广场支行金融委托理财合同纠纷案，北京市东城区人民法院民事判决书（2019）京0101民初21057号；林某健诉兴业国际信托有限公司、上海君盈资产管理合伙企业金融委托理财合同纠纷案，福州市鼓楼区人民法院民事判决书（2019）闽0102民初10702号；黄某诉平安银行股份有限公司西安分行、平安银行股份有限公司西安高新支行金融委托理财合同纠纷案，陕西省西安市中级人民法院民事判决书（2020）陕01民终333号；吴某国诉中国工商银行股份有限公司大连水师营支行金融委托理财合同纠纷案，辽宁省大连市中级人民法院民事判决书（2020）辽02民终2903号；梅某群诉国投安信期货有限公司期货经纪合同纠纷案，上海市高级人民法院民事判决书（2020）沪民终288号。

〔3〕 See Brian Kantor, *Rational Expectations and Economic Thought*, Journal of Economic Literature, Vol. 17: 1422, p. 1424 (1979).

〔4〕 参见［日］宇泽弘文：《社会共通资本》，李博译，浙江人民出版社2017年版，第137页。

财代销平台应当帮助金融消费者获取的告知说明内容。金融消费者现在主要依靠两种方法从中获取相关信息：一是以京东金融、蚂蚁财富为代表的点击异色文字；二是以腾讯理财通为代表的点击特定符号。其中，蚂蚁财富相对缩减异色文字所在行的字号，京东金融则未作调整，而腾讯理财通则将特定符号置于弹窗一侧。笔者认为，互联网理财代销平台在设置获取方法时，应当把“肉眼明显可见”作为对金融消费者注意程度的合理要求，“肉眼”“明显”均表示清楚显露使人容易觉察，其理应确保销售对象——不特定的金融消费者能够直接发现如何获取告知说明内容，利用线上销售环境的定型化特点兼顾金融效率与金融安全。笔者认为，互联网理财代销平台应从以下三个方面进行改进：第一，强化获取方法的视觉效果。异色文字所在行字号缩小或不变的视觉效果皆不及放大，后者通过扩大异色文字的色块面积增加其与黑色文字的对比效果，提升视觉效果的醒目程度从而降低获取方法的发现难度。第二，丰富设置方式的选择种类。对于将点击异色文字设为获取方法的互联网理财代销平台而言，除却放大字号，其还可选择变更、加粗或反白处理字体，通过综合利用多种设置方式，加强异色文字的对比效果，消弭单一方式的粗糙观感。第三，关注设置方式的视觉细节。若互联网理财代销平台选择变更字体、放大字号的设置方式，应当保证无须对比就能一目了然，禁止进行宋体和新宋体、六号和小五等对比才能识别不同的模糊处理。

线上销售环境的定型化特点，使告知说明内容具有“反复使用性”“要约对象不确定性和广泛性”。[1]互联网理财代销平台应当根据《民法典》第496条第2款合理提示其中与金融消费者具有重大利害关系的重要条款。为依据不同群体的个性化投资需求进行差异化的合理提示，互联网理财代销平台在此之前不妨选择前文提及的白名单销售模式，预先依托大数据技术按照风险测评结果划分不同的客户群并进行分析，依据特定金融消费者所属单位的共同特征完成合理提示。以基金产品销售实践为例，有的互联网理财代销平台未在基金合同中明确区分重要条款和其他内容，有的互联网理财代销平台也未在用户服务协议中明确区分重要条款和其他内容。对此，首先应当根据《民法典》第496条第2款的规定，明确与金融消费者存在重大利害关系，指加重、减轻或免除金融消费者的责任负担，它们决定金融消费者是否购买（接受）金融产品（金融服务），所以互联网理财代销平台应当提示直观传递金融产品收益与风险信息的具体内容，例如申购赎回、费用税收、收益分配、风险揭示都是金融消费者重点关注的。不过悉数突出呈现有合理提示滥用之嫌，为在适当范围内确定合理提示的数量，笔者认为，提示数量须与金融消费者的必要决策需求相适应，除却内容提要和专业术语外，至少还要包括直接披露本金损失风险的若干条款。

2. 合同订立阶段：意思表示作出方式应改进

在线下销售情形中，卖方机构应当证明金融消费者基于真实意思表示亲自在风险提示文

〔1〕 参见江必新、何东宁等：《最高人民法院指导性案例裁判规则理解与适用》（合同卷二），中国法制出版社2018年版，第54~55页。

件中抄录或签字确认风险确认语句，举证不能的须就未履行或不当履行告知说明义务的主观过错承担损害赔偿责任等不利后果。[1]但在线上销售情形中，金融消费者通过一键勾选、接受包含格式化承诺条款的特别书面风险警示（以下简称接受格式条款）作出意思表示，尽管两种作出方式依赖电子数据而与书写、签名等传统形式的书面意思表示作出方式存在差异，但《电子签名法》《民法典》合同编规定电子意思表示是书面的特殊法定形式，[2]所以它们对于卖方机构履行告知说明义务同样具有证明力，但不能保存金融消费者的笔迹进行司法鉴定，与金融消费者联系的确定性不足致使证明作用被严重削弱。

笔者认为，解决这一问题的根本出路，是利用线上销售环境的定型化特点，仿照书写、签名重塑电子意思表示的作出方式。互联网理财代销平台应当对所有告知说明内容依项逐一单独设置弹窗，且在每个弹窗内部设置不可复制粘贴的输入栏，要求金融消费者必须在此输入"知悉并接受相关风险"等风险确认语句或利用触控屏进行电子签名，由此确认其已知悉相关告知说明内容。详言之，不支持复制粘贴的目的在于强制金融消费者在知悉基础上作出电子意思表示。电子签名与输入风险确认语句分别与签名和书写类似，与金融消费者联系的确定性自然强于目前采用的一键勾选、接受格式条款，况且电子签名同样能够保存金融消费者笔迹便于司法鉴定。一方面，上述方案没有给金融消费者额外增加行为负担。增加操作数量系相对一键勾选与接受格式条款而言，金融消费者在线下销售情形中，同样需要就相关告知说明内容逐一签名或书写风险确认语句；另一方面，上述方案并未否定培育理性投资者的必要性。

3. 回访检查阶段：应围绕客户回复展开设计

根据《证券期货投资者适当性管理办法》第 29 条第 2 款，卖方机构应当在达成金融产品交易后进行客户回访检查，再度确认匹配意见是否适当、匹配情况是否改变；若否，便须及时向金融消费者再次履行告知说明义务。然而，客户回访检查的 4 种既有法定方式，即《私募投资基金募集行为管理办法》第 30 条第 1 款、《期货经营机构投资者适当性管理实施指引（试行）》第 33 条规定的电话、电邮、信函与短信，均不宜适用于互联网理财代销平台，或是由于设置账户无须使用邮箱、地址致使不能通过电邮、信函进行客户回访检查。笔者建议基于线上销售环境的定型化特点，为互联网理财代销平台专门设计如下回访检查方式：参照《期货经营机构投资者适当性管理实施指引（试行）》第 34 条、《私募投资基金募集行为管理办法》第 30 条第 2 款规定的问卷内容，预先拟定供金融消费者填写的回访调查问卷，将之公示于"圈子""讨论区"等既有的评论交流场合，把是否实施购买行为、能否

---

〔1〕 参见徐某弘诉平安银行股份有限公司北京丰台支行财产损害赔偿纠纷案，北京市第二中级人民法院民事判决书（2018）京 02 民终 7731 号；梁某玮诉平安银行股份有限公司青岛分行金融委托理财合同纠纷案，山东省青岛市中级人民法院民事判决书（2018）鲁 02 民终 3417 号；林某良诉中信银行股份有限公司贵阳宝山支行金融委托理财合同纠纷案，贵州省贵阳市云岩区人民法院民事判决书（2018）黔 0103 民初 5904 号。

〔2〕 参见孙学致、孙博亚：《反思与创新——电子意思表示的应然法定形式》，载《学习与探索》2019 年第 12 期。

提供联系方式作为置于问卷前列的必答问题，以便在回收时筛选出确实购买过金融产品的金融消费者，并从他们那里重新获取完成客户回访检查所需的个人信息。

四、互联网理财代销平台的适当性义务的责任救济

（一）从《九民纪要》第73条看监管规定之适用

《九民纪要》第73条规定："在确定卖方机构适当性义务的内容时，应当以合同法、证券法、证券投资基金法、信托法等法律规定的基本原则和国务院发布的规范性文件作为主要依据。相关部门在部门规章、规范性文件中对高风险等级金融产品的推介、销售以及为金融消费者参与高风险等级投资活动提供服务作出的监管规定，与法律和国务院发布的规范性文件的规定不相抵触的，可以参照适用。"

在司法实践中，很多法院还适用《证券公司客户资产管理业务规范》《证券公司投资者适当性制度指引》等自律性规范。[1]从规则体系来看，适当性管理制度目前主要由部门规章和自律性规范承载，[2]《证券法》《证券投资基金法》《证券公司监督管理条例》等法律与行政法规，大多仅就适当性义务与金融消费者权益保护作出宣示意义的原则性规定。故而引申的实务问题是，若互联网理财代销平台依中国证券监督管理委员会（以下简称证监会）、中国银行保险监督管理委员会（以下简称银保监会）及相应行业协会的部门规章与规范性文件、自律性规范履行适当性义务并维护金融消费者权益，是否可能被判定未履行适当性义务而承担相应民事责任？何种情况下可能排除适用法律、行政法规以外的其他监管规定？

大量既有判例显示，暂无法院明确反对适用部门规章与规范性文件、自律性规范进行裁判说理，原则上不应禁止互联网理财代销平台将它们作为适当性义务的履行依据。但在不同法院的自由裁量活动中，同一部门规章与规范性文件、自律性规范于条款、适用等方面经常存在不同解释。比如，对于《商业银行个人理财业务管理暂行办法》第37条的解读大体分为两种，一种将该款所涉义务统称为适当性义务，如很多法院认为该款说明"商业银行在金融服务法律关系中负有依照客户的风险承受能力及财务状况等推介合适投资产品的义务"，[3]还有法

〔1〕 碍于篇幅所限，笔者仅列举部分自律性规范，参见高某秋诉招商证券股份有限公司北京安外大街证券营业部金融委托理财合同纠纷案，北京市东城区人民法院（2014）东民初字第06411号民事判决书；初某琴诉恒泰证券股份有限公司金融委托理财合同纠纷案，内蒙古自治区呼和浩特市新城区人民法院（2018）内0102民初3575号民事判决书；洪某店诉广发证券股份有限公司深圳民田路证券营业部合同纠纷案，黑龙江省高级人民法院（2018）黑民申2527号民事裁定书等。

〔2〕 最高人民法院民事审判第二庭编著：《〈全国法院民商事审判工作会议纪要〉理解与适用》，人民法院出版社2019年版，第417页。

〔3〕 碍于篇幅所限，笔者仅列举部分裁判，如王某清诉平安银行股份有限公司北京宣武支行财产损害赔偿纠纷案，北京市西城区人民法院（2016）京0102民初626号民事判决书；张某青诉平安银行股份有限公司青岛南京路支行侵权责任纠纷案，山东省青岛市中级人民法院（2016）鲁02民终2169号民事判决书；丁某英诉中国农业银行股份有限公司重庆秀山支行财产损害赔偿纠纷案，重庆市第四中级人民法院（2018）渝04民终1138号民事判决书等。

院认为该款规定“了解客户、适合性原则、告知说明和文件交付等适当性义务”;[1]另一种将该款所涉义务细分为适当性义务与其他义务，其他义务指“信息披露义务和最大损失揭示义务”,[2]或称作“信息披露和风险揭示的义务”。[3]再如，对代销机构能否适用《证券投资基金销售管理办法》《证券投资基金销售适用性指导意见》也有不同解读，否定者主张上述规定的适用对象仅为“基金管理公司、基金代销机构和基金托管银行”，代销机构不负有风险提示义务;[4]肯定者主张代销机构应当“建立健全客户适当性管理制度”，承担风险提示义务。[5]

法律抵触指部门规章、部门规范性文件、自律性规范违反法律、行政法规的条文、立法目的、基本原则及精神。[6]当不存在法律抵触时，具体至司法实践中的某一个案，须结合若干因素判断其他监管规定作为裁判依据的适用方式。在当事人主张适用特定行政法规的汤某娟诉平安银行股份有限公司大连西岗支行服务合同纠纷案中，法院认为：“前述行政规章的相关规定可以作为判断被上诉人是否充分履行风险揭示义务的重要参照，但并不是唯一的依据，还应结合前述行政规章的性质、本案的具体情形以及民事活动所要求的公平和诚实信用的原则予以判断。”[7]以此实践经验为参考，判断其他监管规定是否在个案中排除适用，首先根据制定目的明确其性质，判断能否直接调整本案所属的法律关系。若是，则直接作为依据；若否，则仅具参照意义，再辅以具体案情与民法基本原则进行确认。

（二）从《九民纪要》第75条看线上与线下销售之归责

《九民纪要》第75条在梳理适当性义务纠纷的举证责任分配规则时，把适当推荐义务、告知说明义务履行情况的举证责任分配给卖方机构，金融消费者仅就购买金融产品或接受金融服务、损失情况承担举证责任。

质言之,《九民纪要》第75条打破了一般规则，实行举证责任倒置，由卖方机构证明自己不存在未尽适当性义务的过错。《九民纪要》第75条还从适当推荐义务与告知说明义务着手，将卖方机构用以自证无过错的举证内容同金融消费者的风险测评结果、金融产品或金融服务的风险评级标准、风险适当评估情况、卖方机构的告知说明行为联系起来。美中不足的

---

[1] 王某诉中国建设银行股份有限公司北京恩济支行财产损害赔偿纠纷案，北京市第一中级人民法院（2018）京01民终8761号民事判决书。

[2] 卢某明诉肖某芬侵权责任纠纷案，湖北省高级人民法院（2018）鄂民终476号民事判决书。

[3] 沈某珍诉广发银行股份有限公司上海虹口支行财产损害赔偿纠纷案，上海市虹口区人民法院（2016）沪0109民初25028号民事判决书。

[4] 夏某旭诉东吴证券股份有限公司上海分公司其他证券纠纷案，上海市黄浦区人民法院民事判决书（2017）沪0101民初18118号。

[5] 侯某民诉长江证券股份有限公司上海后长街证券营业部财产损害赔偿纠纷案，上海市浦东新区人民法院民事判决书（2015）浦民六（商）初第18526号。

[6] 参见胡建淼：《法律规范之间抵触标准研究》，载《中国法学》2016年第3期。

[7] 汤某娟诉平安银行股份有限公司大连西岗支行服务合同纠纷案，辽宁省大连市中级人民法院民事判决书（2017）辽02民终3115号。

是，《九民纪要》第75条忽视了交易目的是适当销售的主观判断标准，交易目的适当评估情况不在卖方机构的举证内容中，反映了其未考虑从主客观维度综合判断卖方机构是否履行适当性义务。

并且，《九民纪要》第75条归纳卖方机构、金融消费者的举证内容，却未明确如何回应线上销售环境对适当性义务纠纷举证责任分配的冲击。比如，线上销售的互联网理财代销平台与线下销售的传统金融机构是否承担相同的举证责任？透过适当性管理制度中的可回溯管理，可以揣测上述问题的答案。录音录像是线下销售情形的可回溯管理方式，《证券期货投资者适当性管理办法》第25条针对其规定4种法定适用情形，包括普通投资者转化为专业投资者、向普通投资者销售高风险产品或提供高风险服务、调整投资者分类、产品分级或适当性匹配意见、售前告知普通投资者严重干扰投资决策的重要信息，第41条第6项要求对未依法录音录像的卖方机构及其责任人员施以警告、罚款的行政处罚。《银行业金融机构销售专区录音录像管理暂行规定》第10条强调录音录像须与销售过程同步且完整、客观记录重点销售环节，第28条笼统提出严重违反规定的银行业金融机构及相关人员须承担一定行政责任。记录、保存操作轨迹则是线上销售情形的可回溯管理方式。《关于规范互联网保险销售行为可回溯管理的通知》第15条、第18条强调及时、直观、全面记录、保存互联网保险销售全过程的操作轨迹，第26条要求对规定生效后仍不合要求的保险机构责令停业。

两相对比可知，线上销售环境中的可回溯管理囿于销售过程因而范围较窄，且行政责任承担主体暂未追及销售机构的工作人员，但适用比警告、罚款行政处罚力度更大的责令停业，反映了立法并未松懈对线上销售的监管，虽然线上销售的可回溯管理制度设计暂不健全且略为宽松，但我国正向线上线下一视同仁的监管趋势迈进。

面对未来统一监管的趋势，互联网理财代销平台在适当性义务纠纷中应当承担与传统金融机构程度相同的举证责任。不过，《关于规范互联网保险销售行为可回溯管理的通知》直观反映线上销售环境的适当性管理制度处于立法尚未健全的起步阶段，难以避免互联网理财代销平台就履行适当性义务承担的举证责任，在一定时期内确实比线下销售的传统金融机构更轻。

司法实践亦验证该结论的准确性，例如虽然一键勾选方式的证明力相对较弱，但很多法院根据金融消费者亲自实施的勾选行为，判定线上销售的卖方机构履行适当性义务。〔1〕此外，笔者同样建议由中国互联网金融协会牵头制定线上销售可回溯管理标准，把基于监管行业、消费者意见的良好做法确定为软法，同时为相关司法实践提供裁判准则。

〔1〕 参见谢某德诉中国工商银行股份有限公司柳州市龙城支行委托理财合同纠纷案，广西壮族自治区高级人民法院民事裁定书（2019）桂民申1612号；梁某均诉申万宏源证券有限公司广州江南大道证券营业部合同纠纷案，广州市中级人民法院民事判决书（2020）粤01民终8875号；周某诉招商银行股份有限公司苏州分行储蓄存款合同纠纷案，江苏省苏州市中级人民法院民事判决书（2019）苏05民终8670号。

再者，现实中不乏传统金融机构线下销售金融产品却引导客户线上购买，若引发适当性义务纠纷，应当以线上还是线下标准确定其举证责任？笔者认为，此时传统金融机构应当严格依据线下标准承担举证责任，原因在于：其一，要约系传统金融机构在线下销售阶段作出，而非客户在线上购买阶段作出。要约邀请的目的是诱使他人向自己发出要约，要约的目的则是订立合同。从传统金融机构的整个行为过程来看，应当认为其已于线下销售阶段向客户表明期待订立金融产品买卖合同的目的，作出经客户当场受领即发生法律效力的要约。客户在线上购买阶段利用线上方式作出承诺，同意接受订立金融产品买卖合同的要约。由于承诺与要约符合《民法典》第488条内容一致的要求，传统金融机构与客户就线下销售金融产品达成合意，依《民法典》第483条成立金融产品买卖合同。其二，传统金融机构以线下标准承担更重的举证责任，符合《九民纪要》第75条倾斜保护金融消费者的制定目的。目的解释回应“通过该规定欲实现什么目标？欲保护何种利益？以及该规定保护何种价值判断？”[1]尽管《九民纪要》非严格意义的法律规范，仍可参照适用这种法律解释方法探寻第75条的制定目的。正如前所述，金融消费者因金融市场信息分布不对称而居于劣势地位。《九民纪要》第75条凭举证责任倒置加重卖方机构的举证责任，系顾及金融消费者的现实情况而对其予以倾斜保护。目前卖方机构依据线上标准承担的举证责任较轻，若要求实则线下销售的传统金融机构以线上标准承担举证责任，明显与《九民纪要》第75条倾斜保护金融消费者的制定目的存在冲突。

线下销售的传统金融机构，原则上应当遵循《九民纪要》第75条关于卖方机构举证内容的规定，同时不能忽视录像这种可回溯管理方式对于举证责任的影响。既有判例显示，若卖方机构未对销售过程录音录像，或者不能合理说明未提供销售过程录音录像资料的原因，也会判定其未履行告知说明义务。[2]提供销售过程的录音录像资料，或合理说明无法予以提供的原因，也是卖方机构举证内容的一部分。

五、结语

互联网理财代销平台属于《九民纪要》第五部分规范的卖方机构，在适当性管理过程中

---

〔1〕［瑞士］贝蒂娜·许莉蔓－高朴、耶尔格·施密特：《瑞士民法——基本原则与人法》，纪海龙译，中国政法大学出版社2015年版，第52页。

〔2〕参见苏某诉中国民生银行股份有限公司南京鼓楼支行金融委托理财合同纠纷案，江苏省南京市中级人民法院民事判决书（2019）苏01民终7576号；李某德诉中国工商银行股份有限公司南京新街口支行财产损害赔偿纠纷案，江苏省南京市中级人民法院民事判决书（2017）苏01民终10111号；马某昌诉中国工商银行股份有限公司佛山南海桂荣支行合同纠纷案，广东省佛山市中级人民法院民事判决书（2018）粤06民终6917号；许某香诉农行六合支行财产损害赔偿纠纷案，江苏省南京市六合区人民法院民事判决书（2018）苏0116民初4899号；戴某诉平安银行股份有限公司南京双门楼支行委托理财合同纠纷案，江苏省南京市鼓楼区人民法院民事判决书（2017）苏0106民初3304号；程某宇诉招商银行股份有限公司北京东方广场支行金融委托理财合同纠纷案，北京市东城区人民法院民事判决书（2019）京0101民初21057号。

应当履行适当推荐义务与告知说明义务。以适当推荐义务的主要内容为中心，互联网理财代销平台应当解决金融消费者风险测评、金融产品风险评级、交易目的与风险适当性评估中的实践问题。以告知说明义务的判断标准为中心，互联网理财代销平台应当处理告知说明内容获取方法、电子意思表示作出方式、客户回访检查进行方式以及卖方机构减轻责任方式等相关问题。在适当性义务纠纷所引发的民事诉讼阶段，金融消费者主张司法救济请求权，须关注法律适用、举证责任分配等审判重点问题及其引申问题，最终使不履行、瑕疵履行适当性义务的互联网理财代销平台承担民事责任。

机构投资者参与公司治理：英国的实践与启示

谢贵春 *

目　次

近年来，A 股市场将培育资本市场机构投资者、推动更多中长期资金入市作为重要的改革方向持续发力，机构投资者在 A 股市场持有的市值稳步提升。[1] 与此同时，市场对于发挥好机构投资者“压舱石”作用提出了更高的期许。2020 年 10 月国务院印发《关于进一步提高上市公司质量的意见》（国发〔2020〕14 号），

---

* 谢贵春，法学博士，供职于上海证券交易所。

〔1〕 截至 2021 年 1 月 15 日，我国境内专业机构持有 A 股流通市值合计 12.62 万亿元，较 2019 年年末增加 4.42 万亿元，持有 A 股流通市值占比 18.44%，较 2019 年年末上升 2.02 个百分点，也处于近年来最高水平。外资持有 A 股流通市值合计 3.5 万亿元，占 A 股流通市值的 5.12%，分别较 2019 年年底增加 1.4 万亿元和 0.92 个百分点。参见周琳、马春阳：《鼓励长期资金入市——夯实 A 股“压舱石”》，载中国经济网：http://www.ce.cn/xwzx/gnsz/gdxw/202103/15/t20210315_36380311.shtml，最后访问时间：2021 年 5 月 13 日。

提出“建立董事会与投资者的良好沟通机制，健全机构投资者参与公司治理的渠道和方式”，对机构投资者促进上市公司质量提高作出了安排。

20世纪下半叶，全球主要资本市场出现了“机构化”的潮流。1950年代，美国机构投资者持有不到10%的市值，到了2005年这一比例提到了60%以上。[1]在英国，机构投资者持有市值从1957年的不到20%提升到1994年的60%。2011年左右，日本个人投资者持有市值占比也降到了不到18%。[2]在此过程中，这些机构投资者也一改“被动消极”的风格，积极参与被投资公司的公司治理事务，表现出“积极主义”（shareholder activism）的倾向。[3]例如，2015年，美国上市公司股东大会上参与董事选任事项表决的流动股比例中位数达到70.8%，[4]英国公司股东大会的投票率由1990年的20%左右提升到2000年后的50%以上。[5]这些投票中相当部分来自机构投资者。

对比成熟市场，应当承认我国A股市场机构投资者在“量”（持仓市值占比）与“质”（参与公司治理）方面，仍有较大提升空间。为此，笔者选取了英国市场，考察了英国资本市场的投资者结构如何从以散户为主转变为以机构投资者为主，分析了机构投资者参与公司治理的实际表现与行为诱因，并结合英国市场实践就A股市场如何促进机构投资者积极参与公司治理提出了研究建议。

一、机构投资者在英国资本市场的崛起

在相当长一段历史时期，英国市场在投资者结构方面与今日的中国人民币普通股票（A股）市场存在相近之处，突出表现在：（1）个人投资者持有市值与交易活动在整个市场中的占比居主导地位。据统计，20世纪30年代伦敦证券交易所（London Stock Exchange，LSE）个人投资者持有市值比重以及交易活动占比均超过80%，而同期机构投资者持有全市场市值

---

〔1〕 See John Van Reenen et al., Innovation and institutional ownership, Accessed May 9, 2021. https://voxeu.org/article/innovation-and-institutional-ownership.

〔2〕 See Serdar Çelik, Mats Isaksson, Institutional Investors as Owners: Who are they and what do they do? (2018).

〔3〕 研究认为，股东积极主义在不同时期有不同的侧重表现。在20世纪80年来，主要表现为一些“公司掠夺者”（corporate raiders）支配公司管理政策，或用杠杆资金将公司私有化。近期以来，表现为养老基金以幕后谈判的方式向管理层施压。最新的动向则是对冲基金将积极干预公司事务作为经营策略。不同的投资者都在证券公司法律框架下，以各自的交易策略及行为方式和公司管理层打交道，股东积极主义的行为模式也极为复杂。See Wolf-Georg Ringe, *Shareholder Activism: A Renaissance*, in Jeffrey N. Gordon, Wolf-Georg Ringe, eds., The Oxford Handbook of Corporate Law and Governance Oxford University Press, 2018, pp. 387-424.

〔4〕 See Lucian A. Bebchuk et al., *The Agency Problems of Institutional Investors*, The Journal of Economic Perspectives, Summer 2017, Vol. 31, No. 3 (Summer 2017), pp. 89-112.

〔5〕 See Marc Goergen, Luc Renneboog, Strong Managers and Passive Institutional Investors in the UK, in *The Control of Corporate Europe*, Oxford University Press, 2001. pp. 259-284.

占比不过9%左右。（2）公司股份集中在个别大股东手中，早期主要为家族持股。一项对1950年英国最大100家制造业企业中的92家的分析表明，其中50家处于家族控制之下。[1]

这种情况在20世纪下半叶开始发生变化。首先，个人投资者持股比重持续下降。1957年，个人投资者持有LSE的市值占比降低到了66%，到2018年，这一比例进一步降低至13.5%（见图1）。与之相反，机构投资者持有市值比重由1957年的20%，持续增加至1963年的30%、1975年的48%，至1994年的60%。

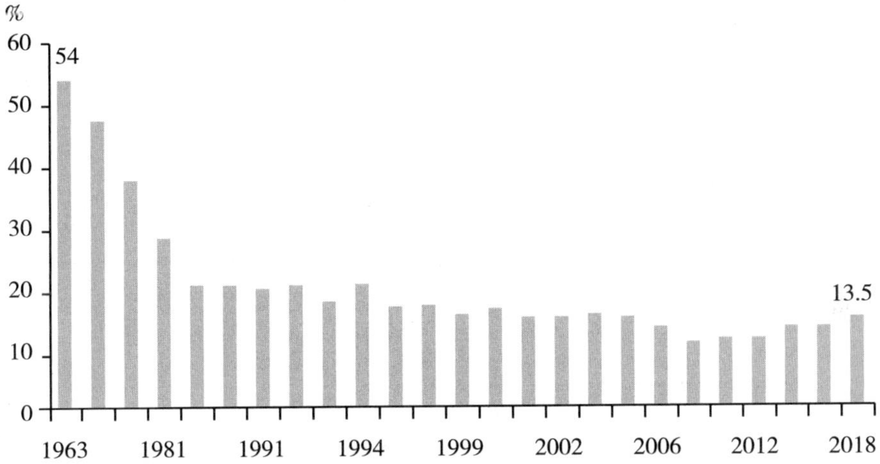

图1　1963～2018年英国个人投资者持有市值情况

资料来源：英国国家统计局（Office for National Statistics）。

其次，家族企业逐渐将企业控制权让位于机构投资者。20世纪70年代，英国最大的100制造业企业中由家族控制的企业数量降低到了30家。1996年，一项对1953家英国上市公司的分析表明，在63%的企业中缺乏一个持股超过20%的大股东，公司股份由社会公众分散持有。[2] La Porta等人于1998年对英国市值最大的20家公司的分析发现，没有一家公司存在持股超过20%的控股股东，仅有两家公司中存在持股超过10%的大股东。[3]另一项研究也显示，1900年25家样本公司中有18家是由创始人家族控股，其中12家甚至持有3/4的公司股份。到了2000年，这些公司中再无一家是由创始人家族控股（见表1）。

[1] See Derek F. Channon, The Strategy and Structure of British Enterprise (1973).

[2] See Mara Faccio, Larry H. P. Lang, *The Ultimate Ownership of Western European Corporations*, (2002) 65 Journal of Financial Economics 365.

[3] See Rafael La Porta, Florencio López - de - Silanes, Andrei Shleifer and Robert Vishny, *Corporate Ownership Around the World*, The Journal of Finance, Vol. 54, No. 2 (Apr., 1999), pp. 471 -517.

表1　25家样本公司中创始人家族不同持股比例公司家数　　单位：家

年份＼持股比例	25%	50%	75%
1900	18	13	12
1910	15	11	11
1920	15	12	10
1930	11	8	6
1940	8	7	6
1950	7	6	5
1960	5	3	2
1970	2	1	1
1980	1	1	1
1990	0	0	0
2000	0	0	0

资料来源：Julian Franks et al., Spending Less Time with the Family：The Decline of Family Ownership in the UK（2004）。

20世纪70年代以来，英国市场逐步形成了目前这种机构投资者占主导地位的所有权和控制权结构：一是机构投资者持有大量市值。富时100指数成分股公司的前十大股东平均持有40.32%的股份，其中一半以上（21.85%）由20家最大的资产管理机构持有。前五大资产管理机构总共持有富时100指数成分股公司约13.5%的股份。二是市值集中于"头部"资产管理机构的特征越发明显。富时100指数成分股公司中，贝莱德（BlackRock）和先锋领航（Vanguard）出现在其中九成公司前10大股东名单里，平均持股比例分别为6.49%和2.09%。此外，贝莱德是其中近半数公司的最大股东，有时持股比例超过10%。在富时350指数成份股公司中，英国本土最大的资产管理公司Legal & General出现在近3/4公司中前十大股东名单里（见图2、图3）。[1]

〔1〕 See Suren Gomtsian, *Voting Engagement by Large Institutional Investors*, Journal of Corporation Law, Vol. 45, Issue 3 (Spring 2020), pp. 659 - 714.

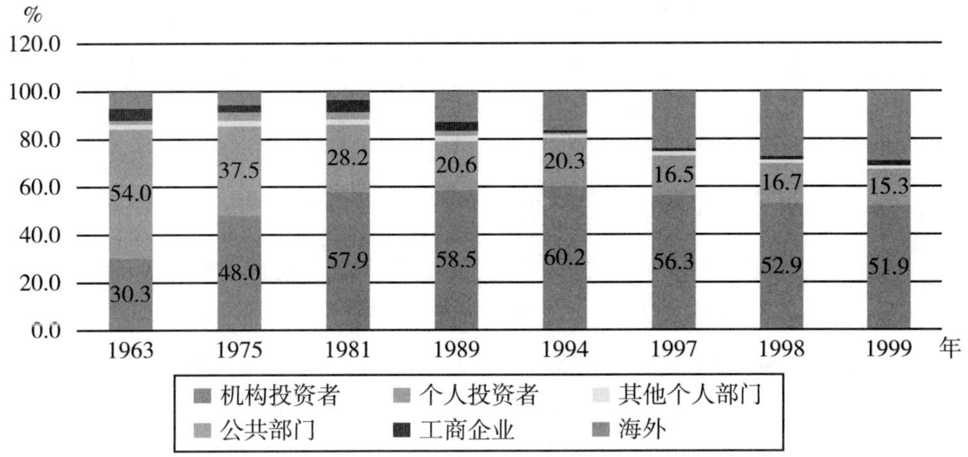

图 2　20 世纪下半叶英国各类投资者持有市值比例变化

资料来源：Paul Myners, Institutional Investment in the United Kingdom: A Review (2001)。

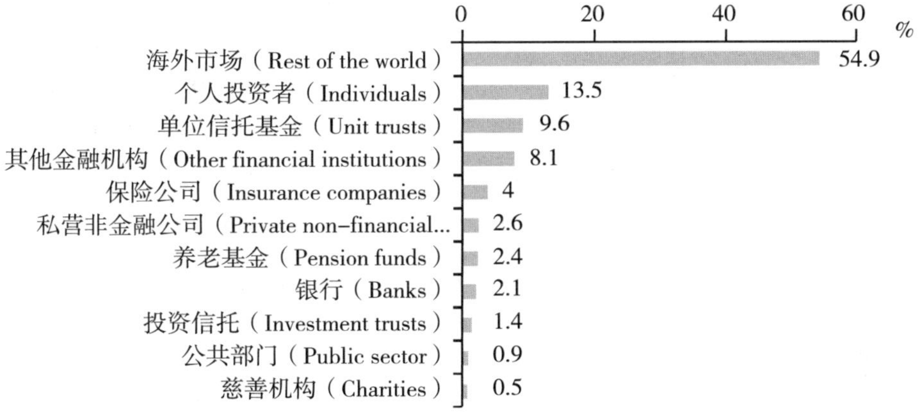

图 3　2018 年年底英国各类投资者持有市值比例

资料来源：英国国家统计局。

二、机构投资者崛起的多重诱因

（一）并购市场活跃，家族持股持续被稀释

在英国市场中，家族资本主义（Family Capitalism）的衰退伴随着机构投资者的崛起。[1]在此过程中，20 世纪 50～70 年代并购市场的活跃起到了重要的推动作用。[2]有观点

〔1〕 See Brian R. Cheffins, *Dividends as a Substitute for Corporate Law: The Separation of Ownership and Control in the United Kingdom*, Washington and Lee Law Review, Vol. 63, Issue 4 (Fall 2006), pp. 1273–1338.

〔2〕 研究表明，20 世纪 50～70 年代，上市公司被收购后股价有 20%～30% 的溢价。See Julian R. Franks, Robert S. Harris, '*Shareholder Wealth Effects of Corporate Takeovers: The UK Experience* 1955–1985', (1989) 23 Journal of Financial Economics 225, 232.

认为，英国市场中家族所有权的下降在很大程度上并不是因为所持股份被出售；相反，是为了公司增长而持续进行的再融资导致家族持股被稀释了，其中尤以发行股份购买资产为主。1900～1950 年，家族持股以平均每年 12.6% 的速度被稀释，其中首次公开募股（Initial Public Offering，IPO）占比为 4.6%，20.8% 用于配售，36.2% 用于合并和收购。[1]

（二）税收政策调节个人投资行为

这主要是基于两方面原因。一方面是，政府采取了抑制个人直接参与股票投资的税收政策。1945 年当选的英国工党政府将个人从事股票投资所得视为“社会无用的财富”（socially functionless wealth），采取了歧视性的税收政策，1951～1961 年执政的保守党延续了这一政策。根据测算，1947～1988 年，个人投资者的股息所得最高可能被课以 98% 的边际税率。一份英国官方的调查报告显示，1972～1973 年，年收入超过 1.2 万英镑的群体，其来自股息和利息的税后净收入仅为税前的 28.5%。[2] 在资本利得税方面，根据 1965 年的一项税收政策规定，投资者须就卖出股票利润缴纳 30% 的资本利得税。此外，1962～1971 年，投资者从“短期”（期初为 6 个月，后来延长至 12 个月）交易中获得的资本利得被视为构成投资收入，适用于股息相同的惩罚性税率。[3] 这些税收政策叠加的结果是散户投资者直接参与证券市场投资越发无利可图，于是纷纷离场。股票在个人投资者财富中的占比由 1957 年的 22% 降低至 1976 年的 9%。[4]

另一方面则是，政府对个人退休储蓄的税收优惠政策，使个人增加了商业性养老方面的投入，刺激了养老资金的大幅度增长。在限制个人从事投机性的投票投资的同时，英国政府为了鼓励个人进行养老储蓄——作为对有限的国家养老金的补充，推出了针对个人投资养老基金、人寿保险的税收优惠。个人在税收政策驱动下作出为雇主资助的养老金计划充值或建立自己的退休计划的决定，无疑推动了养老金资产规模的大幅度增长。[5]

（三）机构投资者持续增加股票资产的配置

截至 2019 年年底，英国资产管理机构持有的各类资产中，约 38% 为权益类证券（见图 4）。分析资产管理机构资产配置的规律（或称诱因），可以发现两个特点：一是股票投资回报高于其他资产。虽然 20 世纪下半叶英国股市先后经历过五六十年代的狂热（cult of the equity）、70 年代的萧条以及 80 年代的复苏，但机构投资者对股票这一类资产的兴趣持续增加。1970 年，英国公司公开发行了价值 8700 万英镑的股票，机构投资者购买了其中的 7600

---

〔1〕 See Julian R. Franks, Colin Mayer, Stefano Rossi, Spending Less Time with the Family: The Decline of Family Ownership in the UK (January 2004), available at SSRN: https://ssrn.com/abstract=493504.

〔2〕 See Royal Commission on the Distribution of Income and Wealth (Lord Diamond, chairman), Report No. 2: Income from Companies and its Distribution, Cmnd. 6172 (1975), 23, 27.

〔3〕 See Brian R. Cheffins, *Corporate Ownership and Control: British Business Transformed*, Oxford University Press, 2008, pp. 341－343.

〔4〕 See J. A. Kay, M. A. King, The British Tax System (1978), 65 (1957, 1973).

〔5〕 See Paul Davies, Shareholders in the United Kingdom, in Jennifer G. Hill et al. eds., Research handbook on shareholder power, Edward Elgar Publishing Limited, 2015, pp. 355－382.

万英镑。这种现象背后的基本事实是，在20世纪60年代和70年代，尽管股票投资的回报平平低，但表现还是超过了政府固定收益证券（见图4）。[1] 二是基础制度不断改革完善，增加了机构投资者的信心。《英国公司法》《LSE上市规则》持续进行修改完善，加强上市公司信息披露，在并购重组、公司治理规则方面也注意吸纳机构投资者意见。

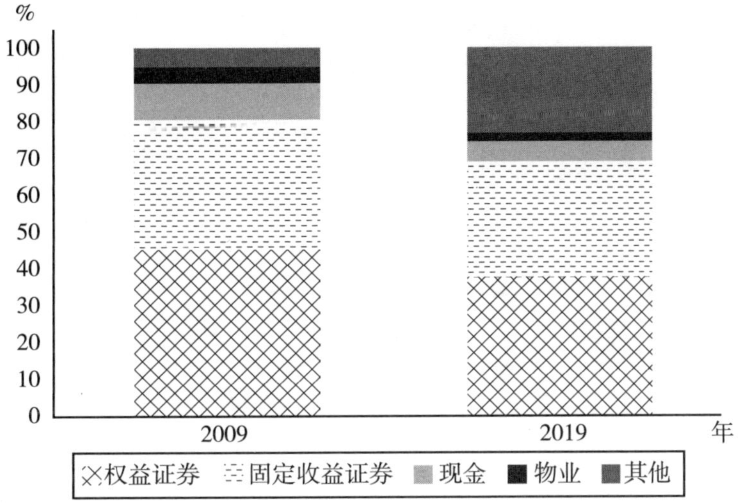

图4 2009年、2019年英国资产管理机构持有资产类型

资料来源：The Investment Association，Investment Management in the UK 2019－2020。

（四）资本项目开放加快境外资本流入步伐

1971年布雷顿森林体系崩溃后，英国当局出于内外部多重因素的考虑，大力推进资本项目开放，在允许境内投资者进行全球资产配置的同时，也放开外国机构投资者大量增加对英国上市公司持股（见图5）。据统计，截至2018年年底，海外各类机构投资者持有半数以上

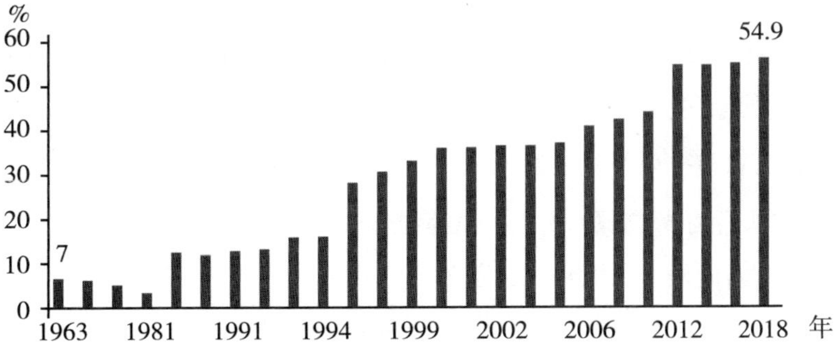

图5 1963～2018年海外投资者持有市值情况

资料来源：英国国家统计局。

〔1〕 据统计，2007～2017年，英国股票的实际投资回报率为3.2%，政府债券为4.0%，现金为－1.9%。为此，以养老基金为代表的部分机构投资者调整了其资产配置，逐渐增加了对债券的投资。参见郑秉文主编：《中国养老金发展报告2020——养老基金与资本市场》，经济管理出版社2020年版，第368页。

英国上市公司市值；海外持股中，其中来自北美的投资者占其中的51.3%（见图6、图7）。

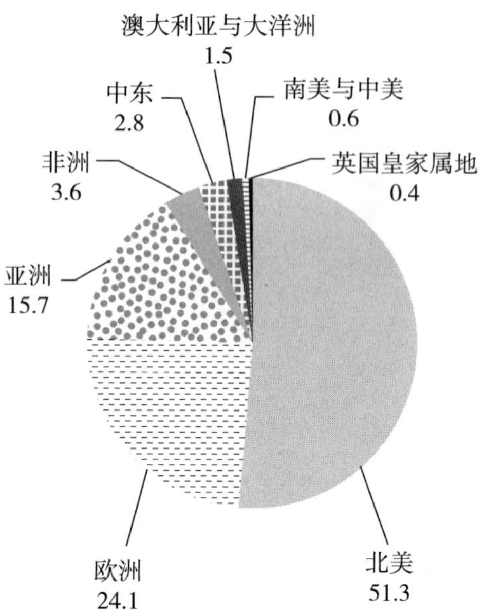

图6　2018年年底英国市场海外投资者在英国市场持有市值比例

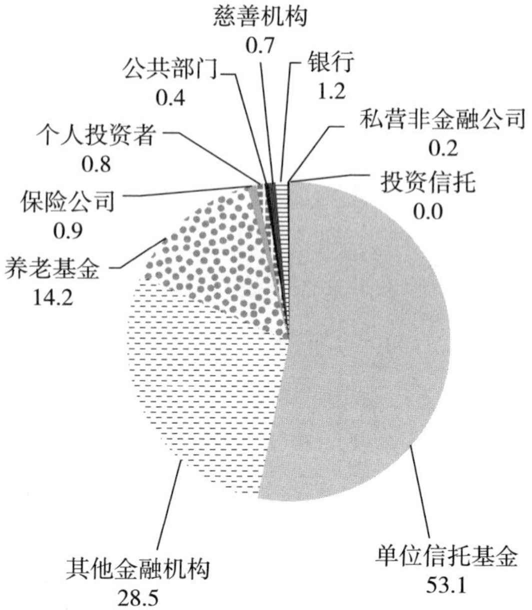

图7　2018年底北美机构投资者在英国市场持有市值比例

资料来源：英国国家统计局。

三、机构投资者积极参与公司治理

在很长一段时间里，英国机构投资者被指责过于关注短期回报，不参与所持股公司的事务。特别是2008年金融危机（Financial Crisis）时，机构投资者被指责在“企业陷入困境时趴在方向盘上睡大觉”。近年来，这种机构投资者消极参与公司治理的状况发现了显著变化，呈现“积极主义”的倾向。

（一）主动就公司事务公开发表意见

一般而言，被认为构成“积极主义”的参与公司治理行为包括：（1）公开发声，如向记者“吹风”、发布新闻稿、在股东大会前发布公开信等。（2）向股东大会提交股东提案。（3）提议召集临时股东大会并提交股东提案。（4）发起股东诉讼等。其中，通过公开发声的方式向公司表达关切是最常用的方式，其社会影响面广，成本也较低。根据1998～2008年，机构投资者针对217家公司采取的270件“积极主义”行为的分析，有56%的“积极主义”行为表现为公开发声（见表2）。

表 2　英国机构投资者“积极主义”行为类型　　单位：件

年份 / 积极主义行为类型	1998	1999	2000	2001	2002	2003	2004	2005	2006	2007	2008	合计	占比/%
公开发声	5	10	7	8	15	19	16	21	10	26	13	150	55.56
定期股东大会提案	2	1	8	6	10	6	7	14	10	13	12	89	32.96
临时股东大会提案	3	1	2	7	2	2	2	0	5	2	2	28	10.37
诉讼	0	0	0	0	0	1	1	0	0	1	0	3	1.11
合计	10	12	17	21	27	28	26	35	25	42	27	270	100.00

资料来源：Igor Filatotchev & Oksana Dotsenko，Shareholder Activism in the UK：Types of Activists，Forms of Activism，and Their Impact on a Target's Performance（2015）。

从实践效果来看，公开发声确实有助于迫使上市公司及其管理层重新审视拟推出的重大决策。例如，2017 年联合利华为了降低运营结构的复杂程度，考虑要取消英国、荷兰的双总部模式，取消在英国的总部设置。这一计划很快遭到来自机构投资者的公开反对，认为如果联合利华离开伦敦，公司股票可能被英国富时 100 指数剔除，导致流动性降低，且荷兰股息税收政策也存在不确定性。迫于机构投资者的压力，联合利华公司宣布搁置该计划。[1]

（二）积极行使投票权利

大型机构投资者（特别是多元化基金）持有众多公司股份，通过发起临时股东大会或在股东大会上提出股东提案的方式参与公司治理，成本较高。在实践中，大型机构投资者更加倾向于在股东大会上使用投票权，这也是上市公司管理层和股东之间最主要的也是最受欢迎的沟通渠道。根据对资产管理规模居前的英国资产管理公司在股东大会投票行为的统计，2013 ~ 2017 年这些机构投资者在超过 10,500 个事项上投出了超过 14.7 万只投票，超出了一般人理解中机构投资者不甚积极的认知。[2] 这些投票权的行使呈现如下特点：

1. 相比于公司业绩，更加关注公司治理事项。机构投资者重点关注的公司事务集中于六大类：（1）一般公司治理事项，如董事会规模、非执行董事比例或董事会专门委员会。（2）个别董事会成员任免事项。（3）董事、高管薪酬。（4）公司资本结构，包括股票回购、股息计划和

〔1〕 See Saabira Chaudhuri，Daphne Zhang，*Unilever to Keep U. K. Base*，Wall ST. J.，Oct. 6 – 7，2018，at B3. 然而，2020 年联合利华公司再次宣布，将其目前位于英国和荷兰的两处总部合并到一个英国总部之下，正式结束其之前的双总部模式，以加强决策的灵活性。参见《彻底放弃“双重身份”，联合利华双总部将合并为一个英国总部》，载搜狐网：https：//www. sohu. com/a/401709434_487885，最后访问时间：2021 年 5 月 8 日。

〔2〕 See Suren Gomtsian，*Voting Engagement by Large Institutional Investors*，Journal of Corporation Law，Vol. 45，Issue 3（Spring 2020），pp. 659 – 714.

资本重组计划。（5）与资产处置、并购重组等公司发展战略事项。（6）环境、社会、公司治理事项等。分析表明，近半数的投票涉及董事任免，其他比例较高的投票事项包括公司日常管理与业务事项（21.76%）、公司资本结构（16.65%）和薪酬（8.93%）。其他事项还包括反收购措施、并购重组（1%）以及相对更少的ESG事项。据前述关于270件“积极主义”行为的研究，机构投资者“积极主义”行为聚焦于与董事会成员相关的事项（35%）、薪酬（22%）和商业战略（21%）、治理（10%）、资本结构（9%）和ESG（3%）。[1]这表明，在公司治理事项和业务运营事项之间，机构投资者把更多的注意力集中于前者，原因是公司治理事项在不同的公司之间具有一定的共性特征，在不同公司之间可参照适用。而对业务运营事项进行深入研究需要耗费机构投资者大量的人力、财力，成本无疑高得多。

2. 组建内部机构和团队，加强参与活动的研究决策。此前，很多基金经理习惯于将表决权委托表决权代理机构行使。近年来一项显著变化是大量资产管理机构组建了内部的公司治理机构和研究团队，负责提出或者审查股东大会表决事项，以及在行使表决权时如何与其他机构投资者开展合作等。例如，贝莱德设置了全球公司治理委员会以及美国、欧洲、中东亚及亚洲太平洋国家三个区域性公司治理委员会，就有关公司治理事项作出决策。[2]贝莱德还设置了拥有超过45名员工的投资尽责管理小组（The Black Rock Investment Stewardship team, BIS），负责根据公司治理委员会的授权与被投资公司适当接触，与基金经理讨论重要的治理议题，并针对公司治理议题参与业务讨论、进行研究等。[3]

3. 对管理层发起的股东大会提案，持反对意见的比例显著提升。根据对14.7万份股东大会投票的统计分析，机构投资者对97.78%的提案投了赞成票。表面上看，机构投资者是在“迎合”公司管理层进行投票，但是深入到投票事项作分析发现并非如此：一是高支持率主要源于许多提案本身琐碎或无争议性。如机构投资者对日常经营业务、支付股利、选聘审计师等事项上并不作过于严格的审查，但这并不意味着基金经理的被动性。二是从趋势上看，2013年只有平均不到1.7%的投票反对管理层的提案，到2016年、2017年，这一数字增加至3%。特别是在一些具体事项上，反对比例可能更高。如反对薪酬提案的投票数比例从2013年的5.7%增加到了2016年的9.6%（见图8）。[4]三是机构者保持对公司内部事务

---

〔1〕 See Igor Filatotchev & Oksana Dotsenko, *Shareholder Activism in the UK: Types of Activists, Forms of Activism, and Their Impact on a Target's Performance*, Journal of Management & Governance, Vol. 19 (2015), pp. 5-24.

〔2〕 冯震宇等：《研议强化国内专业机构法人公司治理监督角色：尽责管理守则（Stewardship Code）之研究期末报告》，载https://m.tdcc.com.tw/TDCCWEB/upload/2c9488fd51c72f220151c7d4c00405d3.pdf，最后访问时间：2021年5月13日。

〔3〕 See Black Rock, Investment Stewardship Annual Report 2020, Accessed May 15, 2021, https://www.blackrock.com/corporate/literature/publication/blk-annual-stewardship-report-2020.pdf.

〔4〕 研究发现，总部位于英国的大型资产管理公司比总部位于美国的资产管理公司更倾向于投票反对薪酬提案。其中的重要原因，一方面，美国股东更习惯于较高的高管薪酬，只关注薪酬与业绩表现的差异性。另一方面，高收益本身可能会引起英国股东的反对。

的适度介入。例如，机构投资者很少投票反对董事候选人，在这些事项上的支持率往往超过95%。这表明，机构投资者倾向于将董事选举视为一项内部事务，交由公司内部自行决定。即便是有时机构投资者对董事人选持有异议，也主要因人事任免以外的因素导致。例如，如果机构投资者对薪酬方案不满意，也可能投票反对薪酬委员会或委员会主席的所有候选人。同样，如果公司董事会未能达到一定的性别比例，机构投资者可能会对提名委员会或委员会主席的候选人投反对票。

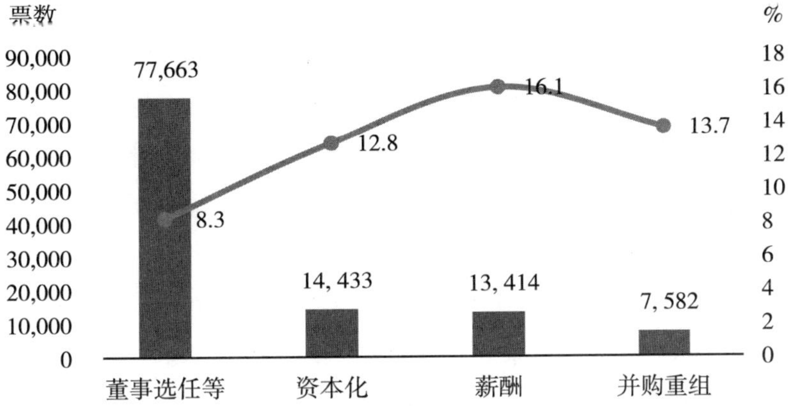

图 8　2020 年贝莱德就管理层提起股东大会提案表决情况

资料来源：BlackRock，Investment Stewardship Annual Report 2020。

（三）不同机构投资者参与公司治理的风格差异

一些机构投资者在参与方面比其他机构投资者更积极主动，这是在考虑各种因素后作出的谨慎选择，包括作出知情投票的成本、机构投资者可用的资源、资产管理业务模式、机构在行业专业人士和公众中的形象，甚至还包括基金经理的个人偏好和机构高管价值信念等。研究也认为，几乎没有证据表明被动型基金与主动型基金存在截然对立的立场。

1. 传统类型机构投资者对参与公司治理的积极性主动性更高。在 270 件股东“积极主义”事件中，诸如养老基金、保险公司等传统类型机构投资者发起了其中的 1/3。

2. 部分机构更倾向于私下协商。虽然投票仍然是股东与上市公司互动的主要渠道，但仍有相当多的机构把私下协商作为股东参与的重要方式。例如，贝莱德习惯于通过与公司管理层进行闭门谈判的方式推动变革，只有在管理层对提议的变革不予理睬或反应迟缓时，才会投反对票。这也可能是机构投资者高比例赞同股东大会提案的另一种解释，即机构投资者已经与目标公司达成了协议，并不需要公开投票反对管理层。相比之下，其他资产管理公司可能不那么依赖私下谈判，而是会在没有事先接触的情况下，按照标准程序投票表决。

3. 部分机构投资者在参与风格上可能表现得更友好。例如，相比于高变动率的基金，长周期的基金可能更支持管理层发起的提案，被动型基金比主动型基金更经常投票反对薪酬相关提案；而在并购重组事项方面，主动型基金对管理层不那么友好。

4. 机构投资者参与风格存在“同化”现象。尽管部分机构投资者在形式上属于外国基金，但由于本土业务的强大，其行为风格可能更像总部位于英国的资产管理机构，而不是美国同行。特别是，与美国市场股东诉讼行为盛行有所不同，[1]英国的机构投资者很少利用股东诉讼作为“积极主义”的行为方式。[2]

四、机构投资者“积极参与”的推动因素

机构投资者积极参与公司治理有着个人投资者难以企及的先天优势，包括在参与公司治理上能够投入更多的资源，并且可带来明显的规模效应。跨国资产管理公司与全球各地、各行业建有关系网络，更能够识别广泛的公司治理需求和企业需要应对的共同社会挑战，因而“长袖善舞”。除此之外，对英国20世纪下半叶机构投资者参与行为转型的研究也表明，这种风格的切换受益于一系列因素的助推。

1. 利益使然。由于较高比例的持股，公司所有权相对集中在机构投资者手中，一则机构投资者很难像一般个人投资者那样采取“搭便车”的策略，二则在缺乏充分市场深度情况下，采用“用脚投票”策略、大规模减持公司股票，可能导致股价巨幅波动，机构投资者很难在不破坏剩余股票市值的情况下抛售不理想公司的股票。[3]因此从成本与收益角度考虑，积极参与公司治理更能使机构投资者的利益最大化。部分实证研究也表明，机构投资者的参与对于提升公司治理水平有正向推动作用，进而间接起到改善公司业绩的作用。另外一些研究也注意到，资产管理机构的特殊收费模式——如采取“2% +20%”收费模式（资产规模2%的管理费加20%的超额利润）的对冲基金——也为机构投资者积极参与公司治理提供了不小的动力来源。[4]

2. 政策引导。自1997年英国布莱尔政府上台后，极力鼓吹机构投资者应该扮演“负责任的所有者”的角色，对所投资的公司承担责任：不仅要对其财务业绩负责，还要对其公司治理、社会责任和道义负责。2001年起，英国各大报刊定期刊登引用匿名“消息来源”文

---

〔1〕 根据对1996 ~2005年美国市场证券集体诉讼的统计，在1811起案件中，有97起由公共养老金机构发起。研究也发现，在提起股东诉讼方面，相比而言，共同基金的热情不如其他机构投资者。See Sean J. Griffith, Dorothy S. Lund, *A Mission Statement for Mutual Funds in Shareholder Litigation*, The University of Chicago Law Review, Vol. 87, No. 5 (July 2020), pp. 1149 -1240.

〔2〕 一项研究显示，2004 ~2006年，英国几乎不存在针对上市公司董事违反职责的诉讼。See John Armour et al., *Private Enforcement of Corporate Law: An Empirical Comparison of the United Kingdom and the United States*, Journal of Empirical Legal Studies, Vol. 6 (2009), pp. 687 -722.

〔3〕 See John Hendry et al., Responsible Ownership, *Shareholder Value and the New Shareholder Activism*, Competition & Change, Vol. 11 Issue 3 (September 2007), pp. 223 -240.

〔4〕 See Amil Dasgupta et al., Institutional Investors and Corporate Governance, ECGI Working Paper Series in Finance No. 700/2020, Accessed May 15, 2021, https://ecgi.global/sites/default/files/working_papers/documents/dasguptafossautnerfinal.pdf.

章传达政府的观点，即企业需要变得善尽责任，而机构投资者积极行动、彰显负责任的所有权是实现这一目标的最佳方式。机构投资者如何负责任投资成为一项广泛讨论的社会议程。[1]

在英国官方的支持下，一些行业协会、自律机构陆续发布了相关的准则、指南，引导机构投资者积极参与投资对象的公司治理。较有代表性的有：（1）2001 年，Paul Myners 向英国财政部提交一份关于对英国机构投资者的评估报告 Institutional Investment in the UK：A Review，批评部分基金经理在公司表现不佳时，仍然不愿采取积极行动——即使这符合客户的利益。（2）2002 年，原机构投资者委员会（Institutional Share holders Commictee，ISC）发布《法人股东与机构：基本原则的声明》（The Responsibility of Institutional Shareholders and Agents：Statement of Principles），提出机构投资者应当明晰其参与公司治理事务的内部政策，监督公司业绩，必要时采取适当方式介入干预，并向客户报告其履责的情况。（3）2009 年 2 月，David Walker 爵士应时任英国首相戈登·布朗的委托，就英国金融行业的公司治理进行评估。在最终发布的评估报告[2]基础上，英国财务报告理事会（The Financial Reporting Council，FRC）于 2010 年 7 月制定公布了《英国尽职管理守则》（UK Stewardship Code）。该守则在 2012 年作了修改后，又于 2019 年作了再次修改发布并于 2020 年起生效。

2020 年版《英国尽职管理守则》提出，机构投资者参与公司治理旨在维持并提升资产价值。守则明确，机构投资者应当解释其设置的参与活动目标及设置理由，或者解释其如何选择并排列参与的优先序，如何设置参与目标，已使用的参与方式与理由以及参与活动在不同基金、资产或区域上的差异。守则中具体罗列的参与活动类型包括：会见董事会主席或其他董事会成员；与管理层举行会议；致信公司表达关切并提出问题；借助公司顾问凝练关注重点。守则还要求机构投资者每 12 个月阐述参与公司治理的成效。[3]

3. 制度保障。正如前所述，英国资本市场基础制度不断改革完善增强了机构投资者的投资信心。英国公司法关于公司治理的规定以及公司治理守则、并购守则、上市规则为机构投资者参与被投资公司事务提供了有效的机制。

在《公司法》方面，英国《2006 年公司法》在制度规范侧重点方面，采取了倾向于鼓励和支持股东行使权利的立法导向（如将决定董事会职权的权力交给了公司章程而非成文法），这与美国的公司治理实践略有不同；同时，在股东行使权利制度集成安排方面，为股东积极表达观点、采取特定的行动提供了许多工具，如与董事会接触（无论是私下还是通过

---

[1] See John Hendry et al., *Responsible Ownership*, *Shareholder Value and the New Shareholder Activism*, Competition & Change, Vol. 11 Issue 3 (September 2007), pp. 223 –240.

[2] See A Review of Corporate Governance in UK Banks and other Financial Industry Entities: Final Recommendations (2009),

[3] See Principle 9 "ENGAGEMENT".

公开途径）、开展新闻宣传活动和征求其他股东的意见。[1]典型的例子，如《2006 年公司法》将股东召集临时股东大会所需表决权比例由 10% 降低到了 5%，要求公司将年度薪酬报告提交股东投票表决等。

在其他资本市场基础制度方面，有观点认为政府实际上把重要的规则制定领域（如并购守则、上市规则）委托给了准政府组织，而这些组织特别容易受到机构投资者的影响，使得一些制度安排实际上倾向于维护机构投资者的利益。[2]

4. 声誉激励。以贝莱德、道富全球投资（State Street Global Investors）和先锋领航为代表的跨国资产管理机构通过将外部的监管规范内化为机构的行为准则，积极参与公司治理活动，不但可以发挥其规模经济的优势，还可以积累声誉资本，展示其负责任投资的良好形象。[3]

五、机构投资者参与公司治理尚存的挑战

在积极肯定机构投资者参与公司治理取得成效的同时，近来市场实践与研究也提出了机构投资者参与活动中尚存的挑战。包括参与活动与现有制度规则可能存在不同程度的冲突以及过于积极地参与活动可能对公司经营产生潜在的消极影响等。这些挑战不为英国市场所独有，在全球资产管理行业普遍存在。

首先，如何合理确定职责边界。目前在市场实践和制度设计层面，已经充分肯定资产管理机构对于产品投资者存在的受托责任，而这些机构投资者作为公司股东，特别是作为持有较高股份比例、对公司决策具有相当话语权的股东，对公司其他中小股东是否存在一定的义务，目前尚无定论。在某些情况下，法院可能将通常适用于高管和董事的信义义务扩展到大股东身上，认为大股东对小股东也负有忠实的信义义务，不得利用持股优势、以牺牲少数股东利益为代价而谋取实质上的经济利益。[4]

这种理念上的分歧也反映到不同市场监管机构的监管导向。2020 年版《英国尽职管理守则》对于机构投资者的参与方式、信息披露等作出了安排，但守则总体而言秉持“遵守或解释”原则（comply or explain），不具有较强的法律约束效力，这与部分市场（如美国）在规

〔1〕 See Filippo De Falco et al., *The Shareholder Rights and Activism Review: United Kingdom*, in Francis J. Aquila eds., The Shareholder Rights and Activism Review.

〔2〕 See Paul Davies, Shareholders in the United Kingdom, in *Research Handbook on Shareholder Power*, Edward Elgar Publishing Limited, 2015, pp. 355 – 382.

〔3〕 See Wolf – Georg Ringe, Stewardship and Shareholder Engagement in Germany, ECGI Working Paper Series in Law No. 501/2020, available at SSRN: https://ssrn.com/abstract=3549829.

〔4〕 See Iman Anabtawi, Lynn Stout, *Fiduciary Duties for Activist Shareholders*, Stanford Law Review, Vol. 60, Issue 5 (March 2008), pp. 1255 – 1308.

则中要求基金管理人公开披露投票等参与活动的执行情况有所不同。[1]这种安排，会导致在具体执行落地中，守则中的规定在不同机构之间、不同事项之间存在差异。

其次，如何提供有效的激励。尽管近年来机构投资者表现出“积极主义”的倾向，但客观来说，现代资产管理机构动辄持有数十家至数百家被投资公司，要求资产管理机构、基金经理们对于每一家被投资公司均善尽管理责任，无异于缘木求鱼。在宏观层面，如何给机构投资者提供足够的激励；在微观层面，如何使机构投资者能够在投资组合内保持适度数量的被投资公司，避免被投资公司数量过于庞大而分散机构投资者注意力，值得进一步研究。

再次，如何确定差异化的参与方式。被动投资的指数基金在参与公司治理方面的积极性要远远低于以公募基金、对冲基金为代表的主动投资机构。小规模的投资机构在面对复杂的公司治理事务时，也可能采取和散户投资者类似的“搭便车”策略。这些因素需要监管机构在推进机构投资者参与公司治理时，考虑不同机构的特点，避免“一刀切”。

复次，如何防范利益冲突。一是内部的利益冲突。大型的资产管理公司可能同时拥有多个不同投资策略和偏好的基金，在决定如何就每个基金所持有股份进行投票表决时，面临着内部利益冲突。二是外部的利益冲突。例如，对于一些与投资对象存在业务关联的养老基金（如企业年金），如果不支持公司的运营管理，投资对象的管理层可能会威胁更换其他的金融服务提供商。再如，投资对象管理层可能会选择性地向资产管理机构提供一些“内部信息”，这又反过来促使基金经理更加有动力继续忠于公司的管理层，以维持现有的业务服务和获得有价值的“内部信息”，[2]进而导致可能违反证券法律中关于内幕交易的禁止性规定。

最后，如何避免公司经营短期化。例如，一些对冲基金为了寻求异常的投资回报，可能利用其持股优势对公司管理层施加压力，采取一些短期化的经营行为，包括以削减公司研发投入为代价，要求公司增加派发股息红利或者大量回购股份，借以提振股票在二级市场表现等。这种短期主义行为，近则损害公司发展后劲，远则损害了实体经济持续发展的创新动能。[3]

另一类被经常指责存在“短期主义”（Short Termism）危害的机构投资者是私募基金，其“快进快出”的投资—退出策略虽然符合其资产管理活动的内在逻辑，但可能诱导公司管理层为达到约定的事件或财务目标（如成功发行上市、特定业绩表现），采取“饮鸩止渴”

---

[1] See SEC, Final Rule: Disclosure of Proxy Voting Policies and Proxy Voting Records by Registered Management Investment Companies, Accessed May 15, 2021, https://www.sec.gov/rules/final/33-8188.htm.

[2] See Dragana Cvijanović et al., *Ties That Bind: How Business Connections Affect Mutual Fund Activism*, The Journal of Finance, Vol. 71, No. 6 (December 2016), pp. 2933-2966.

[3] See Mark J. Roe, *Stock Market Short-Termism's Impact*, University of Pennsylvania Law Review, Vol. 167, Issue 1 (December 2018), pp. 71-122; John C. Coffee, Jr. Darius Palia, *The Wolf at the Door: The Impact of Hedge Fund Activism on Corporate Governance*, Journal of Corporation Law, Vol. 41, Issue 3 (Spring 2016), pp. 545-608.

的经营策略。[1]

六、启示与建议

分析发现，机构投资者在英国的崛起以及在公司治理事务中扮演积极角色，具有两个比较突出的特点：第一，依靠市场机制，充分发挥各项市场内生机制在完善市场投资者结构、激发机构投资者参与公司治理热情方面的基础性作用。第二，政策有力引导，特别是市场基础制度的不断健全以及税收政策的直接引导，为机构投资者发展壮大、进而积极主张股东权利，起到了重要的保障和支撑。

近年来，A 股市场持续优化市场生态，着力完善有利于中长期资金的制度环境。如以注册制改革为龙头，带动发行、上市、持续监管、交易、退市等各项资本市场基础制度改革完善；稳步扩大资本市场对外开放，取消基金管理公司外资股比限；优化以公募基金为代表的各类资产管理机构经验与治理机制，探索公募基金长周期考核等。立足于当前 A 股市场大力推进投资端改革、持续引入中长期资金的监管导向，结合英国市场做法，笔者提出了如下建议，可将其形象归纳为“TEST”：

首先，用好税收工具推动发展“第三支柱”养老保障，丰富资本市场“源头活水”（T，taxation）。近期，相关监管部门明确提出，努力促进第三支柱养老保险健康发展，“集中长期稳定资金，探索跨周期投资模式，成为资本市场长期投资和价值投资的重要力量，从根本上促进资本市场健康发展，满足基础建设和科技创新的资金需要”。[2]为此，可考虑借鉴英国等市场经验，发挥税收调节作用，推动将个人储蓄转化为个人储蓄养老金。例如，大力发展专业养老金融产品，将个人投资于这类产品的一定金额支出纳入个人所得税专项附加扣除范围，免于缴纳个人所得税。

其次，引导推出买方机构参与公司治理行业倡议并给予激励（E，encouragement）。科创板试点注册制改革中，建立了以机构投资者为参与主体的市场化询价、定价和配售机制，积极发挥专业机构投资者在市场定价、稳健投资方面的功能。可考虑在此基础上，善用专业机构投资者专业禀赋，引导其在完善上市公司治理中发挥更大作用。如以公开发行自律委员会倡议方式，鼓励中长线资金以多种方式参与上市公司治理，定期发布参与公司治理报告等。证券交易所对积极参与公司治理的买方机构给予声誉激励。

再次，明确公募基金等机构投资者参与公司治理的基本要求（S，stewardship）。与英美

---

〔1〕 See Wolf - Georg Ringe, *Shareholder Activism: A Renaissance*, in Jeffrey N. Gordon, Wolf - Georg Ringe eds., *The Oxford Handbook of Corporate Law and Governance*, Oxford University Press, 2018, pp. 387 - 424.

〔2〕 郭树清：《在构建新发展格局中重塑金融发展新优势》，载中国银行保险报网：http://xw.sinoins.com/2020 - 10/22/content_367225.htm，最后访问时间：2021 年 5 月 13 日。

法系规定金融中介机构对客户负有信义义务相类似，我国《民法典》第7条也规定了民事主体从事民事活动应当遵循诚信原则，秉持诚实，恪守承诺。但是，具体到资产管理机构如何基于对投资者的诚信义务，积极参与公司治理事务，无论是《基金法》，还是2018年4月印发的《关于规范金融机构资产管理业务的指导意见》,〔1〕抑或是《证券投资基金管理公司管理办法》《公开募集证券投资基金管理人监督管理办法（征求意见稿）》尚无具体规范。

继《英国尽职管理守则》之后，日本（2014）、我国香港特别行政区（2016）、欧盟（2017）、我国台湾地区（2020）陆续推出了各自的机构投资者尽职管理守则。建议参考相关做法，先期制定公募基金参与公司治理事务的行为指引，就建立参与公司治理工作内部安排、细化参与活动类型和方式、定期披露参与活动情况、防止内幕交易等违法违规行为等作出制度指引，条件成熟时将其上升为更高层级的制度规范。

最后，推动任期表决权制度试点探索（T，tenure voting）。任期表决权制又称“忠诚股制”，是对股东持有时间超过一定期限（如3年以上）的股份，赋予其多倍（如5～10倍）表决权。该机制在境外市场具有成熟的实践，一般长期股东平均持有约25%的股份，但控制着公司70%的表决权。任期表决权，旨在通过赋权长期股东、鼓励现有股东成为长期股东、吸引长期投资者以及使公司和投资文化更专注于长期业绩等措施，减轻公司从事短期行为的压力。研究表明，任期表决权有利于增强机构投资者的公司治理权。〔2〕建议在A股市场探索任期表决权机制，进一步增强机构投资者参与公司治理的制度激励。在实现路径上，可参考双层股权结构制度的实施路径，推动国务院层面作出授权。试点成熟时修改《公司法》加以制度定型。

---

〔1〕《关于规范金融机构资产管理业务的指导意见》第8条第2款规定：“金融机构应当履行以下管理人职责：……（九）以管理人名义，代表投资者利益行使诉讼权利或者实施其他法律行为……”

〔2〕参见［美］林恩·L. 达拉斯、［美］乔丹·M. 巴里：《长期股东和任期表决权制》，李啸东等译，载黄红元总编：《证券法苑》（第28卷），法律出版社2020年版，第72～175页；［美］保罗·H. 埃德尔曼等：《任期表决制会给公司管理层终身职位吗?》，王烁等译，载黄红元总编：《证券法苑》（第28卷），法律出版社2020年版，第33～71页。

证券发行虚假陈述中证券服务机构民事责任的完善

吴佩瑶 *

目　次

一、问题的提出

广义上的证券服务机构既包含为发行人出具法律意见书等专业报告的专业机构，也包含承担债券承销、保荐业务的证券公司。然前者与证券公司在证券发行中的功能、地位等差异较大，且现行《证券法》将“证券公司”“证券服务机构”分章排列，因此，本文所论述的“证券服务机构”仅包含《证券法》第160条规定的以会计师事务所等为主要代表的在证券发行中出具专业报告、发表专业意见的机构。

近年来证券市场信息披露违规行为频发，服务机构的失职总是成为发行虚假

* 吴佩瑶，法学硕士、现任职于镇江市中级人民法院。

陈述的原因之一。探究服务机构执业违规的缘由，民事责任的弱化被认为具有直接关联。“强化证券机构的民事责任”作为规范证券市场的主要措施被学界不断提出逐渐成为共识，五洋债案件对所有服务机构课以严厉的赔偿责任正是在此等理念下的现实实践，“让装睡的‘看门人’不敢装睡”[1]是此等措施的目标所在。

然而，民事责任是一把“双刃剑”——投资者是证券市场的源泉与根本，“买者自负”的前提也是“卖者尽责”，不尽责的证券服务机构固然要受到法律的非难，但也不可将识别品德良好、能力卓绝的管理层的任务过分施加在服务机构身上，若将投资者利益过分置高，同样不利于整个资本市场的良性运转。在资本市场大力推进投资者保护的背景下，证券支持诉讼、代表人诉讼功能的发挥将使大批投资者的民事诉讼维权越来越频繁，当服务机构的民事责任只能根据“业务流量”来承担，而无法通过过错抗辩、因果关系断绝、责任承担方式的变化来减轻时，每一次的业务就可能对应着天文数字般的赔偿金，带来的后果只能是：[2]一方面，为对冲更多的工作量和更大的法律风险，服务机构将提升服务费用，直接带来中小企业融资成本的提升，甚至可能出现服务机构为避免承担法律风险而将可能出现债券违约、股价下跌的新兴企业、中小企业排除在外，只将拥有良好声誉与雄厚资本支持的企业纳入服务范围，而前者恰恰是融资的迫切需求者与创新经济的主要推动力。另一方面，若无论何种程度、何种过错下的执业瑕疵都将造成连带责任的承担，那么尽职尽责的服务机构反而会因为付出了更多的成本以及保全声誉的考量退出市场，遗留下的机构由此不仅可以索取高价，甚至也可以不顾声誉资本以避免前期的成本投入，由此形成逆向淘汰，不仅不利于解决资本市场信息不对称的现状，整个市场的运行机理都将遭到毁灭性的打击。

上述考量也正是五洋债案件一审判决后引起广泛争议的原因。证券发行虚假陈述涉及主体众多，而责任自负、过罚相当的理念在加重律所、会计师事务所等机构民事责任的共识下，近年来也不断被提出，2019 年发布的《全国法院民商事审判工作会议纪要》（以下简称《九民纪要》）中提出要使证券虚假陈述纠纷“责任的承担与主观过错相匹配”，2021 年 3 月证监会也提出要建立权责对等、过罚相当、各方主体履职尽责的资本市场生态，追究主要责任人、明确中介机构之间的责任分配机制。[3]相较于政策目标下的“加强民事责任”，更需要进一步探讨证券服务机构如何承担民事责任。

---

〔1〕 杭州市中级人民法院（2020）浙 01 民初 1691 号民事判决书。

〔2〕 参见缪因知：《债券违约案频发：中介机构该如何担责》，载《经济观察报》2021 年 1 月 11 日，第 23 版。

〔3〕 参见昝秀丽：《全国政协委员、证监会科技监管工作委员会副主任张野：构建证券市场民事赔偿责任分配机制》，载 http：//www. cs. com. cn/zt/2021lh/zztg/202103/t20210302_6142907. html，最后访问时间：2020 年 3 月 5 日。

二、证券服务机构民事责任的规则缺陷

新《证券法》、2003年最高人民法院《关于审理证券市场因虚假陈述引发的民事赔偿案件的若干规定》（以下简称《虚假陈述若干规定》）以及《全国法院审理债券纠纷案件座谈会纪要》（以下简称《会议纪要》），都将证券发行虚假陈述的民事责任界定为侵权纠纷。侵权责任由侵权行为、损害事实、因果关系与过错要件构成，具体在证券发行领域有其特殊性质，根源在于证券投资价值的判断以信息为基础，投资者与发行人之间的信息失衡程度却比传统商品交易更为严重。

我国新《证券法》作为证券领域的顶层设计，仅对证券服务机构民事责任进行了原则性规定。[1]《虚假陈述若干规定》作为2018年来指导证券领域虚假陈述案件的重要规则，采取了较多的推定规则，便利了投资者索赔，然规则中的不清晰之处也使学者对服务机构承担责任的边界与适当性产生疑虑。[2]《会议纪要》为投资者保护开启了新篇章，但服务机构责任的适当性甚至有所恶化——债券欺诈发行民事责任的特殊之处在于本就应当还本付息的发行人并不会因为虚假陈述付出更多代价，而控股股东等责任主体往往自始没有履行能力，实践中这是一个以中介机构责任为核心的纠纷类型。填补投资者与惩戒违法者的双重目标中，对于前者的强调绝不能过度凌驾于后者之上，将服务机构等外部人拉入责任追究体系的边界与程度绝不是无限的。[3]而我国司法判例引起学界如此大的争论，恰恰体现了对于服务机构的惩戒思路不明、惩罚过重，反而使发行人、控股股东等“首恶”脱离。

需要说明的是，侵权法的责任认定逻辑从损失开始，侵权责任的追究以受害者受有现实损失为逻辑起点，由此追溯侵权行为以及因果关系，最后评价不当行为人是否存在过错，形成一种从客观到主观的追责链条。原则上，本文应延续客观到主观的判断逻辑。然而，一方面，侵权责任要件评价中难免出现交叉；另一方面，过错认定将涉及服务机构注意义务的范围与程度，存在义务的违反才存在着责任的承担，过错的认定对责任的成立起到“门槛”的作用，而本文在因果关系论述中将涉及法律因果关系的认定，此部分更偏向于侵权责任追责链条末端的责任范围。与刑法中过错限定责任范围的功能不同，过错要件在侵权法中仅对责任成立具有作用、仅代表行为人违反了相关义务或造成了直接损害，在漫长的侵权法实践中

〔1〕 参见《证券法》第163条。

〔2〕 参见缪因知：《上市公司欺诈发行的法律责任再商榷》，载 https://finance.china.com/industrial/11173306/20180708/32652443.html，最后访问时间：2021年2月26日。

〔3〕 参见郭雳：《证券欺诈法律责任的边界——新近美国最高法院虚假陈述判例研究》，载《中外法学》2010年第4期。

逐渐由因果关系来承担限制责任范围的作用。[1]

由此可见，在招募文件已然存在虚假陈述、投资者受有现实损失的前提下，证券服务机构是否负有注意义务、是否违反注意义务、该违反行为是否造成投资者损失以及造成多大程度的损失是证券服务机构是否对投资者承担赔偿责任及其责任范围大小所应遵循的逻辑链条，前两者为侵权责任构成要件中过错要件的范畴，后两者为因果关系要件的涵射范围。而探寻我国证券法领域的相关实践，也存在过错认定的模糊性、因果关系认定的笼统性以及连带责任的严苛性问题，而本文也将首先探讨证券服务机构注意义务的边界与标准，进而探讨该类机构承担责任的范围与方式。具体问题阐述如下：

（一）过错认定的模糊性

我国《证券法》在证券服务机构赔偿责任中采取过错推定规则，因此，服务机构承担证券侵权责任的前提是其在执业过程中具有过错。服务机构的主观故意、合谋造假应予追责无可争议，然而现实中更多的情形是律所、会计师事务所过失性的虚假陈述，争议更多的也是对于过失的认定以及其责任承担。在侵权法过失客观化的理论下，行为人的主观内在过失逐渐演变成对于其外在行为是否违反了某种注意义务的观察——《证券法》第 163 条要求证券服务机构在提供专业服务时勤勉尽责、恪尽职守，查验所依据的材料内容是否真实、准确、完整，保证其出具的文件不应当有虚假陈述。

司法实践中证券服务机构过错认定的困境之一便在于监管机构出于压实看门人责任的政策考量、投资者出于增加获赔概率的目的倾向于扩大服务机构注意义务的涵盖范围，而服务机构出于利益考量或者执业现实倾向于限缩注意义务范围，司法需要在二者之中加以权衡，既尊重专业领域的行业现实，又避免服务机构的失职行为逃脱惩戒。欣泰电气案件、五洋债案件中不仅涉及注意义务的范围与标准，还涉及“未勤勉尽责”本身与虚假陈述发生之间的逻辑论证。

就前者而言，无论是会计师事务所、律师事务所还是资信评级机构，法律对其注意义务的规定都是寥寥数语——对于专业相关事项履行特别注意义务并加以说明；对其他业务事项履行普通人的一般注意义务。[2]2020 年最高人民法院梳理总结既往实践发布《会议纪要》，其中对证券服务机构的过错规定并无新意，但在债券承销商过错认定上尝试从正反两方面详尽阐述，同样可迁移适用至证券服务机构的过错认定与抗辩中。《会议纪要》将承销商的过

---

〔1〕 参见［奥］海尔穆特·库齐奥：《侵权责任法的基本问题（第一卷）：德语国家的视角》，朱岩译，北京大学出版社 2017 年版，第 276 页。

〔2〕《会议纪要》规定，债券服务机构对各自专业相关的业务事项未履行特别注意义务，对其他业务事项未履行普通注意义务的，应当判令其承担相应法律责任。《律师事务所从事证券法律业务管理办法》第 14 条、第 15 条认为，律师在出具法律意见时，对与法律相关的业务事项应当履行法律专业人士特别的注意义务并加以说明，对其他业务事项履行普通人一般的注意义务。律师从公共机构直接取得的文书，可以作为出具法律意见的依据，但律师应当履行相应的注意义务并加以说明。

错行为概括为“严重违反……关于尽职调查要求的行为”，以“严重违反”表达对于专业机构过错认定的限制性。另一方面，《会议纪要》对承销机构的免责抗辩进行了详细列举，然而其本质就是证明承销商已经进行了合理尽职调查。[1]相关规则努力明晰专业机构过错认定的边界，仍难以改变“勤勉尽责”的标准模糊问题。由于技术手段与理性认知的限制，专业活动中不可避免地出现客观信息与真实信息之间的偏离，[2]出现虚假陈述必然意味着服务机构对于材料的收集查验、对于意见的出具存在不尽人意之处，行为人必然存在广义上的错误。因此，这就涉及一个关键问题，即证券服务机构应将其尽职调查过程实施到什么程度才属于“勤勉尽责”“已尽注意义务”？

就后者而言，证券服务机构违反注意义务是否必然导致其发行虚假陈述民事责任的承担？“未勤勉尽责”仅为证券服务机构存在过错的事实状态，却并非必然导致法律评价上发行虚假陈述民事责任的承担。然而，无论是欣泰证券案件的行政处罚决定书，还是五洋债案件的司法判决，皆未涉及该类问题的阐述。

（二）因果关系认定的笼统性

证券市场民事赔偿中，证券服务机构不能仅仅因为为发行出具了保证信息真实、确认程序合法的专业文书便对所有的投资者损失承担责任，只有投资者的损失确实是其因信赖而决策，并且该种损失确实是服务机构的虚假陈述所自然引发的结果时，才有让证券服务机构承担赔偿责任的合理性。因果关系的存在使服务机构避免成为证券投资行为的“保险人”，从而违背“买者自负”的基本市场规律。

2003 年《虚假陈述若干规定》第 18 条、第 19 条首次对因果关系进行了规定，但该规定并未区分“交易因果关系”与“损失因果关系”，由此备受批评。当然，《虚假陈述若干规定》中已然借鉴了英美先进经验，如倒置因果关系的举证责任、吸纳因果关系二分法的某些因素。[3]在《虚假陈述若干规定》颁布 17 年之后出台的《会议纪要》中仅提及了“损失因果关系”，并未提及“交易因果关系”。

尽管学界已经普遍接受了“交易因果关系”与“损失因果关系”的概念，但《虚假陈述若干规定》此种不加以区分、穷尽列举式的规定也导致司法裁判中鲜少有对于因果关系要素的细致分析。在此前的股票纠纷中，更多的是投资者个人起诉、金额较小，此种粗放式的因果关系认定手段并未因司法案件引起较大轰动，然而在债券违约纠纷基础损失认定宽泛、特别代表人诉讼兴起、机构投资者起诉多种原因的合力下，个案中最终判定的赔偿责任金额之巨令人心惊，特别是施加在证券服务机构之上的连带责任可能引发的负面效应更是倒逼理论界未雨绸缪，重新思索如何在证券市场化的背景下探索出精致且细腻的证券侵权因果关系

〔1〕 参见《会议纪要》第 29 条、第 30 条。
〔2〕 徐可：《信用中介的责任标准——从合规性到合理性》，载《金融法苑》2013 年第 2 期。
〔3〕 参见廖升：《虚假陈述侵权责任法律适用研究》，中南财经政法大学 2018 年博士学位论文，第 47 ~50 页。

认定方法。

（三）连带责任的严苛性

《证券法》第163条规定证券服务机构未勤勉尽责时，需要对虚假陈述给第三人造成的损害与委托人承担连带赔偿责任，此种“连带责任”的规定自1999年《证券法》施行以来延续至今。此前，绝大多数的虚假陈述民事案件并未将证券服务机构拉入局中，因此对于该问题的关注并不紧迫，但随着市场化程度加深、“看门人”职责的压实，无论是证监会还是司法机关，都显示出对于服务机构专业功能的重视，严格其民事责任承担更是实现此种目标的有效路径。

然而，在证券发行虚假陈述纠纷中，律所、会计师事务所等服务机构的失职绝不是第一位的，发行阶段虚假陈述的根本原因在于发行人或其控股股东的不当行为，而连带责任的施加特别是在发行人无赔偿损失能力之时，例如债券违约时债券发行人已然破产，服务机构往往成为“深口袋”对投资者的损失进行兜底，其并未收取作为担保人的费用却似乎变相位于担保人的地位。出于保护弱势一方的动机，法院有时会采取以连带责任补偿受害者的做法，而连带责任背后有着特定的法律目的与严格的法律逻辑，以连带责任“和稀泥”是绝不可取的。〔1〕

回归至证券法上的连带责任，五洋债案件中专业服务机构的责任引起广泛争议，究其原因，在于司法对于证券服务机构“连带责任”范围的解读不明、法院也往往出于保护投资者的初衷扩大适用。《虚假陈述若干规定》第27条采取的“知道或者应当知道”似乎是以“主观过错”来界定共同侵权行为，即证券服务机构无论故意与过失皆与发行人构成共同侵权行为，而存在过错又是证券服务机构承担侵权责任的前提条件。因此，一旦服务机构出具的专业文书中因过错存在虚假陈述，在证券民事诉讼的背景下其必然与发行人构成共同侵权，由此又必然承担连带责任，实际上使共同侵权行为的涵盖范围极为扩张，连带责任的施加范围十分广泛。而新《证券法》第163条仍然采用了统一化的“连带责任”表述，似乎是进一步确认了此种观点。虽然《虚假陈述若干规定》第24条规定证券服务机构仅对其负有责任的部分承担责任，有学者认为该条的规定是指因过失导致虚假陈述发生的，服务机构只就其负有责任的部分承担有限比例的赔偿责任，〔2〕但实践中不乏法院认为此规定仅是对内部责任的划分，并不影响服务机构承担全部赔偿责任。〔3〕

因此，《会议纪要》创造性地规定了专业服务机构仅就其工作范围和专业领域内的虚假陈述区分故意与过失承担相应法律责任，然而，“相应的法律责任”如何界定？五洋债案一审判决中直接划分连带责任比例的做法引起了广泛争议，“就实务而言，在涉及连带责任的

---

〔1〕参见程啸：《侵权责任法》（第三版），法律出版社2021年版，第31页。

〔2〕参见聂非舟：《信用评级机构法律监管研究》，华东政法大学2011年博士学位论文，第272页。

〔3〕参见郭克军等：《证券服务机构虚假陈述责任及风险防范》，法律出版社2020年版，第204页。

案件中，法院判决数个加害人承担连带责任时，原则上不得在判决书中分割各加害人的赔偿份额，只需判决承担连带责任即可”。[1]

三、证券服务机构民事责任过错认定的清晰化

（一）证券服务机构过错责任的认定逻辑

民事诉讼与刑事、行政处罚不同之处在于，前者着重于对投资者损失的弥补，后者侧重于对于服务机构本身过错行为的惩戒。因此，在证券侵权责任中，违反注意义务会导致其被证监会施以行政处罚，但违反注意义务本身并不一定会导致其承担虚假陈述的民事法律责任，只有当其违反注意义务之行为导致了证券发行虚假陈述进而导致损害后果，才会引发相应民事责任。因此，在判定证券服务机构责任时，不能以“有过错，即担责”的事后标准来要求承担侵权责任，而应依据责任的判定链条考察其违反注意义务之行为与虚假陈述行为发生的关联性。

质言之，虚假陈述民事责任的逻辑论证要求服务机构违反注意义务之行为与虚假陈述发生具有因果关系，前者为因，后者为果。[2]过错是对行为人主观的否定，主观归责的前提是客观上应予苛责的情况存在。证券市场虚假信息的危害在于其误导了投资者的信赖，从而引导投资者的决策，因此，若不存在投资者的信赖，或者证券服务机构执业不当却并未导致出现虚假信息，自然也不存在民事责任中要求的过错。例如，当法律意见中就某项资产权属确认为发行人所有，但在会计师事务所或资信评估报告中显示该项资产已被处置，律所可能存在失职，但此时在法律意见书范围内的“错误的权属事项”并不致使律所承担民事责任，因为其并没有导致投资者的信赖并由此促使投资者做出投资决策。再如，违反注意义务也未必一定导致虚假陈述，“编制并妥善执行工作计划”“妥善保存底稿”是证券服务机构的特别注意义务内容，当服务机构因为“未编制工作计划”“底稿有所缺失”等程序性事项违规被处以行政处罚之时，该失职行为未必与最终的虚假陈述存在关联——程序性事项的完成是服务机构证明自己已经勤勉尽责的证据，若实体上不出现相应问题，以程序上的瑕疵追究民事责任是不恰当的。因此，服务机构违反注意义务本身并不必然产生民事责任，只有当违反注意义务导致实体问题进而引发虚假陈述时才可承担责任，不能倒果为因。

（二）证券服务机构注意义务的范围与标准

1. 证券服务机构的义务范围：以专业特征为中心

所谓证券服务机构的义务范围，就是服务机构应当对哪些事项进行调查、出具意见并因

---

〔1〕 李显冬：《侵权责任法》，北京大学出版社2014年版，第99页。

〔2〕 参见吴凌畅：《从欣泰电气案看证券律师的勤勉尽责义务》，载《证券法苑》2017年第2期。

此承担责任。服务机构责任的产生便是因其专业优势引发公众信赖，从而为披露的信息提供"保证"，因此其义务的边界也应以专业划定。[1]由此可见，法律对于证券服务机构的义务规定趋于一致——对专业相关事项履行特别注意义务，对其他业务事项履行一般注意义务。

律师事务所的职业特征与业务范围决定了其在证券发行过程中的特殊性：一方面，证券发行以投融资双方的资金需求、投资收益为纽带，以财务数据为决定要素，法律问题并非关注核心；另一方面，法律意见是对公司所有情况的全面梳理，广义角度上证券发行中的所有事项最终都会印证在法律上，律所是公司披露的最后决定者。[2]以专业为核心的义务范围在律所法律意见书的出具过程中体现的较为明显，因此本部分主要以律所为例进行论证。

投资者保护理念下，基于专业分工的现实模糊性与复杂性，律所总被拉进财务与法律的交织边界。以重大合同为例，该事项既属于会计师事务所评价发行人财务风险的重要事项，又属于律所评判其是否符合发行要求的义务范围，处于法律与审计的交织范畴。然而，律所与会计师事务所的专业技能决定着二者对于同样事项的审查方向有所差别，同样都是审核合同，会计师事务所关注的是合同背后的交易是否真实发生、由该合同产生的财务数据是否准确，在此基础上分析该财务数据是否具有可靠性、相关性、可比性和可理解性以及该交易对发行人的影响是否在财务报表中充分披露、是否公允反映、是否存在虚增利润等情形，从而保证预期使用者能够理解重大交易和事项对财务报表所传递信息的影响。[3]然而，律师对于同样的文件需要做出的是法律上的评价，何为法律上的评价？其中必然涉及法律问题，如企业是否有权处分资产、合同是否存在法律缺陷致使合同无效或者可撤销、价款是否罹于时效，[4]企业历次股权变更的程序是否合法、改制重组方案是否合规等。[5]

毋庸置疑，法律意见书凝聚着律所对于发行中所有相关事项的综合评价，是划定律所责任界限的专业文件，然而由于法律的整体性评价使其中必然涉及非法律专业事项，律所又存在"非专家"的身份。由上述例子可知，即使某项事项属于律所的法律专业义务范围，专业细化背景下对于律所的要求也完全不同于会计专业对于会计师事务所的要求。当公司通过伪造合同虚构利润以实现欺诈发行时，律所与会计师事务所审核范围的交织并不代表专业领域的重叠，合同价值是否虚增、可能导致的偿债风险等未必为律师专业所涵射——正如学者所

---

〔1〕 参见郭雳、李逸斯：《IPO 中各中介机构的职责分配探析——从欣泰电气案谈起》，载《证券法苑》2017 年第 4 期。

〔2〕 参见耿利航：《中国证券市场中介机构的作用与约束机制——与证券律师为例》，法律出版社 2011 年版，第 15 页。

〔3〕 参见郑舒倩：《中银律所未勤勉尽责》，载 https：//mp. weixin. qq. com/s/Bn3TDnLBnS2Svav7KhrTlg，最后访问时间：2021 年 3 月 6 日。

〔4〕 参见张巍：《莫让证券诉讼成为变相刚性兑付：对五洋债券案的几点私见》，载 https：//mp. weixin. qq. com/s/hTSptAug3L4WeV9gdGQF0w，最后访问时间：2021 年 3 月 6 日。

〔5〕 参见郭雳、李逸斯：《IPO 中各中介机构的职责分配探析——从欣泰电气案议起》，载《证券法苑》2017 年第 4 期。

言，合同签订存在法律风险，但合同履行过程中的违约责任或风险，却是非法律的风险。[1]

因此，证券发行中的分工以专业为核心，专业划分不应单纯以某项事项是否属于某个专业机构应当审核的范围进行划定，而是要结合证券服务机构的专业技能、专业评价的方向、专业意见生成过程的客观局限性进行综合判断，由此厘定该机构注意义务的标准与程度。

2. 证券服务机构的义务标准

（1）特别注意义务：特定情境下的客观行业标准

关于特别注意义务，英美法系与大陆法系趋于一致，其采用“理性人”标准，即其他同类专业人士通常尽到的程度，除非专业人士明确承诺会尽到更高的注意义务。[2]

专业文件的出具包含两部分内容，一是对于基础事实的查验，二是基于查验事实、遵循专业程序、运用专业技术发表的专业意见。

对于后者，依照英美法的概念，“虚假陈述”是对于事实的陈述，而非个人意见的表达、承诺或对于未来的预测。[3]专业意见是一种观点表达，观点只会有正误，不会有真假。因此，当观点出现错误但基础材料真实完整之时，有必要就属于“造假”还是“歧见”进行探究。主观判断是专业人士存在的根本原因，就审计而言，对特定会计事项如何处理的不同理解是更为常见的情形；[4]就法律领域而言，法律意见更是一种有立场与偏向的看法，存在争议才是法律问题的常态。当然，“专业意见存在主观性”并非服务机构否认过错的“必胜法宝”，注意义务在专业领域的判断标准乃是专业范围内“一个中等资质和能力从业人员的标准”，因此，当专业人士的判断出现失误，该行为本身并不当然构成执业过错，只有事实对应之上的观点有着明显的判断失误、分析问题逻辑混乱、意见模棱两可之时，说明该人士并不具备胜任此业务的能力，自然未达到证券服务机构注意义务所要求的技能水平。

更富有争议的是服务机构在出具意见时依据的基础事实收集核查出现失误，通常的表现便是发行人提供了虚假材料但专业人士因为未保持合理的职业怀疑、未全面获得证据而未能查明其为虚假，从而出具了错误意见，在此过程中是否尽到“特别注意义务”仍然是过错的判断核心。从事后的角度来看，以重大合同事项举例，一项合同涉及的内容有合同文本、双方当事人与利害关系人、标的物等，即使对文本内容进行了细致审核、电询相关人获得信息，仍有可能因为未实地查验而被判有过失，因为证券服务机构的尽职调查过程从事后角度评价总有可商榷之处。

---

〔1〕 参见凤建军：《司法介入资本市场问题二则——法律适用与规则合法性审查》，载《金融服务法评论》2019年卷。

〔2〕 参见张安民：《专业人士承担的注意义务和技能运用义务》，载张安民主编：《民商法学家》（第1卷），中山大学出版社2005年版，第76~79页。

〔3〕 参见［英］保罗·戴维斯、［英］莎拉·沃辛顿：《现代公司法原理（第九版）》（下册），罗培新等译，法律出版社2016年版，第926页。

〔4〕 参见刘燕：《从财务造假到会计争议——我国证券市场中上市公司财务信息监管的新视域》，载《证券法苑》2012年第2期。

对于“特别注意义务”绝不能以“事后诸葛亮”“客观真实”的标准去考察，必须结合特定项目特征，以行业中服务机构通常应达到的标准去评价，即采用特定情境下客观的行业标准〔1〕进行评估。

首先，特别注意义务一定是在特定语境下加以评判的，如美国SEC规则与司法判例，是否勤勉尽责需要结合证券性质、证券发行规模、证券服务机构与发行人的关系等要素综合判断，〔2〕要求其在现有条件下尽到最大可能去完成执业要求。例如，当材料的规模过于巨大时，允许其从可操作性与科学的角度，采用合理比例的抽样方式进行审慎核查，在此标准下，在样本规模仅为30份合同而抽样调查也仅2份时，〔3〕从行业标准判断是显著不合理的。

其次，特别注意义务需要以客观标准进行评价，即将服务机构的现实行为与“理性人”的应为行为进行比较，而应为行为可以拆分成职业怀疑的充分性以及调查的充分性，其中涉及特定职业与领域的专业判断与客观局限。政府部门的合规规定往往带有监管部门基于政策考量施以的理想化标准，但执业守则的编制通常结合着本行业的技能及其局限性，意味着本行业认为按照执业守则进行专业活动即可实现对于真实情况的查明、以确保意见的准确。

当然，执业规则仍然试图以统一化、抽象化准则指引专业行为，现实情况依然复杂，证券发行本身便是一个各专业融合的领域，其必然要求司法尊重各专业领域的事理逻辑，〔4〕在特定案件中结合行业准则，以判断服务机构是否保持了审慎的职业判断、是否全面收集了证据、是否进行了合理的查验。证券服务机构是否存在过错是一个跨越会计、审计、管理等众多领域的复杂问题，有必要构建以行业为核心的专家证人制度提供专业知识与实践经验支持。〔5〕

（2）一般注意义务：专家意见与明显瑕疵

如前所述，特别注意义务与一般注意义务应以不同专业间的特征与技能相区分。往往一个专业机构的特别注意事项便是另一个专业机构的一般注意事项，对于非专业事项的审查往往体现在对于其他专业机构文件的核查上。

在欣泰电气与五洋债案件中，法律界都提出了“律师是否需要学习会计知识”的疑问，其本质还是在于特别注意义务与一般注意义务的界限难以区分，一般注意义务的程度难以把控。

---

〔1〕 参见郭雳、李逸斯：《IPO中各中介机构的职责分配探析——从欣泰电气案议起》，载《证券法苑》2017年第4期。

〔2〕 See SEC Rule 176.

〔3〕 参见《中国证监会行政处罚决定书（北京市中银律师事务所、唐金龙、李志强等4名责任人员）》〔2016〕108号。

〔4〕 参见叶金强：《董事违反勤勉义务判断标准的具体化》，载《比较法研究》2018年第6期。

〔5〕 参见蒋尧明：《注册会计师审计报告虚假陈述民事责任研究》，中国财政经济出版社2009年版，第184~185页。

一般注意义务的涵射范围如何？如前所述，划分不同专业机构的依据在于其对于相同事实的不同解读方向，“专业意见”是专业化分工的精髓所在。专业意见的生成包含着对于基础资料的收集与核查、包含着数年甚至数十年的专业教育与执业形成的专业思维，是“专业性”的核心体现。现代分工形成的隔膜使“外行人”合理信赖某个专业人士发表的专业意见，而法律人士相对于会计界人士便是这样一种“外行人”。因此，律所对于非法律专业内容施以一般注意义务的范围应当锁定在其他专业机构依据事实发表的“专业意见”之上。

进一步阐述，对于“专业意见”的一般注意义务程度如何？一般注意义务以普通人为衡量标准，在证券发行领域中往往用“明显瑕疵”进行具体化。仍然以法律专业与会计专业为例，作为“普通人”的律师能否发现一项资产以不公允的价格出售？此时，必然要考察律师职业的特性以及普通人的局限——律师的特长在于文字而非数字。就会计师事务所出具的审计报告而言，其中附着的财务报表需要专业的财务技能，非律师所能及。因此就无保留意见的审计报告而言，若其中无任何解释说明内容，普通人也难以发觉相同文字与专业报表中的问题，也就不能以此要求律师。而对于具有个性化说明段的审计报告通常可表现会计师对于持续经营的重大不确定性等事项的判断，对于其中的明显瑕疵可要求律师施以注意。〔1〕除此之外，相关文件之间的矛盾也是普通人所能注意到的明显瑕疵，此类瑕疵更偏向于形式审查的范围。

因此，若专业意见无文字上的明显瑕疵，则律所并无核查调查义务。质言之，若“意见”无明显瑕疵，也无须要求律所对其所依据的“事实”进行复核。

而在无关专业意见的范围中，在底层事实的收集层面则无所谓对“意见”的采纳，专业人士与非专业人士、法律专业人士与会计专业人士并无明显的能力差异，若服务机构需要依据事实出具法律专业意见，其对于事实的查验必然要依据“客观的行业标准”进行。以证监会对博鳌律师事务所的处罚为例，律所直接援引了保荐机构制作的合同明细表格。〔2〕合同明细表格的制作属于事实的查验，结合专业的判断标准，对于合同合法性的查验自属于法律专业人士的特别注意义务范围，因此该类义务涵射下自然包含对于原始文件的核查。

四、证券服务机构民事责任因果关系认定的精细化

（一）交易因果关系的认定与证券服务机构的抗辩

1. 交易因果关系的认定

虚假陈述不同于一般民事侵权案件，披露文件并未直接导致投资者损失，而是投资者对

〔1〕 参见吴凌畅：《从欣泰电气案看证券律师的勤勉尽责义务》，载《证券法苑》2019 年第 2 期。

〔2〕 参见《中国证监会行政处罚决定书（湖南博鳌律师事务所，刘彦、胡筠）》（〔2013〕50 号）。

披露信息产生了信赖并因信赖作出投资决策，由此形成交易上的因果关系。

由此，实则投资者需要证明两点：一是信赖，二是因信赖作出投资决策。要证明“信赖”需要证明两层关系：第一，投资者认知到证券服务机构的陈述并合理相信其为真实；第二，该陈述对证券投资决策产生实质影响。后者一般因披露信息的“重大性”得以推定，同时“重大性”也得以推定“投资者因为信赖而作出投资决策”，而“信赖”中“认知到”的证明在非面对面的大批量交易中更为困难。将视线转向比较法中，美国对“认知”采取两条路径进行推定，一条是1933年《证券法》下以“重大性”直接推定，其直接推定认购者对注册文件中的不实陈述的信赖，然而当买进证券行为与注册文件生效间隔过于久远或发行人公开披露了新的财务报告后，[1]该交易中无法直接推定信赖。因此，另一条信赖推定路径为10b－5规则下由法院创设的、基于欺诈市场理论的信赖推定规则，美国法院也确实在积极实践将“欺诈市场理论”适用到不具有效率市场特征的证券首次公开发行阶段。[2]此种“信赖推定”属于可推翻的“信赖”。

我国《证券法》直接采用欺诈市场理论对虚假陈述实施日后、揭露日或更正日前的投资者进行统一保护，在一级市场中该种强制推定与美国并未太多区别，对二级市场中的投资者却因为强行性规定而显示出更为强效的保护。《虚假陈述若干规定》第19条规定的被告可主张的抗辩事由，其中第一款和第二款是交易因果关系的反向规定，第三款和第五款属于当事人未受虚假陈述影响的情形也可归为交易因果关系抗辩，但被告几乎无法证明，第19条没有规定被告对于“有效市场”或者“价格影响”的抗辩，欺诈市场理论被法律进行强制推定，[3]无法推翻。更何况，《虚假陈述若干规定》第18条不仅直接推定了交易因果关系，更直接推定了损失因果关系，投资者只需要完成对于基础认购事实的证明，便可同时完成对于交易因果关系与损失因果关系的证明。因此，在我国证券法的规定中，被告在因果关系的对抗上显示出明显的失衡，这种失衡的原因很大程度并不在于对于交易因果关系的推定，而在于赋予证券服务机构等被告的抗辩事由不足，以至于原被告双方利益维护呈现明显偏差。

2. 证券服务机构对交易因果关系的抗辩

证券服务机构对于交易因果关系的抗辩，其本质便是切断投资者对于发行中虚假陈述的信赖，或者切断信赖与交易决策之间的关联，具体有以下路径：

（1）不存在合理信赖

若服务机构有证据证明投资者通过其他途径获知了发行人的真实信息或明知信息为虚假，就可以据此切断投资者与虚假陈述之间的信赖关系。此种较为普遍的是服务机构能否主

---

〔1〕 发行人登记注册文件生效后的12个月后才买进该证券的或者在发行人在该12个月的期间作出了一项通常可以获得的财务报告后才买进该证券的，无法推定信赖。

〔2〕 参见汤欣主编：《股民索赔指南——证券市场虚假陈述民事赔偿释疑》，法律出版社2003年版，第140页。

〔3〕 参见耿利航：《欺诈市场理论反思》，载《法学研究》2020年第6期。

张机构投资者对虚假陈述并不存在信赖，例如美国在依据机构投资者提起的诉讼中不适用信赖推定原则。[1]机构投资者较之自然人投资者更具有资金、经验的优势，但是其初步决策仍需借助发行披露文件，因此，考量机构投资者的特殊性，可对其适用信赖推定原则采取前置程序，例如要求其提交研究报告证明其恰当履行了投资决策程序。[2]当然，若机构投资者决策程序有瑕疵之处，可在责任承担阶段进行过失相抵以减免服务机构责任。[3]

（2）切断“重大性”与“信赖”间的关联

“重大性”既是决定特定信息是否需要被披露的标准，也是决定何种虚假陈述将导致民事责任时需要考量的因素。[4]《九民纪要》中提出对已经处以行政处罚的案件应当认定为具有“重大性”，然而《会议纪要》明确指出法院应当对于“重大性”与否进行独立判断。

关于“重大性”本身的含义，视线转至域外实践，美国法院在 TSC V. Northway Inc. 案中最终确立了界定“重大性”的一般标准，即“理性投资者”标准——在理性投资者看来遗漏的事实很可能显著改变了其获得的全部信息的含义。[5]“重大性”是个法律与事实相混合的概念，需要结合个案从所涉金额、事件性质、影响力等方面进行综合衡量。[6]

“重大性”是推定“信赖与投资决策”之间的桥梁。“重大性”与“信赖”两个要件相互联系却又有所区别，前者是对行为要件的判断，是虚假陈述具体类型的统合认定标准，以抽象的理性人标准进行认定；而后者属于因果关系层面，在特定投资者的交易中判断其是否受到虚假陈述行为的影响。[7]最高人民法院在国民技术案件[8]、上海金融法院在游久游戏案[9]中认为，如果所涉信息不会对投资者决策、股价产生实质性影响，那么即使虚假陈述行为被行政处罚，该行为也与投资者损失之间缺乏因果关系。因此特定案件中虚假陈述虽然具有重大性，但是否会吸引投资者作出投资决策并不确定。一方面，“重大性”信息不一定对证券价格产生影响，正如辽宁高院所认为的，受多种因素影响，若某个虚假陈述与证券供求、价格无显著相关，“重大性”与“信赖”便因为该信息的中性性质而无法关联。[10]另一方面，“信赖”不同于“重大性”，其是一个在特定案件中进行个性化判断的要件，例如当

---

〔1〕 参见樊健：《我国证券市场虚假陈述交易上因果关系的新问题》，载《中外法学》2016 年第 6 期。

〔2〕 参见贾纬：《证券侵权民事责任之完善》，载《法律适用》2014 年第 7 期。

〔3〕 参见《债券承销商虚假陈述赔偿责任的因果关系及延伸问题》，载 https：//mp. weixin. qq. com/s/ndV95wkKqXjlu4maP3Rwzw，最后访问时间：2021 年 3 月 6 日。

〔4〕 参见汤欣、张然然：《虚假陈述民事诉讼中宜对信息披露“重大性”作细分审查》，载《证券法苑》2020 年第 1 期。

〔5〕 See TSC Indus. v. Northway，426 U. S 438（1976）.

〔6〕 参见最高人民法院（2013）民申字第 1834 号民事裁定书。

〔7〕 参见汤欣、张然然：《虚假陈述民事诉讼中宜对信息披露“重大性”作细分审查》，载《证券法苑》2020 年第 1 期。

〔8〕 参见最高人民法院（2020）最高法民申 3330 号再审民事裁定书。

〔9〕 参见上海金融法院（2019）沪 74 民初第 1185 号民事判决书。

〔10〕 参见辽宁省高级人民法院（2019）辽民终 550 号民事判决书。

投资者在揭露日前后均存在买入或卖出证券的行为，该个性化投资者的行为便可被认定为并未受到公司披露行为的影响，由此否定“信赖”的存在。[1]

（3）“双刃剑”：“欺诈市场理论”

除此之外，证券服务机构是否可以就不存在有效市场对推定信赖予以推翻？无可否认，欺诈市场理论是一种出于政策考量的工具，然而对于该理论的争议从未停息。一方面，在该领域通常适用的股票领域，其渐渐显示出与其政策初衷相互违背的负面效应。批评者认为，同美国以欺诈市场理论作为集团诉讼开展前提相似，该理论在中国也作为普通代表人诉讼与特别代表人诉讼得以展开的基础，然而该理论误将赔偿投资者作为主要政策目标，而忽略了虚假陈述民事诉讼的目标应定位于有效威慑公司背后的意图欺诈者，因此其主张提高推定适用的门槛。[2]另一方面，在除股票以外的其他证券领域，“欺诈市场”的理论基础“有效市场假说”更显得力有不逮。以债券市场为例，虽然在“11 超日债”案件中法院与部分学者主张《虚假陈述若干规定》第 18 条因果关系推定可直接适用于债券纠纷，[3]但学界与理论界并未达成统一意见，欺诈市场理论不能适用于没有效率的公司债券领域中，[4]我国的债券市场仍然处于弱势有效情形。[5]因此，在美国证券领域中欺诈市场理论并非统一适用——如果发行人的证券并不是在证券交易所上市或者在 NASDAQ 挂牌，那么被视为非有效市场。[6]因此，基于“欺诈市场”而产生的信赖推定是可以通过“非有效市场”的假设被推翻的，在新三板等新兴市场中更应允许如此。

当然，“有效市场假说”对于被告也是一把“双刃剑”，因为市场是反映所有有关证券信息的综合体，其他信息因素也有可能削弱发行人虚假陈述的影响，例如公司的不实陈述可能被媒体的消极新闻或证券分析师的消极评价抵销。[7]

综上所述，欺诈市场理论并非是对原告的百分百补偿，应当允许服务机构通过推翻该理论或者利用该理论得以减轻或者免除责任。

（二）损失因果关系的认定与证券服务机构的抗辩

1. 损失因果关系的认定

证券服务机构在发行中的虚假陈述，有时仅是投资者认购或者交易的原因，而非投资者遭受损失的原因，所以即使承认此等损害之可赔偿性，亦需要通过损失因果关系加以限制。

---

〔1〕 参见郭克军等：《证券服务机构虚假陈述责任及风险防范》，法律出版社 2020 年版，第 187 ~188 页。

〔2〕 参见耿利航：《欺诈市场理论反思》，载《法学研究》2020 年第 6 期。

〔3〕 参见江苏省高级人民法院（2018）苏民终 201 号民事判决书；参见樊健：《欺诈市场理论在公司债券虚假陈述纠纷中的适用》，载《财经法学》2020 年第 2 期。

〔4〕 See John C. Coffee Jr., *Litigation Governance: Taking Accountability Seriously*, Columbia Law Review, Vol. 110, No. 1, 2010, pp. 288 –351.

〔5〕 参见刘梦堂：《我国公司债市场的有效性研究》，南京大学 2018 年硕士学位论文，第 39 页。

〔6〕 参见齐斌：《证券市场信息披露法律监管》，法律出版社 2000 年版，第 304 页。

〔7〕 参见齐斌：《证券市场信息披露法律监管》，法律出版社 2000 年版，第 270 ~271 页。

损失因果关系所解决的问题是侵权人应当就其行为所造成的哪些后果负法律责任，服务机构原则上承担的责任仅限于其虚假陈述行为引起的投资者损失。“损失是虚假记载或重大遗漏可以预见的结果”，[1]何种损失为服务机构虚假陈述行为可以预见的损害？在英美法系中，合理预见说认为所谓可预见的损失，是指按照事物发生、发展过程而自然、可能产生的结果。[2]风险实现说认为不当行为人对虚假陈述导致损失的承担应限定在该陈述未能揭露的交易风险所导致的损失范围。[3]当然，从严格意义上来说，风险理论仅仅是可预见理论的一般化，[4]其主张损失是交易时点处虚假陈述所造成的风险演化所致。“合理预见”是一种由事前向事后发展的逻辑的评价，在该种理论下，证券服务机构仅需要对其能够预见的损害负责，而非对于所有的结果负责。

除此之外，英美法中的直接因果关系说、大陆法系的“相当因果关系说”，都是从事后的角度回溯性思考，其判断逻辑是从损害结果出发，对先前各种因素进行考察。[5]

无论哪一种学说，投射到实践之上，都尝试切断法律推定的部分损失与服务机构虚假陈述部分的因果关系，可预见性、相当性、介入因素等在证券民事责任领域逐渐呈现客观化的倾向——主张证券服务机构对发行虚假陈述承担的民事责任仅是在信息披露后按照时间推移、市场发展自然而然造成的损失范围之内，如操纵市场导致的股价波动、系统风险所导致的损失，都是在客观上呈现与财务数据造假、资产权属造假、评级失实等虚假陈述的不相关性。

当然，理论上的梳理并不能代替实践中投资者的举证困难，在复杂的商业环境下，虚假陈述中的要素最终如何演变成为证券投资者的损失部分，实乃投资者举证之难题。因此，《会议纪要》仍未改变推定损失因果关系的规定，实为减轻投资者举证责任之举。如前所述，我国证券法上原被告利益之失衡的缘由不在于“推定”，而在于被告的抗辩不足。因此，相较于从正面规定，扩大服务机构的可抗辩范围是更为可行的举措，服务机构为减轻自己的赔偿责任需要陈列种种客观存在的事件因素以切断其发行虚假陈述行为与损害之间的因果链条。该类抗辩的实质也是对不可预见的损害、异常介入因素等的客观化、现实化、具体化。

2. 证券服务机构对损失因果关系的抗辩

证券领域投资者损失范围的确定具有技术性，无论是以投资差额作为损失，还是以债券本息作为损失，[6]都不能否认服务机构与此范围内金额的初步相关性。然而，证券市场具有

---

〔1〕 Lentell v. Merill Lynch & Co., 396 F. 3d 161 (2d Cir. 2005).

〔2〕 参见程啸：《侵权责任法》（第三版），法律出版社2021年版，第243页。

〔3〕 Bastian v. Petren Resources Co., 892 F. 2d 680, 685 (7th Cir. 1990).

〔4〕 原文出自哈特与奥诺尔。转引自刘海安：《法律上因果关系的反思与重构》，载《华东政法大学学报》2020年第4期。

〔5〕 参见程啸：《侵权责任法》（第三版），法律出版社2021年版，第242~247页。

〔6〕《会议纪要》认为，信息重大性已经使虚假陈述行为与投资者的投资决而及日后债券违约困境间建立联系，有理由认为债券违约到期未清偿的本金以及利息等部分都与虚假陈述行为存在初步的相关性，即虚假陈述造成的基础损失与债券未偿付范围一致。参见何海峰：《理解和把握〈审理债券纠纷案件座谈会纪要〉的十四条主线》，载《金融市场研究》2020年第7期。

投资与投机的双重性，证券价格的变动因素多元、损失原因复杂，因此也有必要转变"保护"投资者等于"补偿"投资者的迷思，兼顾服务机构的利益，明确认定服务机构虚假陈述导致投资者损失的确切范围，由此需要在损失因果关系层面将与服务机构虚假陈述无关的部分予以剔除，具体包含系统风险与非系统风险。

（1）系统风险的剔除

系统风险导致的损失应予扣除基本成为共识，也由司法解释得以确认，然而如何认定系统风险、如何计算其导致的损失数额皆未形成统一观点，法院也各行其是。近年来，司法实践中已经开始借助专业计算软件对证券市场风险因素进行专业扣除，在方正科技案中上海金融法院便对投资者遭受风险因素影响程度进行了相对精确的认定。[1]当然，判决的可接受性并非只能建立在所谓的精确分析之上，我国证券领域纠纷民事责任存在过度赔偿之虞，因此在判定风险因素时适当适用主观调整仍是衡平与公正的必要手段，[2]历史上的关联度、时间长短等皆可作为参考因素。[3]《九民纪要》也指出，在证券虚假陈述案件审理过程中，对于需要借助其他学科领域的专业知识进行职业判断的，要充分发挥专家证人的作用，使案件事实认定符合证券市场的基本常识和普遍认知或认可的经验法则。

（2）非系统风险的剔除

非系统风险是指与整个市场无关而发生于某个具体股票或债券的风险，这种风险来自公司内部，例如公司经营风险、财务风险等。[4]近年来，股票虚假陈述领域的司法实践逐渐开始支持非系统风险的扣除，[5]法院通常通过发行人案涉期间是否发布重大利空公告来判断非系统风险的存在。

在服务机构承担民事赔偿责任之时，应允许将可归因于发行人等公司个体风险[6]导致的损失进行扣除，包括但不限于以下几类：其一，经营风险。如发行人发布利空公告导致证券价格下降、发行人的管理人员商业决策失误导致公司责任财产减少致使公司偿债不能。其二，投融资风险。如公司后续通过债券融资或向银行贷款导致其投资风险升高，由此导致证券市场价格走低，或者公司进行杠杆收购计划导致债券估值降低，债券违约风险显著增加。[7]其三，

---

〔1〕 参见上海市高级人民法院（2019）沪民终263号民事判决书。

〔2〕 参见缪因知：《精算抑或斟酌：证券虚假陈述赔偿责任中的系统风险因素适用》，载《东南大学学报》（哲学社会科学版）2020年第5期。

〔3〕 参见甘培忠、彭运朋：《论证券虚假陈述民事赔偿中系统风险所致损失数额的认定》，载《甘肃社会科学》2014年第1期。

〔4〕 参见张保生等：《证券虚假陈述民事赔偿案件系统风险的认定标准和计算方法》，载《金融服务法评论》2015年卷。

〔5〕 参见最高人民法院（2020）最高法民申3176－3179、3182－3184号、（2021）最高法民申109号再审民事裁定书。

〔6〕 参见樊健：《论证券虚假陈述投资者损失计算的"事前观点"》，载《清华法学》2017年第3期。

〔7〕 参见［美］罗伯塔·罗曼诺：《司法判决与金融创新：债券契约中的保护性约定的一个案例》，陈秧秧译，载《证券法苑》2011年第1期。

道德风险。如发行人的控股股东抽逃出资、高管转移公司资产等，导致公司资产实质减少。其四，意外事件。如自然灾害等造成的厂房、设备减少，矿洞垮塌造成的舆论风波与后续赔偿责任。

当然，在判断相关非系统风险是否会对投资者的损失产生原因力时需要衡量证券的种类、事件的影响程度等要素，此时有赖于服务机构结合各证券的基本特征以及该事件在造成投资者损失间的发展脉络与因果联系，将该事件所造成的损失部分从法律推定因服务机构在虚假陈述中所造成的全部损失中予以扣除。当然，此过程是发行虚假陈述与各种因素综合衡量对损失的原因力大小的过程，例如，若债券资信等级因虚假陈述揭露而下调，由此导致市场价格下降，该类投资损失仍与服务机构行为相关。

五、证券服务机构民事责任归责的差异化

（一）对证券法上连带责任与共同侵权行为的检视

证券服务机构因发行虚假陈述而承担民事责任有其特定的发生情景，其行为主体与责任主体必然具有复数性特征，因此也就必然涉及对于共同责任的探讨。证券法上明确服务机构对其虚假陈述与发行人承担连带责任。

根据《虚假陈述若干规定》，服务机构承担连带责任的法律基础为共同侵权行为的成立。然而，学界对于共同侵权行为的认定莫衷一是，有主观说、客观说、折中说。客观说主张即使没有共同过错，只要客观上符合一定条件就可构成共同侵权，[1]过分扩大了共同侵权的范围，过度偏重弥补损害而忽略了法律的可预见性，采用此种学说的学者非常稀少。折中说认为共同侵权的构成需要行为人主观过错相同或相似，客观上各加害人的行为应当构成统一的不可分割的整体，形成引起损害发生的统一的原因，[2]将主观标准对于加害人主观过错的谴责与客观上对于行为后果的价值判断相混淆，仍然无法准确界定共同侵权行为。

主观过错的关联最能体现法律的正义价值并符合责任自负的侵权法理念，[3]这也正是共同侵权行为概念产生的根源与服务机构可苛责的缘由所在。主观说中以是否需要意思联络分为不同观点，一部分学者主张需要具备意思联络，[4]另一部分学者主张具备共同过错即可。[5]后者即“共同过错说”认为应以更为广义的“过错”为共同侵权的判断标准，然而对于主观状态的不合理把控同样会使共同侵权的范围过度扩大。

---

〔1〕 参见邓大榜：《共同侵权行为的民事责任初探》，载《现代法学》1982年第3期。

〔2〕 参见张新宝：《侵权责任法》，中国人民大学出版社2010年版，第50页。

〔3〕 参见张荣霞：《共同侵权之“共同性”反思》，载《法学杂志》2016年第11期。

〔4〕 参见侯雪梅：《侵权连带责任制度研究》，北京大学出版社2016年版，第123～135页；程啸：《论意思联络作为共同侵权行为构成要件的意义》，载《法学家》2003年第4期。

〔5〕 王利明：《侵权责任法研究（第二版）》（上卷），中国人民大学出版社2016年版，第526～529页。

《虚假陈述若干规定》创造性地将侵权法上的共同侵权行为由“二人以上共同实施侵权行为，造成他人损害的”[1]表述为“证券服务机构知道或者应当知道虚假陈述而不予纠正或不出具保留意见的，构成共同侵权”，实际上使“过错”构成了共同侵权行为的主观要件，同样有学者赞同此种规定，认为无论证券服务机构的故意或过失都与发行人构成共同侵权，对第三人承担连带责任，[2]扩张性实现了补偿投资者、惩戒失职“看门人”的政策目标。

然而此种统一适用连带责任的规则或观点，无论是依据证券服务机构行为的伦理基础、还是实践中案件引发的争议，都促使理论界重新思考该种方式的合理性。从前者分析，服务机构在发行虚假陈述中的侵权责任必然归入共同责任的范畴，因此需要讨论复数主体间责任分担的公平性。专业意见存在社会公共属性，该类专业活动的特征在于其因为专业性而受到投资者的信赖，却又因为专业局限性而难以对投资者的信赖承担绝对保证。而试图仅仅在证券服务机构与投资者之间寻求损失的公平分配是不现实也不合理的，在发行虚假陈述的特殊情境之下，必然要将服务机构的法律责任放置于公司治理结构的框架内探寻投资者损失的真正原因——其直接原因是其信赖或使用了专业报告，根本原因却是发行人的故意欺诈或经营失败，服务机构的过错往往在于未能够发现、披露此类错弊。由此需要跳出“侵权人—受害者”的二维视角，而在“发行人—证券服务机构—投资者”的三角框架内探寻服务机构的责任性质，[3]以寻求责任的适当性。

从后者角度分析，过分强调证券服务机构的侵权责任是否可以有效督促专业机构勤勉尽责是一个待证的问题——过于严苛的民事责任不仅并未发挥其所预期的预防遏制功效，反而刺激会计师事务所采取保守的实践做法，[4]以避免预期中的诉讼而非客户利益为审计程序的设计导向。更为重要的是，在“发行人—证券服务机构—投资者”的三角法律关系内，一律适用连带责任是否会使服务机构承担远高过其过错程度的责任，从而使民事责任威慑发行人、控股股东等“首恶”的目的落空？连带责任的法律逻辑是由服务机构承担由于发行人赔偿不能的风险而保证投资者损失能够得到有效弥补，该种责任受到质疑的情境便是——在发行人造假东窗事发之际，其本身已然陷入财务危机，而控股股东、高管等自然人若无赔偿能力，服务机构便会成为风险承担者支付巨额赔偿，即使是不真正连带责任[5]在理论上寻求对最终利益获得者的问责，但仍不能改变证券服务机构在面临投资者索赔时的困境。证券服

---

〔1〕《民法典》第1168条。

〔2〕参见彭真明等：《资本市场法律问题研究》，法律出版社2011年版，第306页。

〔3〕参见最高人民法院民事审判第二庭编著：《最高人民法院关于会计师事务所审计侵权赔偿责任司法解释的理解与适用》，人民法院出版社2015年版，第42~43页。

〔4〕转引自刘燕：《会计师民事责任研究：公众利益与职业利益的平衡》，北京大学出版社2004年版，第140页。

〔5〕有学者主张证券服务机构应承担不真正连带责任，即其承担赔偿责任后有权向终局责任人即发行人要求全部赔偿，对外不影响投资者的救济，对内也可以实现对“首恶”的问责。参见管晓峰、王崇能：《股票发行注册制下发行人责任规制研究》，载《金融法律评论》2016年卷。

务机构在承担责任方面的非一即零，对于合谋造假没有体现出足够的道德谴责性，对于过失执业也没有体现出充分的责任减轻。

综上所述，本文赞同将证券服务机构与发行人共同侵权行为中的“共同性”限制在共同故意的范畴内。法律在公平与自由之间寻求统一，连带责任无疑是限制自由的手段，《虚假陈述若干规定》第27条以“知情”与否来界定证券服务机构是否与发行人成立共同侵权，实则无论过错大小而使证券服务机构一律承担共同侵权行为，过分扩大了共同侵权的范围以实现连带责任，这当然是出于保护证券投资者的法政策考量，然而其实则是以其赔偿损失的能力而非其对受害人损失的影响程度进行评价，由此连带责任作为一种加重责任必然需要加以限制，这种限制在证券领域服务机构责任中需要以“共同故意”得以实现。这种思想也由最高人民法院在《关于审理涉及会计师事务所在审计业务活动中民事侵权赔偿案件的若干规定》中得以体现，〔1〕《九民纪要》、《会议纪要》以及证监会方面的发言近年来皆在不断强调区分故意与过失妥善认定证券服务机构的责任。

（二）证券服务机构过失虚假陈述下的民事责任类型

民事侵权中无所谓故意与过失，在过失需要承担责任的情况下，故意当然要承担责任，然而，过失承担责任的前提下，如何承担责任仍然是一个值得讨论的话题。

证券服务机构在过失虚假陈述下应当如何承担责任？第一种观点主张服务机构具有过失时仅就自己的过错承担按份责任。〔2〕第二种观点认为若证券服务机构没有与发行人形成恶意通谋，则应当承担补充赔偿责任。〔3〕

第一种观点要求对过失的服务机构实行按份责任。连带责任人之间的最终承担范围以内部份额体现出来，其实质仍是一种按份责任，因此按份责任与连带责任在补偿投资者上的区别，仅就部分责任人无清偿能力时体现，证券虚假陈述中往往就是发行人已经陷入财务危机、实际控制人等无清偿能力，服务机构由此成为“担保人”“兜底者”。五洋债案件中，法院判决律所承担5%的连带责任引起争议，抛开此比例究竟是律所最终承担数额还是与其他侵权主体共同承担数额不谈，该比例的施加实则上已经是对连带责任的突破，实则体现了按份责任的意味，这也体现了法官在成文法的框架下对于证券服务机构在虚假陈述中地位与作用的评价。

该种观点的支持者还主张借鉴美国《私人证券诉讼改革法案》，采用“权衡公平”下的按份责任——原则上法院对于因过失违反证券法规的被告适用按份责任，在两种情形下即使

---

〔1〕 参见《关于审理涉及会计师事务所在审计业务活动中民事侵权赔偿案件的若干规定》第5条、第6条、第10条。

〔2〕 参见齐斌：《证券市场信息披露法律监管》，法律出版社2000年版，第308页。

〔3〕 参见缪因知：《债券违约案频发：中介机构该如何担责》，载《经济观察报》2021年1月11日，第23版。

被告仅具有过失，有清偿能力的被告也需要对无清偿能力的被告的责任份额进行连带，以实现小额投资者保护与不当行为人责任之间的平衡。[1]

第二种观点认为，过失的证券服务机构应承担补充责任，此为强调公司是虚假陈述的“首恶”，服务机构只有在形成通谋时才承担直接责任，否则便是一种间接责任。[2]司法实践中，也有对于此类观点的采纳，如深圳中院在江苏保千里案件中便判决资产评估机构在30%的范围内承担补充赔偿责任。[3]

在发行虚假陈述中，发行人之外的其他被告并非都是“首恶”，应当区分责任，根据不同被告在虚假陈述中所起到的作用、过错程度等分担责任。[4]由此可见，本文赞同对证券服务机构的责任以故意与过失进行区分，对于证券服务机构故意实施的虚假陈述施以连带责任，而过失实施的虚假陈述施以补充责任。当证券服务机构亲自参与制作虚假文件或明知陈述存在虚假而不予纠正时，其必然出于故意；然而其并非明知瑕疵而是出于未尽注意义务导致文件存在虚假的，则应按照过失承担相应责任，理由如下：

首先，补充责任与连带责任存在责任顺位与责任范围的不同。在连带责任中，各责任人对受害人所受全部损害负责，没有责任顺位的要求，权利人可以同时请求所有责任人为给付；而补充责任人只承担相应的赔偿责任，并且有严格的次位性。因此，补充责任是间接责任，其体现的是侵权责任的顺位问题，对应的是首要责任，承担“补充责任”意味着证券服务机构并不是直接的责任人，仅在“首恶”不能或者无法承担责任的情况下才就首要责任人不能承担的部分予以承担，这是法律对于证券机构在证券虚假陈述中侵权行为特性的评价——证券法要求发行人或上市公司承担无过错责任，实则是认定其对于欺诈发行、虚假陈述行为必然具有过错，甚至必然具有故意，“发行人或者上市公司不可能进行过失的虚假陈述”。[5]而专业意见总是建立在相关事实之上，服务机构出具专业意见的事实依赖于发行人的配合与服务机构本身的细致观察。由此可见，证券服务机构在过失侵权的背景下，其作用必然是第二位的，其行为与投资者损失是一种间接因果关系，补充责任体现的第二顺位性能够较好地评价这一特殊性质。

其次，补充责任在责任范围上与按份责任相似。补充责任属于“相应的补充”而非“全

---

〔1〕 第一种，原告属于小额索赔者，投资者个人净财富不足20万美元，且判决确认的损害赔偿超过了其净财富10%，此时被告就原告的全部损失承担连带责任。第二种，在非小额索赔者的情形下，有清偿能力的被告应当对无清偿能力的被告应偿付的份额承担连带责任，但其连带责任总额不超过自身过错比例应承担赔偿的50%。参见刘燕：《会计师民事责任研究：公众利益与职业利益的平衡》，北京大学出版社2004年版，第253~260页。

〔2〕 参见王利明：《关于中国证券法中民事责任制度的完善》，载 http://old.civillaw.com.cn/article/default.asp?id=8621，最后访问时间：2020年2月24日；李洁琳、王琦：《试论专业中介机构在证券虚假陈述中的民事责任》，载《当代法学》2003年第5期。

〔3〕 参见《保千里案银信评估公司被判承担补充赔偿责任》，载 https://finance.sina.com.cn/stock/investvq/2019-12-04/doc-iihnzhfz3552783.shtml，最后访问时间：2020年2月24日。

〔4〕 参见耿利航：《欺诈市场理论反思》，载《法学研究》2020年第6期。

〔5〕 参见程啸：《证券市场虚假陈述侵权损害赔偿责任》，人民法院出版社2004年版，第398页。

额的补充”“相应”范围的大小调控也可体现出法律在不同事实情况下对于投资者保护与专业职业发展的权衡。

因此，补充责任是“顺位性”与“份额性”的结合体。侵权补充责任体现了中国元素，是我国为平衡共同责任下各方利益而独创的法律制度。[1]而服务机构在虚假陈述中的作用更有该种制度的发挥空间。笔者认为，应当在发行虚假陈述中区分故意与过失，若证券服务机构故意出具虚假专业意见，则其与发行人因构成共同侵权承担连带责任；若为过失，则承担补充责任，而在补充责任的范围界定上，可借鉴美国1995年改革中对于按份责任的权衡变通，考量投资者特征、原因力、过错程度合理调控服务机构的责任范围。

〔1〕 参见邬砚：《侵权补充责任研究》，西南政法大学2015年博士学位论文，第1页。

破产法制

重整中债务人自行管理制度的适用性研究

——一个文化和经济视角

张翔宇*

目　次

所谓债务人自行管理制度（Debtor - in - Possession，DIP），是指在破产程序中债务人自行管理财产和经营公司的一项制度。这项规则首先起源于美国，并在全球化和法律移植的背景下引领了世界各国的破产法立法改革。[1]我国在 2006 年新颁布的《企业破产法》也引进了相关规则，其中第 73 条规定“在重整期间，经债务人申请，人民法院批准，债务人可以在管理人的监督下自行管理财产和营业

---

* 张翔宇，华东政法大学副研究员、乔治城大学法律科学博士（S. J. D. ）。

〔1〕 Terence C. Halliday & Bruce G. Carruthers, *The Recursivity of Law: Global Norm Making and National Lawmaking in the Globalization of Corporate Insolvency Regimes*, 112 American Journal of Sociology 1135, 1187 (2007).

事务。”立法者希望债务人管理层能够维持企业的持续运营价值（going - concern value），以增加破产重整的可能性。但在《企业破产法》实施后，法院很少适用第73条的规定授权债权人在重整程序中自行管理经营公司。根据Zhang和Tomasic的研究，浙江法院2007年和2011年审理的20起重整案件中，仅有四次案件适用了DIP制度。[1]从2007年到2018年全国共有54起上市公司重整案件，其中债务人自行管理重整企业的案件仅13件，占比24%。[2]在非上市公司的重整案件中，适用此制度的比例或许会更低。不少学者指出，由于《企业破产法》没有明确规定DIP制度适用的程序性和实体性要件、自行管理债务人和管理人的权利义务、债权人的救济方式等，法院没有如何适用DIP的指导规范。[3]也有学者主张，应该将债务人自行管理设计成重整企业的默认管理手段。[4]

最高人民法院在2019年颁布的《全国法院民商事审判工作会议纪要》弥补了以上缺陷。其中第111条规定，法院可以在满足以下条件时，批准债务人在管理人监督下自行管理：（1）债务人的内部治理机制仍正常运转；（2）债务人自行管理有利于债务人继续经营；（3）债务人不存在隐匿、转移财产的行为；（4）债务人不存在其他严重损害债权人利益的行为。《全国法院民商事审判工作会议纪要》似乎暂时让这一争议尘埃落定。然而，随着《企业破产法》的修订被列入全国人大的立法议程，DIP制度重新回到学界的视野中。学界重新开始审视是否需要默认债务人自行管理企业以及其他相关的法律问题。[5]

笔者发现，在诸多讨论债务人自行管理制度的论文中，围绕中国的文化和经济环境的思考是比较少的。绝大多数的现有研究重点关注欧美国家，尤其是美国的破产重整制度，探讨如何将其破产体系移植入中国。不过DIP制度在欧美国家到底实施得怎么样？这一制度是否与中国的制度经济环境相适应？学界对这一问题的关注不多，而这也是本篇文章期待思考和讨论的。

笔者有幸于2017年和2019年在上海、温州、深圳三地进行田野调查，期间访问了不少律师和法官、查阅本地的司法和经济档案，对破产如何嵌入地方政策和经济环境有了一些理解。这一实证调查的背景是本文思考的基础。在笔者看来，将DIP设计成默认的重整企业管理制度是不符合中国国情的。主观上，债权人天生存在对破产和债务人的不信任。客观上，

---

〔1〕 Zinian Zhang，Roman Tomasic，*Corporate Reorganization Reform in China：Findings from an Empirical Study in Zhejiang*，11 Asian Journal of Comparative Law 55（2016）.

〔2〕 李曙光、郑志斌主编：《公司重整法律评论》，法律出版社2019年版，第68页。

〔3〕 例如，王欣新、李江鸿：《论破产重整中的债务人自行管理制度》，载《政治与法律》2009年第11期；高丝敏：《我国破产重整中债务人自行管理制度的完善——以信义义务为视角》，载《中国政法大学学报》2017年第3期；许胜锋：《重整中债务人自行管理制度价值及风险的实用性研究》，载《中国政法大学学报》2017年第3期。

〔4〕 Zinian Zhang，Roman Tomasic，*Corporate Reorganization Reform in China：Findings from an Empirical Study in Zhejiang*，11 Asian Journal of Comparative Law 55（2016）.

〔5〕 齐砺杰：《小企业重整程序该如何嵌入中国的破产法律体系》，载《中国政法大学学报》2021年第4期；池伟宏：《困境企业拯救的破产重整路径效率优化》，载《中国政法大学学报》2021年第4期。

中国的本土企业普遍存在财务和企业经营管理的不规范问题，如果允许天生存在缺陷的企业自行管理和重整会严重影响债权人的权益。此外，与一些学者的看法相反，美国的债务人对破产企业的控制自1978年破产法制定以来正在逐渐减弱。在大量案件中，债权人会通过DIP融资协议、经理人薪酬合约等方式控制重整程序的走向和企业的未来，重整制度也逐渐变成了破产企业拍卖重要资产的清偿程序。即便在债务人自行管理制度发源地的美国，债权人也并不愿意看着债务人控制等待破产重整的企业。

一、债务人自行管理制度在美国的适用

今天我们所说的债务人管理制度指的是美国在1978年颁布的《破产法》第11章。该法撤销了1938年《钱德勒法案》强制在公众公司中任命托管人（trustee）取代原管理层的规定，将债务人自行管理制度规定成所有进入破产重整程序企业的默认管理制度。

根据1978年的《破产法》，第11章破产重整可以由债务人自愿提出，也可以由适格的债权人提出。[1]在法院接受破产申请后，债务人的原管理层将会在破产过程中保持对公司的控制，继续运营企业，其权利义务类比破产托管人。[2] 相较于以往的法律，第11章更重视企业的继续运营价值，希望由熟悉企业的原管理层主导企业债务重组，增加企业再生的机会。[3]为此，第11章为债务人的原管理层提供了诸多权利。例如，破产申请的提出会自动中止对债务人财产的处置。[4]在重整程序中，债务人有权像日常运营一样（in the ordinary course of business）处置公司财产，[5]也可以以担保的方式与第三方签订融资协议来获得经营或重整所需的现金。[6]为了最大化破产财产及重整可能性，债务人有权选择拒绝履行未履行完毕的合同。[7]最后，债务人拥有至少4个月的专属期限来提出一份重整计划，经法院批准可最多延长到18个月。[8]

相较于以往法律，1978年的《破产法》非常保护债务人在破产程序中的经营管理权利，但也设计了一些条款来保护债权人的利益。比如，债务人提出的重整计划需要所有债权人组中过半数通过，且投赞成票的债权人持该组债权人总额2/3以上。[9]法院有权强制通过一份

〔1〕 根据《美国破产法》的规定，债权人可向法院申请债务人破产或重组，条件是破产申请人的数量超过3人且共计拥有超过15，325美元的无争议债权请求权，参见11 U. S. C. §303。

〔2〕 11 U. S. C. §1107.

〔3〕 Elizabeth Warren, *Bankruptcy Policy*, 54 The University of Chicago Law Review 775 (1987).

〔4〕 11 U. S. C. §362.

〔5〕 11 U. S. C. §363.

〔6〕 11 U. S. C. §364.

〔7〕 11 U. S. C. §365.

〔8〕 11 U. S. C. §1121.

〔9〕 11 U. S. C. §1126.

遭债权人反对的重整计划，如果法官有合理理由相信该重组计划有实现的可能，且债权人的清偿率不小于其在清算程序中。[1]

第11章还赋予了债权人取代和监督债务人行为的权利。首先，债权人有权向法院申请任命一名破产托管人以取代债务人的原管理层。法律规定了两种情形。一是法定事由（for cause），包括重组程序前后存在的欺诈、不诚信、不称职、重大经营过失等；二是兜底条款，要求法院审查托管人的任命是否有利于债权人、股东和破产财产。[2]虽然法律提供了保护债权人的条款，但实务中很少有托管人取代公司管理层的情形出现。一方面，该权利对债权人来说是一把“双刃剑”。虽然债权人可以借机给债务人施压，以获得有利于自己的重整计划，没有人能保证新任命的托管人是否会为自己着想。而对大债权人来说，DIP 融资协议和管理层的薪酬合约更有利于控制公司。另外实务中，法院并不愿意频繁援引这一规则，认为托管人仅是 DIP 制度的例外情形，因此常常要求申请人提供充分和清晰的证据来说服法院。[3]常见的情形包括财产混同、不充分的账簿记录、逃税等。[4]

除托管人以外，法院有权自行或经申请任命检查人（examiner）来调查债务人的欺诈、管理过失等行为。该任命的前提条件是，任命决定必须有利于所有利害关系人或者债务人的普通债权超过500万美元。[5]检查人的薪酬会以破产费用的形式，从破产财产中支出，其顺位优于普通债权人。[6]虽然检查人拥有广泛的调查权限，在无特殊授权的情况下，他无法代表任何当事人提出诉讼。此外，检查人出具的报告仅具有传闻证据（hearsay）的证明能力，无法直接证明债务人的不良行为。法院在实践中很少任命检查人。一方面，申请人很难证明任命有利于所有利害关系人，因为总有受重整协议关照的债权人会阻碍这一申请。另外，法院并不认为“500万美元债权”会强制触发批准申请，法官同样有必要审查申请人是否出于恶意，比如是否存在申请人故意拖延投票表决重整计划的情形。[7]

自1978年《破产法》通过以来，对第11章是否能够帮助企业再生、保护债权人利益的质疑便络绎不绝。比如 Lynn LoPucki 搜集了密苏里西区联邦地区法院辖内所有于1979年申

---

〔1〕 11 U. S. C. §1129.

〔2〕 11 U. S. C. §1104 (a).

〔3〕 Robert J Berdan, Bruce G Arnold, *Displacing the Debtor in Possession: The Requisites for and Advantages of the Appointment of a Trustee in Chapter* 11 *Proceedings*, 67 Marquette Law Review 457 (1984); Walter W. Theus Jr., Clifford J. White II, *Chapter* 11 *Trustee and Examiners after BAPCPA*, 80 Am. Bankr. L. J. 289 (2006).

〔4〕 Robert J Berdan, Bruce G Arnold, *Displacing the Debtor in Possession: The Requisites for and Advantages of the Appointment of a Trustee in Chapter* 11 *Proceedings*, 67 Marquette Law Review 478 – 484 (1984).

〔5〕 11 U. S. C. §1104 (c).

〔6〕 11 U. S. C. §§330 (1), 503 (b) (2), 507 (a) (2).

〔7〕 Theus Jr. and White II, *supra* note 19; Jonathan C. Lipson & Christopher Fiore Marotta, *Examining Success*, 90 Am. Bankr. L. J. 1 (2016).

请的破产案件，她发现仅有1/4的债务人在第11章程序中成功重整，远低于新法实施前的重整成功率（33%）。[1]她还发现，重整程序普遍由债务人控制，债权人很少行使权利（任命托管人、检查人，或组建债权人委员会）去限制债务人的行为。[2]Lynn LoPucki在另一篇文章中批评道，债务人似乎可以在破产程序中随意玩弄债权人的金钱，尤其是在一些持续数年的案件中，而债权人对此毫无办法。[3]另一名学者，Jerome Kerkman，分析了堪萨斯州和密尔沃基州的破产案件数据后得出了相同的结论：破产债务人持续控制企业，而债权人缺少有利的钳制手段。[4]在1992年，Bradley和Rosenzweig（B&R）两位教授发表了一篇著名的实证研究，指出破产法可能加剧了公司申请破产的内生性动力，即债务人通过破产来保护公司管理层，这使更多无须破产的企业进入破产程序，给企业的投资者和债权人造成损失。[5]可以这样说，在破产法实施后，一直有学者主张取消DIP制度，回到托管人主导的年代，因为后者不存在利益冲突，可以更好地保护债权人并推进更公平的破产重组计划。[6]

当然，相反的实证和理论观察也是存在的。在B&R文章出版的同时，知名破产法学家Elizabeth Warren发文认为B&R结论是错误的。她指出，后者使用的数据仅涵盖了大型企业和上市公司，并不是随机样本，且仅占所有破产案件的万分之一，因此无法借此得出具有概括性的有效结论。[7]Warren认为，与B&R的假设相反，现有文献证明《破产法》第11章是无法保护债务人管理层的，因为近七成的经理人在破产程序启动后的两年内会被替换。那么如何解释破产案件在80年代的爆发性增长呢？Warren将这一现象归因于当时高企的通货膨胀率（导致企业借债成本的增加）和资本市场中频繁使用的杠杆收购。那么DIP制度是否导致更多不适合重组的企业进入破产程序并延误了清算？Warren和Westbrook结合1994年和2002年的破产案件数据，认为破产程序本身能够筛选优质企业：近一半的失败企业在进入第11章程序后半年内会被法院移出程序，近七成会在一年内被移出，剩余的案件中近七成企业

---

〔1〕 Lynn M. LoPucki, *The Debtor in Full Control—Systems Failure under Chapter 11 of the Bankruptcy Code*, 57 American Bankruptcy Law Journal 99 (1983).

〔2〕 Lynn M. LoPucki, *The Debtor in Full Control—Systems Failure under Chapter 11 of the Bankruptcy Code*, 57 American Bankruptcy Law Journal 247 (1983).

〔3〕 Lynn M. LoPucki, *The Trouble with Chapter 11*, 1993 Wis. L. Rev. 729 (1993).

〔4〕 Jerome R Kerkman, *The Debtor in Full Control: A Case for Adoption of the Trustee System*, 70 Marquette Law Review 159 (1987).

〔5〕 Michael Bradley, Michael Rosenzweig, *The Untenable Case for Chapter 11*, 101 The Yale Law Journal 1043 (1992).

〔6〕 Robert J Berdan, Bruce G Arnold, *Displacing the Debtor in Possession: The Requisites for and Advantages of the Appointment of a Trustee in Chapter 11 Proceedings*, 67 Marquette Law Review 457 (1984); Walter W. Theus Jr., Clifford J. White II, *Chapter 11 Trustee and Examiners after BAPCPA*, 80 Am. Bankr. L. J. 289 (2006).

〔7〕 Elizabeth Warren, *The Untenable Case for Repeal of Chapter 11*, 102 The Yale Law Journal 437 (1992).

能够重整成功。[1]

然而，随着时间的推移，破产实践发生了变化。过去20年间的新趋势是债权人逐渐增加的对债务人的控制。债权人开始将重整结果与管理层的薪酬相挂钩，以此激励更高效的管理行为，但这需要债权人会议的一致通过。[2]另一种相对更有效的方式是DIP融资（DIP financing）。[3]根据第11章的相关规定，若经法院审查满足相应的法律要件，债务人也可以创设新的担保债权，根据担保权设立的新旧次序获得清偿。[4]如果债务人无法通过其他方式获得信贷，且现有的担保权人已经获得"充足保护"，[5]经法院批准，债务人可以为新债权人设定优于原担保权的新担保债权，以此获得必要的资金。[6]

通过创设担保的方式来获得资金逐渐成为破产企业重要的融资方式。与20世纪80年代之前的企业相比，今天破产企业的担保债权占比更高，在重整程序中能自由使用的现金和资产越来越少，因此更依赖DIP融资来维持企业运营和公司重整。据统计，近七成企业会在破产程序中签订DIP融资协议，接受大债权人或新投资人的资金。[7]融资协议中会对债务人提出各式各样的要求，如公司业绩或现金流、新管理层的挑选和任命、资产的处置、借款利息、破产重整的时间安排、在特定期限内重组失败后的清算、股权投资、董事会变更等。[8]实证研究显示，DIP融资会影响重整案件的处理结果，存在融资情形的企业往往结案更快，且更有可能打包变卖资产。[9]因此有学者认为，DIP融资已经改变了破产企业的管理模式，将债务人控制的重整程序改造成由债权人控制。[10]当然，这一改变或许也和美国的经济转型有关，由于服务业的崛起和企业资产专有性的下降，像19世纪下半叶那样救助陷入困境、资产需要高度整合才有价值的跨州铁路公司的情形越来越少。[11]

---

〔1〕 Elizabeth Warren & Jay Lawrence Westbrook, *The Success of Chapter* 11: *A Challenge to the Critics*, 107 Michigan Law Review 603 (2009).

〔2〕 David A. Jr. Skeel, *Creditors' Ball: The "New" New Corporate Governance in Chapter* 11, 152 U. Pa. L. Rev. 917 (2003).

〔3〕 *Id.*

〔4〕 11 U. S. C. §364 (c).

〔5〕 11 U. S. C. §361对"充足保护"的达成手段做出明确规定，包括向债权人支付现金以抵消担保物价值的贬损、替换担保物或提供原担保物的担保额度。

〔6〕 11 U. S. C. §364 (d).

〔7〕 Kenneth M Ayotte & Edward R Morrison, *Creditor Control and Conflict in Chapter* 11, 1 Journal of Legal Analysis 511 (2009).

〔8〕 Jr. Henry P. Baer et al., Debtor – in – Possession Financing: Funding a Chapter 11 Case 20 – 1 (2012).

〔9〕 Sandeep Dahiya et al., *Debtor – in – possession financing and bankruptcy resolution: Empirical evidence*, 69 Journal of Financial Economics 259 (2003).

〔10〕 Skeel, *supra* note 32; Robin Phelan & Ocean Tama, *The Use of DIP Financing As A Mechanism To Control The Corporate Restructuring Process*, 44 Tex. J. Bus. L. 15 (2011).

〔11〕 Douglas G Baird & Robert K Rasmussen, *The End of Bankruptcy*, 55 Stanford Law Review 751 (2002).

二、美国 DIP 制度的独特性及其原因

抛开近年破产法全球化的发展，美国的 DIP 制度在全世界范围里都是独树一帜的。Ziad Azar 归纳了四种主要的破产企业经营制度。[1]一是以英国为代表的经理层取代原则（management displacement）。[2]二是维持管理层职位的同时限制并监督其权力，这是一种主流模式。英国在 2020 年的新法修订实际上也是在向这一模式靠拢。三是将管理层职务与债权人的信任投票相挂钩。四便是美国独特的 DIP 制度。

美国破产制度的独特性与其历史、公众认知和经济因素是密不可分的。自破产法在美国生根发芽的那一刻起，债务人自行管理就是破产重整密不可分的一部分。[3]早在 19 世纪下半叶，美国法院便创造性适用衡平接管（equity receivership）原则，授权公司管理层以接管人的身份继续运营铁路公司，帮助这些建造跨州铁路的企业走出债务泥潭。[4]即便是在反华尔街背景下产生的 1938 年《钱德勒法案》也仅要求在公众公司中任命托管人以替代原管理层，1978 年的破产法更是撤销了这一特殊规定。[5]实际上，法律的变迁也反映出公众对企业破产的看法。在美国，企业失败并不意味着经营者道德上的错误，而仅仅是因为某些“不幸”（misfortune）的发生。[6]《脆弱的中产阶级》（The Fragile Middle Class）一书指出，破产债务人并不是这个社会上的异端，他们可能就是我们身边的普通人，但同时是美国竞争激烈、债务繁重和反复的市场环境中的牺牲品。[7]在这样的社会环境中，社会对 DIP 制度的接受度和认可度相对较高。

此外，DIP 制度也与美国的企业经济发展模式相辅相成。自 20 世纪 60 年代起，美国的股权交易市场开始发展，新兴的投资银行和各类基金公司会以股权投资或收购的方式持有潜

---

〔1〕 Ziad Raymond Azar, *Bankruptcy Policy: A Review and Critique of Bankruptcy Statutes and Practices in Fifty Countries Worldwide*, 16 Cardozo J. Int'l & Comp. L. 279, 292 (2008).

〔2〕 英国在 1986 年的《破产法案》（Insolvency Act）中设立了该原则，直到 2020 年的《公司破产和治理法案》，立法机构才在新引入的中止程序（moratorium）中采取了 DIP 制度。见徐阳光、武诗敏：《企业拯救文化与破产法律制度的发展——基于英国破产制度最新变革的分析》，载《山西大学学报（哲学社会科学版）》2021 年第 1 期。

〔3〕 Nathalie Martin, *The Role of History and Culture in Developing Bankruptcy and Insolvency Systems: The Perils of Legal Transplantation*, 28 Comparative Law Review 1 (2005).

〔4〕 Albro Martin, *Railroads and the Equity Receivership: An Essay on Institutional Change*, 34 The Journal of Economic History 685 (1974); David A. Skeel, Debt's Dominion: A History of Bankruptcy Law in America (2001); Harvey R. Miller & Shai Y. Waisman, *Does Chapter 11 Reorganization Remain a Viable Option for Distressed Business for the Twenty-First Century*, 78 Am. Bankr. L. J. 153 (2004).

〔5〕 Skeel, *supra* note 45.

〔6〕 Gabriel Moss, *Comparative Bankruptcy Cultures: Rescue or Liquidations? Comparisons of Trends in National Law—England*, 23 Brook. J. Int'l L. 115 (1997).

〔7〕 Teresa A. Sullivan, Elizabeth Warren & Jay L. Westbrook, The Fragile Middle Class: Americans in Debt (2000).

力的公司或家族企业。自此，企业不再被视为依附于某创始人的独有之物，而逐渐成为一种金融投资的方法。随着股权持有变得更加分散和投资导向，公司的所有权和经营权逐渐分离，一个职业经理人市场由此产生。相较于公司的创始人或控股股东，职业经理人组成的管理层更有可能在破产程序中履行对债权人的信义义务，为了破产财产的最大化而推动重组程序。在 David Skeel 看来，美国的公司治理模式与其破产重整制度是互补的。在一个股东相对消极治理、经理人市场发达的环境中，企业的经营问题往往可以通过替换管理层或恶意收购等事前措施来解决，而其债务结构问题则需要通过破产重整来事后调整，并由熟悉公司情况的原管理层来主导。[1] 另外，破产法的实施促成了一个庞大的破产业务产业，吸引了大量精通破产的投资机构、律师和企业经理人。[2] 在这样的市场中，破产债权能够流转到对其最有价值的交易方，DIP 贷款方也会仔细评估企业的潜力和资产价值，从而筛选出值得拯救的企业。这种高度发达的债务市场在其他许多金融中心，例如我国香港特别行政区，都是不存在的。[3]

三、债务人自行管理制度的全球化

在全球化的背景下，越来越多的国家认识到破产制度对市场经济的重要性，并借鉴美国《破产法》第 11 章的制度（在一些条件下）允许债务人自行管理破产企业。一个典型的例子是加拿大，因为与美国毗邻且身处北美自由贸易区，加拿大分别在 1992 年和 1997 年修订了《破产和无力偿还法案》（Bankruptcy and Insolvency Act）和《企业债权人权益处置法案》（Companies' Creditors Arrangement Act），确立了破产管理人监督下的债务人自行管理制度。一些欧洲国家也开始尝试 DIP 制度。法国 1986 年颁布的破产法正式确立了债务人自行管理制度，同时赋予劳工代表审查企业重大重组事项的权力。[4] 在 1999 年，统一后德国的第一部破产法生效并确立了债务人自行管理制度，虽然债权人在实务中依然普遍控制着重整程序。[5] 经过 20 多年的实施和讨论，欧盟在 2019 年颁布指令，要求成员国建立债务人自行管

---

〔1〕 David A. Jr. Skeel, *An Evolutionary Theory of Corporate Law and Corporate Bankruptcy*, 51 Vand. L. Rev. 1323 (1998).

〔2〕 James J. White, *Death and Resurrection of Secured Credit A Symposium on the Code after* 25 *Years*: 1978 - 2003 *October* 10 - 11, 2003 *Washington*, *D. C.*: *Death and Resurrection of Secured Credit*, 12 Am. Bankr. Inst. L. Rev. 139 -192 (2004).

〔3〕 John Kong Shan Ho & Raymond Siu Yeung Chan, *Is Debtor - in - Possession Viable in Hong Kong?*, 39 Common Law World Review 204, 216 (2010).

〔4〕 Richard L. Koral, Marie - Christine Sordino, *The New Bankruptcy Reorganization Law in France*: *Ten Years Later International Law Symposium*, 70 Am. Bankr. L. J. 437 (1996).

〔5〕 Christoph G. Paulus, *Germany*: *Lessons to Learn from the Implementation of a New Insolvency Code Symposium - International Insolvency*: *Global Developments*, 17 Conn. J. Int'l L. 89 -98 (2001 -2002); Nathalie Martin, *The Role of History and Culture in Developing Bankruptcy and Insolvency Systems*: *The Perils of Legal Transplantation*, 28 Comparative Law Review 47 -49 (2005).

理机制以帮助企业再生。[1]在1997年的金融危机后，不少亚洲国家颁布或改革其破产法以应对债务问题。[2]中国自1994年起着手起草破产法，直到2006年通过。该法借鉴美国《破产法》第11章的内容设立破产重整制度，并在第73条确立了债务人自行管理制度。韩国在2005年颁布了新的破产法，将债务人的董事或原管理层确定为破产公司管理人，唯有在特定情况下会任命第三人。[3]

不过全球化不应成为我们移植法律的主因。诸多研究表明，法律移植的原因是多方面的，可能是因为有经济需求、强势国家的逼迫、国际组织的借款要求，或单纯是出于对某一国际化规定的趋近。[4]因此，在借鉴他国法律时，我们不仅需要考察法律规则本身，也需要审视这一制度的具体实施情况。比如综上所述，美国DIP制度的悠久历史与其文化和经济制度都有着密不可分的关系。可是随着经济转型，破产制度的功能也能发生转变。在过去20年中，债权人逐渐通过DIP融资协议和经理人补偿协议来控制重整程序，将原本以企业再生为目的的破产法转变成一个打包出售资产的破产清算平台。有学者甚至提出，以重整为目的的破产制度已死。[5]

同样的，我们也需要思考中国的特殊情况，审视DIP制度在中国的实施是否会遇到文化和经济上的障碍。这些因素可能会影响法律的具体实施效果，或者让原本好的制度变形。本文的以下章节关注这一问题。法律修订需要在认识到本土障碍的基础上，在法律层面做出一些调整。笔者认为，DIP制度固然有其优点，但不宜成为我国默认的重整企业治理模式；《全国法院民商事审判工作会议纪要》的规定是相对比较合理的，可以在保护债权人利益的同时，兼顾企业再生的可能性。笔者在本文中着重关注两个问题，一是债权人对破产的抵触和怀疑，二是企业普遍存在的经营不规范。

四、债务人自行管理的文化障碍：债权人对破产的抵触和怀疑

一国的经济文化氛围对法律发展有着很重要的影响。在美国，DIP制度能够持续百年之久的重要原因是社会对债务人的宽容态度。破产并不是一件道德败坏的事情，而仅仅是因为

---

〔1〕 European Council Directive 2019/1023

〔2〕 Terence C. Halliday, Bruce G. Carruthers, *The Recursivity of Law: Global Norm Making and National Lawmaking in the Globalization of Corporate Insolvency Regimes*, 112 American Journal of Sociology 1135, 1187 (2007).

〔3〕 Haksoo Ko, *Korea's Newly Enacted Unified Bankruptcy Act: The Role of the New Act in Facilitating (or Discouraging) the Transfer of Corporate Control*, 24 UCLA Pac. Basin L. J. 201 (2007).

〔4〕 David S. Law, Mila Versteeg, *The Evolution and Ideology of Global Constitutionalism*, California Law Review 1163 (2011); Benedikt Goderis, Mila Versteeg, *The Diffusion of Constitutional Rights*, 39 International Review of Law and Economics 1 (2014).

〔5〕 Douglas G Baird, Robert K Rasmussen, *The End of Bankruptcy*, 55 Stanford Law Review 751 (2002).

时运不佳。[1]相反，破产法强调的有限责任和债务豁免在中国缺乏认同。在我国的传统文化中，“破产”是一个消极语汇。在普通老百姓的认识中，这一词语往往和“债台高筑”“倾家荡产”是非常类似的。此外，中国自古就非常排斥债务豁免，“父债子偿”就是一个典型的例子，这或许和古代村落熟人社会有关。在一些民营经济的发源地，例如温州，这种熟人关系一直阻碍着破产法的发展。20世纪80年代中期，温州大量抬会、平会等民间借贷团体崩溃，进而引发席卷乐清等地的金融危机，造成数以亿计的经济损失。政府曾就是否对会主适用破产法产生争论，乐清县政协法制委员会委员胡牧认为应该顺应世界潮流，采取破产的方式解决借贷人的债务问题。这一观点遭到时任温州中院院长陈守南的反对，他认为会主往往是以营利为目的，如果对其免债会引发债权人的不满、激化矛盾、带来社会不稳定。

由于对“破产”的抵触情绪，政府往往采取较为严厉的刑事手段来惩罚破产企业和相关人，一方面是为了平息债权人的愤怒，另一方面也是出于政治责任和社会影响的考虑。[2]以企业融资为例，刑法中有大量条款与民间资金运作有关，由于民营企业普遍依赖民间借贷，只要深究，那么企业高管、股东或相关工作人员多少都会有些问题。[3]实践中，政府对民营资本的态度时松时紧，“没事就是民间融资，出事就是非法集资”，往往以借债者的成败、群体性纠纷的程度作为刑事追诉的判断标准。[4]在上述1986年的抬会风波后，温州政府大量通过刑事程序来惩罚借贷人。仅乐清一地就有46位会主被判刑，其中26人刑期在10年以上，包括两名死刑犯。

潜在的刑事责任不仅降低了债务人申请破产的动力，也进一步加深公众对破产债务人的不信任，反映在实务中就是债权人对破产程序的不满和抗议。一是劳动债权。员工问题一直是破产案件中的老大难，也曾数次延缓新破产法的立法进程。[5]即便在2007年之后，员工问题依旧敏感。虽然法律没有明文规定，法院在国企破产案件中常要求上级主管部门对员工债权兜底。在民企破产中，法院也倾向于先解除劳动合同再申请破产。一些地区对超过特定数量员工的破产案件会有额外的审查程序，如深圳中院的《破产案件立案规程》规定，若破产企业需要安置的员工数量超过100人的，中院必须将该破产申请报省高院批准。[6]在破产实践中也的确会出现欠薪员工上访、集体向法官抗议、占有债务人设备等情形。在笔者调研的一起破产案件中，欠薪员工集体抗议破产程序。因为生怕老板讨债跑路，他们霸占公司的

---

〔1〕 Sullivan，Warren，and Westbrook，*supra* note 48.

〔2〕 Simin Gao，*Disequilibrium Between Regulation and Criminalization to Counter Financial Misconduct: The Case of Shadow Banking in China*，54 Am. Bus. L. J. 393（2017）.

〔3〕 叶建平：《涅槃之道：破产的应然思考与实然探索》，法律出版社2019年版，第100～101页。

〔4〕 温州市中级人民法院课题组：《温州地区非法集资犯罪问题的调研报告》，载《东南司法评论》2014年第1期。

〔5〕 Xianchu Zhang，Charles D. Booth，*Chinese Bankruptcy Law in an Emerging Market Economy: The Shenzhen Experience*，15 Colum. J. Asian L. 1，3（2001）；Halliday and Carruthers，*supra* note 1 at 1169.

〔6〕《深圳市中级人民法院破产案件立案规程》第29条。

经营场所，不允许管理人接管企业账簿，甚至还禁止管理人离开，认为他和老板是一伙儿，直到法官带着警察到现场做出解释并保证他们的优先受偿权才肯作罢。

除了劳动债权之外，其他债权人也会抵触破产并阻碍破产程序。一方面，债权人不太愿意和其他债权人分享债务人财产。相较于破产程序，单个债权人总是希望通过执行程序来获得优先清偿。不过也有例外，比如债权人轮候查封或无法执行企业的股权资产。此外，一些债权人通过申请债务人破产的方式来追究股东或者其他清算义务人的责任。根据《最高人民法院关于适用〈中华人民共和国公司法〉若干问题的规定（二）》第 18 条，若公司的清算义务人怠于履行清算义务，导致公司财产、账册、重要文件灭失的，其应该承担公司债务的连带责任。在破产程序中，如果法官因企业无产可破、账册灭失等原因终结破产程序的，债权人可以据此向法院起诉，要求股东承担连带责任。在浙江、江苏等地，破产案件数量与清算义务之诉是成正比的。[1]近年来有批评认为，要求所有股东承担责任是不合法的，许多股东并不参与公司经营，并不是破产法第 6、125、127 条等条款规定的相关责任人。[2]也有学者指出，清算义务应该在出现法定公司解散事由（《公司法》第 180 条）时才产生，而破产并不属于法定事由。[3]《全国法院民商事审判工作会议纪要》支持了这些看法，其中第 14 条、第 15 条，将法定解散事由规定为“怠于履行清算义务”的要件，并且允许中小股东证明未参与公司经营来免责。在《全国法院民商事审判工作会议纪要》以后，债权人申请破产来追究股东连带责任的动力可能会有所降低。

除法律因素之外，有时债权人认为和他们做生意的不是企业，而是个人，因此后者需要为债务承担责任。尤其是在民营企业中，企业往往依赖企业主的个人（信誉）担保来融资。民间借贷的一个很重要的风险是信息不对称，如果出借人无法辨别还款能力则会导致市场上的逆向选择。[4]为解决这一问题，借贷人或中间人会提供个人或企业担保；在一些社会网络较为封闭的地区，例如温州，声誉机制也能发挥作用；政府有时也会以隐形担保的方式支持一些民间融资机构，以缓解企业资金问题。[5]无论上述哪一种手段，债权人会有一个预期：企业失败与否与其债权能否实现并无关系。也正是因为隐形担保的存在，债权人有时会不认可破产，认为债务人在刻意逃避债务。因此当债务人还不起钱时，债权人有时会占领企业经营场所，或者非法限制企业主的人身自由，胁迫债务人还钱。

而在破产程序中，债权人也有可能阻碍管理人接管企业、妨碍债权人会议等情形。一位

---

〔1〕 潘光林等：《温州法院审理股东怠于履行清算义务案件若干疑难问题梳理》，载《法律适用（司法案例）》2017 年第 8 期；张俊勇、翟如意：《有限责任公司清算义务人主体问题研究》，载《法律适用》2019 年第 19 期。

〔2〕 梁上上：《有限公司股东清算义务人地位质疑》，载《中国法学》2019 年第 2 期。

〔3〕 王欣新：《论清算义务人的义务及其与破产程序的关系》，载《法学杂志》2019 年第 12 期。

〔4〕 George A. Akerlof, *The Market for "Lemons": Quality Uncertainty and the Market Mechanism*, 84 The Quarterly Journal of Economics 488 (1970).

〔5〕 张翔：《以政府信用为信号——改革后温台地区民营存款类金融机构的信息机制》，载《社会学研究》2010 年第 6 期。

受访法官向我回忆一次中型债权人（约五六十个债权人）会议："管理人当场提议不再追索一个债务人的债权，因为这个债权来自一家骗子公司，而公司老总已经被抓了。这个骗子公司欠债务人的主要是应收账款。由于管理人事先没有和债权人沟通好，所以债权人当场直接跳了起来，导致现场混乱。我首先保护好摄像器，但没有办法拿到签名了，随后我就给法警打电话要他们过来。"

法官在处理破产案件的过程中，往往会花费很多精力了解债权人情况，避免突发情况。比如在第一次债权人会议召开之前，法官会尽可能了解哪些债权人是"刺头"需要格外关照、如何安排债权座位、如何控制会议进程、如何向债权人解释清算/重组计划等。一位温州的受访者曾参与信泰集团的合并重整案。[1]他回忆道："当时信泰开债权人会议的时候，政府也特别重视，我们也很紧张。因为债权人过多，我们在瓯海区大会堂开债权人会议。为了增加安保力度，我们提前和法院、政法委、维稳办都沟通好，胡福林也要出席，我们必须保证胡福林的生命安全。因此，胡福林从哪里进场、从哪里出场都是提前安排好的……我们事先对债权人进行摸底，了解哪些债权人的情绪是比较激烈的。为了打进债权人内部，我们还和一些债权人交上了朋友，这样就更容易了解债权人的想法，掌握情况。在开会前一天，我们还和法院开会，对安保、债权人会议流程、如何解释重整计划等都重新演练了一遍……我们还选了六个债权人，我们预感他们会发难的，就特意找了六个法警，每个债权人后面派一个。这样只要他们搞事情，我们能第一时间把他们给控制住。"

信泰当然仅是个例，像这样拥有巨大社会影响力、债权人申报40亿元债权的案件屈指可数。虽然绝大多数破产案件规模不如信泰，法官仍需花费功夫去调查和引导债权人，避免对破产程序造成障碍。债权人对债务人和破产程序多少存在抵触和不信任，这是不可避免的。在许多案件中，明面上是债权人会议（或债委会）通过管理人提出的一个清算或重整计划，实际上管理人和法官会私底下多次沟通、协调不同债权人以获得他们的支持。在海鹤药业的关联企业合并破产重整案中，法院在正式受理案件前与债权人开了协调会，向他们说明了关联企业和财产混同的处理方式，并获得债权人的书面确认书。[2]面对破产案件这样一个

[1] 信泰集团曾是温州的"眼镜大王"，其董事长胡福林是温州人大代表及省政协委员。2008年以后，信泰尝试向光伏产业转型，为此投资12亿元人民币，其中有大几千万元是民间借贷。可惜的是，产业转型并没有为信泰带来新的利润增长，反而加重了集团企业的财务问题。从2006年到2011年，信泰的利润率降低了超过20%。2011年，信泰出现了资不抵债的情况，胡福林因此前往美国。不久之后，在地方领导和商界同行的劝导下，胡福林回到温州，帮助信泰破产重整。信泰集团的危机标志着2011年温州债务危机的正是爆发。参见马克强、梅雪风：《归去来兮——"跑路浙商"胡福林重生记》，载《市场导报》2014年2月25日；周德文、唐灿：《中国财富梦：温州大变局》，世界图书出版公司2012年版；胡方松、林坚强：《温州民间借贷风暴》，中国民族摄影艺术出版社2012年版。

[2] 海鹤药业是温州一家历史悠久的药企。在2010年，两位温州人买下海鹤及其关联企业兴瓯，并以两家公司的担保从民间市场借入大量资金。2012年，海鹤陷入民间借贷危机，欠款金额高达13亿元人民币。温州中院于2012年受理了两家企业的合并破产重整案，并通过一系列的创新手段解决个人和企业的资金混同问题。参见浙江温州中院（2012）浙温商破字第1、2-4号"某药业公司等申请破产重整案"，参见叶希希、易景涛：《温州海鹤药业有限公司、温州市兴瓯医药有限公司申请破产重整案——公司财产与股东财产混同情况下债权审查标准的确立》，载《人民法院案例选》2013年第4期。

无法“分而治之”[1]的司法领域，债权人对债务人的不满很可能会指向法院，迫使后者或是避免此类案件，或是多与债权人协调沟通。不难想象，在适用 DIP 制度的案件中，债权人对债务人的不信任程度只会更高。加之不少企业的经营和财务不规范问题（如下文会提到的），如果处理不当，债权人的不满可能会在司法程序中爆发，影响重整结果。笔者担心，如果将 DIP 改变成默认制度，或 DIP 的适用标准较低，债权人的不满情绪会更高，法院面临的维稳和审理压力也很更大。

五、债务人自行管理的经济障碍：不规范的企业财务和管理

当我们讨论制度合理性时是绕不开一国的经济因素的。在美国，DIP 制度能够良好运行的一个重要原因在于其公司治理模式。在比较了美日德三国的破产法和公司法制度后，David Skeel 认为，美国公司的股权较为分散，公司所有权和经营权在实务中是相分离的，因此专业的管理层更有动力重整企业、履行对破产债权人的信义义务。[2]其他经济体未必有 DIP 制度的土壤。在 1997 年金融危机后，香港特别行政区一直考虑是否要引入美国破产重整制度来应对企业债务问题，但本地学者反对这一点，指出亚洲企业往往控制权和股权高度集中，允许债务人自行管理会有较高的道德风险。[3]

我们同样需要思考什么样的破产重整制度适合中国，能够有效嵌入当前企业的治理模式之中，尤其是民营企业。中短期来看，法院对国有企业案件的受理要求不会降低，依旧会要求企业的上级主管部门批准并兜底企业在破产程序中可能出现的问题。相反，民营企业的所有破产问题都需要法院来审理和定夺，很难获得其他政府机构的协助和兜底。因此，了解民营企业的治理模式对如何修改 DIP 制度格外重要。

就现阶段而言，民营企业存在的一系列公司治理不规范问题会对 DIP 制度的适用造成困扰。首先，民营企业财务制度是不健全的。客观上，在许多民营企业中，财务管理人员往往是企业主的亲戚或朋友，而非专门从事相关领域的专业人员，财务记录的方法相对落后。一份 2011 年对温州中小企业的调查问卷显示，绝大多数的财务高管只有大专及以下学历，财会人员非科班出身，很多并没有专业技术职称。[4]由于财务人员缺乏专业素养且听命于老板，民营企业的财务管理较为混乱。很多小企业是没有账目的。而有账的企业，账目往往不

---

〔1〕 Feng Chen, Xin Xu, "*Active Judiciary*": *Judicial Dismantling Of Workers' Collective Action in China*, 67 The China Journal 87 (2012).

〔2〕 David A. Jr. Skeel, *An Evolutionary Theory of Corporate Law and Corporate Bankruptcy*, 51 Vand. L. Rev. 1323 (1998).

〔3〕 John Kong Shan Ho, Raymond Siu Yeung Chan, *Is Debtor – in – Possession Viable in Hong Kong*?, 39 Common Law World Review 204, 216 (2010).

〔4〕 赵敏等：《温州民营中小企业财务管理现状调查分析报告》，载《会计之友》2011 年第 14 期。

全，对企业的资金来源、应收款、应付款、资金使用情况的记录不完整不正确。或是制造假合同、假报表来欺骗小股东、债权人或是为了避税。不少企业在进入破产程序后存在账册不完整、账册丢失等情况，导致法院因无法调查或审计企业财务而终结破产案件。[1]此外，民营企业往往会准备两本账，一本称为"内账"，只是为了股东分红用；而另一本"外账"，是为了避税而伪造出来的。在中国，"两本账"的情况非常普遍，以至于即使是较为规范的高科技公司，也会因为监管要求为科技部门和工商管理部门"制作"不同的账本。[2]谈及企业财务问题，一位受访法官就向我抱怨道，"很多企业的资产负债表是不规范的，企业资产严重缩水，但是这就都是不计入账册的。应收款看上去是财产，但是很多过了一两年的，几乎要不回来……能要回来 10% 就不错了。而且很多企业会把债务做小，比如担保债务不入账，民间借贷不入账。很多企业老板都是直接签最高额担保的，看都不看担保合同，而且还不入账"。

民营企业财务不规范的原因是多元的。从监管层面出发，国家对民营企业的审计要求相对宽松，并不要求年度会计审计报告。从企业角度看，控股股东和实际控制人对财务管理的不重视。借花永红老师的话，"相当多的民营企业主及财务管理人员认为企业效益是靠业务做出来的，不是企业财务管理管出来的。"[3]企业掌舵人的这种认识会持续影响着一家企业，并且会随着企业规模的扩大，越发抱有一种侥幸心理。与欧美国家不同，我国大多数企业的股权掌握在少数股东手里，形成"一股独大"、控股股东全面掌握公司的局面，容易造成大股东侵占公司财产的情况。[4]这也部分解释了为何我们会不断在民营上市公司中看到财务造假。

除此之外，民营企业的资金来源，尤其是民间借贷，往往不能正常反映在公司账册中。民间借贷可以说是民营企业的重要资金来源。以温州为例，截至 2010 年，温州地方的民营金融机构有高达 1879 家之多，全市有接近九成的家庭、五成以上的企业参与进民间借贷，总规模高达 560 亿人民币。[5]但绝大多数企业不会将民间资金来源入账，不仅因为民间借贷的利率经常高出四倍利率，更因为民间资金入账涉及大量税费问题，导致企业借债成本高企。根据《个人所得税法》，企业向个人支付借款利息时须代扣代缴 20% 的个人所得税。在企业所得税方面，虽然法律准予企业在计算应纳税所得时扣除合理支出，《企业所得税法实施条例》第 38 条仅允许扣除不超过按照金融企业同期同类贷款利率计算的数额部分，这部分大概仅在 1% 左右，其余部分仍须缴纳 25% 的企业所得税。另外，一些地方的税务部门会

〔1〕 许亚农主编：《破产审判的温州探索》，法律出版社 2018 年版，第 15 ~16 页。

〔2〕 Toby Stuart，Yanbo Wang，*Who Cooks the Books in China，and does it pay? Evidence from Private，High – technology Firms*，37 Strategic Management Journal 2658（2016）.

〔3〕 花永红：《民营企业内部控制缺陷及其改进》，载《财会通讯》2011 年第 23 期。

〔4〕 赵旭东：《公司法修订中的公司治理制度革新》，载《中国法律评论》2020 年第 3 期。

〔5〕 罗培新编：《温州金融实践与危机调研报告》，法律出版社 2013 年版，第 106 页。

将民间资金等同于金融保险业的营业收入，要求企业缴纳5%的营业税、地方附加等。假如企业以月利率5%借入民间资金并且入账，则应缴纳个税20%（5%×20%）、营业税5%左右、除1%利率以外利率的企业所得税25%（4%×25%）。对于5%的月利率，税后的借债利率可能会高达7%以上，很多企业是不愿意负担这部分成本的。[1]

民营资金不入账的另一个原因在于借债人、担保人、实际资金使用人之间关系的混乱。在民间金融市场中，企业和企业主往往会形成一个或数个担保圈来获得信贷。在一个担保圈中，若一家企业借债，其余企业、企业主（及其家庭）提供担保，对债务承担连带清偿责任。作为民营企业融资的重要手段，担保圈在中国是非常普及的。据估算，温州有超过5000个担保圈，其中最大的一个总共有24,000家企业加入，三成以上本市企业通过担保获得信贷。[2]

若仅以担保方式获得借款，且法律关系清楚，那无可厚非。但实际上，同一担保圈中的资金使用情况可能非常混乱。当一家企业通过企业主和关联企业的担保获得信贷时，可能真正使用资金的并不是借款合同上的那家企业。真正的借款人可能会通过诸多渠道（不同的担保链、不同企业或个人）来融资，获得投资、投机或经营生产所需的资金。在破产案件中，资金走向混乱和不入账会严重影响管理人、审计人员确认资金使用情况和债权真实性，导致债权人的利益受损。若资金使用存在于关联企业之间，且企业的财产、资金、人员高度混同，则法院可以通过关联企业实质合并的方式来破产清算。若企业达不到实质合并的标准（虽然破产法对此并无规定），或者借债行为大量存在于企业和企业主之间，那么强行按照法律的规定来求偿可能会损害债权人的权益。实践中，即便在中大型民营企业中，股东和企业的民间资金运作也可能是不规范不透明的。举例而言，海鹤药业有限公司是温州一家拥有300多年历史的制药公司。在2010年，叶、张两名温州人收购海鹤及其关联企业兴瓯医药，随后以自己或企业名义大肆借债，使得两家公司对外欠款高达13亿元人民币之多。2011年债务危机爆发后，叶、张二人相继因为非法吸储被捕。两家企业也随即陷入资不抵债的境况，导致债权人在破产程序前就自发接管企业并组成债权人委员会。海鹤案面临着企业和股东财产混同的问题，有时股东以企业名义为自己借债，有时企业的资金来源于股东的个人借款。此外，由于民间借贷的欠款往往很不规范（口头借款、企业借款但欠条是个人名义），法院无从判断到底是企业借债还是股东借债。在这起案件中，经管理人提议，债权人会议最终认可根据债权人出借资金的流向和用途来决定公司债务，凡资金的去向和用途与企业有关，即使债权凭证与两企业无关，亦实质认定其为破产债权。

海鹤案中出现的财产混同不是个例。笔者在温州田野调查时就能经常看到类似的案件，

[1] 叶建平：《涅槃之道：破产的应然思考与实然探索》，法律出版社2019年版，第102页。
[2] 陈道富：《我国担保圈大数据分析的初步发现》，载《中国发展观察》2015年第1期。

不少受访律师和法官也会提到这一现象。很多民营企业家并没有非常强烈的企业法人观念，把企业看作自己的，很多资产随意处置，企业管理非常不规范。尤其是在家族企业中，企业的股权和管理权高度集中，关联企业和关联人之间的利益输送和财产混同是非常严重的。在破产案件中，这种情况比比皆是。温州中院在破产审判报告中论述道，温州企业“普遍存在经营管理不规范的情况。具体表现为出资不实、抽逃出资、股东侵占单位资金或长期挪用单位资金不还、企业应收账、应付款不入账、账册混乱、企业与股东之间、关联企业之间的资产与债务混同严重、公司投资、资金去向不明等”。[1]因此，笔者认为，中国适合将 DIP 制度设立为默认的重整企业治理模式。在债务人控制企业的过程中审查企业的资产、财务状况是不现实的，很多资金使用的情况可能债务人自己都不清楚，另外允许债务人控制有问题的企业也可能会导致债务人隐匿、转移财产。破产法理应建立相应的标准来筛除经营不规范的企业。

六、结论

本文关注两个问题。第一，债务人自行管理制度在美国具体的实施效果怎么样？第二，中国实施债务人自行管理制度有哪些文化和经济上的阻碍。通过文献梳理和实证研究，笔者提出以下观点。第一，DIP 制度能够在美国生根发芽有其历史、文化和经济原因。然而，随着时间的推移，债权人通过 DIP 融资和管理层薪酬等方式加强了对重整企业的控制，这变成一种全新的破产企业治理模式。第二，与美国相比，中国将 DIP 制度设立为默认制度是存在文化和经济障碍的。文化上，债权人对破产和债务人存在怀疑和不信任。经济上，许多企业——小至微型初创公司，大至上市公司——都普遍存在财务管理和经营管理混乱的情况。尤其是在民营企业中，企业账目不全、关联企业和关联人财产混同等情况屡见不鲜。笔者担心，如果法律允许这样的企业以债务人自行管理的方式直接进入破产程序，可能会损害债权人的利益；法院和中立第三人在债务人自行控制时难以理清企业的债务问题，这有可能造成债权人的不满，导致法院因为畏难去避免重整案件。

笔者认为，《全国法院民商事审判工作会议纪要》中对债务人自行管理制度的规定是较为合理的，并且符合中国国情。要求法院审查破产企业是否存在隐匿财产、逃避债务等行为有利于筛选出可以有效自行管理的企业。在此基础上，笔者提出以下几点建议。第一，建议破产法修订时不要仅局限于隐匿财产、逃避债务，而同样须要关注企业的财务管理是否健全、企业和关联人/企业之间是否存在财产混同的情形、企业的资金来源等。有时，并不是企业主有意隐瞒、隐匿财产，而是许多民营企业就是按照这一模式在治理企业。第二，建议

---

[1] 许亚农主编:《破产审判的温州探索》，法律出版社 2018 年版，第 15 页。

破产法可以参照日本等国的规定，在债务人申请自行管理后，要求已任命的管理人出具报告，对债务人的企业架构、财务财产管理制度、重整可能性、债务人自行管理可能性等作出评估，以帮助法院做出正确的裁定结果。第三，法院在实施破产法的过程中，建议尽量减少刑事程序的使用，这样有利于企业主提供更加准确的公司财务信息，帮助管理人和法院厘清公司的债务债权情况，有效保护债权人的利益。

律师实务

融资融券交易中让与担保的法律证成

袁雯卿 *

目　次

融资融券交易作为我国证券交易中的重要创新制度之一，已成为大部分证券公司为客户提供的交易品种。但是，基于《证券公司融资融券业务管理办法》关于融资融券交易担保制度的设计安排尚不存在上位法层面的法律依据问题，在融资融券交易纠纷的诉讼实务中，罕有证券公司在未就融资融券交易纠纷违约股票完成强行平仓操作的情况下，直接提起诉讼，主张融资买入股票属于让与担保物进而主张优先受偿权并胜诉的案件。证券公司针对客户在融资融券交易中发生违约的法律救济途径，主要为根据对应的融资融券合同的约定，先行就融资买入的股票完成强行平仓操作、冲抵客户欠付的本息及罚息后，再就未足额受偿的本息及罚息部分提起诉讼。但在实务中，证券公司就客户融资买入的股票实施强行平仓操作，以融资买入股票未被实施财产保全措施，且不涉及上市公司股东及董事、监事、高级管理人员减持股份限制为前提。一旦融资买入的股票存在上述无法强行平仓情形的，证券公司可能面临债权无法根据合同约定实施自力救济措施、直

* 袁雯卿，上海市锦天城律师事务所合伙人律师。

接提起诉讼又面临融资买入的股票法律属性不明及诉讼请求被驳回的风险。

笔者认为，综合欧美其他国家及我国台湾地区对融资融券交易的制度安排、《民法典》和最高人民法院《关于适用〈中华人民共和国民法典〉有关担保制度的解释》的相关规定、《全国法院民商事审判工作会议纪要》的相关内容，以及司法实践关于让与担保的裁判观点，在诉讼案件中，证券公司主张融资买入股票构成让与担保物，并就融资买入的股票主张优先受偿权具有法理基础，亦不存在法律规定层面或司法实践层面的障碍。本文将以诉讼实证分析为视角，探讨我国融资融券交易担保的法律属性，为证券公司相关融资融券交易诉讼案件提供参考。

一、融资融券交易担保制度的比较法学分析

从欧美其他国家及我国台湾地区对融资融券交易的法律制度安排来看，融资融券交易担保的法律属性一般确认为让与担保或所有权转移担保。笔者就部分国家及地区对融资融券交易的法律制度安排作出整理，如表1所示：

表1　部分国家及地区对融资融券交易的法律制度安排

国家或地区	融资融券制度概述	融资融券法律属性	相应法律依据
美国	美国以让与担保形式设计了融资融券担保制度，从属投资者与证券公司的债权债务关系，特征是将信用账户中作为担保品的初始保证金与维持担保品的证券权利所有权转移给证券公司，以转移担保品所有权来确保证券公司的债权安全。[1]	让与担保	《统一商法典》第9-106（c）条、《统一商法典》第9-106条官方评注、《统一商法典》第9-206条
我国台湾地区	融资融券交易担保制度的基础是让与担保而非质押担保。投资者融资买入证券或提交充抵保证金的证券，将记入到证券公司的专用证券账户内，而不记录在客户的证券账户内，担保证券的所有权在担保期间已移转给证券公司等授信机构。台湾某些判例，也承认让与担保。[2]	让与担保	"证券商办理有价证券买卖融资融券管理办法"第16条、第18条
欧盟	《金融担保协议指令》确立了两种担保方式，即质押担保（Security）和所有权转移担保（Title Transfer）。所有权转移担保是担保人向担保权人转移担保品的完全的所有权，用以担保及替	所有权转移担保	《金融担保协议指令》第2.1（b）条、第6.1条、第6.2条

〔1〕参见廖焕国等：《融资融券交易担保法律制度研究》，法律出版社2018年版，第81页。

〔2〕参见何艳春：《证券公司融资融券业务债权担保的法律分析》，载《证券市场导报》2008年第9期。

续表

国家或地区	融资融券制度概述	融资融券法律属性	相应法律依据
欧盟	代相关金融义务的履行的协议，包括回购协议。所有权转移担保的担保权人享有完全的处分权，与让与担保的债权人仅能在债务人不能清偿到期债务时方可变现担保品、无权在担保品价格下跌时直接处分担保物存在区别。[1]		
德国	担保性所有权让与制度是对动产质权制度的违背，在习惯法上获得了承认。代替设定质权，债务人为了担保债权人对他享有的债权，而将属于他的财产所有权转让给债权人。[2]	所有权转移担保	—

综合美国《统一商法典》第9－106（c）条[3]、第9－206条[4]及美国《统一商法典》

〔1〕参见彭鹏：《欧盟〈金融担保协议指令〉及其2009年修订述评》，载《金融法苑》2010年第1期。

〔2〕参见［德］鲍尔/施蒂尔纳：《德国物权法》（下册），申卫星、王洪亮译，法律出版社2006年版，第599～600页。

〔3〕（Uniform Commercial Code）9－106（c）：Effect of control of securities account or commodity account. A secured party having control of all security entitlements or commodity contracts carried in a securities account or commodity account has control over the securities account or commodity account. 美国《统一商法典》第9－106（c）条：证券账户或商品账户控制的效力。担保权人控制了所有证券账户或商品账户中的证券权利或商品合同，即控制了该证券账户或商品账户。

〔4〕（Uniform Commercial Code）9－206：Security Interest Arising in Purchase or Delivery of Financial Asset（a）Security interest when person buys through securities intermediary. A security interest in favor of a securities intermediary attaches to a person's security entitlement if：（1）the person buys a financial asset through the securities intermediary in a transaction in which the person is obligated to pay the purchase price to the securities intermediary at the time of the purchase；and（2）the securities intermediary credits the financial asset to the buyer's securities account before the buyer pays the securities intermediary.（b）Security interest secures obligation to pay for financial asset. The security interest described in subsection（a）secures the person's obligation to pay for the financial asset.（c）Security interest in payment against delivery transaction. A security interest in favor of a person that delivers a certificated security or other financial asset represented by a writing attaches to the security or other financial asset if：（1）the security or other financial asset：（A）in the ordinary course of business is transferred by delivery with any necessary indorsement or assignment；and（B）is delivered under an agreement between persons in the business of dealing with such securities or financial assets；and（2）the agreement calls for delivery against payment.（d）Security interest secures obligation to pay for delivery. The security interest described in subsection（c）secures the obligation to make payment for the delivery. 美国《统一商法典》第9－206条（a）在下列情况下以证券中间人为受益人的担保权益附着于一个人所持有的证券权利：（1）该人通该证券中间人购买金融资产，且在该交易中，该人有义务于购买时向该证券中间人支付购价；并且（2）在买方向证券中间人作出付款前，证券中间入将金融资产贷记于买方的证券账户。（b）上述（a）款所述的担保权益，系用于担保该人支付金融资产购价的义务。（c）如果任何人交付票式证券，或交付由书面文件代表的其他金融资产，则在下列情况下以该人为受益人的担保权益附着于该证券或金融资产：（1）该证券或金融资产：（A）系在正常业务过程中，在完成任何必要背书或转让程序后，通过交付而转让，并且（B）系根据从事此类证券或金融资产之业务的人之间的协议而交付，并且（C）该协议要求在交付时付款。（d）上述（c）款所述的担保权益，系用于担保为该交付作出付款的义务。

第9-106条官方评注[1]的内容，在美国的融资融券法律制度体系下，融资买入的股票登记于证券账户中并由担保权人控制证券账户，属于较为典型的、将融资融券交易的担保制度定性为让与担保性质的法律机制。

与美国的融资融券法律制度体系类似，根据我国台湾地区“证券商办理有价证券买卖融资融券管理办法”第16条[2]、第18条[3]的规定及大部分学者的观点，一般也认为，我国台湾地区的融资融券交易担保制度的法律性质为让与担保。

综合欧盟《金融担保协议指令》第2.1（b）条[4]、第6.1条[5]、第6.2条[6]的规定，融资买入股票的法律属性属于所有权转移担保（title transfer），即担保人向担保权人转移担保品的完全的所有权，用以担保及替代相关金融义务的履行的协议。

与欧盟《金融担保协议指令》的所有权转移担保的法律体系类似，在德国法律体系下，担保性所有权让与制度在习惯法上已获得了承认。

---

[1] (Official Commnet 4 on 9-106 Uniform Commercial Code): Securities Accounts and Commodity Accounts. For drafting convenience, control with respect to a securities account or commodity account is defined in terms of obtaining control over the security entitlements or commodity contracts. Of course, an agreement that provides that (without further consent of the debtor) the securities intermediary or commodity intermediary will honor instructions from the secured party concerning a securities account or commodity account described as such is sufficient. Such an agreement necessarily implies that the intermediary will honor instructions concerning all security entitlements or commodity contracts carried in the account and thus affords the secured party control of all the security entitlements or commodity contracts. 美国《统一商法典》第9-106条官方评注证券账户和商品账户。为便于起草，对证券账户或商品账户的控制定义为获得对证券权利或商品合同的控制。当然，如证券中介机构或商品中介机构将遵守担保权人关于证券账户或商品账户的指示，一份协议就足够了（无需债务人进一步同意）。这种协议必然意味着中介机构将遵守有关账户中所载的所有担保权利或商品合同的指示，从而使担保权人能够控制所有担保权利或商品合同。

[2] 我国台湾地区“证券商办理有价证券买卖融资融券管理办法”第16条：证券商办理有价证券买卖融资融券，对客户融资，应依主管机关规定之比率收取融资自备价款，并以融资买进之全部证券作为担保品；对客户融券，应依主管机关规定之成数收取融券保证金，并以融券卖出之价款作为担保品。

[3] 我国台湾地区“证券商办理有价证券买卖融资融券管理办法”第18条：证券商客户未能依前条第一项规定补缴差额，或逾约定期限未能清结时，证券商应即处分其担保品。但双方另有约定者，不在此限。

[4] (Directive 2002/47/EC of the European Parliament and of the Council of 6 June 2002 on financial collateral arrangements) 2.1 (b): title transfer financial collateral arrangement ' means an arrangement, including repurchase agreements, under which a collateral provider transfers full ownership of financial collateral to a collateral taker for the purpose of securing or otherwise covering the performance of relevant financial obligations. 欧盟《金融担保协议指令》第2.1（b）条所有权转移担保是担保人向担保权人转移担保品的完全的所有权，用以担保及替代相关金融义务的履行的协议，包括回购协议。

[5] (Directive 2002/47/EC of the European Parliament and of the Council of 6 June 2002 on financial collateral arrangements) 6.1: Member States shall ensure that a title transfer financial collateral arrangement can take effect in accordance with its terms. 欧盟《金融担保协议指令》第6.1条成员国应当确保所有权转移担保能够按协议条款发生效力。

[6] (Directive 2002/47/EC of the European Parliament and of the Council of 6 June 2002 on financial collateral arrangements) 6.2: If an enforcement event occurs while any obligation of the collateral taker to transfer equivalent collateral under a title transfer financial collateral arrangement remains outstanding, the obligation may be the subject of a close-out netting provision. 欧盟《金融担保协议指令》第6.2条如果可行使担保权的情形发生时，担保权人接受的转移所有权的担保品相关的义务尚未履行完毕时，该义务将取决于终止净额结算条款。

综上所述，从其他国家及地区对融资融券交易的法律制度安排来看，融资融券交易中的担保法律属性一般界定为让与担保或所有权转移担保。因此，笔者认为，参考其他国家及地区的相关法律制度安排，结合我国的法律体系及司法实践情况，可以将客户在融资融券交易中融资买入的股票定性为让与担保物。人民法院在相关诉讼案件中，支持证券公司作为原告、主张就融资买入的股票享有优先受偿权的诉讼请求，具有制度借鉴基础。

二、我国融资融券交易担保与让与担保的制度契合

狭义的让与担保，仅指让与式担保，又称为信托让与担保，指债务人或第三人为担保债务人之债务，将担保标的物之整体权利（通常是所有权）转移于担保权人，于债务清偿后，标的物整体权利将返还于债务人或第三人，债务不履行时，担保权人得就标的物优先受偿之担保。[1]《全国法院民商事审判工作会议纪要》第 71 点[2]关于让与担保的裁判观点与上述定义类似。

根据我国《证券公司融资融券业务管理办法》第 2 条[3]的规定，融资融券业务，是指向客户出借资金供其买入证券或者出借证券供其卖出，并收取担保物的经营活动。证券公司开展融资融券业务的，应当根据《证券公司融资融券业务管理办法》第 10 条[4]、第 11 条[5]的规定，以证券公司的名义开立融券专用证券账户、客户信用交易担保证券账户等多个交易账户。笔者就融资融券交易中，各交易账户的开立机构、使用方的关系梳理如图 1 所示。

因此，根据《证券公司融资融券业务管理办法》的规定，融资买入的股票登记于以证券公司名义开立的账户名下，属于客户委托证券公司持有的、用以担保证券公司债权的标的

〔1〕 参见谢再全：《民法物权论》（下册），中国政法大学出版社 1999 年版，第 896 页。

〔2〕《全国法院民商事审判工作会议纪要》71. 【让与担保】债务人或者第三人与债权人订立合同，约定将财产形式上转让至债权人名下，债务人到期清偿债务，债权人将该财产返还给债务人或第三人，债务人到期没有清偿债务，债权人可以对财产拍卖、变卖、折价偿还债权的，人民法院应当认定合同有效。合同如果约定债务人到期没有清偿债务，财产归债权人所有的，人民法院应当认定该部分约定无效，但不影响合同其他部分的效力。当事人根据上述合同约定，已经完成财产权利变动的公示方式转让至债权人名下，债务人到期没有清偿债务，债权人请求确认财产归其所有的，人民法院不予支持，但债权人请求参照法律关于担保物权的规定对财产拍卖、变卖、折价优先偿还其债权的，人民法院依法予以支持。债务人因到期没有清偿债务，请求对该财产拍卖、变卖、折价偿还所欠债权人合同项下债务的，人民法院亦应依法予以支持。

〔3〕《证券公司融资融券业务管理办法》第 2 条：本办法所称融资融券业务，是指向客户出借资金供其买入证券或者出借证券供其卖出，并收取担保物的经营活动。

〔4〕《证券公司融资融券业务管理办法》第 10 条：证券公司经营融资融券业务，应当以自己的名义，在证券登记结算机构分别开立融券专用证券账户、客户信用交易担保证券账户、信用交易证券交收账户和信用交易资金交收账户。融券专用证券账户用于记录证券公司持有的拟向客户融出的证券和客户归还的证券，不得用于证券买卖；客户信用交易担保证券账户用于记录客户委托证券公司持有、担保证券公司因向客户融资融券所生债权的证券；信用交易证券交收账户用于客户融资融券交易的证券结算；信用交易资金交收账户用于客户融资融券交易的资金结算。

〔5〕《证券公司融资融券业务管理办法》第 11 条：证券公司经营融资融券业务，应当以自己的名义，在商业银行分别开立融资专用资金账户和客户信用交易担保资金账户。融资专用资金账户用于存放证券公司拟向客户融出的资金及客户归还的资金；客户信用交易担保资金账户用于存放客户交存的、担保证券公司因向客户融资融券所生债权的资金。

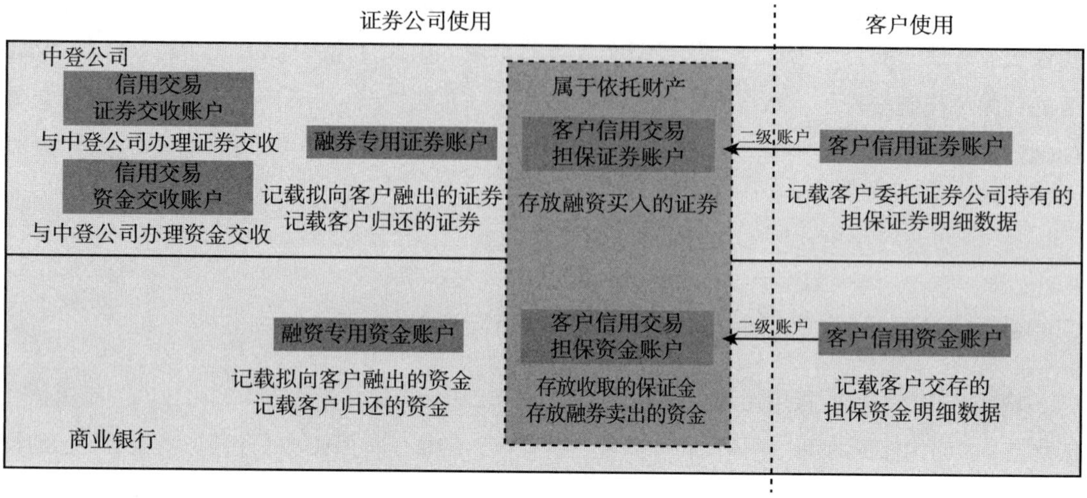

图 1　以证券名义开立的融资融券业务相关交易账户概览

物，该等融资买入股权的权利登记安排符合让与担保的法律特征。

此外，《证券公司融资融券业务管理办法》第 21 条第 1 款〔1〕、第 25 条〔2〕明确规定了融资融券信用担保的担保属性，即客户融资买入的全部证券应存放于客户信用交易担保证券账户，作为对该客户融资融券所生债权的担保物。据此，我国融资融券交易的担保制度设计也具有让与担保属性。

综上所述，笔者认为，我国的融资融券交易具有让与担保法律特征，客户融资买入的股票属于让与担保物，融资融券交易的交易担保成立让与担保法律关系。

三、司法实践对融资融券交易中让与担保的认可

《全国法院民商事审判工作会议纪要》第 66 点〔3〕、第 67 点〔4〕已提出了不属于物权法规定的典型担保类型的担保合同，仍可认定合同有效、可以支持当事人提出的就担保财产主

〔1〕《证券公司融资融券业务管理办法》第 21 条第 1 款：客户融资买入证券的，应当以卖券还款或者直接还款的方式偿还向证券公司融入的资金。

〔2〕《证券公司融资融券业务管理办法》第 25 条：证券公司应当将收取的保证金以及客户融资买入的全部证券和融券卖出所得全部价款，分别存放在客户信用交易担保证券账户和客户信用交易担保资金账户，作为对该客户融资融券所生债权的担保物。

〔3〕《全国法院民商事审判工作会议纪要》66.【担保关系的认定】当事人订立的具有担保功能的合同，不存在法定无效情形的，应当认定有效。虽然合同约定的权利义务关系不属于物权法规定的典型担保类型，但是其担保功能应予肯定。

〔4〕《全国法院民商事审判工作会议纪要》67.【约定担保物权的效力】债权人与担保人订立担保合同，约定以法律、行政法规未禁止抵押或者质押的财产设定以登记作为公示方法的担保，因无法定的登记机构而未能进行登记的，不具有物权效力。当事人请求按照担保合同的约定就该财产折价、变卖或者拍卖所得价款等方式清偿债务的，人民法院依法予以支持，但对其他权利人不具有对抗效力和优先性。

张优先受偿权的裁判观点。根据《民法典》第 388 条[1]的规定，担保合同包括抵押合同、质押合同和其他具有担保功能的合同。最高人民法院《关于适用〈中华人民共和国民法典〉有关担保制度的解释》第 68 条[2]则规定了关于让与担保的认定及权利实现程序。最高人民法院《民法典担保制度司法解释理解与适用》中进一步明确了让与担保属于未为《民法典》所明确规定，但具有担保物权功能的担保。[3]显然，无论是最高人民法院的裁判观点，还是《民法典》的担保物权制度设计，均已认可了让与担保属于具有担保功能的担保制度。因此，将客户融资买入的股票定性为让与担保物，在《民法典》视角下已具备一定的法律依据。

在（2018）最高法民终 119 号案[4]中，最高人民法院认为："《股权转让协议》在转让目的、交易结构以及股东权利等方面，均具有不同于单纯的股权转让的特点，其权利义务内容及实际履行情况，符合让与担保的基本架构，系以股权转让的方式实现担保债权的目的，其性质应认定为股权让与担保。"因此，司法实践中已出现了将争议标的物定性为让与担保物的裁判观点。证券公司在融资融券交易纠纷中，主张客户融资买入的股票属于让与担保物的，从司法实践角度而言具有可行性。

虽然融资融券业务作为新型证券交易业务品种，诉讼中涉及证券公司作为原告，主张融资买入股票优先受偿权的案件较为少见，但部分法官也提出了融资融券的信用担保应定性为让与担保法律关系的观点。笔者就相关的观点作出整理如表 2 所示：

表 2　相关法律观点

标题/案号	观点摘录
《融资融券交易中心的法律关系》[5]	我国融资融券交易的担保制度虽然没有让与担保之名，却有清算型让与担保之实。证券公司在实现让与担保权时，就担保标的物的价值与债权之间的差额负

---

〔1〕《中华人民共和国民法典》第 388 条：设立担保物权，应当依照本法和其他法律的规定订立担保合同。担保合同包括抵押合同、质押合同和其他具有担保功能的合同。担保合同是主债权债务合同的从合同。主债权债务合同无效的，担保合同无效，但是法律另有规定的除外。担保合同被确认无效后，债务人、担保人、债权人有过错的，应当根据其过错各自承担相应的民事责任。

〔2〕《最高人民法院关于适用〈中华人民共和国民法典〉有关担保制度的解释》第 68 条：债务人或者第三人与债权人约定将财产形式上转移至债权人名下，债务人不履行到期债务，债权人有权对财产折价或者以拍卖、变卖该财产所得价款偿还债务的，人民法院应当认定该约定有效。当事人已经完成财产权利变动的公示，债务人不履行到期债务，债权人请求参照民法典关于担保物权的有关规定就该财产优先受偿的，人民法院应予支持。债务人或者第三人与债权人约定将财产形式上转移至债权人名下，债务人不履行到期债务，财产归债权人所有的，人民法院应当认定该约定无效，但是不影响当事人有关提供担保的意思表示的效力。当事人已经完成财产权利变动的公示，债务人不履行到期债务，债权人请求对该财产享有所有权的，人民法院不予支持；债权人请求参照民法典关于担保物权的规定对财产折价或者以拍卖、变卖该财产所得的价款优先受偿的，人民法院应予支持；债务人履行债务后请求返还财产，或者请求对财产折价或者以拍卖、变卖所得的价款清偿债务的，人民法院应予支持。

〔3〕参见最高人民法院民事审判第二庭：《最高人民法院民法典担保制度司法解释理解与适用》，人民法院出版社 2021 年版，第 86 页。

〔4〕修水县巨通投资控股有限公司、福建省稀有稀土（集团）有限公司合同纠纷案，最高人民法院（2018）最高法民终 119 号民事判决书。

〔5〕贾纬、苑多然：《融资融券交易中的法律关系》，载《人民司法·应用》2007 年第 11 期。

续表

标题/案号	观点摘录
	有清算义务，即标的物应以平仓价清偿，当标的物的价值超过被担保债权额时，证券公司应将该差额返还给客户，如果担保物的价值不足以清偿债权时，证券公司仍可以请求客户偿还……如果诉讼至人民法院，通过判例或者司法解释，可以在一定范围内实现特定经济领域中让与担保制度的法律化。
《融资融券交易纠纷中的格式条款适用》〔1〕	从实际操作看，证券公司须以自己的名义开立担保账户；投资者将其中的资金和证券权利，在名义上归于证券公司，成为担保物；投资者可以按照一定的规则用信用交易账户内的证券或者资金，不断买卖证券，获取投资收益；如果客户没有及时弥补担保财产，那么证券公司有权根据市场的状况不通知客户，立即对客户交存的担保物行使处分权。内容上，其与“让与担保”的性质与特征更为符合。同时，融资融券担保关系的建立，并不违反法律法规的强制性规定，也没有损害他人利益，双方亦出于真实意思表示为之，因此笔者倾向于将融资融券的信用担保定性为让与担保的法律性质。
（2019）赣01民终1910号民事判决书〔2〕	杨某领所交付的保证金、融资所购证券及孳息，均登记于国盛公司名下客户信用交易担保证券账户、客户信用交易担保资金账户下的二级账户，即信用证券账户、信用资金账户，系委托于国盛公司的信托财产。根据《中华人民共和国信托法》第2条规定，信托是指委托人基于对受托人的信任，将其财产权委托给受托人，由受托人按委托人的意愿以自己的名义，为受益人的利益或者特定目的，进行管理或者处分的行为。故杨某领将上述财产以信托方式转移至国盛公司名下，且约定信托目的为担保国盛公司对杨招领的融资债权，当杨某领不履行债务时国盛公司可就担保物予以平仓实现其担保权，该意思表示符合让与担保的情形，不违反法律、行政法规的强制性规定。

从财产保全及强制执行角度而言，司法实践中已存在执行客户信用交易担保证券账户中登记在证券公司名下股票的案件。在《开能健康科技集团股份有限公司关于控股股东被动减持股份达到1%的公告》〔3〕中载明：“钧天（宁夏）投资管理中心（有限合伙）在兴业证券股份有限公司客户信用交易担保证券账户的股份，该股份由兴业证券根据北京市第二中级人民法院的《协助执行通知书》进行协助司法执行导致的被动减持。”根据上述公告内容，在诉讼案件的强制执行阶段，人民法院根据债权人作为申请执行人的申请，扣划登记于证券公司名下、由客户融资买入的股票亦不在操作层面的障碍。

〔1〕 尚晓茜：《融资融券交易纠纷中的格式条款适用》，载《人民司法·案例》2007年第20期。

〔2〕 杨招领、国盛证券有限责任公司融资融券交易纠纷、买卖合同纠纷，江西省南昌市中级人民法院（2019）赣01民终1910号民事判决书。

〔3〕《开能健康科技集团股份有限公司关于控股股东被动减持股份达到1%的公告》，载巨潮资讯网：http://www.cninfo.com.cn/new/disclosure/detail?stockCode=300272&announcementId=1207410209&orgId=9900012230&announcementTime=2020-03-26，最后访问时间：2021年10月21日。

但需要注意的是，根据最高人民法院的裁判观点，[1]让与担保具有物权效力的前提是，当事人根据合同约定已经完成财产权利变动的公示，形式上已经将财产转让至债权人名下。物权效力应参照适用最相类似的担保物权，享有优先受偿的权利。其中动产、不动产以及股权让与担保分别参照适用动产质押、不动产抵押以及股权质押的规定，将财产拍卖、变卖、折价，并以所得价款优先受偿。因此，就客户融资买入的股票而言，即使客户发生融资融券的违约情形已符合融资融券合同项下关于强行平仓的约定的，证券公司并不能直接主张对客户融资买入的股票享有财产权利，而仍应通过提起诉讼的方式，主张就该等股票拍卖、变卖、折价所得价款优先受偿。

此外，鉴于民事诉讼案件的原告应当明确诉讼请求，笔者建议如证券公司考虑在诉讼中主张就客户融资买入的股票享有优先受偿权的，证券公司应当固定其诉讼请求金额，至少在原被告举证、质证完毕，至人民法院出具民事判决书的期间，不再就主张享有优先受偿权的股票实施强行平仓操作，避免诉讼标的不固定或诉讼标的变化引发级别管辖变化的诉讼风险。

综上所述，笔者认为，在《民法典》与《全国法院民商事审判工作会议纪要》视角下，证券公司作为原告，在诉讼中主张登记于证券公司名下的、由客户融资买入的股票构成让与担保法律关系，目前已不存在法律规定及司法实践层面的障碍。

四、结论

尽管《证券公司融资融券业务管理办法》关于融资融券交易担保制度的设计安排，存在突破《信托法》规定的合规性瑕疵，但从欧美其他国家及我国台湾地区对融资融券交易的法律制度安排来看，将融资融券的交易担保制度定性为让与担保具有理论基础；《民法典》已明确担保合同包括其他具有担保功能的合同，最高人民法院《关于适用〈中华人民共和国民法典〉有关担保制度的解释》规定了关于让与担保的认定及权利实现程序，为我国融资融券交易担保制度提供了一定的法律依据；《全国法院民商事审判工作会议纪要》亦提出当事人订立具有担保功能的合同如不存在法定无效情形的，可以认定合同有效、可以支持当事人提出的就担保财产主张优先受偿权的裁判观点，因而，证券公司主张客户融资买入的股票属于让与担保物不存在司法实践层面的障碍。

---

〔1〕 参见最高人民法院民事审判第二庭：《〈全国法院民商事审判工作会议纪要〉理解与适用》，人民法院出版社2019年版，第405页。

域外法制

美国外国公司问责法案*

胡赟頔　译

为了修改2002年《萨班斯—奥克斯利法案》（SOX法案），要求特定发行人向证券交易委员会（SEC）披露关于外国司法管辖区的信息，这些司法管辖区阻止了上市公司会计监督委员会（PCAOB）根据该法案或出于其他目的进行的检查。

该法案须经美国国会参议院和众议院共同通过，方能生效颁布。法案已于2020年5月20日由参议院通过。

第1节　简称

该法案可被称为《外国公司问责法案》(Holding Foreign Companies Accountable Act)。

第2节　披露要求

在SOX法案（15U. S. C. 7214）第104节[1]的末尾增加以下内容：

（i）披露关于阻止PCAOB检查的外国司法管辖区。

---

*《外国公司问责法案》由美国国会于2020年12月18日通过并颁布。

〔1〕 第104节　对注册公共会计师事务所的检查

（a）总则——PCAOB应进行持续检查，以评价注册公共会计师事务所及有关人员在执行审计、出具审计报告和涉及发行证券的公司的相关事项时，遵守本法、PCAOB的规定、SEC的规定或职业准则的程度。

（1）定义—在本小节中，

（A）术语“相关发行人”是指根据1934年《证券交易法》第13条〔1〕或第15（d）条〔2〕［15 U. S. C 78m；78o（d）］提交报告的发行人；和

（接上页）（b）检查频率——

（1）总则——除第（2）款另有规定外，本条规定的检查应——

（A）每年针对每家定期为100多家发行人提供审计报告的注册公共会计师事务所；和

（B）对于每家定期为100个以下发行人提供审计报告的注册公共会计师事务所，每三年不少于一次。

（2）计划调整——如果PCAOB发现不同的检查计划符合本法的目的，公共利益和保护投资者，则可以按规则调整根据第（1）款设定的检查计划。PCAOB可以应SEC的要求或自己的动议进行特别检查。

（c）程序——PCAOB在根据本条进行的每次检查中均应按照其检查规则——

（1）识别检查所揭露的，注册会计师事务所或任何有关人员的活动、执业行为或疏忽，这些可能违反本法案、PCAOB规则、SEC规则、公司自身的质量控制政策或执业准则；

（2）向SEC和相关国家监管机构报告任何此类活动、执业行为或疏忽；和

（3）根据本法案和PCAOB的规定，对任何此类违规行为进行正式调查或采取适当的纪律处分。

（d）检查实施——在根据本条对注册会计师事务所进行检查时，PCAOB应——

（1）在注册会计师事务所的各个办公室和由各种相关人员执行的审计和业务委托（可能包括正在进行的诉讼或事务所与其他一个或多个第三方之间争议所涉及的审计业务）中，选定部分实施检查和复核；

（2）评价公司质量控制体系的充分性以及公司对该体系进行文件记录和沟通的方式；和

（3）根据检查的目的和PCAOB的职责，对事务所的审计、监督和质量控制程序进行其他必要或适当的测试。

（e）记录的保存——PCAOB规定可以为了检查的目的要求注册会计师事务所保存记录，第103节并未要求保存。

（f）复核程序——PCAOB的规则应为检查报告草稿的复核以及答复提供程序，PCAOB应对这种答复采取适当行动（包括在提交最终报告前修改报告草稿，或继续检查，或补充检查），但为保护被事务所合理确定为机密的信息，应适当删节此类答复的文本，并将其作为检查报告的附件。

（g）报告——在不违反（h）条规定的前提下，PCAOB根据本条进行的每次检查的调查结果的书面报告应——

（1）连同PCAOB或检查员的任何信件或评论，以及注册公共会计师事务所的任何答复，均已适当详细地寄送给了SEC和每个适当的州监管机构；和

（2）以适当方式向公众公开详细信息（根据第105（b）（5）（A）条的规定，由PCAOB判断，或根据有关的法律，保护合理的秘密）；如果检查报告中涉及的被查事务所质量控制系统的批评或缺陷是事务所自己提出的，而且在检查报告日后12个月内符合PCAOB的要求，则不向公众公开。

（h）中期SEC复核——

（1）可复核的事项——如果注册会计师事务所符合以下条件，则可以按照SEC颁布的规则请求SEC对其进行复核：

（A）遵照委员会根据第（f）条制定的规则，就检查报告草稿中某一特定事项的实质内容向PCAOB提供了答复，并且对PCAOB在答复后在最终报告中的评价持有异议；或

（B）PCAOB认定检查报告中指明的批评或缺陷未如第（g）（2）条所述，在12个月内得到令PCAOB满意的解决，事务所对此决定持有异议。

（2）复核的处理——SEC根据第（1）条作出的任何有关复核的决定，均不得根据1934年《证券交易法》（15 U. S. C. 78y）第25节进行复议，或视为美国法典第5编第704节所规定的“最终机构裁决”。

（3）时间——在第（1）条（A）或（B）款所规定的导致复核的事件发生之后30天内，可以根据第（1）条请求复核。

〔1〕该条详细规定了发行人应当向SEC提交的定期和其他报告的内容、形式等要求，包括注册申请书中相关信息和文件的持续更新信息、由独立注册会计师审计的年度报告、5%以上持有者的报告等。

〔2〕该条规定发行人依据SEC为维护公共利益和保护投资者的必要而制定的细则，向SEC提交第13条规定的与第12条注册发行有关的补充和定期信息、文件报告。

（B）术语“非检查年度”是指对于所涉及发行人而言，某年度

（i）在该年度中，SEC 针对发行人在该年度提交的（A）款中所述的每份报告，根据第（2）（A）款确定其为相关发行人；和

（ii）在本小节颁布之日之后开始。

（2）向 SEC 披露，SEC 应

（A）确定所有相关发行人，这些发行人提交的第（1）（A）款所述的报告中所包含的财务报表的审计报告的出具，所聘请的注册公共会计师事务所，其分支机构或办事处

（i）位于外国司法管辖区，且

（ii）根据 PCAOB 的判断，由于第（i）项所述的外国司法管辖区有关部门的介入，PCAOB 无法根据本节要求进行充分检查和调查；和

（B）要求根据（A）款确定的相关发行人，遵照 SEC 依据第（4）小节发布的规则，向 SEC 提交文件，证明其未被第（A）（i）项所述的外国司法管辖区中的政府实体拥有或控制。

（3）三年内无法检查的，禁止证券交易

（A）总则——如果 SEC 确定的相关发行人连续三年没有获得检查，则 SEC 应禁止该发行人的以下证券交易

（i）在国家级证券交易所；或

（ii）属于 SEC 监管范围内的任何其他方式，包括俗称的“场外交易”。

（B）初始禁令的取消——如果在 SEC 根据（A）款对相关发行人施加禁令后，该发行人向 SEC 证明已经聘请了注册公共会计师事务所，并根据本小节要求经过 PCAOB 的检查，且符合 SEC 要求，SEC 应终止该禁令。

（C）无检查年度的再次发生——如果 SEC 在根据（B）或（D）款终止对某发行人的禁令后，SEC 确定该发行人又出现了没有检查的年度，SEC 应禁止该发行人的以下证券交易

（i）在国家级证券交易所；或

（ii）属于 SEC 监管范围内的任何其他方式，包括俗称的“场外交易”。

（D）后续禁令的取消——如果自 SEC 根据（C）款对相关发行人实施禁令之日起 5 年后，发行人向 SEC 证明将聘请注册公共会计师事务所，且 PCAOB 能够根据本小节的要求对其实施检查，SEC 应终止该禁令。

（4）实施细则。在本小节颁布之日起 90 天内，SEC 应发布规则，以确定发行人根据第（2）（B）款提交文件的方式和格式。

第 3 节　额外披露

（a）定义——在本节中，

（1）术语“审计报告”的含义参照 SOX 法案第 2（a）条[1][15 U. S. C. 7201（a）]；

（2）术语“委员会”是指美国证券交易委员会（SEC）；

（3）术语“相关表格”

（A）指

（i）《联邦法规》第 17 编 249. 310 条或后续法规所描述的表格；和

（ii）《联邦法规》第 17 编 249. 220f 条或后续法规所描述的表格；和

（B）以下表格

（i）等同于或实质上类似于第（A）款（i）（ii）项所述的表格；和

（ii）根据 1934 年《证券交易法》（15 U. S. C. 78a et seq. ）或据此制定的细则，应由外国发行人提交给 SEC 的表格。

（4）术语“相关发行人”以及“非检查年度”的含义参照 SOX 法案第 104 节第（i）（1）项（15 U. S. C. 7214）（本法案第 2 节增加的内容）；

（5）术语“外国发行人”的含义参照《联邦法规》第 17 编 240. 3b－4 条或任何后续法规的规定。

（b）要求——每个相关外国发行人，在非检查年度内由 SOX 法案第 104 节第（i）（2）（A）项（15 U. S. C. 7214）（本法案第 2 节增加内容）所描述的注册公共会计师事务所出具审计报告的，这些发行人应当在其提交的涵盖非检查年度的每一份相关表格中披露以下内容：

（1）在此期间，前述的注册公共会计师事务所为发行人出具了审计报告；

（2）发行人设立或以其他方式组建所在外国司法管辖区政府实体对发行人持有股份的比例；

（3）与该注册公共会计师事务所相对应的外国司法管辖区中政府实体是否对发行人具有控制性财务利益；

（4）下列主体董事会成员中中国共产党官员的姓名：

（A）发行人；或

（B）与发行人相关的经营实体；以及

（5）发行人的章程（或同等的组织文件）是否载有中国共产党的任何章程，包括前述任何章程的文本。

---

[1] 审计报告——术语“审计报告”是指文件或其他记录：

（A）为使发行人遵守证券法的要求而进行的审计之后出具；和

（B）公共会计师事务所在其中作出任一如下意见：

（i）就该公司的财务报表、报告或其他文件发表意见；或

（ii）认为无法表示意见。

澳大利亚公司吹哨人制度监管指南*

浦泽原　翟嘉诗　译

关于本指南：本指南适用于根据《公司法》（Corporations Act）[1]必须具备吹哨人制度的企业——上市公司、大型私有公司以及作为可登记退休金企业[2]受托人的私有公司。本指南为帮助这些企业制定符合其法律义务的吹哨人制度提供了指导。本指南还包括了关于执行和维持吹哨人制度方面的优秀实践指导，同时还将帮助那些并不需要具备吹哨人制度但根据《公司法》需对吹哨人进行管理的企业。

A 概要

吹哨人制度的重要性

第 1 条　透明的吹哨人制度对于良好的风险管理和公司治理是至关重要的，它们有助于发现借由其他方式可能无法发现的不当行为，而这种不当行为往往只会因为个人意愿（单独或共同行动）才被披露，且有时会面临巨大的个人和财务风险。

第 2 条　吹哨人制度有助于：

（a）为披露不当行为的个人（披露人）提供更好的保护；

---

* 《澳大利亚公司吹哨人制度监管指南》由澳大利亚证券与投资委员会于 2019 年 11 月 13 日发布（自 2020 年 7 月 27 日起部分公司可向澳大利亚证券与投资委员会申请豁免适用），为第 270 号监管指南。囿于篇幅所限，本文在翻译中删去了原文有关法规指引的注释，其他必要内容均以脚注形式注明。

〔1〕 指 2001 年《公司法》，包括为执行该法所制定的规章。

〔2〕 可登记退休金企业，指受规制的退休金基金、被批准的存款基金或集合退休金信托，但不包括自行管理的退休金基金。参见《退休金行业监管法》s10。

（b）改善企业的举报文化，提高企业在处理不当行为披露问题方面的透明度；

（c）鼓励披露更多的不当行为；

（d）通过提高人们对不法行为会被举报的意识，遏制不法行为、促进守法行为、提升道德素养。

必须具备吹哨人制度的企业

第3条 本指南适用于必须制定吹哨人制度并将其提供给其管理人员和雇员的企业，即：

（a）上市公司；

（b）大型私有公司；

（c）作为可登记养老企业［符合《1993年养老行业（监督）法》（SIS Act〔1〕）］的受托人的专有公司。

第4条 值得注意的是，任何披露行为符合保护条件的披露者都可获得Pt9.4AAA中的吹哨人保护，而不论作为被披露主体的企业是否必须具备吹哨人制度。〔2〕

上市公司

第5条 所有公众公司都要有举报制度，包括上市公司和全民所有或控股的公众公司。参见s1317AI（1）。

大型私有公司

第6条 所有大型私有公司必须有吹哨人制度。参见s1317AI（2）。

第7条 如果一家私有公司至少具备以下两个特征，则该私有公司为某一财政年度的大型私有公司：

（a）公司及其控制的任何企业在该财政年度的合并收入达到或超过5000万美元；

（b）公司及其控制的任何企业在财政年度末的合并总资产价值为2500万加元或以上；

（c）公司及其控制的任何企业在财政年度末拥有100名或以上员工。

第8条 一旦一家私有公司在一个财政年度内取得了大型私有公司的资格，它就必须具备吹哨人制度，并在该财政年度结束后的6个月内向其管理人员和雇员提供相关资料以供查阅。若其在随后的所有财政年度内仍然具备大型私有公司资格，则该公司必须继续维持该制度。

可登记养老企业的受托人

第9条 所有作为可登记养老企业（符合SIS法）受托人的公众公司和私有公司必须具备吹哨人制度。参见s1317AI（1）和1317AI（3）。

〔1〕 在本指南中，SIS Act［Superannuation Industry（Supervision）Act 1993］指1993年的《退休金行业监管法》。

〔2〕 在本指南中，除非另有说明，凡提及第几节（s）和第几部分（Pts）时均指《公司法》。

其他可能受益于本指南的企业

第 10 条 本指南中的信息还将有助于那些自愿建立管理举报机制的企业，因为它们必须按照《公司法》的规定管理举报行为。参见本指南第 4 条。

吹哨人制度要求

第 11 条 第 1317 条 AI（5）款要求各企业制定吹哨人制度，该制度涵盖以下方面的内容：

（a）吹哨人可获得的保护，包括《公司法》项下的保护；

（b）可向谁作出符合《公司法》规定的保护条件的披露，以及如何作出；

（c）该企业将如何支持吹哨人并保护其不受损害；

（d）该企业将如何调查符合《公司法》规定保护条件的披露；

（e）该企业将如何确保公平对待符合保护条件的披露〔1〕中涉及的员工或作为披露主体的员工；

（f）这项制度将会如何提供给该企业的管理人员和员工；

（g）法规规定的任何事项。

第 12 条 企业的吹哨人制度还应包括《1953 年税收征管法》（Taxation Administration Act 1953）IVD 部分中税收吹哨人制度所提供的保护内容，参见《2018 年国库法修正案（加强检举人保护）法案（检举人保护法案）修订说明备忘录》。我们在本监管指南中参考了税收征管法。有关税收吹哨人制度保护的详细内容，请参见澳大利亚税务局（ATO〔2〕）关于税收吹哨人的网页。〔3〕

遵守相关要求

第 13 条 为确保各具备吹哨人制度的企业充分满足所列目标，我们期望各企业：

（a）制定吹哨人制度：

（i）与企业业务的性质、大小、规模和复杂程度相一致；

（ii）具备相关程序以有效处理根据该制度所收到的披露；

（iii）使用积极的语调和文字以鼓励不当行为被披露；

（b）采取措施执行其吹哨人制度，确保该制度在实践中得到适当和持续的执行；

（c）作出安排，定期审查和更新其吹哨人制度，以确保问题得到发现和纠正。

第 14 条 作为企业风险管理和公司治理框架的一部分，企业的董事会对该企业的吹哨

---

〔1〕 与税务事项相关的披露称为“符合保护条件的披露”，参见《税收管理法》s14ZZT。

〔2〕 在本指南中，ATO（Australian Taxation Office）指澳大利亚税务局。

〔3〕 由于公众公司、大型私有企业及可登记养老企业的受托人依据《公司法》规定必须有吹哨人制度，故这样的要求并未包含在税收吹哨人的规定中。

人制度负有最终责任。企业的董事会需（直接或间接通过其审计或风险委员会）确保该制度下所披露的趋势、主题或潜在风险被企业作为其风险管理和公司治理工作计划的一部分并加以处理和减轻。[1]

监管权力

通过立法文书授权豁免的权力

第18条 在这一制度下，ASIC[2]有权通过立法文书发布命令，豁免对某一类企业具备吹哨人制度的要求。参见 s1317AJ。

第19条 我们只能在某些有限的情况下使用这一权力——比如，如果旨在营造良好的企业文化且公司治理的吹哨人制度的优势被不灵活性和不必要的高遵守成本所抵消的话（如《吹哨人保护法案》修订本解释性备忘录所述）。进一步信息请参见监管指南51号文件：救济申请（Regulatory Guide 51 Applications for relief）。

非营利公司或慈善机构

第20条 我们已向小型非营利组织或慈善机构（财政年度收入或合并收入不足100万美元的担保责任有限公司[3]）提供豁免。参见 ASIC 公司（吹哨人制度）文书 2019/1146 [ASIC Corporations（Whistleblower Policies）Instrument]。

第21条 该豁免的收入门槛与以下情形一致：（a）《公司法》项下适用于担保责任有限公司的全面财务报告和审计要求的门槛；及（b）在澳大利亚慈善和非营利委员会登记的大型慈善机构的门槛。

第22条 在考虑到这些公司结构监管要求的差异性后，我们对私有公司也提供类似的豁免，如小型私有公司不需要具备吹哨人制度，参见 s1317AI（2）。但是，s1317AI（1）要求所有公众公司，包括小型担保责任有限公司都必须具备该制度。

对违规行为的处罚

第23条 ASIC 负责执行《公司法》中对吹哨人保护的规定，包括吹哨人制度的要求。ASIC 将根据执行方式和经营重点定期开展监控活动以确保各企业遵守义务并追究相应的违规行为。进一步信息参见信息表151ASIC 的强制执行方法（INFO151）。

第24条 未能遵守相关规定即构成严格责任的违规，对个人和公司处以60个罚款单位（目前为12,600美元），可由 ASIC 执行。参见 s1317AI（4）和1311（1）。

---

〔1〕本指南第15～17条为全文内容的摘要列表，囿于篇幅限制，本文在翻译中删去了该部分内容。

〔2〕在本指南中，ASIC（Australian Securities and Investments Commission）指澳大利亚证券投资委员会。

〔3〕担保责任有限公司，是指公司解散时其成员以其对公司财产认缴的出资额为限对公司承担责任的公司。

B 建立吹哨人制度的指南

指南的方式

企业吹哨人制度必须涉及的问题

第 25 条 本节涵盖了企业吹哨人制度必须涉及的下列事项：

(a) 制度的目的（参见本指南第 30～40 条）；

(b) 制度适用对象（参见本指南第 41～46 条）；

(c) 制度适用事项（参见本指南第 47～63 条）；

(d) 可以收到披露的主体（参见本指南第 64～78 条）；

(e) 如何进行披露（参见本指南第 79～86 条）；

(f) 对披露方的法律保护（参见本指南第 87～105 条）；

(g) 对披露方的支持和实际保护（参见本指南第 106～110 条）；

(h) 处理并调查披露（参见本指南第 111～124 条）；

(i) 确保披露中提及的个人得到公平对待（参见本指南第 125～127 条）；

(j) 确保制度易于查阅（参见本指南第 128～139 条）。

第 26 条 指南涵盖的事项反映了举报过程的所有阶段：

(a) 获得披露（包括向考虑进行披露的个人提供咨询意见）；

(b) 评估披露人应如何得到支持和保护；

(c) 评估是否应对某项披露进行调查；

(d) 进行调查；

(e) 在调查期间和调查之后支持和保护披露方；

(f) 与披露方沟通，包括沟通调查结果；

(g) 确保公司董事会的监督。

第 27 条 我们的指南表明，如果披露人因其遭受损害而通过法院寻求赔偿和其他救济（包括由于披露人的雇主未能防止损害发生），法院可以考虑其雇主执行吹哨人制度的程度（如果该企业已有相关制度）。参见 s1317AE (3) (b)。

第 28 条 此外，本指南与关于举报管理的研究内容一致，相关研究表明，一个企业的吹哨人制度在该企业的总体举报管理中起着至关重要的作用，但是：

(a) 仅具备正式的吹哨人制度是不够的；

(b) 尽管吹哨人制度的目标和方法是正确的，但如果该制度不能在整个企业范围内始终如一地执行并在实践中得到应用，也将失去意义和效果。[1]

组织、起草和提出吹哨人制度

第29条 本节旨在为各企业提供潜在模板以制定自己的吹哨人制度。各企业不妨使用前文“企业吹哨人制度必须涉及的问题”中的内容作为其制度不同部分的标题。

第30条 各企业（特别是较小的企业）可在其制度中引用ASIC、澳大利亚审慎监管局（APRA[2]）或澳大利亚税务局（ATO）关于举报问题的相关材料。

第31条 企业起草其吹哨人制度的方式（包括需要支持该制度而涉及的程序）将影响其雇员如何理解和执行该制度。

第32条 由于吹哨人制度的使用者可能有不同的要求和需要，故企业在规划和制定文件时应考虑到这些要求和需要。

第33条 本节使用《公司法》要求的措辞，帮助各企业制定符合其法律义务的吹哨人制度，为了确保企业的吹哨人制度是明确且易于理解的，我们鼓励企业：

（a）使用英语，避免法律或行业术语；

（b）采用简单结构，包括内容清单和清晰的标题；

（c）酌情包括图表和流程图。

第34条 由于具备吹哨人制度的要求适用于不同领域运作的不同规模的企业，所以我们认识到并不存在“一刀切”的吹哨人制度。我们期望企业能够分析和研究如何制定、起草和提出最适合该企业的制度。我们还期望企业考虑其他标准以确保其吹哨人制度和程序包含预防、应对不当行为方面的最新成果。

第35条 无论企业如何构建、起草和展现其吹哨人制度，我们期望其内容涵盖s1317AI（5）和本指南要求的信息。

吹哨人制度内容示例

第36条 本节包括吹哨人制度内容示例，以及与接受、处理、调查披露的措施和机制有关的例子。各企业在制定吹哨人制度时应根据其情况采纳这些示例。

优秀实践提示

第37条 本节还包括与企业吹哨人制度必须涉及事项有关的“优秀实践提示”。

第38条 企业在制定吹哨人制度时并不必须遵循提示，但如果吹哨人制度以及相关程序与提示的情况相关或提示将有利于其制度的执行者，我们鼓励各企业将其纳入其制度中。

制度的目的

第39条 第1317AI条要求企业制定吹哨人制度。

---

〔1〕ASIC是“边工作边举报2”研究项目的成员。

〔2〕在本指南中，APRA（Australian Prudential Regulation Authority）指澳大利亚审慎监管局。

第40条 为了帮助企业吹哨人制度的执行者，该制度必须包括对目的的简要说明。

示例：企业的制度目的

企业的制度目的可包括以下内容：

· 鼓励对不当行为的披露；

· 根据企业的风险管理和治理框架以遏制不当行为；

· 确保个人能够安全、可靠地披露不当行为，并使其确信会被保护和支持；

· 确保适当和及时地处理披露事项；

· 提升企业接收、处理和调查披露的框架透明度；

· 支持企业的价值观、行为守则和道德制度；

· 支持企业的长期可持续性和声誉；

· 履行企业的法律和监管义务；

· 与《ASX公司治理原则和建议》[1]（适用于上市公司）以及相关标准保持一致。

优秀实践提示1：说明企业吹哨人制度的重要性

企业吹哨人制度旨在运用安全可靠手段，披露不法行为，帮助企业查明难以发现的不当行为。

优秀实践提示2：鼓励那些知晓不当行为的人说出来

企业的制度可以包含具体声明，以鼓励该企业中可能知晓不当行为的雇员（和非雇员）有信心进行披露。

制度适用主体

第41条 企业的吹哨人制度必须包括《公司法》中规定的保护内容，以供有资格作为吹哨人的披露者获得。参见s1317AI（5）（a）。

第42条 为协助某一企业中吹哨人制度的执行者，该制度必须确定企业内部和外部符合《公司法》保护条件的不同类型披露者（合格吹哨人）。

第43条 如果一个企业具备法人资格，则合格吹哨人包括是或曾经是下列任一与该企业有关的个人：

（a）企业高管或雇员（例如，长期、兼职、定期或临时、实习生、借调人员、经理和董事）；

（b）向企业提供服务或货物的供应商（无论有偿或无偿）以及其雇员（例如，现任和前任承包商、顾问、服务提供商和商业伙伴）；

（c）企业的关联方；

（d）以上个人的亲属、受抚养人或配偶（例如，现任和前任雇员、承包商、顾问、服务

---

〔1〕 ASX公司治理原则和建议，指澳大利亚证券交易所上市公司治理的建议。

提供者、供应商和商业伙伴的亲属、受抚养人或配偶）。

第 44 条　如果一个企业是退休金企业，则合格吹哨人包括是或曾经是与下列任一与该企业有关的个人：

（a）受托人、托管人或投资经理，包括其雇员；

（b）向受托人、托管人或投资经理（无论是有偿还是无偿）提供服务或货物的供应商，包括其雇员；

（c）退休金企业的受托人、托管人或投资经理的法人团体的高管、雇员或服务、货物供应商（无论是有偿还是无偿，包括其雇员）；

（d）以上个人的亲属、受扶养人或配偶。

第 45 条　企业的制度必须规定，披露者有资格根据《公司法》吹哨人规定而受到保护，如果他们是与该企业有关的合格吹哨人，且：

（a）他们已直接向"合格接收者"或 ASIC、APRA 或条例规定的联邦机构披露与"可披露事项"有关的信息；

（b）他们已向法律执业者披露，以便就《公司法》中吹哨人条款的适用获得法律咨询或法律代理；

（c）他们进行了"紧急披露"或"公共利益披露"。[1]

第 46 条　在实践中，被企业吹哨人制度涵盖的披露者类型取决于企业的业务运作、实践和组织结构设置。不同法域的吹哨人保护立法也各不相同，跨国企业在制定吹哨人制度时应考虑到这一点。

制度适用事项

第 47 条　第 1317AI（5）（a）条要求企业的吹哨人制度须包括《公司法》规定的保护内容，以便符合合格吹哨人资格的披露者获得。

第 48 条　以便帮助企业吹哨人制度的执行者，该制度必须根据企业的业务运作和实践，确定根据该制度可报告的不当行为类型。此外，该制度也必须概述其未涵盖的事项类型。

第 49 条　企业的制度必须指出，对于可披露事项之外的披露不符合《公司法》（或相关的《税务管理法》规定的保护条件）。但该制度可注明，上述披露也许会受到其他立法的保护，如 2009 年《公平工作法》（Fair Work Act 2009）。[2]

---

〔1〕"可披露事项"和"合格接收者"的解释说明参见本指南第 50 ~57 条、第 67 ~71 条。另参见《税务管理法》第 14ZZT 条、第 14ZZU 条和第 14ZZV 条，与税务事项有关的披露被称为"符合保护条件的披露"。根据《税务管理法》，有资格获得保护的披露可向 ATO、合格接收者或法律执业者做出。

〔2〕企业可选择制定更广泛举报内容的吹哨人制度（例如，违反企业的行为守则）作为企业"披露文化"的一部分。但该制度必须明确说明，做出该种举报的披露者将无法根据《公司法》（或适用的《税务管理法》）获得吹哨人保护。

可披露事项

第 50 条 企业的制度必须说明符合《公司法》保护条件之披露的类型（可披露事项）。参见 s1317AA。

第 51 条 可披露事项涉及披露人有合理理由怀疑的不当行为或不当事件、情况，而这些信息有关于：

（a）该企业；

（b）如果该企业是法人，则包括该企业的关联法人团体。

第 52 条 在《公司法》s9 中对“不当行为”一词做出了定义，包括“欺诈、疏忽、违约、违背信任和违反职责”，但其对于“不当事件、情况”没有定义，实为有意宽泛其内涵。举例而言，“不当行为或不当事件、情况”并不仅仅涉及该企业或与其关联法人团体的非法行为，也包括企业监管机构应知晓的有关适当履行其职能的系统性问题，亦涉及可能对消费者造成伤害的商业行为和做法。

第 53 条 “有合理理由怀疑”一词只是基于披露者怀疑理由的客观合理性，而披露者进行披露的动机或其对所涉人员的个人意见并不妨碍他们获得保护的资格。在实践中，一个没有任何佐证资料的指控不太可能被认为“有合理理由怀疑”，但这并不意味着披露者需要完全证实他们的指控。

第 54 条 可披露事项还涉及第 51 条中有关企业的信息，如果披露人有合理理由怀疑该信息表明这些企业（包括其雇员或高管）从事了以下行为：

（a）构成犯罪或违反下列任何一项规定：

（i）《公司法》；

（ii）2001 年《澳大利亚证券和投资委员会法》；

（iii）1959 年《银行法》；

（iv）2001 年《金融部门（收集数据）法》；

（v）1973 年《保险法》；

（vi）1995 年《人寿保险法》；

（vii）2009 年《国家消费者信贷保护法》；

（viii）SIS 法案；

（ix）根据以上法律所制定的文书；

（b）构成违反英联邦任何其他法律并可判处 12 个月或以上监禁的罪行；

（c）对公众或金融系统构成危险；

（d）规章规定的其他行为。

第 55 条 企业的吹哨人制度必须包括与该企业的业务运作和实践具体相关的可披露事项。

示例：企业制度可涵盖的不当行为的类型

企业制度可涵盖以下类型的不当行为（如与其业务运作和实践有关）：

· 非法行为，如盗窃、交易或使用非法药物、暴力或以暴力相威胁、达到刑事标准的破坏财物行为；

· 欺诈、洗钱或挪用资金；

· 行贿受贿；

· 财务违规；

· 违反法律或监管要求；

· 威胁或从事对已经披露或正在计划进行披露的人的有害行为。

第 56 条　该制度应强调，可披露事项可能包括并未违反特定法律的行为。同时其还应表明，对公共安全或金融系统稳定性有重大风险的信息也是可披露的事项，即使该事项并未违反某一特定法律。

第 57 条　该制度必须声明，即使披露者的披露是不正确的，他们仍然有资格获得保护。

个人与工作相关的申诉

第 58 条　仅涉及个人与工作相关的申诉而不涉及对披露者损害或威胁的披露，不符合《公司法》规定的保护条件。参见 s1317AADA（1）和 1317AC。

第 59 条　个人与工作相关的申诉是指那些与披露者当前或之前工作经历有关的不满，并仅对披露者个人产生影响，但没有：

（a）对该企业（或另一企业）有任何其他重大影响；

（b）与任何关于可披露事项的行为有关。[1]

第 60 条　企业的制度必须澄清，因个人工作的不满而做出的披露不符合《公司法》规定的保护条件。该制度应通过举例说明来解释“个人与工作相关的申诉”的含义。

第 61 条　第 1317AADA（2）节涉及了个人与工作相关的申诉的具体示例。包括：

（a）披露者与另一名雇员之间的人际冲突；

（b）不涉及违反工作场所有关法律的决定；

（c）关于披露者从事工作、转岗或晋升的决定；

（d）关于披露者从事工作的条款和条件的决定；

（e）决定暂停或终止披露者从事工作，或以其他方式对披露者进行纪律处分。

第 62 条　该制度也应当简述在什么情况下涉及个人工作方面不满的披露却仍有资格得到保护。

第 63 条　涉及个人工作方面不满的披露也可能有资格得到保护，如果：

---

〔1〕 但个人与工作相关的申诉仍然受到《公平工作法》的调整。

（a）它也包括了关于不当行为的信息，或关于不当行为的信息包含、伴随个人与工作相关的申诉（混合报告）；

（b）该企业违反了可处以12个月或12个月以上监禁的与就业有关或其他的法律，从事对公众构成危险的行为，或披露涉及的信息暗示存在超出披露者个人情况的不当行为；

（c）披露者因披露而遭受损害或威胁；

（d）披露者就《公司法》吹哨人保护规定的适用寻求法律咨询或法律代理。

优秀实践提示3：为制度未保护的申诉提供渠道

虽然个人与工作相关的申诉以及其他类型的问题不在制度保护范围之内，但企业的制度可以提供关于其雇员如何提出该类信息的渠道。也可以鼓励雇员就其在就业或合同法下的权利和保护寻求法律咨询，以解决他们与工作相关的申诉。

抵制虚假举报

优秀实践提示4：通过声明的方式抵制故意、虚假举报

企业的制度可以声明，抵制故意虚假报告（披露者知道不真实的报告）。但该企业需要确保其不会无意中阻止雇员进行合法披露（例如，披露者掌握了一些合理怀疑的线索，但并未掌握全部细节）。

谁能接受披露

第64条 s1317AI（5）（b）要求企业的吹哨人制度包括以下信息：

（a）谁能接受符合保护条件的披露；

（b）如何披露。

第65条 为了帮助企业吹哨人制度下的潜在披露者，该制度必须确定企业内外能够接受符合保护条件的披露信息的人员类型。

第66条 考虑到一些披露者希望在正式披露之前获得更多的信息，故企业的吹哨人制度还须包括关于披露者如何获得更多信息的内容（例如，通过联系该企业的吹哨人保护人员或同等人员或独立法律顾问）。

企业相关的合格接收者

第67条 企业的制度必须说明“合格接收者”的功能，即接受符合保护条件的披露。该制度须强调，披露者需要直接向该企业的合格接收者之一披露信息，才能有资格获得《公司法》（或相关《税务管理法》）规定的吹哨人保护。

第68条 如果企业是法人，则合格的接收者包括：

（a）企业或关联法人团体的官员或高级经理；

（b）内部或外部审计师（包括进行审计的审计小组成员）或企业、关联法人团体的精算师；

（c）企业授权接受披露的人。

第 69 条　如果企业是退休金企业，则合格的接收者包括：

（a）企业的官员；

（b）企业的内部或外部审计师（包括进行审计的审计小组成员）或精算师；

（c）作为企业受托人的个人；

（d）作为企业受托人的法人团体的董事；

（e）受托人授权接受披露的人。

第 70 条　一般来说，“官员”包括企业的董事或公司秘书。

第 71 条　“高级经理”通常是企业中的高管，而不是董事或公司秘书，他们：

（a）作出或参与影响企业整体或部分业务的决策；

（b）有能力对企业的财务状况产生重大影响。

优秀实践提示 5：鼓励首次向企业披露信息

企业的制度可鼓励其雇员和外部披露者首先向该企业的内部、外部合格接收者之一披露信息，该制度可声明该企业希望尽早查明和处理不当行为，此外也可以强调，该做法旨在帮助建立对其吹哨人制度、程序的信心和信任。

该制度还可以认可披露者直接向监管机构或其他外部当事人披露可披露事项，并有资格根据《公司法》获得保护，而无须事先向该企业披露。

法律执业者

第 72 条　企业的制度必须强调，为获得与《公司法》中吹哨人条款实施有关的法律咨询或法律代理而向法律执业者披露信息的行为，受到保护（即使法律执业者得出结论认为该披露与“可披露事项”无关）。参见 s1317AA（3）。

优秀实践提示 6：在必要时借助独立的举报服务提供者

在财务可行的情况下，较小的企业可以考虑授权独立的吹哨人服务提供者作为直接接受披露的合格接收者，该企业还可考虑聘请一家独立的调查公司，另外，该企业也可以考虑将披露者交给该企业的外部合格接收者（例如，审计师或精算师）从而为披露者提供更好的保护。

较大的企业也可考虑授权独立的吹哨人服务提供者作为直接接受其某些披露的合格接收者（例如，电话热线或在线平台）。这可能有助于提高该企业雇员披露的信心，也为企业的外部披露者提供更好的披露渠道。

通过授权独立的吹哨人服务提供者，该企业可以鼓励更多信息被披露，因为披露者可以：

· 在营业时间以外匿名、秘密地披露；

· 接收关于其披露状况的最新信息，同时保持匿名；

· 向企业提供额外信息，同时保持匿名。

外包职能的责任

必须指出，该企业仍有责任履行其外包职能的法律义务（例如，与保密有关的义务）。该企业应确保在其聘请独立的吹哨人服务提供者和其他第三方服务提供者之前进行适当的尽职调查。该企业还应确保具备监测外包服务的机制。

监管机构和其他外部各方

第 73 条 企业的制度必须规定，与可披露事项有关的信息可以向 ASIC、APRA 或条例规定的联邦机构披露，并有资格依据《公司法》获得保护。参见 s1317AA（1）。

优秀实践提示 7：提供关于如何向外部主体披露的建议

企业的制度可以提供关于雇员如何在企业之外进行披露和获得保护的建议。

该制度还可以提供获得 ASIC、APRA 或 ATO 所提供的举报信息的链接，如 ASIC 第 239 号信息表：如何处理吹哨人报告（INFO239）。

公益披露和紧急披露

第 74 条 企业的制度须说明，在某些情况下披露人可以向记者或议员披露信息并有资格获得保护。参见 s1317AAD。

第 75 条 “公益披露”是指向记者或议员披露信息，且同时满足：

（a）自披露者向 ASIC、APRA 或条例规定的联邦机构披露信息以来，至少已经过去了 90 天；

（b）披露人没有合理理由相信有关机构正在或已经就其披露采取了行动；

（c）披露人有合理理由相信进一步披露的资料符合公共利益；

（d）在做出公益披露之前，披露人已向（a）条所列机构发出书面通知：

（i）包括足够的信息明确其已经进行了先前的披露；

（ii）声明披露人打算进行公共利益披露。

第 76 条 “紧急披露”是向记者或议员披露信息，且同时满足：

（a）披露人以前曾向 ASIC、APRA 或条例规定的联邦机构披露信息；

（b）披露人有合理理由认为，该信息对一人或多人的健康、安全或对自然环境具有重大、紧迫的危险；

（c）在进行紧急披露之前，披露者已向（a）条所列机构发出书面通知：

（i）包括足够的信息明确其已经进行了先前的披露；

（ii）声明披露人打算进行紧急披露；

（d）在紧急披露中向记者或议员披露信息的程度不超过重大、紧迫危险所必要的程度。

第 77 条 该制度必须强调，披露者必须了解公共利益或紧急披露的标准，同时应该明确披露必须事先向 ASIC、APRA 或规定的机构作出，并向披露机构做出书面通知。还应明确，在公益披露的情况下，此次披露自上次披露以来至少经过 90 天。

第 78 条　企业的制度应规定，披露者应在进行公益披露或紧急披露之前与独立法律顾问联系。

如何进行披露

第 79 条　企业的吹哨人制度必须包括有关如何进行披露的内容。参见 s1317AI（5）（b）。

第 80 条　该制度必须包括一系列内部和外部披露选项，以帮助企业吹哨人制度的实行者。这些选项应允许披露者在营业时间以外匿名、秘密、安全地披露。

第 81 条　提供外部披露选项将有助于确保不愿意在内部进行披露或认为这样做不合适的员工仍然可以进行披露。它还发出了一个积极的讯号，即该企业重视一切披露，故雇员不应因受到损害威胁等障碍而停止披露。此外，它能更好地促进企业的非雇员（例如，前雇员和现任、前任供应商）向企业披露。

第 82 条　一个企业的制度必须包括关于如何获取每个选项的信息以及相关的说明。

示例：与获知内部和外部披露选项有关的信息

企业的制度可包括以下信息，取决于披露者可用的选项：

· 关于如何亲自或通过邮寄、电子邮件与企业合格收件人联系的信息；

· 企业内部吹哨人热线或企业授权的外部热线的电话号码；

· 提供企业授权的外部吹哨人平台的链接。

匿名披露

第 83 条　企业的制度须声明披露可以匿名进行，并且仍然受到《公司法》的保护。参见 s1317AAE。

第 84 条　该制度必须规定，披露者在调查过程中和调查结束后可选择保持匿名，同时应指出，披露者可以拒绝回答他们认为可能披露自己身份的问题，包括在后续对话期间。此外，该制度可建议希望匿名的披露者应与该企业保持持续的双向沟通，以便该企业可以提供后续问题或反馈。

第 85 条　在实践中，如果披露行为来自无法确定身份的电子邮件地址，且披露者在电子邮件中亦没有说明身份，则应将其视为匿名披露。

第 86 条　为了帮助企业吹哨人制度的实行者，该制度必须简述匿名保护的措施或机制。

示例：匿名保护的措施或机制

企业的制度可提及以下匿名保护的措施或机制：

· 与披露者的沟通将通过匿名电话热线和匿名电子邮件地址；

· 披露者可依据披露目的而采用化名—这适合于披露者不愿向他人披露其身份但其身份被其主管、吹哨人保护官或同等职位的人员所知悉的情况。

披露人的法律保护

第 87 条 企业的吹哨人制度必须包括《公司法》所规定的保护措施，可供有资格获得吹哨人保护的披露人使用。参见 s1317AI（5）（a）。[1]

第 88 条 该制度必须涵盖以下保护：

（a）身份保护（保密性）（参见本指南第 90～94 条）；

（b）保护免受作为或不作为有害行为的伤害（参见本指南第 95～101 条）；

（c）补偿和其他补救措施（参见本指南第 102～103 条）；

（d）民事、刑事和行政责任保护（参见本指南第 104～105 条）。

第 89 条 该制度必须强调，这些保护不仅适用于内部披露，还适用于根据《公司法》向法律执业者、监管机构和其他外部机构的披露，以及公益披露和紧急披露。

身份保护（保密性）

第 90 条 企业的制度必须说明，企业有法律义务保护披露人的身份的保密性。

第 91 条 任何人不能披露披露人的身份，或披露可能导向披露人身份的信息（由于披露人做出了可获得保护的披露，因此直接或间接获得了披露人的身份）。

第 92 条 第 91 条的例外是，如果一个人：

（a）向 ASIC、APRA 或澳大利亚联邦警察的成员（根据《1979 年澳大利亚联邦警察法》的定义）披露披露人的身份；

（b）向法律执业者（目的是获得有关《公司法》中吹哨人条款的法律咨询或法律代理）披露披露人的身份；

（c）向规章所规定的个人或团体披露披露人的身份；或

（d）经披露人同意。

第 93 条 在以下情况下，无论是否经过披露人的同意，个人可以披露的信息：

（a）不包含披露人的身份；

（b）企业已采取所有合理步骤以降低从信息中识别出披露人的风险；

（c）调查披露中提出的问题是合理必要的。

第 94 条 企业的制度必须强调，除第 92～93 条中的例外，个人识别披露人身份或披露可能导向披露人身份的信息是非法的。企业的制度应包含有关披露人如何就违反保密性向企业提出投诉的信息。还应声明，披露人可以向监管机构（如 ASIC、APRA 或 ATO）投诉，以进行调查。

保护披露人免受作为或不作为有害行为的伤害

第 95 条 企业的吹哨人制度必须列明保护披露人或任何其他人免受与披露有关的损害

---

〔1〕 在适用的情况下，企业的制度应包括有关《税收管理法》所规定的保护措施。

的法律保护措施。

第96条　在下列情况下，任何人不得从事与披露有关的对披露人（或其他人）造成损害的行为：

（a）认为或怀疑披露人（或其他人）做出，可能已经做出，打算做出或有可能做出符合保护条件的披露；

（b）这种相信或怀疑是从事该损害行为的原因或部分原因。

第97条　此外，任何人都不得威胁披露人（或其他人）将对其造成损害。威胁可以是明示或暗示的，也可以是有条件的或无条件的。受到威胁的披露人（或其他人）并不需要相信威胁实际上会被实施。

第98条　企业的制度应提供被法律所禁止的有害行为的示例，并且不会阻止员工进行披露。

第99条　s1317ADA将有害行为定义为包括以下内容：

（a）解雇员工；

（b）在员工受雇期间伤害员工；

（c）改变员工的职位或职责以对其造成不利；

（d）歧视员工和与其同一雇主的其他员工；

（e）骚扰或恐吓某人；

（f）伤害某人，包括心理伤害；

（g）损害个人财产；

（h）损害个人声誉；

（i）损害某人的业务或财务状况；

（j）任何其他损害。

第100条　企业的制度还应提供非有害行为的示例。

示例：非有害行为

企业的制度可包括以下内容，作为非有害行为的示例（在相关情况下）：

· 为了保护披露人免受损害而采取的合理行政措施（例如，将已经披露了其直接工作区域的披露人转移到另一个办公室以防止其受到损害）；

· 对披露人令人不满意的工作业绩进行管理，前提是相关行动符合企业的业绩管理框架。

第101条　企业应确保披露人了解该企业采取行政或管理措施的原因。

赔偿和其他补救措施

第102条　企业的制度必须概述在以下情况，披露人（或任何其他员工、其他个人）可以通过法院寻求赔偿和其他补救措施：

（a）他们由于披露而遭受损失、损害或伤害；

（b）企业未采取合理的预防措施和进行尽职调查以阻止有害行为。

第 103 条 企业的制度应包括鼓励披露人寻求独立法律意见的声明。

民事、刑事和行政责任保护

第 104 条 企业的制度必须声明，披露人受到保护使其不受下列与其披露有关的任何行为的影响：

（a）民事责任（例如，由于违反劳动合同、保密义务或其他合同义务而针对披露人采取的任何法律行动）；

（b）刑事责任［例如，由于非法发布信息而企图起诉披露人，或在起诉中针对披露人使用披露信息的其他用途（但不包括虚假披露）］；

（c）行政责任（例如，对于作出披露的纪律处分）。

第 105 条 企业的制度应规定，这些保护并不授予披露人在披露中披露的其从事的任何不当行为的豁免权。

对披露人的支持和实际保护

第 106 条 企业的制度必须包括有关其将如何支持披露人并保护披露人免受损害的信息。参见 s1317AI（5）（c）。

第 107 条 尽管企业的吹哨人制度可能引用或包含该企业用于支持和保护披露人的更详细流程和程序的文件链接，但该制度必须涵盖 s1317AI（5）（c）所要求的信息。

身份保护（保密性）

第 108 条 企业的制度必须提供示例，说明该企业在实践中将如何保护披露人身份的保密性。

示例：用于保护披露人身份的保密性的措施和/或机制

企业的制度可能包括以下措施和/或机制，用于保护披露人身份的保密性。

减少从披露所包含的信息中识别披露人的风险

该制度可以规定：

· 所有个人信息或提及披露人见证某一事件的内容将被编辑；

· 披露人将在不带性别色彩的情况下被提及；

· 在可能的情况下，将与披露人联系以帮助确定披露中可能无意中识别出他们身份的某些方面；

· 披露将由合格人员进行处理和调查。

安全的记录保存和信息共享流程

该制度可以规定：

· 所有纸质和电子文档以及其他与披露有关的材料将被安全地存储；

·对与披露有关的所有信息的访问将仅限于直接参与管理和调查披露的人员；

·仅使数量有限的直接参与处理和调查披露的人员知道披露人的身份（需要披露人的同意）或可能导向披露人身份的信息；

·与披露调查有关的通讯和文件将不会发送到其他人员可以访问的电子邮件地址或打印机；和

·将提醒每个参与处理和调查披露的人员有关保密性的要求，包括未经授权披露披露人身份的行为可能构成刑事犯罪。

优秀实践提示8：解释企业在最初与披露人接触时将如何确保保密性

企业的制度可以概述，该企业的吹哨人保护官或同等职位人员（参见第145条）负责讨论企业确保披露人身份保密性的措施。该制度可以强调，在实践中如果满足以下条件，披露人的身份可能会猜出：

·披露人先前曾向其他人提及他们正在考虑进行披露；

·披露人是极少数能够获取信息的人之一；

·该披露涉及披露人以前被私下秘密告知的信息。

免受作为或不作为有害行为的保护

第109条 企业的制度必须概述企业在实践中如何保护披露人免受损害的示例。

示例：保护披露人免受损害的措施和/或机制

企业的制度可以参考以下措施和机制，以保护披露人免受作为或不作为的有害行为的损害：

·对披露人和其他人（例如，可能被怀疑进行披露的其他工作人员）造成损害的风险进行评估，该评估过程将在收到披露后尽快开始进行评估；

·披露人可获得的支持服务（包括咨询、法律服务或其他专业服务）；

·制定策略以帮助披露人最大限度地减少处理压力、业绩影响、时间问题或其他因披露或披露调查而造成的挑战；

·保护披露人免受损害，如企业可以允许披露人在另一地点履职，将披露人重新分配到同一级别的另一职位，对披露人的工作场所或履职方式进行修改，或重新安排、调动涉及该可披露事宜的其他工作人员；

·确保管理层了解其维护披露保密性的责任，指出被孤立或被骚扰的风险、管理冲突，并确保在管理披露人的业绩或采取与披露人相关的其他管理行动时的公平性；

·制定披露人在遭受损害后提出投诉的流程，以及企业可以采取的应对此类投诉的措施（例如，投诉可由一名不参与处理披露的高级职员处理，并作为单独的事项进行调查，调查结果将提供给董事会、审计或风险委员会）；

·如果损害已经发生，为保护披露人而采取的干预措施。例如，企业可以调查和处理损害行为，如采取纪律处分；企业可以允许披露人请假；为披露人员工制定职业发展计划，包括新的培训和就业机会；提供补偿或其他补救措施。[1]

第 110 条 此外，该制度还应规定，如果披露人认为自己遭受了损害，则可以寻求独立的法律建议或与监管机构联系，如 ASIC、APRA 或 ATO。

优秀实践提示 9：建立流程进行评估和控制损害风险

对于企业而言，建立评估和控制损害风险的流程非常重要。流程可以基于企业现有的风险管理框架。对于企业而言，保留其风险评估和风险控制计划的适当记录也很重要。

评估和控制损害风险的步骤

· 风险识别：评估任何人是否有动机造成损害——可以从披露人处收集有关以下方面的信息：

——他们的身份被曝光的风险；

——认为可能伤害他们的人；

——他们在工作场所是否存在任何冲突或问题；和

——是否已经受到要对他们造成损害的威胁。

· 风险分析和评估：分析和评估每种风险的可能性并评估后果的严重性。

· 风险控制：制定和实施预防或控制风险的策略。对于匿名披露人，评估其身份是否可被轻易识别或在调查过程中变得明显。

· 风险监控：在需要时监控和重新评估损害风险。损害风险可能随着调查的进行、调查的完成而增加。

处理和调查披露

第 111 条 企业的吹哨人制度必须包括企业将如何调查符合保护条件的披露信息。参见 s1317AI（5）（d）。

第 112 条 为了协助企业吹哨人制度的使用者，该制度必须提供确保处理和调查披露的过程透明性的措施，包括处理和调查披露的时间表。

第 113 条 企业必须确保其处理和调查过程的保密性，还必须确保为过程中的每个步骤保留适当的记录和文档。

第 114 条 尽管企业的吹哨人制度可能引用或包含了该企业用于支持和保护披露人的更详细的流程和程序的文件链接，但该制度必须涵盖 s1317AI（5）（d）所要求的信息。

处理披露

第 115 条 企业的制度必须概述该企业在收到披露后将采取的关键步骤。

---

〔1〕 研究表明，在进行风险评估并积极管理和预防有害行为风险的企业中，披露人会得到更好的治疗和更好的结果。参见 AJBrown 等：《如吹哨一般清白：关于完善企业、政府举报制度和实践的五步指引——边工作边举报 2 的主要发现与行动》，格里菲斯大学 2019 年版。ASIC 是“边工作边举报 2”研究项目的成员。

第 116 条　企业的制度应声明该企业将会评估每项披露，以确定是否：

（a）有资格获得保护；

（b）需要进行正式、深入的调查。

优秀实践提示 10：确定地点和时间对于接受披露是否是适当的

对于企业的合格接收者而言，确定地点和时间是否合适很重要：

· 使披露人能舒适地进行披露；

· 确保披露人受到保护。

优秀实践提示 11：关注披露的实质，而非披露的动机

对于企业而言，要关注披露的实质，而不是他们认为的披露人举报的动机。同样重要的是，企业不能认为对披露人造成个人影响的披露不那么严重。披露人的经验可能表明一个更大的或系统性的问题。例如，披露人所经历的欺凌或骚扰可能代表了企业中更为普遍的欺凌或骚扰文化，也可能表明存在其他不当行为的环境。在披露事项是否属于受保护范围尚不明确的情况下，企业可以选择将披露人视为受《公司法》（或《税收管理法》）保护的吹哨人。

调查披露

第 117 条　企业的制度必须概述调查披露所涉及的关键步骤（包括时间表），同时表明流程可能会因披露的性质而异。

第 118 条　企业的制度应强调，未经披露人同意，该企业不能披露可能导向披露人身份的信息，这是调查过程的一部分，除非：

（a）该信息不包含披露人的身份；

（b）企业删除了与披露人身份有关的信息或其他可能导向披露人身份的信息（例如，披露人的姓名、职务名称和其他识别细节）；

（c）调查披露中提出的问题是合理必要的。[1]

第 119 条　企业的制度应承认其调查过程的局限性。该制度应声明，如果企业无法联系披露人，则企业可能无法进行调查（例如，如果披露是匿名的且披露人拒绝提供或未提供联系方式）。

第 120 条　在实践中，企业可以通过要求披露人同意进行有限披露（例如，披露给企业的吹哨人保护官或同等职位人员，以及企业的吹哨人调查官或同等职位人员）来调查披露。企业还可以通过对所披露的主题或工作领域进行广泛审查来调查披露。此外，即使无法与披露人取得联系，企业可以对匿名披露进行调查，但前提是披露人已经向企业提供了足够的信息，而且企业删除了可能导向披露人身份的信息。

---

〔1〕 ASIC、APRA 或澳大利亚联邦警方可以向联邦、州或地区主管机关披露披露人的身份或可能导向披露人身份的信息，以帮助该当局履行其职能或职责。

优秀实践提示12：概述企业在调查某项披露时将考虑的因素

企业的吹哨人保护官或同等职位人员（参见第145条）可以做出解释以明确如果企业确定需要调查一项披露，则企业需要确定：

· 调查的性质和范围；

· 应领导调查的企业内部和/或外部的人员；

· 为协助调查所需要的任何技术、财务或法律意见的性质；

· 调查的时间表。

优秀实践提示13：确保调查遵循最佳实践做法

对于企业而言，遵循调查中的最佳实践做法很重要。调查必须是客观、公正和独立的，同时要保留调查的保密性。为了确保公平和独立，调查必须独立于披露人、披露主体和所涉及的部门或业务部门。我们鼓励企业在需要时与外部调查公司共同进行调查（例如，当需要其他专业技能或专业知识时）。

告知披露人

第121条 企业的制度必须声明，如果可以联系披露人（包括通过匿名渠道），将向其定期更新信息。制度应明确，更新的频率和时限可能会根据披露的性质而异。

第122条 在调查的各个阶段向披露人通报最新情况，将使披露人确信企业认真对待其披露。对于企业来说，在提供定期更新时要确保披露人的匿名性不会受到损害。

示例：与披露人进行沟通

企业的制度可以概述，企业在收到披露文件后，将确认披露人身份。此外，企业的制度可以声明，企业将在关键阶段向披露人提供更新，如

· 调查过程开始时；

· 调查进行中；和

· 调查完成后。

如何将调查结果记录在案，在内部进行报告并传达给披露人

第123条 企业的制度必须概述如何将调查结果记录并报告给负责该制度的监督人员，同时确保保密性，参见第90~94条。另外应指出在调查结束时披露人将接收的信息。

第124条 制度应阐明，记录和报告调查结果的方法将取决于披露的性质。还应阐明，在某些情况下可能不适合向披露人提供有关披露结果的详细信息。

优秀实践提示14：提供审查的途径

如果披露人对调查结果不满意，企业的吹哨人制度可为其提供途径审查企业的制度的内容和流程是否得到遵守。制度可以包括有关企业审核过程的信息，也可以包括声明企业没有义务重新进行调查。如果发现调查进行得适当、没有新信息或新信息不会改变调查结果，即可以结束审查。此外可以包含声明，建议如果披露人对企业的调查结果不满意，则可以向监

管机构（例如，ASIC、APRA 或 ATO）提出投诉。如果企业提供了审查途径，良好的做法是由不参与处理和调查披露的人员进行审查，或将审查结果提供给董事会或审计、风险委员会。

公平对待披露中提及的个人

第 125 条　企业的吹哨人制度必须包含该企业如何确保公平地对待披露中有资格获得保护的员工（包括作为披露对象的员工）的信息。参见 s1317AI（5）（e）。

第 126 条　尽管企业的吹哨人制度可能引用或包含该企业用于支持和保护披露人的更详细流程和程序的文件链接，但该制度必须涵盖 s1317AI（5）（e）所要求的信息。

示例：确保公平对待披露中提及的个人的措施和/或机制

企业的制度可以包括以下措施和/或机制，以确保公平对待披露中提及的个人：

· 在实际可行且适当的情况下，对信息进行保密；

· 每项披露都将受到评估，并可能成为调查的主题；

· 调查的目的是确定是否有足够的证据来证实或驳斥所报告的事项；

· 当需要进行调查时，该过程需是客观、公正和独立的；

· 根据自然公正原则和程序公正性的要求，在采取任何行动之前（例如，披露将成为调查的内容），应向作为披露对象的员工告知披露的主题；

· 作为披露对象的员工可以寻求企业的支持服务（例如，咨询）。

第 127 条　企业可以确定最适当的时间将有关调查的信息告知作为披露对象的个人，但前提是他们在作出任何不利的调查结果之前必须先通知该披露对象。在某些情况下，在调查的早期阶段通知作为披露对象的个人可能会损害调查的有效性，如担心该个人可能会销毁信息或销毁需要提交给 ASIC、APRA、ATO 或联邦警察的披露内容。

确保制度易于获知

企业内的披露人

第 128 条　企业的制度必须涵盖如何向该企业的高级职员和员工提供该制度的信息。参见 s1317AI（5）（f）。

第 129 条　我们希望企业采取措施以确保吹哨人制度得以广泛传播给高级职员和员工，并使制度易于获知。

第 130 条　尽管企业的吹哨人制度可能包含其他相关信息（例如，培训内容）的参考和链接，但该制度必须涵盖 s1317AI（5）（f）要求的信息。

示例：让制度易于获知的方法

企业的制度可以包括以下方法，以使企业的高级职员和员工可以获知该制度：

· 举行员工简介会和/或较小的团队会议；

· 在员工内部网或其他沟通平台上发布制度；

· 在员工布告栏上发布信息；

· 在员工手册中列出制度；

· 将制度纳入员工入职信息和新人培训信息中。

优秀实践提示15：通过积极、定期的宣传，展示企业对制度的承诺

我们鼓励企业的管理层积极定期地推广其吹哨人制度。这有助于证明企业对保护和支持披露人的承诺，并迅速发现解决不当行为。

前期和持续的教育与培训

第131条 企业应就其吹哨人制度内容和流程进行前期和持续的教育与培训。培训应提供给每位员工。

第132条 进行定期培训将有助于确保企业的制度内容和流程为员工所持续熟悉。

第133条 企业内的所有管理层，特别是直属管理者，都应接受如何有效处理披露的适当培训。

第134条 应向对该制度下具有特定职责的工作人员提供专门培训，参见第145条。例如，企业的合格接收者应接受企业接收和处理披露程序的培训，包括保密性和禁止有害行为的培训。

第135条 企业还应将其根据《公司法》（和《税收管理法》）所承担的义务告知其外部合格接收者（例如，其审计师和精算师）。

第136条 在海外有关联企业的澳大利亚企业，需要确保在海外运营的人员也接受适当的培训。因为向该企业在海外的合格接收者作出的披露，以及有关该企业在海外的企业、高级职员和员工的披露，都可能有资格获得保护。

第137条 企业应确保经审查后对吹哨人制度内容和流程的任何更新均广泛传播给该制度所涵盖的个人，并易于获知。参见第158～160条。必要时（例如，如果披露流程发生了变化），企业应向所有员工和合格接收者提供有针对性的沟通和培训，并对在制度中具有特定角色和职责的员工提供附加的专门培训。

优秀实践提示16：给全体员工提供的前期和持续的培训

员工培训可以包括：

· 企业吹哨人制度的内容及流程的重点安排，包括：

——有关可披露事宜的实际事例；

——如何作出披露的实用信息；

——披露人如何在需要时寻求有关该制度的更多信息的建议。

· 保护和支持披露人的信息，包括：

——企业保护和支持披露人的措施；

——可能对披露人造成损害的实际工作事例；

——从事有害行为的后果。

· 未涵盖在吹哨人制度中的信息，包括：

——个人与工作相关的申诉的事例；

——公司的其他制度信息（如欺凌和骚扰、工作场所的健康与安全、申诉和行为守则事项）；

· 员工如何和在何处上报员工反馈、个人与工作相关的申诉的信息；

· 披露为企业和披露人带来积极结果的事例。

管理培训可以涵盖企业保护披露人免受不正当行为损害的承诺和义务，也可以涵盖企业的吹哨人制度如何与其他制度（例如，关于欺凌和骚扰的制度）进行互动。企业可以考虑将该培训作为企业管理能力培训的一部分。

企业外部的披露人

第 138 条　为确保企业外部的披露人可以获知该企业的吹哨人制度，该制度应在该企业的外部网站上可获知。

第 139 条　在适当的情况下，企业可以排除对外部披露人公布无用或不相关的信息，或不适合对外公布的信息（例如，内部员工合格接收者的姓名和联系电话）。

C 实施和维护吹哨人制度的优秀实践指南

关键点

本节提供实施和维护吹哨人制度的优秀实践指南。本指南不是强制性的。

我们在以下方面提供了优秀的实践指南：

· 培育举报文化（参见本指南第 140 ~ 143 条）；

· 制度下的角色和责任（参见本指南第 144 ~ 146 条）；

· 确保个人信息的私密性和安全性（参见本指南第 147 ~ 149 条）；

· 监测和报告制度的有效性（参见本指南第 150 ~ 157 条）；

· 审查和更新制度（参见本指南第 158 ~ 160 条）。

培育举报文化

第 140 条　企业要创建一个积极开放的环境使员工感到可以挺身而出进行披露。积极开放的环境也有助于消除举报带来的负面影响。

第 141 条　企业的高级领导团队在表明企业对吹哨人制度的承诺中发挥着重要作用。为在实践中证明自己的承诺，他们可以确保以下方面：

（a）披露被认真对待并立即采取行动；

（b）及时处理不法行为；

（c）为披露人提供充分的保护和支持；

（d）尽早采取干预措施以保护披露人免受损害。

第 142 条 企业要发展和维护道德行为文化，并确保这种文化在各机构中流通。当企业的员工对什么是道德行为有清晰的了解时，将更容易识别不法行为。

第 143 条 各级管理人员，特别是直属管理者，在建立道德文化和为员工创造积极开放的环境方面发挥至关重要的作用。

制度下的角色和责任

第 144 条 优秀的实践是，企业在其吹哨人制度中分配关键角色和职责。

第 145 条 以下是可以支持企业吹哨人制度的角色和职责列表：

（a）一个联络点，使员工可以在不进行披露的情况下寻求准确而保密的建议或有关以下方面的信息：

（i）企业的吹哨人制度如何运作；

（ii）制度涵盖什么内容；

（iii）企业如何处理披露。

（b）直接从披露人处接收披露的合格接收者的具体角色；

（c）企业已授权直接接收披露的独立举报服务提供者；

（d）负责保护披露人并确保报告机制完整性的角色（吹哨人保护官员或同等职位人员）；

（e）负责调查披露的角色（吹哨人调查官或同等职位人员）；

（f）可以协助企业进行具体调查的法律顾问和人力资源人员；

（g）支持有关制度的培训、教育和交流的角色；

（h）企业可以聘用协助调查披露的其他第三方服务提供者，如调查公司财务、法律和其他方面的顾问；

（i）负责定期审查和更新吹哨人制度的内容和流程，并负责实施和监督任何变更的高级职员；

（j）具备吹哨人制度的企业中负责总体控制和监督的角色；

（k）负责批准制度内容和流程更新的董事会委员会（例如，审计或风险委员会）。[1]

第 146 条 企业可以创建新角色，或可以将职责整合到现有角色中。只要不会导致利益冲突，工作人员可以担任多个职务。例如，企业要使其吹哨人保护官和吹哨人调查官（或同等职位人员）能够做出独立判断，并有一种使他们可以直接将问题上报给企业董事会的机制。

---

〔1〕 参见本指南第 90 ~94 条中关于企业保护披露人身份保密性的法律义务的指引。

确保个人信息的私密性和安全性

第147条　对于企业来说，良好的做法是拥有适当的信息技术资源和组织措施，以确保其接收、处理和记录的个人信息的安全性，并将其作为其吹哨人制度的一部分。由于信息的敏感性，任何泄漏或未经授权的披露（包括来自恶意网络活动）都可能对披露人、披露对象和企业造成不利影响。

第148条　1988年的《隐私法》规定了有关个人信息的处理，其中包括13项APPs,[1]规定了处理、持有、使用、访问和更正个人信息（包括敏感信息）的标准、权利和义务。如果信息泄露可能导致所涉及的个人受到严重伤害，由《隐私法》规制的企业则必须将数据泄露情况通知受影响的个人和澳大利亚信息专员处。[2]

第149条　企业就数据安全问题应咨询APPs和其他相关行业，政府及特定技术标准、数据安全指南和框架，以帮助保护企业信息安全。

监测和报告制度的有效性

第150条　企业需要有适当的机制来监督吹哨人制度的有效性并确保企业的法律义务得到履行。

第151条　企业可以建立监督安排以确保其董事会、审计或风险委员会随时了解制度内容和流程实施的有效性，并且可以于必要时在保证保密性的前提下予以干预。参见本指南第90~94条。企业还可以建立机制以便在需要时将事务上报给董事会、审计或风险委员会。

第152条　对企业来说，优秀的实践是向其董事会、审计或风险委员会提供定期报告。在不太可能确定披露人身份的情况下，针对个别披露的报告可包括下列信息：

（a）每项披露的主题；

（b）每项披露的状态；

（c）对于每项披露，做出披露的人员的类型（例如，员工或供应商）及其身份（例如，是否仍由企业雇用或签约）；

（d）针对每项披露所采取的行动；

（e）每项披露最终如何完成；

（f）完成每项披露的时间表；

（g）每项披露的结果。

第153条　报告还可以包含企业处理个别披露的统计信息，包括企业制度中处理和调查披露的时间表的对比（参见本指南第111~124条）：

（a）从收到披露到回应披露人的时间表，包括回应来自披露人的后续消息所花费的

---

〔1〕在本指南中，APPs（Australian Privacy Principles）指澳大利亚隐私原则。

〔2〕《隐私法》将“个人信息”定义为关于识别个人身份的信息或观点，无论其是否真实，是否以实质形式记录。参见《隐私法》s6（1）。

时间；

（b）从收到披露到评估是否应调查披露的时间表；

（c）从开始调查到结束调查的时间表；

（d）与披露人进行通信的频率。

第 154 条 企业也可以报告收到的报告总数的统计数据，包括：

（a）根据企业的制度，针对可进行披露的不同事项制作的报告的数量；

（b）报告的事项类型；

（c）由业务线、部门、国家、办事处或地区提供的报告。

第 155 条 企业还可以定期监视和测评员工对企业吹哨人制度内容和流程的了解程度，以帮助企业确定其员工的理解存在哪些偏差，也可以帮助企业加强和改善针对该制度正在进行的教育、培训和交流。

第 156 条 企业可以通过以下方式追踪员工对制度的理解：

（a）在企业最初实施吹哨人制度之后对员工进行采样调查；

（b）与采样员工进行对话；

（c）监督制度涵盖事项的披露比例，以及不在制度涵盖范围内事项的披露比例。过高的非涵盖事项披露比例可能表明，员工混淆了应当报告的内容、向何处报告员工的反馈意见或个人与工作相关的申诉。

第 157 条 已授权独立举报服务提供者接收披露的企业，也可以将其统计信息与其他企业的统计信息进行比较（如果统计信息可通过其独立举报服务提供者获得）。

审查和更新制度

第 158 条 企业优秀的做法是定期（例如，每两年）审查其吹哨人制度的内容和流程，并及时纠正在审查中发现的任何问题。

第 159 条 在审核制度的内容和流程时，企业可以考虑自上次审核以来哪些方面运作良好，哪些方面运作不佳。要考虑的问题包括：

（a）该制度的适用范围和适用性是否适当，尤其是在企业业务发生变化的情况下；

（b）该制度的内容和流程是否起作用并易于理解；

（c）该制度的内容和流程是否对应当前的法律法规、管理披露事务的最新动态和最佳实践；

（d）企业对披露的处理、对披露人的保护和支持是否有待改进。

第 160 条 企业可以就其吹哨人制度的内容和流程的有效性咨询其员工并征求反馈意见。

专题研究

建立金融消费者保护的市场行为监管机制

课题组 *

目 次

一、金融消费者、金融商品与服务的界定

有关金融消费者保护的议题是随着金融交易活动高度涉众化所产生的一个全新法律问题，其核心是解决如何在主体双方力量差距悬殊、交易地位不等的金融

---

* 本文为亚洲开发银行技术援助项目“建立金融消费者保护的市场行为监管机制（TA－9377）”的研究成果缩减版。该项目课题组由华东政法大学顾功耘教授担任中方专家、Massimiliano Gangi 担任外方专家，课题组成员还包括：罗培新、郑彧、胡改蓉、贾希凌、何颖、姜影、伍巧芳等。

交易中，消除或避免金融业经营者对普通金融消费者的不当侵害，以实现交易的实质公平。就金融消费者的公众认知而言，对金融消费者的保护可能还仅限于作为普通社会公众的“自然人”层面，一些相较专业的金融经营者同样处于弱势地位的中小企业，是否可以视为金融消费者，目前还存在较大争议。

（一）“金融消费者”的定义之争

1. 金融消费者在现行法律框架下的含义

当前，除了传统的银行、信托公司、证券服务机构、保险公司等为消费者提供各类金融商品与服务以外，网络借贷、第三方支付、股权众筹、互联网保险、大数据征信等一些新兴金融和类金融产业经营者也纷纷涉足金融零售市场，为消费者提供各类创新产品和服务。

2013 年修订的《消费者权益保护法》新增了若干直接针对金融服务领域的保护规范，在具体条款中认可了银行、信托、证券、保险等金融行业的消费者保护制度需求，首次在立法层面间接认可了金融消费者的存在。除法律层面外，首次使用“金融消费者”一词的规范性文件是原中国银监会于 2006 年 12 月颁布的《商业银行金融创新指引》，其后相关金融部门又陆续发布了与金融领域消费者相关的规范性文件，如原中国银监会于 2012 年发布了《中国银监会银行业消费者权益保护工作规划纲要（2012 ~ 2015）》，2013 年又发布了《银行业消费者权益保护工作指引》；国务院办公厅于 2015 年 11 月颁布了《国务院办公厅关于加强金融消费者权益保护工作的指导意见》；2015 年出台的《中国人民银行金融消费者权益保护实施办法》第 2 条则对“金融消费者”进行了一个规章性的界定，其将金融消费者界定为“购买、使用金融机构提供的金融产品和服务的自然人”。

2. 金融消费者的应有范围

普通社会公众是金融消费者的主要群体。此外，投资者与金融消费者的范围有所交叉，但能归属于金融消费者范畴的仅限于其中的公众投资者，合格投资者、机构投资者和投资专家等本身具有与金融经营者同等的交易能力，不宜适用消费者的倾斜保护（见图 1）。

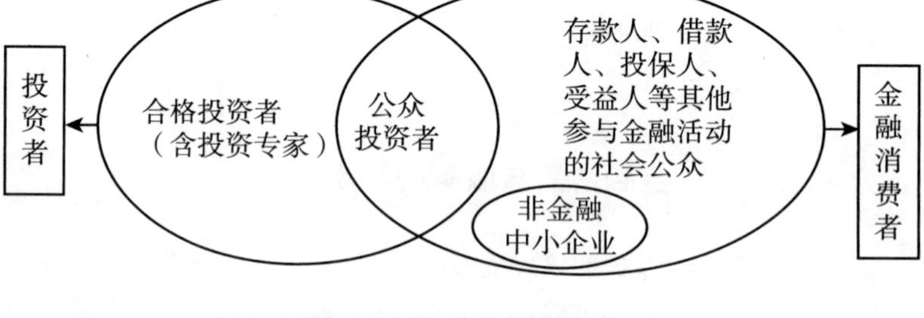

图 1　金融消费者的范围

（1）交易弱势的公众投资者是金融消费者群体的重要组成部分

商法理论通常认为，“营利性是法人谋求超出投资以上的利益并将其分配于成员的商法属性”。[1]从这个角度理解，通过金融中介机构进行买卖股票、债券在内的各类投资活动显然是以获利为直接目的，因此投资活动具有营利性。而消费行为不具有营利性，因此就得出投资领域只有投资者、不存在消费者的判断。然而，此“营利”不同于彼“赢利”，营利性并非所有金融投资活动的共有属性。构成“营利性”应具备两个要件：一是存在持续性的经营活动，二是从事该经营活动的目的是为谋取利润。[2]如果仅从经济组织具有营利性而得出投资活动具有营利性，这在逻辑上属于偷换概念。公众投资者在金融中介机构的推荐或者推销下购买金融投资产品的目的是在于获取收益，其付出真金白银换取的皆为一定权利义务安排的投资收益权，但并不存在持续性经营活动，因此，可以作为消费者予以保护。

从现实客观来看，我国的个人投资者即主要金融消费者的群体规模已经十分庞大。而新兴的金融商品与服务在极大地丰富了金融消费者选择空间的同时，也不免呈现消费者在专业水平、认知能力等方面的局限性。因此，将非专业的公众投资者（自然人）作为金融消费者的范畴、通过《消费者权益保护法》加以保护有其现实必要性。

（2）中小企业等非自然人，特定条件下或可视为金融消费者

从世界范围看，各个国家和地区对待机构类购买者是否可以作为“金融消费者”的态度有所不同：英美等国明确将金融消费者限定为自然人，而日本和我国台湾地区未指明为自然人，在实践中将特殊保护扩展至法人。[3]例如，我国台湾地区“金融消费者保护法”将其“金融消费者”定义为“接受金融服务业提供金融商品或服务者，但不包括专业投资机构和符合一定财力或专业能力之自然人或法人”。

对于中小企业等非自然人是否可以纳入金融消费者范围，学界也存在较大争议。大部分观点主张应仅限于自然人。[4]但也有观点认为处于交易弱势的小企业等法人也应当纳入金融消费者范围之内。[5]

由于非金融中小企业一方面不具有雄厚的资本实力，另一方面不具有金融专业能力，其进行金融交易时对金融产品的理解能力、判断能力、谈判能力、决定能力和抵御风险能力接近或等同于普通公众。进行金融交易时，非金融中小企业和金融经营者交易双方存在严重的信息不对称，地位和实力悬殊，因此，处于弱势地位的非金融中小企业在特定条件下或可作为金融消费者加以保护。

---

〔1〕 赵中孚：《商法总论》，中国人民大学出版社 2001 年版，第 5 页。

〔2〕 李勇军：《现代公司的本质：营利性、赢利性抑或盈利性———基于词义辨析与营利性内涵的分析》，载《北方法学》2010 年第 4 期。

〔3〕 戚莹：《证券投资者与金融消费者的关系——以〈证券法〉修改为背景》，载《时代金融》2014 年第 5 期。

〔4〕 比如，陈洁：《投资者到金融消费者的角色嬗变》，载《法学研究》2011 年第 5 期；何颖：《金融消费者概念的法律定性与规范价值》，载《财经法学》2016 年第 1 期；吴弘、徐振：《金融消费者保护的法理探析》，载《东方法学》2009 年第 5 期。

〔5〕 岳彩申、刘晓东：《金融监管制度发展的新趋势——消费者保护与审慎监管的分离》，载《上海财经大学学报》2011 年第 6 期。

（3）合格投资者（含投资专家）不应纳入金融消费者范畴

根据投资者是否以投资为营业以及投资判断能力的不同，许多国家和地区把投资者划分为专业投资者和一般投资者。专业投资者或合格投资者的确定标准较多采取定性与定量相结合的方式，判定和考量的因素主要包括投资者的性质、投资者的资产状况等客观标准以及投资者的专业知识、专业能力、经验和风险承受能力等主观因素。[1]

一般认为，合格投资者，无论是自然人还是机构投资者，其财产越多，对风险的承受能力、自我保护能力也越强；即使投资者不是投资专家，也有能力雇用专家为其服务，因此法律可以将其列为合格投资者而提供较少保护。[2]

考察英、美、日等国，以及我国台湾地区的金融规定可知，这些规定均将符合一定经济实力、专业能力等条件的主体排除在“金融消费者”的定义中，对其不适用“金融消费者”的倾斜保护规则。[3] 例如，按照美国《证券法》的立法精神和最高法院的判例，合格投资者是那些有足够自我保护能力，不需要注册制下提供的信息就能够作出投资决策的投资者，不需要依赖法律在设定证券商事交易规则之外给予额外保护。

对于合格投资者的界定，我国在私募基金、信托计划、基金公司资管产品发行、证券公司资管产品发行、期货公司资管产品发行、保险公司资管产品发行、非上市公众公司股票定向发行等领域皆有相应规定。我国法律规范对合格投资者的界定主要以财力作为标准，缺乏对投资者的主观能力等的认定指标，这造成实践中只要是高净值客户就“一刀切”地被排除在消费者群体之外，得不到应有的保护。事实上，合格投资者的判定应当主客观相结合，只有那些既有相应财力又有相关专业能力标准的主体，因其具备从金融经营者处获得信息并判别风险的能力，可不纳入金融消费者范畴。因此，在遵循对“金融消费者”的倾斜保护原则的同时，还需要注意不能过度保护，应将那些成熟的专业人士剔除出倾斜保护的对象范围。[4]

（二）金融商品与服务的范围

金融商品是资金融通过程中各种经济价值的载体，如现金、股票、期货等，是金融服务的基础。金融服务是各种围绕金融商品而展开的行为活动，指金融机构通过开展业务活动为客户提供包括融资投资、储蓄、信贷、结算、证券买卖、商业保险和金融信息咨询等多方面的服务。二者在理论和实践中通常不作清晰的区分。

在法律层面，综观主要金融发达国家的制度可以发现，各国对金融商品与服务的法律监管都有所涉及，但使用的具体概念有所不同。美国在1933年《证券法》中使用了“投资合同”（investment contract）概念，并在1999年《金融服务现代化法》中规定以“灵活判断”

---

〔1〕 陈洁：《投资者到金融消费者的角色嬗变》，载《法学研究》2011年第5期。
〔2〕 朱小川：《发达市场金融商品合格投资者制度述评》，载《证券市场导报》2010年第9期。
〔3〕 刘媛：《金融消费者保护机制的比较研究》，法律出版社2013年版，第13~29页。
〔4〕 何颖：《论金融消费者保护的立法原则》，载《法学》2010年第2期。

的方式来定义新型金融商品。[1]英国2000年出台《金融服务与市场法》，通过对在从事业务经营过程中个人和机构的“特定行为”（specified investment）和“特定投资”（specified activities）进行定义，从而将有关金融产品的规范囊括其中。[2]澳大利亚于2001年修改《公司法》规定，除有特别例外情况，金融商品是指人们进行金融投资、管理金融风险或进行非现金支付的一种工具。[3]欧盟2004年4月通过的《金融商品市场指令》中采用了“金融工具”（financial instruments）这一概念，其包括可转让证券、短期金融市场商品、集团投资计划以及金融衍生品交易。[4]德国2004年修改了《证券交易法》，采用了“金融市场工具”（money market instruments）概念，将其定义为有价证券、金融市场商品及金融衍生品交易等，而且引入了投资份额的概念。[5]2006年出台的日本《金融商品交易法》则是统一了狭义金融商品的法律规范，把除了存款和保险以外的所有投资类商品都归入其调整范畴，构建了从金融商品的销售、劝诱到资产管理、投资顾问的横向的、全方位的行业规制和行为规制的基本框架。[6]

在理论研究层面，对于金融商品的界定，金融学理论界有以下几个主要观点。一是工具说，认为金融商品是一种资金融通的工具，有时也被称为金融资产，只是在金融市场上作为交易的对象时被叫做金融商品。[7]二是目的说，认为金融商品即人们为了实现上述目的而创造的一种现实中本不存在的产品。[8]三是资金融通形式说，认为金融商品是资金融通的形式或载体。四是合同说，认为从产品的内在逻辑结构来看，任何一项金融商品都只是一个合同，而不同金融商品之间的差别，只是合同中双方当事人对于权利和义务分配的差异。[9]

在法学研究领域，学者们从权利义务的配置视角定义金融商品，指出金融商品（尤其是场外交易的金融商品）是由金融机构提供的、以实现资金融通为目的的、一系列旨在发生法律拘束力的权利义务组合。纷繁复杂的金融商品只不过是股权关系、信托关系等各种法律关系的载体，金融商品无论形式如何，实质都可以视作一份法律合同。因此从理论上讲，金融商品也可以成为法律概念。[10]有学者总结归纳了金融商品具有无形性、专业性、收益性和风

---

〔1〕 马国泉：《论金融商品的规制与监管》，载《东岳论丛》2010年第8期。

〔2〕 百度文库：《UK2000金融服务与市场法》，载https：//wenku. baidu. com/view/e8dcbc53f01dc281e53af00d. html? from = search，最后访问时间：2018年7月20日。

〔3〕 朱小川：《试析金融理财产品的法律要点》，载《上海金融》2010年第2期。

〔4〕 英国行为监管局官网：https：//www. fca. org. uk/markets/mifid – ii，最后访问时间：2018年7月20日。

〔5〕 https：//www. bafin. de/SharedDocs/Veroeffentlichungen/EN/Aufsichtsrecht/Gesetz/WpHG_en. html，最后访问时间：2018年7月20日。

〔6〕 参见何颖：《金融消费者保护制度论》，北京大学出版社2011年版，第22页。

〔7〕 黄达：《金融学》，中国人民大学出版社2003年版，第182、183页。

〔8〕 张宁：《试论金融产品的质量》，载《中国质量》1999年第6期。

〔9〕 王宗润：《金融产品创新的路径分析》，湖南人民出版社2008年版，第24、34页。

〔10〕 比如，叶林：《金融消费者的独特内涵——法律和政策的多重选择》，载《河南大学学报》（社会科学版）2012年第5期；韩祥波：《界定金融产品概念的新视角——兼谈金融消费者概念的局限性》，载《湖南社会科学》2014年第2期；何颖：《金融消费者概念的法律定性与规范价值》，载《财经法学》2016年第1期。

险性的特点。[1]还有一些研究成果将金融商品分为基础的金融商品和衍生的金融商品，并强调要重视金融消费者在购买金融衍生商品时的权益保护。[2]

（三）金融消费者权益保护的范围界定

1. 金融消费者的主体原则上主要针对自然人，但要排除个人专家（expert private customer）型消费者

所谓金融消费者保护制度，是指消费者保护理论在金融领域的运用，其实质即是对于参与金融活动的普通社会公众的统括性的法律特别保护。

普通社会公众组成了金融消费者的主要群体。从逻辑上看，金融消费者作为消费者的子概念，二者在主体类别上还是保持一致比较合适。国际标准化组织消费者政策委员会在1978年召开的第一届年会上，就将“消费者”定义为“为个人目的购买或使用商品和服务的个体成员”，这也是我国《消费者权益保护法》第2条的规则源头。英国1994年《不公平消费者合同条款规范》规定，“消费者指任何签订本规范范围内合同的自然人，其动机不是出于商业（交易、生意或职业）目的”。美国1976年《消费者租赁法》也将租赁者限定在“订立或被提供消费者租赁服务的自然人”之上。

但如果消费者已经具备了与金融机构相当的交易能力，那么，对这些在经济实力、专业水平、交易经验等各方面皆与金融机构势均力敌的个人专家给予倾斜保护显然是一项加重成本却无甚收益的工作。鉴于此，法律不仅应区分普通消费者与机构类金融顾客，而且还有必要对个人消费群体作进一步区分，将那些成熟的消费者剔除出倾斜保护的范围。

2. 金融商品或者服务在范围上应包括投资类等所有类型金融商品和服务

投资者与金融消费者的范围有所交叉，其中能归属于金融消费者范畴的仅限于其中的公众投资者和部分中小非金融类法人等组织。合格投资者、机构投资者和投资专家等本身具有与金融经营者同等的交易能力，不宜适用消费者的倾斜保护。

在立法模式上，美国在传统上形成了证券业与银行业对普通社会公众分别立法予以特别保护的做法。英国则是以“金融消费者”统揽包括投资在内的所有金融活动中的普通社会公众。金融行为监管局（FCA）与审慎监管局（PRA）根据2012年《金融服务法》的授权各自制定的监管手册中也明确规定，金融消费者是指“并非出于贸易、商业或职业目的行为的任何自然人（natural person）”。[3]

我国是具有成文法传统的国家。当前，公众已深入参与到各类金融投资活动中，并且，

〔1〕 何颖：《金融消费者权益保护制度论》，北京大学出版社2011年版，第22页。

〔2〕 叶林：《金融消费者的独特内涵——法律和政策的多重选择》，载《河南大学学报》（社会科学版）2012年第5期。

〔3〕 FCA & PRA Handbook，http：//fshandbook. info/FS/html/handbook/Glossary/C，最后访问时间：2018年8月10日。

众筹等一些新兴金融和类金融产业经营者也纷纷涉足金融零售市场，为消费者提供各类创新产品和服务。又加之诸如分红险等具备投资功能的跨界金融商品和服务日益涌现，在“金融消费者”统一概念下对公众提供应有的倾斜保护非常必要。

3. 非金融类企业和组织在满足特定条件时，可以在购买金融产品或者金融服务时获得与金融消费者相同的保护。

如上所述，目前“金融消费者”往往是与“社会公众”相提并论的概念，对于中小企业等非自然人是否可以纳入金融消费者范围，无论是在理论界还是在域内外立法中，都存在较大争议。但实际上，不得不承认的是，非金融中小企业在和金融经营者进行交易时，双方同样存在严重的信息不对称，交易中的地位和实力事实上悬殊，因此，对处于弱势地位的非金融中小企业在特定条件下可作为金融消费者加以保护。

二、金融消费者保护的基石：行为监管的理论破局与国际经验

（一）行为监管：理论本源及其发展

行为监管的理念最早产生于20世纪70年代，美国国家保险协会（NAIC）在其发布的市场行为检查手册第一版中正式提到了“市场行为监管”（market conduct regulation）的概念。[1]1995年，英国经济学家泰勒（Taylor，1995）首次针对金融监管提出“双峰”（twin peaks）理论[2]，他认为金融监管目标应该由两个平行且相对独立的监管机构来加以贯彻，即一个负责审慎监管，以维护金融系统稳定和金融机构稳健经营，而另一个负责行为监管，以促进金融市场诚信和保护金融消费者权益，保障金融市场公平、公正和健康运行。[3]在国际监管实践中，最早依据“双峰”理论而形成两大平行机构实施“双峰”监管的国家是澳大利亚，紧接着是荷兰，[4]然后才被英国和美国监管当局所认同。

在概念上，直至目前理论界也尚未对行为监管的内涵形成统一的认识，只是随着金融监管理论的深化和监管实践的发展，行为监管的内涵在不断扩充。总体来看，行为监管是金融监管部门通过制定个人信息保护、反欺诈误导、消费者争端解决、公平交易规则、广告与合同行为规范等一系列规定，针对金融机构行为所实施的监管管理；行为监管的目的旨在保护金融消费者的财产安全权、知情权、公平交易权等各项合法权益，督促金融机构遵照执行，

---

〔1〕 廖岷：《对危机后银行业“行为监管”的再认识》，载《金融监管研究》2012年第1期。

〔2〕 Taylor M. W. Twin Peaks, *A Regulatory Structure for the New Century*, Center for the Study of Financial Innovation, Issue. 12, 1995.

〔3〕 Taylor M. W. Twin Peaks, *A Regulatory Structure for the New Century*, Center for the Study of Financial Innovation, Issue. 12, 1995.

〔4〕 Taylor M. *The Road from "Twin Peaks" and the Way Back*, Connecticut Insurance Law Journal, 2009 (16): 61-96.

并通过现场、非现场等手段，定期检查、评估、披露、监督金融机构的消费者保护工作总体情况。由此可知，行为监管的核心目标是维护金融消费者信心，保障金融市场秩序。在此基础上，行为监管还涵盖了有关针对银行间同业拆借市场上银行定价、反洗钱等行为的监管，其外延比金融消费者权益保护更宽。但由于金融消费者权益保护是整个行为监管理念的价值宗旨，两者高度关联，因此在大多数情况下行为监管与金融消费者权益保护可以等同使用。

“双峰”理论在其提出早期并未得到广泛重视，各国仍然以传统的审慎监管为主。直到2008年国际金融危机爆发后，强化行为监管和金融消费者保护才成为国际金融变革的新趋势。〔1〕作为次贷危机立法反思的成果，许多国家或修改旧法或颁布新法，以改革既有的金融监管体系，由此开始加强行为监管和对金融消费者的保护。2011年2月，英国发布了金融改革白皮书，决定成立专门负责包括银行金融机构在内的所有金融机构行为监管的金融行为监管局（FCA）〔2〕，这是全球首例将行为监管职责明确赋予专门机构的监管尝试；而美国则通过《多德－弗兰克华尔街改革和消费者保护法案》新设独立的消费者金融保护局（CFPB），将原先由不同监管机构共同承担的银行消费者保护的职责加以归并，强化行为监管。紧随英美之后，诸多国际组织、部分国家和地区也迅速推动和实施了一系列重要的行为监管改革举措以提高金融消费者权益保护水平，二十国集团、世界银行、经合组织、金融稳定委员会、金融包容联盟（AFI）等均将金融消费者保护作为一项核心工作。

总体来说，虽然在金融消费者保护机构的设置是否需要独立于金融监管机构的问题上存在争议，但危机后各方在改革金融监管体制、进一步加强金融消费者保护和行为监管、协调好审慎监管与行为监管关系等方面的观点是一致的。无论金融消费者保护机构如何设立，只有确保此机构有着清晰的授权、足够的人财物、足够的专业素养，有较为完善的金融消费者保护法律法规和规章制度，才能提供真正有效的保护。现实中，各国际组织和多数国家也采取了有效措施，推动了金融消费者保护和行为监管的发展和加强。〔3〕

（二）行为监管与审慎监管的互动关系

行为监管主要关注金融机构的具体业务行为问题及其市场影响，其核心目标是保障并增强所有金融消费者的信心、维护金融市场有序竞争。审慎监管是监管当局针对被监管机构实施的全面监管，主要是以维护金融稳定、实现金融机构稳健经营、防范和化解系统性风险为目标。〔4〕

具体来看，二者存在如下差异：（1）风险分析的主要工具不同：审慎监管主要使用传统的资本量化工具和公司财务指标，通过设定最低资本要求、核心资本充足率、流动性指标、

〔1〕冯乾、侯合心：《金融业行为监管国际模式比较与借鉴——基于“双峰”理论的实践》，载《财经科学》2016年第5期。

〔2〕张庆昉：《金融行为监管体系改革》，载《中国金融》2017年第11期。

〔3〕刘鹏：《金融消费权益保护：危机后行为监管的发展与加强》，载《上海金融》2014年第4期。

〔4〕叶文辉：《“双峰型”金融监管模式的国际实践及对我国的启示》，载《西南金融》2016年第1期。

动态拨备等最低门槛标准，来约束被监管金融机构达到审慎监管要求；行为监管则主要通过发布行为准则和产品准则，对金融机构的服务行为和产品进行规范；（2）知识结构要求不同：审慎监管在人员配备上以经济学家为主，人员相对少而精；而行为监管需对机构的行为进行监管，以定性判断和个案处理工作为核心，所以人员配备上以法律行为监管专家为主，人员专业相对多元化；[1]（3）工作侧重点不同：审慎监管的工作重点在金融交易的供给方，而金融消费者保护的工作重点在金融交易的需求方；（4）工作对象有差异：审慎监管主要是“监管者—金融机构”的双边关系，工作对象数量有限。行为监管主要是“监管者—金融机构—消费者”三方关系；（5）两者工作难度都很高，但是难度的表现方式不一样：审慎监管指标是否达标，判断标准很明确，更需要把握好边界和具备良好的监管艺术。而行为监管中，金融机构的一些经营行为，合法合规与否常常会出现判断困难。

同时，审慎监管与行为监管存在相生相克的关系。一方面，审慎监管与行为监管之间并不必然冲突。无论从总体监管目标还是监管原则来看，审慎监管与行为监管之间并不是天生的“矛盾体”，只要处理得当，二者之间也能相互促进、互为补充。另一方面，审慎监管与行为监管之间也并不必然和谐，二者的立场可能存在冲突，严格的行为监管和对侵害金融消费者权益行为的金融机构的从重处罚在短期内可能会恶化金融机构在审慎监管方面的指标，监管的效果可能存在此消彼长的态势。

因此，实践中需要妥善处理审慎监管与行为监管之间的关系。一旦处理不当往往会因忽视某一方面而出现监管空白，这样不仅会产生微观上的风险问题，而且还会诱发一些系统性风险，影响金融稳定、阻碍金融发展，降低金融消费者对金融市场的信心。“次贷危机”反映了监管部门容易局限在微观审慎监管，忽视宏观审慎管理和行为监管（消费者保护）。自2008年以来，基于最终监管目标的“双峰监管”模式使得监管机构职责清晰，目标明确且易于协调，被实践证明是一种比较有效的监管制度，并开始成为全球主流的金融监管制度架构，尤其是行为监管安排逐渐被各国所采纳。[2]在“双峰监管”模式之下，中央银行负责维护金融系统稳定，实施宏观审慎监管（见表1）。在中央银行之外，监管机关形成了两个目标单元，也就是“双峰”的监管。[3]

---

〔1〕 胡雪：《“双峰”监管体制下的行为监管与消费者保护——以英国、荷兰为例》，载《中国银行业》2017年第4期。

〔2〕 王华庆、李良松：《金融监管有效性的制度安排（下）》，载《中国金融》2017年第15期。

〔3〕 值得注意的是《泰勒报告》中提出的双峰监管，是将微观审慎和宏观审慎放在一个审慎监管机构之下，英格兰银行只负责货币政策，英格兰银行对审慎监管的参与仅限于最后贷款人。在实践中，由于中央银行的天然优势，所有国家都将宏观审慎监管放在了中央银行。荷兰和澳大利亚在改革的一开始就将宏观审慎的职责放在了中央银行。2011年英国的改革也是将宏观审慎职责放在了中央银行。因此，《泰勒报告》提出的双峰监管只是一个原型，目前对于“双峰监管”的观点都认识到了宏观审慎和微观审慎的不同以及中央银行在宏观审慎方面的天然优势。三十国集团2008的研究报告（The Group of Thirty，The Structure of Financial Supervision Approaches and Challenges in a Global Marketplace，2008）、美国财政部2008年的金融改革蓝皮书（United States Department of the Treasury，Blueprint for a Modernized Financial Regulatory Structure，March 2008）以及英国的一系列改革文件都持这种观点。

表1　实现监管目标的机关

职责	对应职责	负责机关
宏观审慎监管	金融稳定，防范系统性风险	中央银行
微观审慎监管	防止金融机均的个别风险对金融系统稳定造成影响	微观审慎监管机关或中央银行
行为监管	行为监管	行为监管机关

资料来源：吴云、张涛：《危机后的金融监管改革：二元结构的“双峰监管”模式》，载《华东政法大学学报》2016 年第 3 期。

《美国金融改革蓝皮书 2008》中曾明确提出：在已有的四种金融监管模式中，“双峰监管”模式是一种理论上的最优模式（a conceptual model for an optimal regulatory framework）。[1]“双峰”监管具有“三大”优势：一是可缓和两大监管目标——维护金融系统安全稳健和消费者保护的内在矛盾；二是监管机构可各司其职，减少功能重叠；三是行为监管机构可以给予金融消费者特别是零售金融消费者充分的保护，同时确保信息透明度和市场操守。但“双峰”监管也存在两个大的局限性：一是在目标优先性的选择上主观性太强。从金融体系整体来看，当两个目标存在矛盾时，仍无法同时兼顾两者。从实践来看，当审慎监管与保护消费者的目标发生冲突时，一般更强调金融系统稳健性，会以前者为重，由此牺牲后者；二是与功能监管类似，“双峰监管”模式也使一个金融机构需要同时接受几个监管部门的监管，容易造成金融机构管理成本的上升和监管效率的下降。

（三）行为监管理论的域外实践

2008 年国际金融危机以后，各国和各地区深刻认识到：如果忽视对金融消费者的保护，会破坏金融机构赖以发展的公众信任基础，从而危及整个金融稳定。美国 2010 年 7 月出台了《多德 - 弗兰克华尔街改革与消费者保护法》，设立了相对独立的金融消费者保护局（CFPB）。英国 2010 年 4 月进行金融监管改革，将金融服务局（FSA）的金融监管职能划归英格兰银行，并设立审慎监管局，FSA 原有的金融消费者保护职能由新设的金融市场行为监管局（FCA）承担，其主要职责是为金融消费者提供适度保护。除此以外，发展中国家也开始日益关注金融消费权益保护，一些国家新成立了独立的金融消费者保护机构，如马来西亚的金融调解局（FMB）、墨西哥的国家保护金融服务者委员会（CONDUSEF）、秘鲁的金融督察专员局（FOS）等。而在我国香港特别行政区和台湾地区，2012 年 6 月 19 日，香港特别行政区成立金融纠纷调解中心；2011 年 6 月 3 日，我国台湾地区通过“金融消费者保护法”，该法明确了金融消费者的概念，专门建立了“金融消费争议评议中心”，其裁决相当于

---

[1] See United States Department of the Treasury, *Blueprint for a Modernized Financial Regulatory Structure*, March 2008, p. 2.

民事判决，具有法定约束力。[1]以澳大利亚、荷兰、英国、美国的行为监管实践为例：

1. 澳大利亚

1998 年 7 月，澳大利亚正式建立“双峰”监管制度。审慎监管局（APRA）负责存款类机构、保险公司、养老金机构以及各种储蓄机构的审慎监管；澳大利亚证券投资委员会（ASIC）作为消费信贷、金融市场和金融服务的监管者，负责信息披露和市场行为监管，以维护市场诚信、保护金融消费者和投资者权益。在审慎监管方面，APRA 要求所有被监管者要建立完备的风险管理框架。对存款类机构的监管重点在于审慎资本监管和流动性监管，包括设定最低监管资本要求、留存资本缓冲、逆周期资本缓冲、杠杆率披露、流动性覆盖率等。在行为监管方面，ASIC 行使以下监管职责：负责注册登记公司和投资计划；颁发澳大利亚金融服务执照和信贷业务执照；制定促进金融市场诚信的相关规则；禁止信息披露存在缺陷的金融产品发行；调查可疑违法行为；发布违法违规行为公告；禁止相关人员从事信贷业务或提供金融服务；提请法院对相关违法行为判决民事处罚；保护金融消费者等；在监管协调方面，1998 年，根据《储备银行法》和《审慎监管局法》，澳大利亚储备银行（RBA）和 APRA 建立了较为完善的信息共享和协调机制。一是 APRA 要将金融业统计数据定期报送 RBA；二是双方就金融体系流动性等重大问题定期交流，并对金融机构联合开展压力测试；三是建立协调委员会制度，大约每六周召开一次会议，由双方轮流举办；四是建立工作层面的人员相互借调机制。2001 年，澳大利亚又成立了金融监管机构理事会，成员包括储备银行、审慎监管局、证券投资委员会和财政部四个部门（见图 2），并由储备银行行长任理事会主席。该理事会是监管部门之间沟通协调平台，只提供咨询意见，目的在于及时消除重复监管或监管真空，维护金融稳定。由此可见，“双峰”监管不仅是监管制度的变化，也会带来监管理念的变革。在“双峰监管”模式下，审慎监管部门负责被监管者的审慎经营和偿付能力监管，行为监管机构则负责金融机构行为监管和金融消费者权益保护。各个监管机构的目标明确且简单，职责分工清晰，监管机构之间协调也比较顺畅。因此，“双峰”监管避免了机构监管的主要缺陷，是一种比较有效的监管制度安排。[2]

2. 荷兰

荷兰历经两次改革逐步建立和完善现有的“双峰监管”模式。2002 年第一次金融监管改革中，明确由荷兰中央银行（DNB）负责实施对银行业金融机构进行审慎监管，维护金融系统的稳定，并成立福利金和保险监管局（PISA）负责对保险业金融机构进行审慎监管。此外，成立专门负责行为监管的机构，即金融市场管理局（AFM），对金融系统的各类主体进行

---

〔1〕 王华庆：《完善金融消费权益保护机制》，载《中国金融》2012 年第 22 期。

〔2〕 吴云、张涛：《危机后的金融监管改革：二元结构的“双峰监管”模式》，载《华东政法大学学报》2016 年第 3 期。

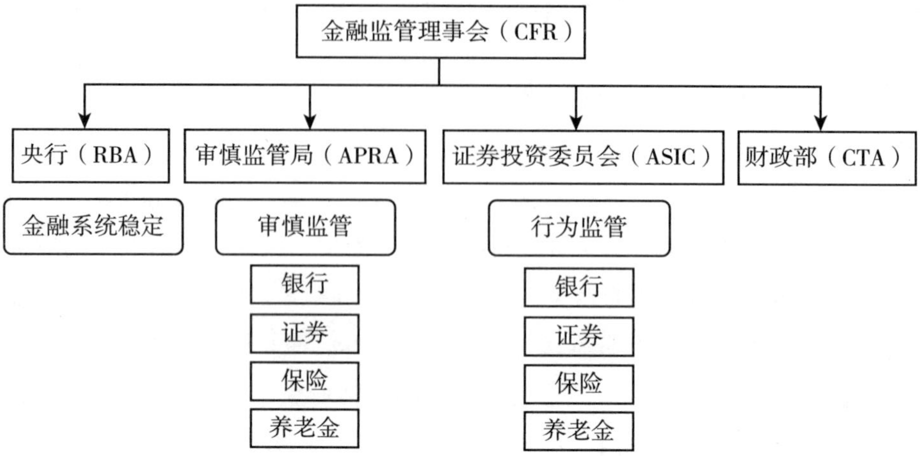

图2　澳大利亚金融监管架构〔1〕

资料来源：根据G30于2008年发布的报告“The Struteure of Financial Supervision：Approaches and Challenges in a Global Marketplace”第193页整理。

行为监管。在具体监管实践中，银行和保险机构的执照分别由荷兰中央银行与福利金和保险监管局发放，证券机构的执照由金融市场管理局发放。2004年，荷兰进行了第二次金融监管改革，将福利金和保险监管局并入荷兰中央银行。至此，审慎监管职能全部由荷兰中央银行承担，行为监管则继续由金融市场管理局负责，形成了旗帜鲜明的“双峰监管”模式（见图3）。与澳大利亚不同，荷兰选择荷兰中央银行行使审慎监管职能，这一方面是由于荷兰中央银行已有超过两百年的悠久历史，其作为监管者的重要地位已不可替代；另一方面，荷兰在加入欧盟后，荷兰中央银行已将相当一部分货币政策职能过渡给欧盟央行，因此其有充足资

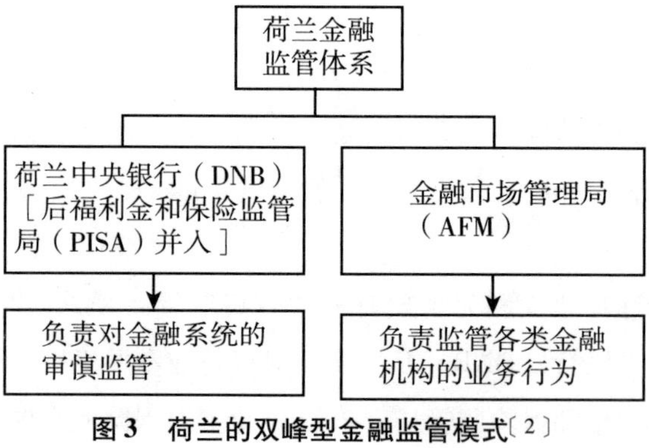

图3　荷兰的双峰型金融监管模式〔2〕

〔1〕 转引自钟震、董小君：《双峰型监管模式的现状、思路和挑战——基于系统重要性金融机构监管视角》，载《宏观经济研究》2013年第2期。

〔2〕 叶文辉：《“双峰型”金融监管模式的国际实践及对我国的启示》，载《西南金融》2016年第1期。

源和时间来全面负责审慎监管。[1]

3. 英国

2008 年国际金融危机前，英国是由财政部、英格兰银行（央行）、金融服务局（FSA）组成的基于原则的统一监管模式。危机后，英国金融发展受到重创，银行业丑闻频出，金融消费者权益受损，经济严重衰退，其金融监管体系饱受批评。从 2009 年开始，英国彻底改革其金融监管体系，同年 2 月通过了《2009 年银行法》，7 月财政部长旗帜鲜明地提出改革现行三方统一监管体系，成立专司金融消费者保护的行为监管机构；2011 年 6 月，颁布金融监管改革蓝图；2012 年 12 月，议会通过《金融服务法案》，提出以“准双峰”模式改革原有统一监管模式，2013 年 4 月 1 日该法案正式生效。改革后的英国“准双峰”模式强调央行的主导与核心地位，形成英格兰银行、行为监管局（FCA）、审慎监管局、金融政策委员会共同负责的监管体系，如图 4 所示。其中，英格兰银行理事会内设金融政策委员会，原来的金融服务局拆分为行为监管局和审慎监管局。审慎监管局是英格兰银行隶属机构，负责审慎重要性金融机构的微观审慎监管；行为监管局对英国财政部和国会直接负责，并接受英格兰银行指导，负责整个金融体系行为监管；金融政策委员会具有宏观审慎监管职能，确保金融基础设施稳健运行，并与行为监管局和审慎监管局建立协调沟通机制，拥有指导、建议、仲裁权。[2]

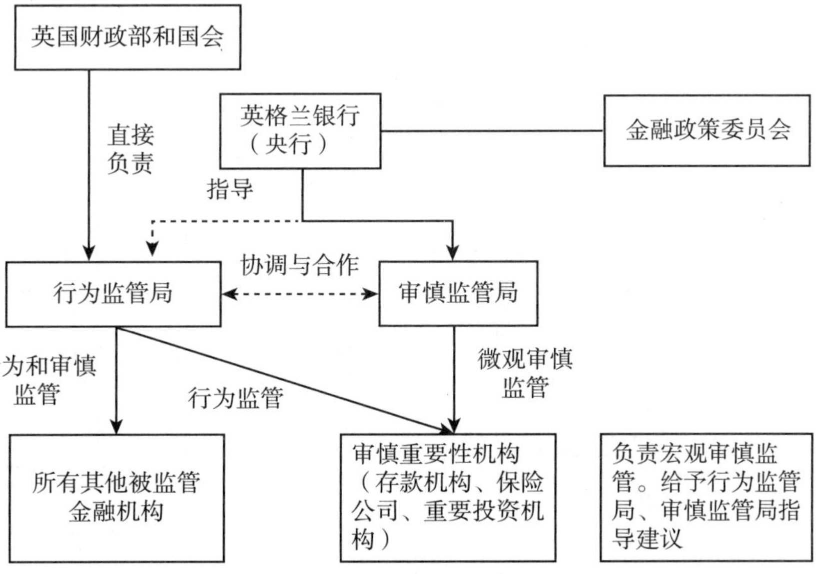

图 4　危机后英国“准双峰”金融监管体系[3]

---

〔1〕 叶文辉：《“双峰型”金融监管模式的国际实践及对我国的启示》，载《西南金融》2016 年第 1 期。

〔2〕 徐云松：《我国金融行为监管体系的构建与发展研究：国际经验与借鉴》，载《征信》2016 年第 8 期。

〔3〕 徐云松：《我国金融行为监管体系的构建与发展研究：国际经验与借鉴》，载《征信》2016 年第 8 期。

4．美国

2008年次贷危机后美国采取了一系列措施加强金融消费者保护，2010年的《多德－弗兰克华尔街改革和消费者保护法案》创设了针对信贷类业务的消费者金融保护局，把原来多部门负责的信贷类金融消费者权益保护职能进行了合并，这使监管机构在保护消费者方面的监管重叠和监管套利得以克服，同时也减少了监管真空，更好地实现保护金融消费者的目标。消费者金融保护局虽然设在美联储内部，但其治理结构的设计可以使其作为独立机构来履行职能。美国财政部在2008年宣布了《美国金融监管体系现代化蓝图》（以下简称《蓝图》），被誉为自20世纪30年代大萧条以来美国最大的金融监管体制变革计划。《蓝图》的长期建议是建立一个类似澳大利亚和荷兰式的监管体制，实质是在美联储作为"伞式"监管者的模式基础上吸收"双峰"理论的特点，引入两个不同监管目标的新监管机构——金融审慎监管局和商业行为监管局。《蓝图》的具体建议是：第一，扩大美联储的监管权限，以美联储作为市场稳定监管者，其目标为防控金融系统性风险，维持金融市场稳定；第二，设立审慎金融监管局，统一负责有政府担保的银行业日常监管事务；第三，建立商业行为监管局以提供行业准则，并负责规范所有金融机构的商业行为，包括注册牌照、商业竞争、消费者保护及信息披露。有别于澳大利亚、荷兰和英国模式，美国金融监管体制的长期改革目标模式兼具"伞"和"双峰"两种监管特征，既是依据美国自身特点和对现有监管模式的一种继承，也是对"双峰"理论的一种创新，相当于在分离的行为监管机构和审慎监管机构之上

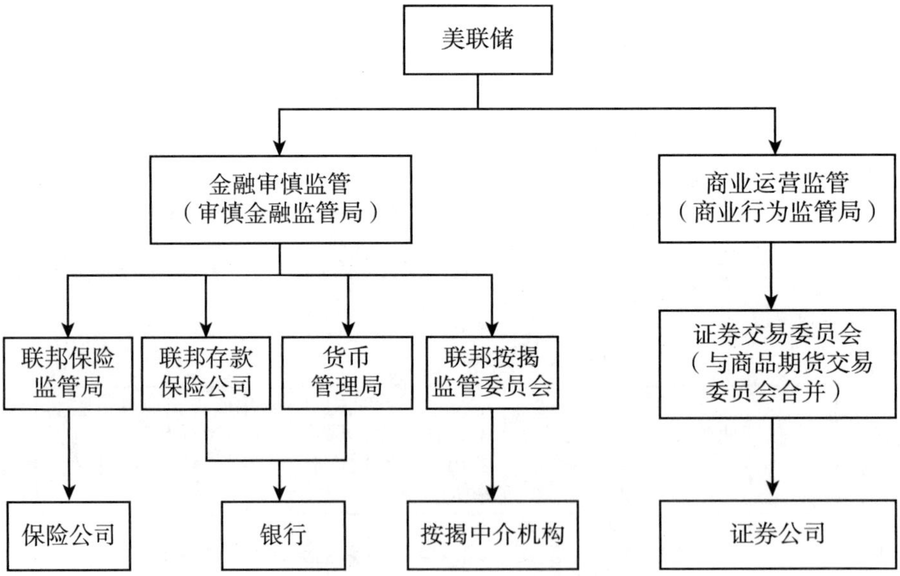

图5　危机后美国"伞＋双峰"金融监管体系[1]

---

〔1〕 徐云松：《我国金融行为监管体系的构建与发展研究：国际经验与借鉴》，载《征信》2016年第8期。

加入了一个“伞”型的总监管者——美联储。通过美联储的定期协调，监管机构之间相互磋商，有助于节约监管成本和提高监管效率。[1]

（四）行为监管理论的作用和意义

1. 保护金融消费者——“前瞻式”的行为监管

行为监管问题的本源在于金融市场信息不对称与金融市场不稳定，因此需要借助监管部门的外部力量对金融经营的不确定性和高风险性活动进行必要的干预，保障金融消费者权益。行为监管理论试图从机构行为、投资行为、交易行为与监管行为等多个角度对金融机构的行为进行全方位综合治理与行政监管，从而在以下两个方面起到一种“源头管理”的作用:[2]一方面，行为监管采取了“前瞻式”的干预手段，有利于增强金融消费者的信心；另一方面，行为监管理论从保护金融消费者合法权益的角度出发，考察金融产品的整个生命周期，对金融机构所提供金融产品的业务规则进行实质性监管，以保护金融消费者的合法权益。

因此，通过事前预防性的保护和事后补偿性的救济相结合的监管方式，密切跟踪监测金融市场发展趋势与金融机构经营行为特征，通过建立行为风险识别和预警系统，形成具有主动性、预防性和前瞻性特征的金融产品评价体系，将金融监管的天平向金融消费者适当倾斜，以早期干预的方式，防范有问题的金融产品和金融服务对金融消费者造成损害。[3]

2. 防范系统性风险——“介入式”的行为监管

大多数时候，各国在金融危机的反思中会更多地将加强系统性风险防范的焦点放在资本、流动性和风险拨备充足以及对系统性重要机构更为严格的审慎监管要求等方面，然而，监管者通过审慎监管获得的信息总是落后于机构和市场的快速发展，相关措施可能仍然无法在事前有效防范那些根植于银行业金融机构各种产品、服务及商业模式中的一些潜在系统性隐患。因此，实施有效的早期干预对于稳定金融体系、防范系统性风险非常必要。这就需要监管者从行为监管入手，采取更为主动的、介入式的深度监管，将监管重心前移，有效发现金融机构运行中潜在的系统性、全局性风险前兆，并在其初期的萌芽状态中予以解决。

行为监管强调主动监管，实施提前介入干预，鼓励市场有序竞争。以“问题为本的监管”来补充以“风险为本的监管”，并最终通过介入式的监管方式来加强对系统性风险的管控,[4]介入式监管的特点表现在以下两个方面：一是通过干预性的提前介入，做到从源头“管住”风险。在具体实践中，监管机构应该通过对银行在产品设计、新业务推出阶段和同

---

〔1〕 冯乾、侯合心：《金融业行为监管国际模式比较与借鉴——基于“双峰”理论的实践》，载《财经科学》2016 年第 5 期。

〔2〕 廖岷：《银行业行为监管的国际经验、法理基础与现实挑战》，载《上海金融》2012 年第 3 期。

〔3〕 刘丹丹：《金融产品干预的理论基础、国际实践与启示》，载《南方金融》2017 年第 10 期。

〔4〕 廖岷：《银行业行为监管的国际经验、法理基础与现实挑战》，载《上海金融》2012 年第 3 期。

质同类经营行为中进行必要的横向分析（horizontal review）、监管关注和提前干预，监管者能比较有效地促使金融机构产生逆周期的内生动力。[1]二是“介入式”的行为监管应注重合理边界问题，早期干预并不代表由监管者去完全代替银行业机构进行业务操作和风险判断，而是表明监管者已经对于系统性影响有了充分的认识，并做好随时进行干预的准备。[2]

3. 加强金融产品创新领域的行为风险管控

行为风险是近年来在监管改革进程中所衍生出的新概念。按照英国监管当局的观点，行为风险是指金融机构行为可能对零售市场金融消费者带来不良后果的风险，如不当销售、对待客户不公平、隐瞒产品信息、误导性广告等。加强金融产品领域的行为风险管控，对金融机构有着现实意义上的必然逻辑。

一方面，基于金融产品生命周期施加干预的行为监管已成为国际趋势。过往的监管方式主要是强调金融机构加强销售阶段的行为风险管控，但是仍然会产生消费者受金融机构不当引导、金融产品在开发和设计时即埋有隐患的问题。因此，英国、欧盟和韩国的监管机构各建立起了基于金融产品生命周期的干预规则，并逐渐成为金融产品监管的新趋势，并被各国监管机关所效仿。另一方面，行为风险防控可以降低金融机构行为风险成本。对金融产品施加干预的行为监管实践，有助于控制金融风险，确保金融市场的良好运行和保护客户利益，同时，还提高了金融机构的行动成本（conduct cost）。因此加强行为风险防控和降低行为风险成本，将是国内金融机构，尤其是跨国经营的大型金融机构所面临的重要问题。[3]

4. 对金融机构的经营行为提出更为规范的要求

从各国行为监管的实践来看，行为监管机构对金融机构的经营行为提出的规范性要求主要包括：第一，要求金融机构健全内控制度，确保金融消费者的合法金融资产不被非法冒领，不被非法查询、冻结、扣划；第二，要求金融机构提供金融产品的价格标准、计息罚息政策、运作方式、风险级别，或者金融服务的项目、内容、收费标准等信息；第三，金融消费者能够根据自己的意愿自主选择提供金融产品和服务的金融机构，自主选择金融产品类型和服务方式，自主选择金融消费的时间、地点和数额等，拒绝金融机构的强制交易行为；第四，要求金融机构对销售金融产品或者提供金融服务的合同条款进行规范，并就重要条款或免责条款对金融消费者作出解释说明；第五，要求金融机构在收集、保存、使用、对外提供金融消费者个人信息时，严格遵守法律规定，采取有效措施加强对个人金融信息的保护；第六，要求金融机构制定内部制度，遵循自愿、公平、平等、诚实信用的原则，杜绝不正当竞争行为，遵守公认的商业道德，保护金融消费者的合法权益；第七，要求金融机构建立内部完善的金融消费者投诉受理、处理机制，切实维护金融消费者对金融机构侵害其权益的行为

[1] 廖岷：《对危机后银行业“行为监管”的再认识》，载《金融监管研究》2012年第1期。
[2] 廖岷：《对危机后银行业“行为监管”的再认识》，载《金融监管研究》2012年第1期。
[3] 冯乾、黄旭：《金融创新、产品干预与金融机构行为风险防控》，载《金融论坛》2016年第9期。

向金融机构投诉，并提出赔偿请求和获得合理赔偿的权利；第八，要求金融机构做好金融消费者教育，引导金融消费者更好地学习金融基本知识、知晓金融基本风险；第九，要求金融机构关注弱势群体的金融服务问题，履行自身的社会责任，制定扶持弱势群体的经营策略。[1]

三、我国金融消费者保护的行为监管现状与问题

中国金融业的发展经历了从封闭走向开放，由政府支配转向市场配置，从高度计划垄断到逐步市场竞争的过程。在此过程中，我国金融监管机构也逐步重视行为监管的理念并采取了相关的措施。在国家政策导向方面提出“金融消费者权益保护”的概念，在具体法律法规方面加强了保护金融消费者的相关立法。在监管机构方面，从2011年开始，原“一行三会”相继成立了专门负责金融消费权益保护的内设机构，在金融行业分业监管的模式下，正式确立了金融权益保护机制的“内双峰”形态，逐步建立了金融消费者权益保护监督检查机制。2015年11月颁布的《关于加强金融消费者权益保护工作的指导意见》（以下简称《指导意见》），将行为监管与审慎监管密切联系，使金融消费者的权益可以得到有效保护，市场金融风险得到有效控制，从而推动金融行业的良性发展。[2]由此，我国初步构建了金融消费者保护的基本组织框架，标志着以金融消费者保护为目标的行为监管架构初现雏形。[3]

（一）我国金融消费者保护的行为监管现状

1. 我国行为监管的执法体系

在我国，金融消费者权益保护的制度体系呈现为，在国务院的领导下由“一行两会”（原“一行三会”）、地方金融办在各自法定监管的权限范围内、按照各自监管领域的职责分工来从事金融消费者权益保护的行为监管活动。

在国务院层面，《指导意见》首次在国家层面确立了对于金融消费者权益保护的总体要求和工作目标；随后，中国人民银行依据《指导意见》在原《中国人民银行金融消费权益保护工作管理办法（试行）》的基础上颁布了《中国人民银行金融消费者权益保护实施办法》，该办法详细规定了中国人民银行针对以下三类金融服务主体的行为监管要求：（1）为金融消费者提供金融产品和服务的银行业金融机构；（2）提供跨市场、跨行业交叉性金融产品和服务的其他金融机构；（3）非银行支付机构。

原中国银监会、原中国保监会、中国证监会和原地方金融办作为银行、保险、证券、小

---

〔1〕 王华庆：《论行为监管与审慎监管的关系》，载《中国银行业》2014年第5期。

〔2〕 李凯风、朱冠如：《我国金融消费者权益保护体系的问题与解决对策》，载《金融与经济》2017年第11期。

〔3〕 闫夏秋：《论我国银行业监管模式的转变》，载《中南大学学报》（社会科学版）2016年第6期。

额贷款行业的主管行政监管部门，虽然各自没有直接颁布以“金融消费者权益保护”或类似主题为名的部门规章或者其他规范性文件，但在日常监管过程中，实际上已经就金融消费者权益保护所涉及的各方面的内容，如对投资者适当性管理、账户识别、个人信息保护、产品宣传、信息披露、投资者教育等内容制订了具体的要求，事实上都已经就各自所监管行业的金融消费者权益保护建立起一系列的行为监管规范体系。

除此以外，针对金融机构与普通老百姓围绕相关金融产品纠纷日益突出的局面，原“一行三会”还专门设立了金融消费者权益保护的专设机构（在原中国保监会系统为“保险消费者权益保护局”，在中国证监会系统为“投资者保护局”，在原中国银监会系统为“金融消费者保护局”，在中国人民银行系统为“金融消费权益保护局”）。在这些专设机构的领导和指导下，我国初步建立起了以政府主管部门为主导、各金融行业的行业协会为辅助的行为监管体系，同时还针对金融纠纷的特点配套形成了形式多样、机构不同的金融纠纷替代解决方案机制（ADR 机制）。我国对行为监管理论的实践初见成果。

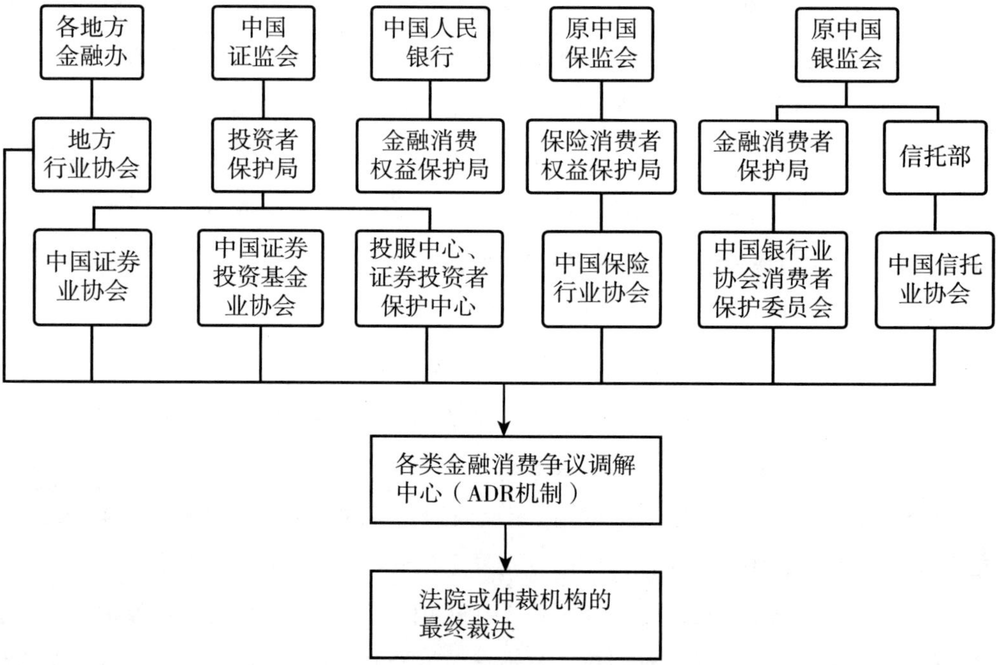

图 6　我国现有金融消费者权益保护执法体系

2. 我国现有金融消费者权益保护的行为监管分工

从我国现行金融消费者权益保护行为监管的要求来看，原“一行三会”都已就各自监管职责范围内的金融消费者权益保护制定了监管要求。比如，中国人民银行负责支付结算、人民币使用、账户开立、征信、利率、纪念币方面的行为监管；原中国银监会负责金融机构存款、消费贷款、贷款资产证券化、银行理财产品、信托产品、代理销售的行为监管；中国证监会负责股票、公司债（包括可转换公司债）、公募基金、私募基金、资管产品及其组合、期货产品的行为监管；原中国保监会主要针对保险销售、承保、理赔及客户服务等环节进行监督和检查（有关原“一行三会”行为监管的分工见表2示意）。

表2　原“一行三会”行为监管的分工

监管机构	行为监管的对象	行为监管的内容
中国人民银行	对依法设立的银行业金融机构，提供跨市场、跨行业交叉性金融产品和服务的其他金融机构以及非银行支付机构	主要针对支付行为、反洗钱、征信、存贷款利率、国库、纪念币等行为进行行为监管
原中国银监会	在中国境内依法设立的银行业和信托业金融机构	主要针对银行存款、消费贷款、贷款资产证券化、银行理财产品、信托产品、代理销售等行为进行行为监管
中国证监会	公开发行股票、公司债券的公司、中国境内依法设立的证券公司、基金管理公司和私募基金管理人	主要针对证券类金融产品从事行为监管，包括股票、公司债（包括可转换公司债）、公募基金、私募基金、资管产品及其组合、期货
原中国保监会	中国境内依法设立的保险公司和保险中介机构	主要针对保险销售、承保、理赔及客户服务等环节进行监督和检查
地方金融办	小额贷款公司、互联网小额贷款、典当行、融资担保公司、融资租赁公司、商业保理公司	民间借贷、互联网小额借贷、区域内非上市企业股权、产权交易等权益类和合约类交易活动

3. 我国现有金融消费者权益保护的行为监管内容

在行为监管的内容上，各金融监管部门虽有差异，但也基本上涵盖了国际通行的行为监管的主要内容，表3所呈列的各金融监管部门在行为监管上的具体要求，总结了我国现有与金融消费者权益保护相关的行为监管的主要内容：

表3　我国现有行为监管的主要内容

行为监管的类型	主要内容
投资者适当性管理	各金融管理部门均要求其所监管的金融机构应根据金融产品和服务的特性评估其对金融消费者的适合度，合理划分金融产品和服务风险等级以及金融消费者风险承受等级，将合适的金融产品和服务提供给适当的金融消费者。金融机构不得向低风险承受等级的金融消费者推荐高风险金融产品；在银行、证券领域，各金融机构还被要求履行和遵守“知道你的客户”（know your customer，KYC）原则，在开立账户或者推荐金融产品时了解客户的基本信息、资格、遵循风险匹配原则进行推荐

续表

行为监管的类型	主要内容
合理宣传要求	不得有虚假、欺诈、隐瞒或者引人误解的宣传；不得对业绩或者产品收益等夸大宣传；不得对产品收益或者业绩夸大或者片面宣传；不得误导金融消费者认为金融管理部门已对该金融产品和服务提供保证；不得以歧义性语言或者其他欺骗性手段宣传； 非保本投资型金融产品营销内容不能使金融消费者误信能保证本金安全或者保证盈利
信息披露要求	金融机构应当按照相关监管规定以金融消费者可理解的方式披露产品信息，禁止以夸大、虚假或者引人误解的方式进行宣传； 信息披露应及时、真实、准确、完整，充分说明金融产品的风险
公平交易要求	保障金融消费者自主选择权，不得强买强卖； 不得采用引人误解的手段诱使金融消费者购买其他产品； 不得在格式合同中加重金融消费者责任、限制或者排除金融消费者合法权利； 不得附加不合理的交易条件
冷静期要求	目前银行、信托产品未见强制性的冷静期要求（但有少部分银行在个别银行理财产品销售过程中自行承诺冷静期）； 证券行业中的私募基金发售要求赋予投资者不少于24小时的冷静期； 在保险行业，保险期间超过一年的人身保险合同应当约定不得少于20日的犹豫期
账户管理要求	必须进行实名制，履行开户验证手段； 必须与客户按期就账户变动及余额情况进行对账； 保证客户的查询权利
从业人员资格与培训	各金融管理部门都要求监管对象开展员工教育和培训； 通过各金融行业协会进行从业人员资格教育、准入考试和年度培训
个人信息保护	对客户信息保密义务； 合法合理收集必要信息； 不得侵犯个人隐私； 遵循授权使用原则； 严格信息存管期限要求
投资者教育	各金融管理部门的宣传； 各金融机构自身网站和对外投资者教育的宣传要求； 各金融行业协会的投资者教育服务

续表

行为监管的类型	主要内容
内部投诉与处理	各金融机构应当首先接受并处理金融消费者的投诉事项； 要求建立内部投诉制度，明确程序、流程和时限； 要求投诉的存档
纠纷解决机制	各金融管理部门参与的调解； 各金融行业协会的调解； 其他形式的调解中心（替代纠纷解决机制）； 仲裁机构、人民法院

在总体上，我国分别在银行、保险、证券、信托四个受监管的金融行业内初步参照世界银行所颁布的《良好经验》的内容建立起有关金融消费者保护的行为监管体系。而且为了保障金融消费者权益的各项政策规定落到实处，确保金融消费权益保护工作的正常开展，金融消费权益保护主管部门可以通过现场检查、非现场检查、调查等方式，对金融机构开展金融消费权益保护工作的情况进行持续督促和监督。

（二）我国金融消费者保护中行为监管机制存在的问题

虽然我国已初步建立起以行为监管规范为引领的金融消费者权益保护体系，但我国金融消费者权益保护不仅缺乏统一的上位法法律，而且在国务院层面也没有出台统一的有关金融消费者权益保护的行政法规。从制度建设和实践来看，现有金融消费者权益保护的行为监管还存在以下问题。

1. 监管执法体系仍需改进

我国金融消费者权益保护缺乏统一的上位法法律，而且在国务院层面也没有出台统一的有关金融消费者权益保护的行政法规，这样的行为监管权力配置格局导致中国现有的行为监管体系显得非常庞杂，而且金融监管执法体系仍需改进。金融监管执法体系不足之处主要体现在四个方面：

其一，监管的协同性和协作性不足。在当前的金融监管格局下，金融消费者权益保护工作相互间缺少必要的协调与合作。各金融监管部门从不同的角度开展金融消费权益保护工作看似有序，但仍然存在管理重复、管理真空、管理冲突等难以克服的弊端，不利于金融消费权益保护工作的整体推进。当金融消费者因金融消费纠纷需要向权力部门求助时，其面临到底是向谁求助的困惑。同时，多头管理的格局往往也会形成“监管争夺”与“监管推诿”的尴尬局面，容易引起部门间的摩擦和纠纷，降低行政管理的整体效能。

其二，监管体系的割裂造成监管套利。行为监管理论要求针对“同一产品”做到“同一标准”，即不能按照不同行业或不同类型的金融机构分类设定行为监管标准，而应不分行业、不分机构地按照相同类型/性质的金融产品设定同样的监管标准，统一适用，统一执法，否则就会产生所谓的“监管套利”行为。但我国目前各金融监管部门仍按照银行、保险、证券、信托的分类对受其监管的金融机构进行行为监管，不同监管机构对同一类金融产品的监管尺度存在差别。这体现在金融消费者权益保护方面就是“铁路警察，各管一段”，同样性质的产品如果涉及不同的金融产品提供方，则在事实上既存在不同监管机构对不同金融机构的不同行为监管，[1]也存在同一监管机构对同一性质产品、按照监管对象的类型同时出现“管”与“不管”共存的现象。[2]而且这种只针对自身监管对象划分的行为监管方法在某种程度上导致了不同类型的金融监管对象合谋规避监管进行套利的现象。

其三，检查、处罚机制体系化保障不足。就金融消费者保护监督检查机制而言，目前各金融监管部门的监督检查机制的依附性强，行为监管的行政检查监督只能依附系统内的其他部门来进行；单一监管机构不能对跨区域和跨市场的金融机构进行监督检查，不能对跨行业的金融机构消费权益起到足够的保护作用；而且监督检查的形式比较单一，缺乏有效性。在有关违反行为监管的处罚方面，目前我国行为监管的处罚工具缺失，具体处罚必须依附于传统的金融行政监管的处罚措施和处罚程序，不能快速、准确、及时地响应金融消费者权益保护的实践需要。

其四，金融监管的中央与地方事权未理顺。一是地方金融监管边界模糊，我国《立法法》第 8 条规定，金融的基本制度，属于中央保留事权，但何为“金融基本制度”向来没有明确的界定。二是地方金融监管手段有限，目前地方金融监管局（或金融办）只能对监管对象开展专项检查，并据此撰写专项报告作为政府决策参考。对于发现的问题，囿于行政执法权限，很难对行政相对方构成约束力，而且仅靠单纯的事后追究，并不能起到事前提示、防范风险的监管本意。三是地方金融监管信息共享不足，由于地方金融监管还未形成统一的框架，使得监管政出多门，职责交叉，未形成监管信息的有效分享，无法形成合力，形成了监管漏洞和盲区。

同时，由于传统监管习惯的痼疾，我们国家的行为监管如同其他行政监管一样在很大程度上将监管固化于以源头管控的方式从事所谓的监管。现有行为监管也体现了“重两头、轻过程”的特征，监管机构重视对市场主体资格的审查，以准入制度发放金融许可的牌照，但忽视对于被监管对象在与金融消费者交易过程中整个流程行为合法性、合规性的抽查和检查，无法确保行为监管的真正落实。“重两头、轻过程”的监管特点产生的另外一个问题就

---

〔1〕 以资管产品为例，同样是“受人之托，代人理财”的产品，在我国就分为银行理财产品、信托理财产品、券商的资管理财产品和保险理财产品，虽然 2018 年 4 月 27 日中国人民银行、中国银行保险监督管理委员会、中国证券监督管理委员会、国家外汇管理局《关于规范金融机构资产管理业务的指导意见》在审慎性监管方面对资管产品统一了产品标准，但在涉及具体的产品发行、服务、消费者投诉等行为监管方面，仍是由银保监会、证监会各司其责，各管其事。

〔2〕 比如，对于非持牌金融机构所从事的“类金融类”行为（如贷款、贷款撮合或者代币发行等），各金融监管部门要么有力无心但无意监管，要么有心无力但无权监管（基于法定或者中央编办所确定的职责范围）。

是只有大量损害金融消费者利益的事件出现时才会被监管部门所知晓并予以处置。于是乎，整个行为监管的重点转向对于风险形成原因的调查、风险的处置以及随后而来的对相关责任主体的处罚，“一旦出事，便祭起强大的、无往不胜的行政权力，把整个行业乃至相关行业一关了之。这样简单粗放的管理措施，其实就是一种懒政、一种缺乏法律依据的责任转嫁”。[1]

2. 金融信息披露制度仍存问题

在金融市场上，对金融消费者保护最主要的手段就是加强信息披露，提高市场透明度。信息披露是金融消费者与金融机构权利义务关系的制度体现，也是为了减轻金融消费者与金融机构间的信息不对称。当前，我国金融信息披露制度还存在以下问题：

一是披露信息缺乏可比性。传统信息披露更强调满足消费者了解产品基本情况的需求，却忽略了不同产品之间的比较，忽视消费者进行决策的具体过程。一方面，金融机构间的披露标准不统一。各大商业银行在产品说明书中披露的内容大同小异，但因为没有统一的披露格式，产品说明书的披露形式显得比较混乱，这使客户不能准确、完整地获得信息，无法通过有效的对比做出准确的投资判断。类似甚至相同的金融产品的信息披露在形式与内容上均有较大差异，不利于金融消费者理性决策。[2]另一方面，定量化披露内容不足，不同金融机构也缺乏统一产品信息披露基本标准，类似金融产品的信息披露在形式与内容上均有较大差异，使消费者无法对金融产品进行横向比较，难以对不同的风险产生直观认知，不利于金融消费者理性决策。[3]

二是风险的揭示与预警不足。除了银行业风险披露存在问题，在资产证券化的披露信息规则中，对基础资产担保、证券发行最低准备金、融资主体和金融机构的清偿能力保证金、系统性清偿能力保证金、最低准备金和风险自留比例等信息的披露则基本处于空白状态，尚未形成一个以披露信用机制为主要内容和联动机制、以风险敏感度为核心的风险预警系统，偏离了证券化风险定价和传导机制对信息披露量化、敏感、全面的基本要求。[4]

三是信息披露民事责任制度欠缺。现有关于保护金融消费者的信息披露规则大多数是金融监管机关内部颁布的行政规章或者行政性文件，金融机构如果违反监管规范所规定的强制性信息披露义务，需要承担相应的行政责任，但却可能无法在纠纷发生时直接被法院或者仲裁机构进行援引并予以适用。因此，目前我国违反金融信息披露的法律责任体系还是以行政责任为中心，民事责任的相关规定在部分领域存在缺失。

---

[1] 胡印斌：《应对突发事件要放弃株连思维》，载《中国青年报》2009 年 2 月 3 日，第 2 版。

[2] 戴昕琦：《论我国商业银行理财产品的法律监管——以信息披露制度为视角》，载《四川行政学院学报》2017 年第 3 期。

[3] 戴昕琦：《论我国商业银行理财产品的法律监管——以信息披露制度为视角》，载《四川行政学院学报》2017 年第 3 期。

[4] 张春丽：《信贷资产证券化信息披露的法律进路》，载《法学》2015 年第 2 期。

四是执法不严，违规成本较低。虽然信息披露在立法上有较为全面规定，但实践中执法效果并不乐观，违规违法现象仍频发，金融机构误导销售、虚假说明、不说明重要事项等问题突出。通过横向比较售前、售中、售后三个阶段的信息披露情况可以发现，大多金融机构对产品的发行和销售披露比较详细，但是对产品存续期间和到期的信息披露却不充分，信息的严重不透明为非法金融活动提供了“温床”和“土壤”。

五是对关键信息的披露缺乏重视。无论信息披露的原则如何确定，最终目的都是将影响消费者做出决策的最重要信息予以披露。在我国目前法律法规中，虽然立法对金融产品销售、存续、到期各阶段的披露内容规定较为全面，但并未重点关注核心信息的披露质量。我国信息披露制度长期以监管需求为导向，信息披露方披露的信息仍旧是以合法合规为重点，对金融消费者信息需求的认知理解不够充分，金融消费者保护在信息披露方面的理念仍根植不深，主动性和自愿性披露的激励严重不足。

3. 个人金融数据法律保护程度仍待提高

我国金融行业在针对数据的共享和流通上都还处于早期的原则性和政策性指引阶段，具体各行业的数据共享规范还有待不断细化。个人金融数据的法律保护制度仍存在以下几方面问题：

一是个人金融数据保护的法律规范尚未体系化。我国对个人金融数据的保护的立法启动的较早，除了早期中国人民银行等部委出台的专门针对行业内部的金融数据管理规范外，系统性的规范一直处于空缺状态，直到近几年才逐渐重视对于个人数据的保护。2017 年个人信息的保护在立法和行政层面获得了高度重视。《网络安全法》的实施再度重申信息采集的“知情同意”原则。与此同时，《民法总则》强调了“自然人的个人信息受法律保护”。总体而言，个人数据保护的规范依旧散见于部门法规中，且数量较少，专门的个人数据保护规范依旧未出台，监管规范的低层级法律层次也带来了不同行业之间的分歧与标准的差异化。

二是个人数据缺乏针对性保护，监管方式较为滞后。目前我国法律法规和行政监管对于个人数据的保护依旧停留在以前的模式中，具体体现在以下几个方面：第一，监管模式和保护手段单一。我国一直以来重“刑事处罚”和“行政管理”，轻“民事确权”与“民事归责”，导致个人信息遭受侵害后，即使侵权行为人最终受到刑事处罚或行政管理，但信息主体的财产及非财产损失却得不到任何实质性的补偿，权利人因个人信息泄露而遭受较大损失时无法获得足够的经济赔偿；第二，相关规章及管理标准多为指导性，并无强制性。虽然《信息安全技术个人信息安全规范》（2017）已经正式实施，但该等规范仅是一份推荐性指标，没有强制约束力。虽然目前许多行业内也已出台对数据保护的细则，但是适用范围较为狭窄，对整体个人数据的保护急需统一的《个人信息安全法》的制定出台。

三是监管机制缺乏对金融消费者保护的协调和统一，且执法力度有限。在消费者保护监管上，我国的个人数据保护体系建设缺少全国统一的协调指导机构和建设规划，缺乏统一、明确的监管机构和管理职能。国务院互联网信息办公室、工业和信息化部、公安部等部门和地方权力机关都对个人信息保护做出要求，但是各监管部门的监管目标略有不同，不仅增加了企业的合规成本也加剧了监管的低效率，形成监管交叉和对数据主体权利保护的空白。此外，对于银行业金融机构未履行个人金融信息保护义务的违规行为，只是采取约见谈话、责令整改、予以通报、建议处分等措施，监管机构的这些软性约束手段缺少强制性和威慑性，难以有效督促金融机构更好改进工作。

四是行业自律软约束尚未形成。由于金融市场制度规范、组织形式、业态创新、运行环境等都处于不断变化中，监管部门与金融市场、金融机构与金融机构之间一直存在动态调整、探索和博弈的过程。虽然也有互联网知名企业试图发起《个人信息保护倡议》的自律性公约，但仅通过企业之间自行承诺而缺少外部监管确实无法有效保障个人信息的安全，倡议发起后仍然猖獗的个人信息倒卖更是给倡议的前景抹下阴影。因此，在个人数据泄露和倒卖不断，数据黑市屡见不鲜的情形下，对个人数据非法利用的黑色产业链条的打击不仅需要刑法的规制，更需要加强对行业内部人员的自律管理，来形成良好的自律软约束。

4. 公平、高效的多元化纠纷解决机制仍待完善

从金融消费者权益保护的争议解决机制看，就结构而言，我国已经在形式上建立起了相较成熟的金融市场国家和体系化的纠纷解决机制，不仅包含金融监管职能部门的直接投诉，还涵盖了行业协会的自律管理措施、替代性纠纷解决机制（ADR），乃至仲裁、诉讼等最终解决手段。具体可参见图7：

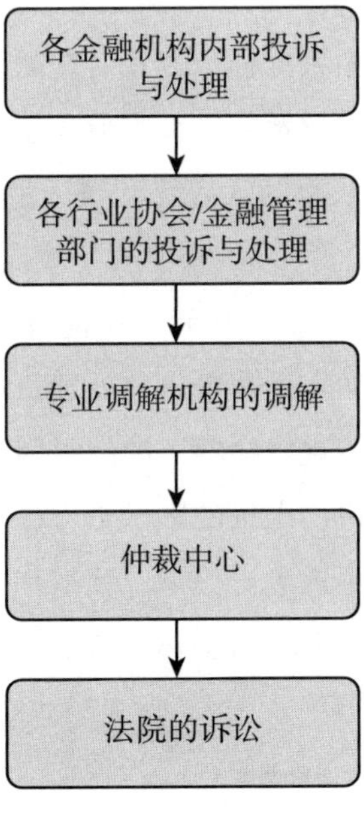

图7 纠纷解决机制

上述纠纷解决机制确实在实践中发挥了重要作用，但我们也要看到，现有的替代纠纷解

决机制的方向和保障机制仍有进一步的完善空间：

第一，目前的投诉处理方式主要是由金融监管职能部门或者行业协会接受后再转由金融机构跟进处理，监管部门只是负责督办。金融机构为了应对监管部门的考核，往往会采用结果导向的处理方式，即注重纠纷了结，不关注处理的程序和手段。这就使在纠纷解决实践中，金融机构基于“多一事不如少一事”的观点，纠纷解决的过程偏重“息事宁人”而非“依法以理解决纠纷”。

第二，就目前力推的调解机制而言，调解机构存在“散、小且发展不平衡”的现象：虽然各金融监管机构都在进行调解试点，但囿于缺乏协调和统一规划，调解组织设立较为散乱，一些地方存在多个调解组织，业务与功能重叠，而一些地区调解组织则存在空白，〔1〕在金融业混业经营、金融产品交叉渗透的情形下，金融消费者很难分清和选择对应的投诉处理机构。

第三，金融纠纷的调解思维还在沿用传统调解模式来处理金融纠纷，调解的成功往往依赖于金融机构的让步，基于“息事宁人”的想法，争议解决的结果在个案上并非取得公平，往往金融消费者处于“弱势群体”替代了一切公平性准则，不能真正体现公平原则，也不利于金融机构业务的开展。

第四，在现有的非诉处理机制中，除仲裁外，其他替代性争议解决机制的裁断效力不足。如果纠纷当事人之间分歧较大，或者某一方当事人坚持不合理的诉求，就无法达成调解协议。在此过程中，调解员在程序中几乎处于被动状态，没有就纠纷提出解决方案的裁断权。这与国际主流的金融纠纷调解机构由调解员主导并提出解决方案的模式明显不同。〔2〕

第五，替代性争议解决机制所主张的仲裁方式对金融消费者而言成本过高，难以推动以仲裁最终解决纠纷的方式。金融消费权益纠纷大多数争议金额在万元以下，多为几百元、几千元，商事仲裁机构受理此类案件获得的收入无法覆盖办案成本。以上海金融仲裁院为例，如争议金额为20万元，案件受理费为4550元加收争议金额10万元以上部分的3%，即为7550元，案件处理费为3000元，共计10550元，比同等金额诉讼费用高出约一半，对金融消费者而言并不经济。此外，现有的金融纠纷争议处理机制还只是覆盖了正规金融项下金融消费者与持牌金融机构的纠纷，非正规金融项下的纠纷因不存在相关的仲裁管辖而无法进入到前述纠纷解决体系内进行争议解决，大量的影子银行、类金融业务发生的纠纷无法通过正规金融项下的金融消费者权益保护渠道进行投诉、调解和仲裁。

此外，就行为监管所意图保护的“弱势群体”而言，我国金融消费者普遍存在缺乏金融

---

〔1〕 如上海，既有人民银行主导的金融消费调解中心，又有银监局主导的调解机构，还有证监会领导的投服中心，而福建、浙江这些省份，该类机构则比较少。

〔2〕 2013年世界银行和国际金融消费者权益保护组织做过统计，在114个问卷国家中，75%的国家建立了第三方投诉处理机制，其中50%是有权作出具有约束力的裁决。其中独立的金融申诉专员制度占比为63%。几个主要的经济体也都有这种机制，实践中也有很好的效果。

知识和“买者自负”意识的情况。监管部门和金融机构每年都会收到大量因客户不知政策或者“选择性失忆”等造成的信访投诉，大量客户还是存在“买银行理财产品就是保本”的错误认知，针对银行理财不能实现预期收益的投诉尤其普遍。

5. 我国金融消费者保护中行为监管存在的其他问题

金融消费者保护的行为监管机制是监管机构为了保护消费者权益，在监管执法、个人数据保护、信息披露、消费争端解决、广告行为、反不正当竞争、消费者教育等多个方面进行的规范指引。在我国行为监管的制度建设和实践中，还存在以下几个较为典型和突出的问题。

在金融广告治理方面，我国并未制定专门的金融广告管理法规，对金融广告的规制散落在各种法律、行政法规以及部门规章中，存在执法权和专业性相分离、违法广告判定标准缺失、法律制裁不合理等问题。首先，由于金融产品和服务种类繁多，市场监督管理部门对于广告内容和广告主资质是否符合规定等问题难以把握，而我国“一行两会”内设立的金融消费者权益保护局，对违法金融广告只有劝导、制止的义务，因此出现了目前市场监督管理部门“有职权但欠专业”，金融监管部门“够专业但无职权”的情形，造成了“有权监管与专业监管相分离”的局面。[1]其次，我国目前缺乏统一的金融广告负面清单，导致监管标准缺位，从而大大削弱了对违法金融广告的监管力度和反应速度。[2]最后，我国现行法律对金融广告的处罚大多适用一般广告的处罚归责，低廉的违法成本与因金融机构发布虚假金融广告而对消费者造成的经济损失无法相互匹配。

在金融机构非法商业行为规制方面，我国现有立法对金融业的不正当竞争尚无专章规定，但实践中银行业高息揽存、证券业违规揽客、保险业擅自降低费率、信托业刚性兑付等不正当竞争行为屡见不鲜，而现行关于金融机构不公平竞争、欺骗性商业行为的规定都属于概括性规定，缺乏详细的认定标准和惩罚措施，无法有效、完整地对金融机构不正当竞争行为进行监管或处罚。

在金融消费者教育方面，虽然我国当前金融消费者教育事业已取得很大进步，但同时也存在一些问题。如目前我国金融消费者教育主要呈现阶段性普及、零碎知识点普及的特点，监管部门尚未系统性地推进金融消费者教育事业，这不利于消费者形成系统性的金融知识。从金融机构的角度来看，金融服务机构推进金融消费者教育具有功利性，打着宣传的旗号进行消费者教育，最终的目标是销售产品。同时，目前的金融消费者教育还缺乏针对性和普及性，导致金融知识普及效果减弱。

此外，作为金融市场的安全保障措施，金融机构保障与补偿机制也应受到高度重视。我国银行业的存款保险制度、证券业的证券保障基金、信托业保障基金等，对于金融消费者保

---

〔1〕 参见卢智睿：《违法金融广告治理研究》，载《西南金融》2018 年第 9 期。
〔2〕 参见卢智睿：《违法金融广告治理研究》，载《西南金融》2018 年第 9 期。

护具有特别的价值。但从目前相关规定来看，上述规则大多属于部门规范性法律文件，在我国法律体系中的地位不高，无法直接成为裁判依据；且相关具体规则不够明晰或者与制度目标偏离，不利于实现对金融消费者的保护。

四、金融监管执法体制的完善

（一）加强金融消费者保护监督执法部门的独立性

金融消费者保护监督执法部门以“金融消费者保护”作为其独立的监管目标，这是该部门区别于传统金融监管部门的根本所在。为了保证金融消费者保护监督执法部门在行使职权时充分发挥其功能，避免受到其他金融监管部门的干扰，金融消费者保护监督执法部门在设立时应当保证并加强三方面的独立性。

首先是人员的独立性。监管人员的意志很大程度上反映了其所在机构或部门的监管理念，因此金融消费者保护监督执法部门的人事任免需要避免受到其他金融监管机构或部门的干预。结合我国现有的监管机构框架和具体的行政体制，我国可以设置跨部门的金融消费者保护委员会，独立于中国人民银行以及其他金融监管机构，具体负责各金融监管机构下属的金融消费者保护监督执法部门的人事任免工作。各金融监管机构无权干预该部门负责人和雇员的人事任免及履职情况。同时该部门人员任免必须按照一定的程序予以确定，任职期间有一定的稳定性。[1]

其次是资金的独立性。一般的独立管理机构虽然拥有行政上、立法上的独立性，但是在资金来源方面却受到财政拨款的限制。[2]因此金融消费者保护监督执法部门应当具有独立的资金来源，有权独立决定预算规划和资金使用。金融消费者保护监督执法部门所需的财政资金应当由财政部提供给金融消费者保护委员会，并由金融消费者保护委员会具体分配下拨，使部门所需资金独立于中国人民银行等金融监管机构，同时应当接受审计部门的监督。

最后是独立的问责制度。金融消费者保护监督执法部门与其他金融监管机构承担的职能不同，这决定了二者也不应在责任承担上有所交叉。美国的消费者金融保护局虽然在形式上隶属于美联储，但是实质上美联储不能对消费者金融保护局进行任何行政上的干预。消费者金融保护局不应就美联储理事会的任何作为或不作为承担任何法律规定的责任，而美联储理事会也不应就消费者金融保护局的任何作为或不作为承担任何法律规定的责任。[3]同理，下

---

〔1〕 林敏：《金融消费者保护机构的专门化》，载《中山大学研究生学刊》（社会科学版）2013年第2期。

〔2〕 冯博：《美国金融消费者保护机构的独立性及对中国的启示》，载《河南大学学报》（社会科学版）2012年第4期。

〔3〕 冯博：《美国金融消费者保护机构的独立性及对中国的启示》，载《河南大学学报》（社会科学版）2012年第4期。

属于各金融监管机构的金融消费者保护监督执法部门实质上不应受到金融监督机构的行政干预，针对金融消费者保护监督执法部门的特殊职能建立独立有效的问责机制殊为必要。同时，金融消费者保护监督执法部门的独立问责制有利于提供公众监督，维持并增强合法性，而且有助于增强机构治理，提升机构业绩。

（二）构建金融消费权益保护跨部门协作机制

金融消费权益保护跨部门协作，是指金融消费权益保护相关职能部门在一定机制的协调和作用下，共同开展工作，以实现维护金融消费者的合法权益、规范金融机构的经营行为、实现经济金融健康平稳运行的目标的行为方式。[1]

金融消费权益保护跨部门协作具体应当由具有协作意愿、政策论坛、战略思想、协作组织和协作实践等五个关键因素形成严密的逻辑链。协作意愿是一个部门愿意与其他部门开展管理协作，共同完成金融消费权益保护工作目标的意向，它是开展跨部门协作的前提条件。政策论坛是各参与部门进行利益博弈的平台，各参与部门能以面对面的形式直接开展对话和协商，充分发表自身的观点和诉求，提出自身的意见和建议，展示自身的优势和面临的挑战，沟通自身的目标和愿景，使得最终的意见和主张能够综合多方意见和建议，体现多方的意志和利益，达到协调目标、协调政策、协调措施的目的。战略思想是为了实现特定目的而制定的指导全局的方略。统一的战略思想是实现跨部门协作的必要条件。协作组织是战略思想的具体实践者，旨在实施跨部门协同方案、解决问题并提供服务的执行机构，它是通过整合多个部门的多种资源（包括物质资源、人力资源、信息资源、权力资源等）组合而成。协作实践是跨部门协作组织的具体行为。金融消费权益保护协作方式主要有信息交换、交流学习、共同执法行动。[2]

在协作机制的构建中，应当注重监督检查中的协作。现阶段开展监督检查必须从加强协作机制建设入手，紧紧围绕“三个依托”开展工作：一是依托好人民银行内部职能部门。要与职能部门加强工作协调，利用好“两管理两综合”工作平台，统筹各职能部门监管力量实施监督检查；二是依托好各金融监管机关内设的金融消费者保护机构，加强彼此的协调沟通，共同拟订跨市场、跨行业的金融消费者保护协作检查制度，处理好跨市场、跨行业金融产品与服务涉及的金融纠纷；三是依托好金融机构。金融消费权益保护监测信息主要源于各金融机构，其准确性、全面性直接影响着非现场监管、监测及评估的质量，最终影响金融消费权益保护政策的制定和实施。因此，在监测信息共享平台建设不完备的情况下，要依托好金融机构完成好监测信息的收集，为监督检查职能的全面履行奠定基础。

此外，针对人民银行与银监部门在对银行业金融机构开展金融消费权益保护监督检查职

---

〔1〕 张琨：《对金融消费权益保护跨部门协作机制的理论思考》，载《华北金融》2014年第1期。
〔2〕 张琨：《对金融消费权益保护跨部门协作机制的理论思考》，载《华北金融》2014年第1期。

能模糊、重复监管问题，建议进一步协调细化监督检查职责，合理界定监管范围，增强监督检查的针对性和有效性。确保金融行业间规则的一致性，形成金融消费者权益保护合力。[1]

（三）注重方式创新，提高监督执法的有效性

就金融消费者保护监督检查机制而言，应当关注监督检查的有效性，具体而言可分为检查方式的有效性、监管对象的精准性。

针对检查方式的有效性，在监督执法的过程中，要重点搞好“三个结合”：一是将监督检查与评估有机结合。工作中，注意将现场检查与评估统筹安排、相互促进。要通过问卷调查、现场调研和统计分析等方式，研究和评估金融机构开展消费者权益保护情况，确定金融消费者权益保护风险等级，进而促进评估结果与检查结果的综合运用。二是将日常检查、定期检查、专项检查、突击检查有机结合。在做好常规或定期检查同时，要结合投诉信息筛选、网上征求意见等反馈信息，对监管对象进行专项检查和突击检查，解决好金融消费者权益保护中的突出矛盾和问题。三是将纵向检查和横向检查有机结合。纵向检查就是实行上下级联动的综合交叉检查，可以跨市、跨省开展，这样做有利于打破地方保护；横向检查就是实行跨行业、跨部门的联合检查，加强专业互补，提高检查效率。监管机构应当针对新情况、新问题，以全面风险监管为核心，积极进行监管创新，用创新的思维分析问题，用创新的办法解决问题，突出监管重点，准确把握金融风险点，在金融监管手段创新上进行积极探索。[2]

针对监管对象的精准性，妥当监管的前提是了解监管对象，这就必须汇聚监管对象的大量信息，为政府的智慧监管与精准执法提供基础。公开年报显示，长生生物 2017 年销售费用为 5.83 亿元，销售人员仅 25 人，人均销售费用 2331.85 万元，而且其中 4.42 亿元为“推广服务费”。证券监管部门在获得这些数据时，可以初步分析，该公司存在极大的以行贿开路的风险，药品质量自然堪忧，可以将相关信息推送给药品监督管理部门，提示其重点监管。例如，通过检索分析司法裁判文书库，可以看到，在疫苗销售过程中，长春长生涉及多起行贿事件，通过行贿地方医院、疾病防疫部门，给予回扣等方式推销其产品。据第三方软件统计，涉及长生生物的法律文书中，“贪污贿赂”类案件最多，为 20 例。而在 2017 年 11～12 月，更是在短短一月之间，便共有 5 起行贿受贿案件涉及长生生物。司法部门可以根据以上信息，制作加强监管的司法建议书，向政府监管部门推送。政府部门之间、司法与政府部门之间共享数据，对监管对象进行整体画像，分类施策，从而抢在危害发生之前，精准执法，提升监管效能。类似地，对于 P2P 平台的监管，也应当从掌握经营者的信息、收取资金的余额、未兑付的余额等信息入手，才能产生最佳的监管效果。

（四）构建合理的中央与地方分层式金融监管体制

构建良好的央地分层式金融监管体制是回应当前金融业态的现实需要。构建合理的央地

---

〔1〕 宋姣：《金融消费权益保护监督检查机制研究》，载《时代金融》2014 年第 4 期。

〔2〕 康厚新、马卓：《创新金融监管手段的理性思考》，载《甘肃金融》2004 年第 4 期。

分层式金融监管体制，需要做好以下几个方面的工作：

其一，清晰界定中央和地方金融监管职责。在坚持中央对金融业管理的主导地位的原则下，明晰界定中央与地方金融监管职责，加强央地协作配合，完善地方金融管理体制。一种可能的路径是，在各省级政府成立金融监管局的同时，启动地方金融监管条例的起草，把小额贷款、融资担保、典当、商业保理、融资租赁、地方成立的资产管理公司、地方的股权交易中心等明确为地方金融事权，放手让地方实施监管。同时明确，发生金融风险时中央和地方在金融风险处置中的责任，及时有效地处置辖区金融业突发事件，改善本地区金融生态。

其二，赋权地方金融监管机构，赋予其相应的监管职权。一方面要将分散在多个政府职能部门的金融管理职责进行整合，明确地方金融监管机构的法律地位和管理对象，同时要赋予其明确的监管职权。地方金融组织从事金融活动存在违规行为的，地方金融监管机构可以对其董事、监事、高级管理人员等进行约谈和风险提示，要求其就业务活动和风险管理的重大事项作出说明，并责令其整改。另一方面，赋予地方金融监管机构信用联动惩戒职权。若地方金融机构从事非法吸收社会资金、金融欺诈、违规融资等重大违法违规行为，地方金融监管机构可以依法责令其限期停业整顿，并记入公共信用信息平台，依法予以联动惩戒；情节严重的，依照有关法律法规规定予以处置。

其三，地方政府的监管权应包含监管规则制定权。在赋予地方金融监管权的同时，也要赋予地方一定的金融立法或金融规则制定权。这里的地方，目前应限于省级。根据《立法法》，金融基本制度属于法律保留事项，地方无权制定立法，但是金融立法权集中于中央存在突出的问题：首先，国家制定新法或修改旧法时间较长，而金融业的一个特点就是发展快、创新快，因此金融创新和法律滞后的矛盾较大；其次，我国在法律修改方面的理念也不适应金融市场，一些金融发达国家的金融法律修改频率很高，而我国金融相关法律几年不改的情况非常普遍，造成一方面无法可依，另一方面法律景观化。面对金融市场发展速度快、变化大，改革探索和创新层出不穷，不断提出法律规范的新要求，而法律要求相对稳定性、无法朝令夕改的矛盾，就需要监管规则的及时填补。这不仅需要中央金融监管部门有针对性地出台规章，也可授权省级地方政府及中央金融监管部门的派出机构颁行相应金融监管规则，在一定范围内适用。

其四，建立地方金融风险处置机制。一方面，建立地方金融风险处置机制要加强和完善地方金融体系风险预警机制，这就需要完善地方诚信体系。地方金融监管机构可以参照央行的金融业统一征信标准体系，完善地方金融监管的征信标准，对接央行的金融业信用信息体系，督促辖区内各类地方金融机构完善金融信用管理制度。地方金融体系风险预警机制则结合诚信体系，通过大数据技术对新金融业态机构风险监测，监控风险因素的变动趋势，预先发布警告以防止损害发生。另一方面，应当建立地方金融风险处置基金，由省级政府和地方金融机构共同出资建立，省级政府应在评估地方金融风险的基础上，以能够完全覆盖金融风险为原则，确定地方金融风险处置基金的规模，可采取逐年出资累计达到基金设计规模的方法筹措基金。[1]

五、信息披露制度的强化

信息披露的目的在于保障金融消费者的知情权。知情权的保护一方面是金融消费者与金融机构权利义务关系的体现，另一方面则是通过减轻信息偏差以倾斜保护金融消费者，是一种追求公平正义价值的体现。依据《中国人民银行金融消费者权益保护实施办法》要求，金融机构应按照相关监管规定披露与金融消费者权益保护相关的经营信息、金融产品和服务信息以及其他信息。当前，在金融产品与金融服务售前阶段、售中阶段和售后阶段，金融结构都应履行相应信息披露的义务，并且要披露金融机构的财务状况、风险控制状况、内部治理情况、年度重大事项或特殊突发事项等经营信息，且金融机构的信息披露应通俗易懂、真实准确、及时、完整、易得。针对前述我国金融消费者保护中信息披露制度存在的问题，还需要从以下几个方面加以完善。

（一）增加信息披露前的消费者认知测试

目前我国法律法规并未明确规定金融监管机构为实现信息披露要求的目标而须进行消费者认知测试。实践中监管机构也没有具体的要求，理论界对其关注也很少。而在大数据时代，进一步改善投资者和金融企业之间的关系、创新金融企业信息披露模式，保持和进一步发挥信息披露在金融市场发展中的重要作用显得越来越重要。

在美国，“消费者测试”的重要性越来越引起了监管部门的重视。在设计新的信息披露制度时，美联储增加了一项对消费者的测试内容。[2]美联储通过消费者测试意识到，即使最充分的信息披露也不能解决所有问题。根据测试，无论进行多么明确的信息披露，某些日益复杂的产品还是无法得到消费者的充分理解或评价。因此，在金融产品推出前的此等测试将有助于了解金融消费者会如何看待金融产品信息，以及是否真正掌握了金融产品的主要特点，是否存在理解偏差。由此更好地改善信息披露，充分保障消费者的知情权。消费者认知测试的目的在于通过小范围的消费者测评以评估经营者提供的信息是否真实可靠，消费者在购买金融产品或接受金融服务时是否可以充分理解相关的产品信息，是否有可能会受到经营者的误导或虚假宣传。并由此在测试评估结果的基础上调整、优化相关的披露文件，进一步确保消费者在选择、购买金融产品时的知情权和选择权。这一点在信息不对称非常明显的互联网金融领域尤为关键。

〔1〕 吴弘：《构建分层式金融监管体制的建议》，载《法制日报》2016 年 3 月 23 日，第 9 版。

〔2〕 伯南克：《金融创新和消费保护》，载 https：//www. taodocs. com/p -40358587. html，最后访问时间：2018 年 3 月 15 日。

（二）加强违规披露的民事责任

一是民事赔偿责任的普及。对于信息披露不实的金融机构，法律应当要求其承担相应的民事赔偿责任，赔偿数额为金融消费者的实际损失。由于金融产品种类繁多，因此金融机构的不实或误导性信息披露呈现多样性而不宜在相关立法中全部列出。鉴于此，我国应当在立法中引入一般性反欺诈条款，要求金融机构对任何虚假的、有误导性的、遗漏的、不正当的信息披露都承担相应的民事责任。

二是信用评级机构同样应承担违规披露的民事责任。信用评级机构应充当金融产品“质检员”的角色，对金融产品的信用等级做出独立、公正、真实的评价。但是，在巨大利益的驱使下，信用评级机构很容易与金融机构勾结，而对金融消费者做出不真实的具有误导性的信用评价。因此，在信用评级机构为金融机构的虚假披露做出不实评价时，信用评级机构也应当承担相应的连带民事责任。

三是惩罚性民事赔偿的设置。对于侵害消费者金融信息知情权的事件，若仅靠刑法和分散的法律、规章等保护已不足以遏制不法主体对消费者知情权的侵害，如虚假披露的行政处罚存在几十万元的顶格罚款，惩罚力度远远不足。鉴于此，立法可以加大证券市场虚假披露的经济惩罚力度，有限度地（如在证券领域尤其涉及内幕交易）设置主要适用于经营者欺诈情形、以“震慑和惩罚”为制度功能的民事惩罚性赔偿规则不失为一个良好选择。

四是对信息披露义务履行采举证责任倒置。司法案例中，相当一部分裁判以“不构成欺诈”为理由驳回了金融消费者要求民事赔偿的主张。由此可见，证明金融产品或服务提供商虚假披露行为构成欺诈，对于金融消费者而言并非易事。因此，应让金融机构自己举证其已经履行告知说明和信息披露等法定义务的情形。在设立举证责任倒置责任时，对于证明标准可采纳高度盖然性的标准，不需要必须达到排除合理怀疑的程度。对于证明事项，金融机构应该就并无侵权行为、主观过错，及行为和结果之间不存在因果关系承担证明责任。

五是涉及信息披露欺诈行为的“私人默示诉权”。针对目前证券法领域存在的民事赔偿诉讼前置程序，可以借鉴美国《证券法》第 17 章、《证券交易法》第 10 章的“私人默示诉权”制度，即对于信息披露的欺诈行为，受害人无须经过行政处罚或刑事责任认定等前置程序，可以直接向法院提起反欺诈赔偿之诉。这种制度设计给予了金融消费者更大选择空间，使之既可以先经过监管机构的前置程序保护其合法利益，也可以直接发挥司法程序的优势，简化案件的处理过程，缩短处理时间，降低处理成本。

（三）鼓励自愿披露和预测性披露

一方面，我国应鼓励金融机构自愿为金融消费者披露法定披露内容之外的信息。金融机构主动披露其经营数据、竞争优势、长期战略报告等信息，有利于塑造市场形象，满足投资者对信息的高需求，提高金融机构产品和服务对投资者的吸引力，进而提升其整体竞争力。〔1〕实际上，我国《证券法》已经进行了建立上市公司自愿信息披露制度，但我国上市公司自愿性披露数量少、披露质量较低、尝试进行主动性信息披露的意愿也不强烈。对此，我们认为有必要在整个证券发行乃至金融产品服务提供市场都建立自愿性信息披露制度，政府部门应当监管与引导并举，设计出规范的、详细具体的、便于执行的自愿性披露指南，并对因金融机构自愿披露信息而引起诉讼的解决方案给出相关的政策指导。另外，自律组织与中介机构对自愿披露的信息质量的监督与评价至关重要，相关监管机构必须同时重视对金融机构的行为监管，防止其与上市公司合谋坑害金融消费者。

另一方面，我国还应完善金融机构预测性信息的披露，并为其提供安全港规则。预测性信息对金融消费者的决策做出和风险提示而言是必要的，如在破解采取最低还款方式的循环信贷产品无法精确披露利息数额的困境时，预测性信息披露尤其是“最低还款额还款警示”规则无疑是低成本、低风险的良方。但是预测性信息具有天然的不确定性并缺乏当下可证性，因此可以通过安全港制度，对那些金融消费者投资价值判断有重大影响的信息，根据已知事实和趋势，允许信息披露义务人诚实披露合理预测结果，且只要预测性信息披露满足“善意”和“合理基础”条件，即使其披露的预测与最终事实不符，也能免于欺诈的责任，以提高信息披露者积极性。〔2〕

（四）建立健全金融信息披露评级机制

目前深圳证券交易所、上海证券交易所每年都会对上市公司信息披露质量及相关工作进行评级，旨在督促公司不断提高信息披露的合规性和有效性。在评价方式上，对信息披露合规性、有效性等相关的数十个指标进行量化评分，并将评价标准与证券交易所监管措施和纪律处分相挂钩，减少主观裁量空间。在评价程序上，设置了公司自评、交易所评价和公司申请异议三个阶段；在交易所评价阶段中，每家公司均须经过监管人员核实、复核把关、集中评议等多个环节，在充分考虑公司自评的基础上，逐一核实评价的合理性和准确性。〔3〕但信息披露评级机制尚未完全覆盖所有行业金融机构，建立健全非上市公司金融机构的信息披露评级机制，应从以下四个方面采取措施：

一是监管部门应该建立适合我国金融发展的信息披露评级机制，并对考评结果进行相应的奖惩；二是重视金融消费者和社会公众的评价，定期收集社会公众对金融机构信息披露的意见；三是对等级良好的金融机构进行监管和引导，尤其要加强对考评等级为优秀的机构的褒奖；四是将金融、投资机构分析师等专业人士意见纳入考评体系，这些专业人士

〔1〕程茂军：《试论上市公司自愿性信息披露的法律规制》，载《证券法苑》2017年总第20期。

〔2〕梁清华：《论我国私募信息披露制度的完善》，载《中国法学》2014年第5期。

〔3〕上海证券交易所：《上交所通报上市公司信披评价结果》，载 http://www.sse.com.cn/disclosure/credibility/supervision/dynamic/c/c_20170818_4361965.shtml，最后访问时间：2018年8月3日。

与广大普通投资者相比，对金融信息披露工作更有发言权，对金融机构平台的情况了解更深入。[1]

（五）信息披露内容的改革方向

信息体量爆炸的时代对消费者的信息处理能力提出挑战，这一问题在部分金融消费领域尤其突出。提升金融消费者处理信息的效率，可以体现在两个方面：一是让金融消费者更容易地理解披露信息的内容，二是让金融消费者更快速地筛选出关键有用的信息。从这两点入手，有必要对信息披露内容以下几方面的改革：

一是信息披露内容简明化、通俗化改革。只有公众能理解被披露的信息，或可以以信息为依据自由选择，或者相信信息与选择之间具有实质的关联性时，披露才可能起作用。因此，信息披露的简明、通俗是必要原则。现有的监管实践中已经意识到金融产品信息披露简明化、通俗化的意义，但是有关部门的规范性文件的要求较为原则，辅助性措施不足。我国信息披露的简明化改革可以从披露文本的简明化和披露语言的简明化两个方面实现：简化信息披露文本是通过缩减说明书、定期报告等信息披露文本中细枝末节的信息记载，或简化各项指标，以提高金融消费者阅读的有效性并降低信息披露成本；语言简明化是指信息披露文件中应尽量使用清晰、简单、易懂的语言，避免不必要的专业术语或冗长表述，并适当限制文件篇幅。[2]

二是对篇幅较长的信息文本配以“内容摘要”。借鉴学术论文采用摘要的方式提示投资者信息披露文件中最为关键的内容，可以要求篇幅较长的信息披露文本前面配以简短的“内容摘要”，删减对投资者决策并不特别重要且理解难度较大的内容，突出更多对投资者决策有用的重点信息。首先，针对我国目前金融机构信息披露报告摘要所存在的问题，建议未来在披露摘要中进一步简化公众理解难度较大的会计报表及其附注；其次是一些在短期内没有发生重大变化，且重要性略低的内容可以删减或做总结性陈述。比如，关于管理层的个人情况、监事会报告等。[3]

三是提倡信息披露内容的图表化、示例化与形象化。通过提供生动形象的信息以增强信息的易得性，从而确保投资者准确认知风险概率，可以在一定程度上抵销因乐观偏见所造成的重点信息关注度不足。因此，应该通过提倡信息披露内容的图表化、示例化与形象化来进行信息降维，使之能够轻松进入金融消费者的认知结构。

四是信息披露的标准化和关键信息规范化。为促进金融产品信息披露规则的改进，许多国际组织和国家已提出信息披露的标准化原则。在确保真实有效全面的基础上，遵循标准化原则，围绕关键信息，统一格式和范围，促进不同金融产品之间的比较。标准化不是全部信

---

〔1〕 熊进光、邱灵敏：《互联网金融信息披露监管制度的构建》，载《甘肃社会科学》2018 年第 2 期。
〔2〕 郭建军：《注册制下上市公司信息披露的价值取向与实现》，载《河北法学》2015 年第 9 期。
〔3〕 郭建军：《注册制下上市公司信息披露的价值取向与实现》，载《河北法学》2015 年第 9 期。

息的标准化，各金融产品之间的竞争必然是各有特色，否则同质化的竞争就只会导致价格层面的竞争，从而不利于金融产品或者金融市场的整体发展。要让各个金融产品之间能够进行比较，必须要有比较的基础，因此就需要为金融消费者提供一个可将需要比较的信息限定在一定的范围以方便比较的制度设计，相同（似）类型的金融产品可比较的内容应进行相对的统一化、格式化和简要化，以便金融消费者进行逐一比较。披露信息中关键信息最为重要，因此需要为同类金融产品设置最低的关键信息披露标准，明确关键信息的披露范围，同时规范关键信息披露的标准格式。[1]

六、个人金融数据监管制度的提升

个人数据所包含的财产价值在不断的提升，因此无论是监管部门还是理论学界都在研究个人数据权利的性质和保护方式。从法律层面来看，《消费者权益保护法》第29条中要求作为经营者的网络运营者应当采取技术措施对消费者的信息采取保密措施，《网络安全法》第21条对网络运营者提出数据安全维护的要求，银行业、证券业、保险业、信托业等领域也都针对个人数据保护和使用的规定。但如前所述，我国个人金融数据保护的法律制度方面还存在一系列问题，鉴于此，我国在个人金融数据保护和监管方面可以从以下几个方面加以改进：

（一）搭建完整的个人信息保护法律体系

目前我国的个人信息保护法律已经有《网络安全法》《消费者权益保护法》《刑法》《民法典》等从一般法到特别法的原则性支撑，基本形成了民事、刑事和行政责任。但是在征信领域的个人信息保护法律规范以及指导原则仍然不够充分和支撑，对个人信息的界定，权属争议的明确以及相关权利义务配置明确是未来研究的重要课题，全国人大常委会也建议加快个人信息保护法立法进程。[2]因此，在目前的法律框架下，个人信息保护法律体系的形成将会促进个人权利的保障，协调个人信息保护和信息流动之间的关系，同时加大对侵害个人信息权利行为的处罚力度。

美国和欧盟的征信监管在个人信息保护上都有鲜明的特点，尤其是欧盟《一般数据保护条例》（GDPR）给我国目前的个人信息保护和征信监管很大的启示。已经生效的GDPR具有一元化的立法格局，体现了信息处理规划的全面性。首先GDPR所规定的个人数据范围广，几乎涵盖所有类型和所有行业的个人信息，及任何与其身份已被识别或者可被识别的自然人有关的信息；其次，GDPR对个人信息处理规制的全面性还表现在其对公共部门和私人

〔1〕 颜苏：《银行理财产品信息披露标准化原则的立法研究》，载《法学杂志》2015年第3期。

〔2〕 参见《全国人大常委会建议：加快个人信息保护法立法进程》，载 http://finance.sina.com.cn/chanjing/cyxw/2017-12-25/doc-ifyp，最后访问时间：2018年8月8日。

部门处理个人信息进行统一的规制，确立了采用综合方法保护隐私和数据的制度，即数据保护法对所有部门以及所有数据处理都发生效力，对公共部门和私人部门处理数据采用同样的处理规则。〔1〕

美国则以《公正信用报告法》和《金融服务现代化法》作为国家个人征信体系中最重要的两部法律，为征信机构设置了一系列义务，起到保护消费者的个人隐私权的作用。同时《公平信用报告法》《公平债务催收作业法》《公平信用结账法》《平等信用机会法》等16部涵盖了所有信用关系、信用方式和信息交易全过程的成文法律，构成了美国信用体系正常运行的法律环境。此外，《信息保护和安全法》《网上隐私保护法》《消费者隐私保护法》等法律，也对公民个人信息提供了强有力的保护。〔2〕我国应在借鉴吸收欧盟和美国有益立法经验的基础上，结合自身法律制度和实践需求，形成全面完整的个人信息保护法律体系。

（二）设计针对个人金融数据保护的专门性条款

近年来，我国在立法上对个人信息的保护有所侧重，无论是《消费者权益保护法》最早提及尊重和保护个人信息，还是《民法典》的个人信息权利的确认，以及《网络安全法》的实施，都是对个人信息保护的法律层面确认。但是，具体的制度设计没有突出解决实际中个人信息泄露的问题。

以征信业为例，随着大数据时代的不断发展，对个人信息权利保护的新变化也应当在征信监管中体现，如应该赋予个人信息主体更全面的权利以抵抗大数据时代征信机构和其他的信息控制主体对个人信息的随意收集和处理、共享的行为。在个人数据共享方面，可以参考借鉴欧盟的立法经验。GDPR 第 14 条规定，若个人数据并非从数据主体处获取，控制者应向数据主体提供以下信息：（1）控制者或者控制者代表的身份证明和联系方式；（2）数据保护专员的联系方式；（3）个人数据处理的目的和处理数据的法律依据；（4）个人数据类别；（5）个人数据接收方或接收方类别。控制者还应当向数据主体提供确保公正透明处理所必需的信息。控制者披露信息的期限应在获取个人数据之后的合理期限披露，最迟不得超过一个月。同时，应该更新对征信监管中个人信息保护的理念，应当转变原先固守的“知情同意”的监管思路。大数据利用下的个人信息的运转和交换速度难以测算，“知情同意”难以真正做到保护个人信息的正常合理使用，积极的运用监管科技如区块链技术等新技术可以带动征信行业个人信息的保护力度，可以借助区块链不可篡改、高可信度等的特点保留了信息主体对于其上传数据的控制力，确保信息主体得以在保护隐私且不被篡改的情况下真正地控制其上传的个人数据。〔3〕从这个意义上，个人信息问题起始于科技，最终也要依赖

---

〔1〕 参见姚朝兵：《个人信用信息隐私保护的制度构建——欧盟及美国立法对我国的启示》，载《情报理论与实践》2013 年第 3 期。

〔2〕 张军发：《我国个人信用信息安全保护研究》，载《山西财经大学学报》2016 年第 2 期。

〔3〕 参见杨东：《百行征信发展的几点思考》，载《中国信息安全》2018 年第 2 期。

科技保护。

（三）明确统一有效的信息保护监管机构，加强行政执法力度

目前涉及对个人信息的保护和监管监察的行政职能部门较多，参考欧盟数据安全保护委员会的顶层设计，对个人信息保护的监管职能进行统一规划，最好能在各部门之外单独设立一个机构来扮演统一监管者的角色，统一负责管理个人信息保护方面的事项。此外，考虑到中国人民银行在数据保护实践中的人力、物力和较为丰富的监管实践经验，也可以将中国人民银行征信管理部门单独列出，成立数据保护局，履行数据保护职能。[1]并且协调和有效发挥消费者协会的作用，统筹对侵害个人数据的信息救济和管理。

从目前的行政处罚来看，对征信机构等利用个人数据的企业的震慑力度不够，2018 年年初由支付宝年度账单事件引起的监管关注，中国人民银行和国家网信办虽约谈了支付宝和芝麻信用[2]，认为其违背了曾签署的《个人信息保护倡议》，并要求其全面按照《网络安全法》的要求进行整改。但由于缺少后期的监管和排查，完全依赖平台自身的排查，仍会产生平台故意或者放任个人信息使用的道德风险。由于个人数据监管存在多方监管主体，且处罚力度过轻等问题，我们认为需要针对下列问题进行逐一完善：第一，应该统一个人数据保护的监管主体。在目前的监管格局中，监管交叉和监管空白仍然存在，相关平台容易在其中形成监管套利。并且多部门的监管又会额外增加平台自身的合规成本。应当在国家层面组成专门的个人数据保护部门，对被监管者的违法行为、损害金融消费者数据权利的行为进行监管和处罚。第二，目前对被监管者的行政处罚的力度和震慑力与被监管者的违法成本相比遥不可及，因此对被监管者的行政处罚力度需要加强。现有《行政处罚法》中对行政处罚的规定包含警告、罚款、没收违法所得、责令停产停业，暂扣或者吊销许可证、以及行政拘留的处罚种类，而征信监管中目前最高效力的规范性文件仅是作为行政法规的《征信业管理条例》，作为行政法规的《征信业管理条例》虽然可以规定除限制人身自由以外的各种类行政处罚，但其不得不受限于现有最高 50 万元人民币的行政处罚金额上限。因此，未来应该加大对于违反个人信息保护违法行为的惩处力度，尤其是在被监管者严重损害消费者权益时，不仅可以要求返还违法所得，还可以根据情节严重程度吊销许可证。第三，要注重对被监管机构违法后改正的后续监督，对被监管机构予以行政处罚并不是终点，处罚之后仍需要监管部门对被监管者的行为进行监管和排查，确保其彻底消除违法行为，恪守法律要求和行业准则。对行政处罚后屡教屡犯的被监管者应列入信用黑名单并在后续违法行为中加重处罚。第四，明

〔1〕 彭星：《欧盟一般数据保护条例浅析及对大数据时代下我国征信监管的启示》，载《武汉金融》2016 年第 9 期。

〔2〕 参见《中国人民银行约谈支付宝和芝麻信用》，载 http://www.cqrb.cn/content/2018-01/09/content_137625.html，最后访问时间：2018 年 7 月 6 日；参见《国家网信办约谈支付宝、芝麻信用》，载 http://www.zx0472.com/news/show-25470.html，最后访问时间：2018 年 7 月 6 日。

确某些侵害数据主体权利的行政处罚幅度。大数据时代侵害个人信息的形式多种多样，刑法并不能将其全部包含在内，大量侵害数据主体权利的行为还是要被归入行政处罚范围之内，目前侵犯数据主体成本极低情况下，对侵犯数据主体各类权利的行为处罚幅度的设定，有利于事前的预防。

（四）强化行业自律监管

《中国人民银行、银监会关于加大对新消费领域金融支持的指导意见》提出引入社会征信机构或者吸收社会资本成立独立的第三方机构，加强信用建设，保护金融消费者权益，形成以尊重用户的知情权、控制权和用户授权，强化自我约束、保障用户的信息安全、联合抵制黑色产业链、接受社会监督的自律目标，同时营造良好的数据隐私生态环境。

必须正视行业自律监管对于数据使用、信息保护有着不可替代的优势。首先，行业自律具有更强的制度弹性，行业协会制定的自律规范可以及时根据不同时代、不同行业的特点对数据使用和保护进行安排，及时跟进市场创新的进度，通过信息保护的自觉性规范实现安全与效率的平衡。其次，行业自律规范相比公共立法和执法成本更低。传统的立法过程冗长且带有单向性，立法者并不完全知晓其所管理的行业，并且政府规范不能及时进行相应的调整和修改，远远滞后于现实发展，这将会进一步削弱信息的使用价值，增加企业的经营成本，大大抑制数字创新。自律规范则体现了行业经营者的意志，是经行业内部多方利益代表充分交换意见产生，自律规范本身就是利益博弈与妥协的结果。对于行业经营者而言，基于共同利益，更容易接受自己行业所建立的规则，在具体执行过程中也更容易发挥其作用。最后，行业自律更能培育成员的诚信意识。来自外部的政府监督，依靠刚性地、具有强惩戒性的法律手段来确保其监管规则得以执行和遵守，但这种方式明显呈现事后性、高成本、过于刚性等问题。反之，行业协会的会员之间需要长期合作，而协会作为一种法律之外的沟通协调机制，采用集体惩戒的方式如设立行业内诚信系统，并允许其他成员企业和消费者进行查询，可以有效降低短期利益行为，增进会员企业之间的信任，形成具有正外部性的社会资本，进而促进信誉机制的形成。[1]由此，作为自律组织的相关行业协会需要承担起行业个人信息保护标准制订和自律管理的责任。

以征信业为例，行业协会应对征信机构进行自律管理，发挥协会教育功能，督促征信机构承担社会责任，恪守对金融消费者的信息保密义务并且维护其信赖利益，确保征信机构仅在用户授权范围内使用收集、使用和共享个人信息。同时也可考虑将监管机构的部分行政监管权限下放给相关的行业协会，充分发挥协会的自律监管作用。鼓励市场或者行业形成独立的个人信息保护组织，通过制定行业章程和专业技术标准、促进会员间交流、开展专业教育和培训、举办从业人员资格考试等行业自律管理方式，增强个人信息安全的维护。但同时也

---

〔1〕 张继红：《大数据时代个人信息保护行业自律的困境与出路》，载《财经法学》2018 年第 5 期。

应当注意，我国现阶段行业协会发展并不完善，同时行业协会自身的“私利性”使其制定的自利规范不能完全代表社会公共利益，因此以行业自律为主导实施个人信息安全保护并不现实。我国政府部门应当在这一过程中充分发挥监督引导功能，加强与行业协会的协调配合，共同促进个人信息安全的维护。

七、金融消费 ADR 机制的促进

世界银行在其《金融消费者保护的良好经验建议》中指出：“一个功能完善的金融消费者保护机制应包括消费者保护机构、披露规则、消费者账户的管理和维护、隐私和数据保护、争端解决等八个方面的内容”。金融消费纠纷的多元化解决机制是“争端解决”的重要一部分，是金融消费者权益保护的“最后防线”，也是行为监管理念下，监管机构识别和纠正金融机构的非理性经营行为、维护金融消费者信心的要求。针对当前实践中暴露出来的问题，我们认为应当从以下几个方面实现我国金融消费 ADR 机制的完善。

（一）完善金融机构内部投诉处理机制

在我国现阶段，金融机构对于内部投诉处理并没有明确的程序与标准，这也导致了金融机构处理纠纷时的任意性与不公平性。因此，应制定统一的客户投诉处理机制。

一方面，监管部门应当强调具备条件的金融机构均应当设置投诉处理机构，未设置投诉处理机构的金融机构应向监管部门说明情况。源头治理是化解消费者投诉的根本所在，只有从金融消费者权益保护角度构建内部机制，才有可能从源头解决与消费者的争议。[1]在金融机构内部，要求以成文的形式制定内部投诉处理的程序规程，将接受投诉、处理投诉、投诉反馈与备案工作落实到具体部门，相关成文规程在金融机构网站、经营场所进行公开和披露。投诉机构的设置情况、内部规程的制定情况和信息披露情况，需要作为监管部门考核金融机构开展新业务和发行新产品的重要指标。

另一方面，要加强对金融机构处理投诉意见的工作监督。以美国为例，美国消费者金融保护局已经建立了较为完善的投诉处理监督流程。在运作机制上，消费者金融保护局改善了投诉渠道，消费者可以通过互联网、电话等各种途径就有关金融侵权纠纷向消费者金融保护局投诉；其次，消费者金融保护局在接到金融消费纠纷后，会要求金融机构在15日内作出相应回应，60天内将所有投诉处理完毕，消费者金融保护局还可以举行听证，下达临时命令要求中止违法行为，还可以直接对违法行为人提起民事诉讼；再次，消费者金融保护局需要将相关信息整合，向局长和监管机构报告，并建立数据库，定期研究投诉情况，不定期发布

---

〔1〕 李金泽：《完善银行机构消费者权益保护管理架构——兼评〈中国银监会关于完善银行业金融机构客户投诉处理机制切实做好金融消费者保护工作的通知〉》，载《银行家》2012年第8期。

反馈报告，向民众公布并接受部门监督；最后，消费者金融保护局与联邦储备体系设立的“消费者金融民事处罚基金”相互合作，将源自司法或行政处罚的罚金纳入该基金，救助在金融交易中因违法行为受到损害而维权困难的消费者。通过借鉴美国的经验，我国可以对相关制度予以补充：在程序上，监管部门要制定金融机构处理纠纷时的具体流程，而非由各金融机构单独制定规则，具体包括接受纠纷投诉、纠纷处理人员的资格审核、纠纷处理完毕的追踪回访、投诉处理责任制等基本内容。为满足监管部门行为监管的要求，可以实行向监管部门的投诉处理备案制度，定期将接受投诉情况、投诉处理情况等数据及时报送。

（二）建立专门的金融消费纠纷调处机构

《金融消费者保护的良好经验建议》中指出应当为消费者提供诸如独立金融监察机构，或一个具有类似效力和执行力的机构，该等纠纷调处机构应当具有独立性、综合性、非营利性的特点。

在独立性问题上，金融消费纠纷调处机构应当不受各级政府、监管机构、金融机构和消费者组织的领导和干涉。金融消费纠纷调处机构的职能在于负责管理金融纠纷调解计划，解决金融机构和金融消费者之间的金融纠纷。由于该机构不是监管部门，因此只负责解决金融纠纷，不承担监管机构的监管角色，不享有调查违规案件并处以罚款、施加行政处罚等权力。但是，如果该机构发现具体的金融机构违规操作有可能引发系统性风险时，应当通知监管机构，监管机构有权介入并开展执法调查。

针对综合性的特点，金融消费纠纷调处机构应当将跨金融领域纠纷纳入管辖。我国的银行业、保险业、证券业、信托业等金融领域，仍在“分业经营、分业管理”的框架下运行，不同领域的金融消费纠纷对应不同的纠纷处理机构。从世界范围来看，英国、我国台湾地区、我国香港特别行政区等地的统合型金融消费 ADR 机构已取得了不菲成绩。立足我国实际情况，在混业经营已经成为常态的金融业态下，金融消费纠纷极有可能出现跨领域的情况，典型的如银行金融机构代销保险类金融产品，发生相关纠纷时银行业纠纷处理机构和保险业金融处理机构可能出现互相推诿、权责不清的情况，必须解决这种因为产品属性划分不明所导致的“管辖争夺”或者“管辖推卸”。即使是单一领域的纠纷，也应当实现各行业对纠纷解决的原则理念、基本程序和制度建构的同一化，这才有利于金融消费者保护工作的整体推进。

同时，金融消费纠纷调处机构的宗旨和目的应当以保护金融消费者为核心，妥善高效处理金融消费纠纷。基于此，无论以何种形式成立调解机构，其应具有公益性，不应以营利为目的。结合我国目前的现实情况，可以考虑由金融监管机构许可成立的特殊目的的有限责任公司的形式作为金融消费纠纷调处机构，其成立费用和运作初期所需的经费源于财政拨款。从长远来看，其经费和收入当源于涉金融消费纠纷的金融机构。

（三）制定金融消费纠纷调处机构的具体规则

在成立专门金融消费纠纷调处机构的基础上，应制定专门的金融消费纠纷调处的法律规范（如制定统一的《金融纠纷调解条例》[1]），将处理程序、调处结果的效力等关键环节确定下来。

首先，金融机构内部处理程序应当成为作其他程序的前置程序。因为内部解决的方式更加便捷而且为消费者所熟知，当事人双方都对纠纷的具体情况比较熟悉，更便于纠纷的快速解决。例如，英国的金融申诉专员（financial ombudsman service，FOS）制度，其在实际操作时民众及机构的认知程度比较高，是国外金融 ADR 制度的典型范本，被澳大利亚、新西兰、法国、德国等多个国家在改革本国制度时引用借鉴。FOS 制度亦规定由金融机构内部投诉渠道处置是启动申诉流程的前置程序，除非该处置没有在合理期限内或成果得不到对方的认可。

其次，如果金融消费者的利益未得到满足，得再向金融消费纠纷调处机构申请调处。调处包括两个环节，首先由调处机构的专业人员进行调解；不能达成调解协议者，由相关专业人员在审阅相关书面材料之后，作出处理决定书。为了实现对金融消费者的倾斜保护，争议金额在一定限度内（如2万元）的处理决定，金融消费者可以在一定时间内明确选择接受或者拒绝，金融机构没有拒绝选择权；若金融消费者选择接受该决定结果，则该决定对双方都具有约束力，无须经过法院确认程序；若金融消费者明示拒绝接受（未明确接受视为拒绝接受），则该决定对消费者没有约束力，消费者可另行选择仲裁或者诉讼方式维护自身权益。但为避免金融消费者以此机制要挟金融机构，或损害金融机构的正当权益，若金融机构能够举证证明，作出处理决定的程序存在重大瑕疵或违反法律规定、处理决定的内容违反法律规定，则有权向金融消费调处机构申请拒绝接受该等处理决定。[2]

（四）完善金融消费纠纷仲裁机制

金融仲裁作为一种高效快捷、被大多数国家所认可的纠纷解决机制，在解决纠纷方面具有灵活性、专业性和保密性的优势。目前我国的仲裁制度依旧需要改善，建议可以从以下几个方面完善金融仲裁制度：

一是金融消费纠纷仲裁费用的特殊设置。对于金融消费者来说，金融机构内部处理或者交由独立的第三方机构解决不会耗费大量资金。因此，基于倾斜保护金融消费者的基本原则，金融消费纠纷仲裁的费用应当做出特殊安排。具体而言，若仲裁结果表明金融机构确实存在违规行为并应承担相应责任，则仲裁费用当由金融机构一体承担，由此不仅保护金融消费者权益而且对金融机构起到间接惩罚的作用。若金融机构实际不存在过错，则相应仲裁费

[1] 参见李慈强：《论金融消费者保护视野下金融纠纷调解机制的构建》，载《法学论坛》2016 年第 3 期。
[2] 参见刘如祥：《香港金融纠纷解决机制的最新发展及启示》，载《金融与经济》2014 年第 4 期。

用应当由金融消费者承担，但仲裁费用可适当降低，以倾斜保护金融消费者。

二是根据案件类型，制定不同的金融消费仲裁程序。金融消费纠纷仲裁应当以书面审查形式为主，针对不同类型的金融纠纷应当规定不同的程序解决。对于小额的纠纷或者案件事实清楚的纠纷，若双方无特别约定，则仲裁委员会可以直接选择适用简易仲裁程序进行仲裁，但金融消费者有拒绝简易仲裁的权利。具体的仲裁程序，可以参照国际商会仲裁院（ICC）仲裁规则修订版（于2017年3月出台），规定对争议数额不足200万美元的案件自动适用快速程序。该程序的主要特点包括：（1）争议通常由独任仲裁员审理；（2）免除“审理范围书”阶段；（3）裁决须于6个月内作出；（4）在与当事人协商后，仲裁庭有权决定在不开庭审理、无文件出示和不询问证人的情况下审理案件。[1]此举可以节省仲裁资源，提高仲裁解决纠纷的效率，设置消费者的拒绝权可以倾斜保障消费者的选择权，激励消费者更多地选择金融仲裁的纠纷解决途径。

（五）实现金融消费ADR机制与诉讼之间的协调与对接

在金融消费纠纷解决机制里面，诉讼方式是金融消费纠纷解决的最后保障，诉讼相对于ADR机制而言纠纷解决的周期长、成本大，因此应当在衔接与协调两个方面实现金融消费ADR机制对诉讼机制的补充作用。

在诉讼与非诉机制之间的衔接方面，从金融消费纠纷ADR机制到诉讼机制之间应该是一个递进的过程。首先，金融机构内部投诉与处理程序应当成为作其他程序的前置程序；其次，如果金融消费者的利益未得到满足则可以选择金融消费纠纷调处机构进行调解或选择仲裁；最后，诉讼制度是解决金融消费纠纷的最终途径。换言之，金融消费诉讼的立案受理以走完全部金融消费ADR程序为前提，消费者若不接受金融费纠纷调处机构的调处决定书，才能通过诉讼方式解决纠纷，这也是提高司法资源利用效率的必要体现。

在诉讼与非诉机制之间的协调方面，金融费纠纷调处机构对于金融消费纠纷调处过程中遇到的疑难问题可以邀请有经验的办案法官参与讨论，听取法院系统对于案件纠纷的理解和建议，以便于诉调对接中统一金融消费纠纷类案件的处理尺度。类似地，法院在受理涉及金融消费纠纷的案件后，也可邀请调处机构的相关专业人员共同参与诉讼调解或咨询专家意见。从根本上讲，法院在解决纠纷中所做的贡献，不完全等于作出判决来解决纠纷。法院不仅可以传递裁决纠纷的规则信息，通过适用法律规则彰显程序的公正，而且要以纠纷妥善解决为立足点，传递纠纷可以通过诉讼外解决机制公正解决的信息，并提供便利、创造条件，强化社会公众采取非诉讼程序解决纠纷的意识和观，促进和保障非诉讼解决机制解决社会纠纷功能的作用。[2]

---

〔1〕 苏伟康：《论国际金融仲裁发展及我国仲裁机构的应对》，载《研究生法学》2018年第4期。

〔2〕 王振清：《多元化纠纷解决机制与纠纷解决资源》，载《法律适用》2005年第2期。

综合而言，从微观层面来看，构建我国多元化金融纠纷解决机制，建立和发展金融消费ADR机制有利于保障金融消费者的合法权益，有效树立金融消费者对于我国金融行业的信心；从宏观角度层面，构建多元化、多层次的金融纠纷解决机制是金融监管机关行使行为监管职能的应然体现，是从金融交易行为的后端规范金融机构行为、力除行业消极因素的有效手段，对于我国金融稳定发展具有重要的保障意义。

八、其他行为监管机制的完善建议

（一）完善金融广告监管的建议

随着新兴科技的进步和发展，金融广告出现多样化竞争态势，微信、微博等自媒体广告模式正在逐渐挑战监管。完善金融广告监管，可以从以下几方面发力：

第一，明确权责划分，完善法律法规。理论上市场监督管理部门在市场监管中具有常规性、统涉性的管辖权，但市场监督管理局又不具备专业的金融监管人员判断金融广告的违法性，由此出现在金融广告领域，究竟是金融监管机构管辖还是市场监督管理局管辖，往往容易出现冲突或者空白的情形，造成“有权者不会管，会管者无权”的尴尬局面。我国虽然没有专门针对金融广告监管的立法，但是在《广告法》《刑法》《消费者权益保护法中》都有体现。但是我国目前针对金融广告方面的立法尚不完善，可以通过规范性文件等进行补充。

第二，建立事先审查制度与备案制度。当前金融广告的形式越发多样化，这些违法广告因为分布广，目标小，使得监测和监管较为困难。所以可以尝试区分性地建立备案制度和事先审查制度。尽可能地对金融广告进行事先审查，监管其广告内容的真实性以及合法性，包括督促金融机构内部的合规部门对其金融广告内容在发布前进行事先的内部审查。同时，金融监管部门与金融机构内部应当建立备案制度，在金融监管机构有规律、系统地或者不定期的抽检过程中，确保对其发放的金融广告有踪可寻、有源可溯。

第三，加强监督与举报。金融消费者是金融市场坚定的基石，保护好消费者权益才能繁荣金融市场。行政监管的资源是有限的，所以建设好举报监督制度是必然路径。如果要建设完备举报监督制度，最为关键的是明确清晰如何判断违法金融广告。根据现实情况，我们建议可尽快建立金融监督专员制度，针对消费者的检举监督，积极跟进交流，在一定时间内予以反馈，以免打击消费者监督的热情和信心。

第四，建立负面清单与黑名单制度。加强对违法金融广告的研究与定义，明确其界定标准，同时配套完善的法律法规。建立负面清单制度，对一些明确的、重大的违法金融广告行为进行确立，而不是仅有原则性的规定，模棱两可的说法。同时建立信用黑名单制度，对于一些多次违法发放金融广告侵害消费者权益的金融机构，放入信用黑名单，重点监管甚至采取更为严厉的惩戒措施，营造公平的有效竞争环境。

（二）对金融业不正当竞争行为的规制

金融机构间的不正当竞争损害了其他经营者的合法权益，扰乱了金融秩序，危害了金融市场的安全和稳定，甚至影响整个国民经济的发展。为实现有效的法律规制和行为监管，建议如下：

一是应增加《反不正当竞争法》中的一般条款。我国现行的《反不正当竞争法》对于不正当竞争行为的界定采用列举的方式，但只列举7种不正当竞争行为，也没有设置“保底条款”。随着金融创新的不断深化，为了追逐利润，金融业不正当竞争的方式日新月异，一些新型的不正当竞争行为无法纳入该法的调整范围，出现无法可依、无章可循的局面。因此，应当尽快完善《反不正当竞争法》，增加反不正当竞争行为的保底条款，以对不正当竞争行为作一般性的解释，从而扩大反不正当竞争的范围，及时规范新出现的不正当竞争。

二是应明确各执法主体之间的分工和合作。在统一反不正当竞争的执法权限后，市场监督管理总局是我国反不正当竞争的执法部门。但基于金融行业的特殊性，实践中仍然采用“分业经营，分业监管”的模式，因此各金融监管机构与市场监督管理局之间必须对监管权有一个明确的分工，并加强协作，充分发挥金融监管机构的“专业”优势，加大对不正当竞争的查处，以整顿和规范金融市场的秩序，维护金融业的健康、有序运行和发展。

三是应正确处理《反不正当竞争法》与其他金融法律法规之间的关系。根据法律适用原则，当特别法与一般法不一致时，特别法优于一般法。在金融业反不正当竞争的法律适用中，虽然《反不正当竞争法》作为普通法，但在《商业银行法》《保险法》《银行业监督管理法》等特别法存在对于金融消费者权益的特别保护措施时，还是应按照“特别法优于一般法”的思路给予金融消费者更高的保护力度。

四是充分发挥金融行业自律组织的作用。相关执法主体的监管力度和监管资源是有限的，过度依赖于行政力量必然造成监管的高成本和低收益，也不利于整个金融市场的健康发展。金融业自律组织对于本行业发展态势则更为了解，能对市场状况及时作出反应。因此，由其通过制定行业规范和自律措施以树立行业的行为准则和自律惩戒措施则可能有效地填补行政监管的漏洞。

（三）提升金融消费者教育的水平和质量

完善金融消费者教育体系是我国提升金融消费者权益保护水平的一种重要手段。未来的金融消费者教育更应关注金融消费者教育的长期性和系统性，这样才能持续不断推进金融消费者教育事业，有利于消费者形成全面的、系统的、健康的金融消费和投资价值观，形成长效工作机制。

首先，应设立专门的监管机构领导和协调国家金融教育计划的发展和实施。目前我国没有统一的机构负责金融教育工作，各监管部门仅在其职责范围内开展有限的工作。在定位上应将国民金融教育提升到国家未来发展战略的高度，并设立专门的领导机构专门负责金融教育工作的政策制定、目标规划、组织协调、督促执行等工作。

其次，应将金融知识教育纳入国民教育体系，加强金融教育的针对性，不断提高金融消费者自我保护能力。从目前进展情况来看，虽有少数项目在实施将金融教育纳入国民教育体系，但这些项目由于规模较小、资源投入不足、社会关注度不高，难以达到以点带面的效果，与将金融知识纳入课堂教学的国际先进做法相比，还有较大的差距。从九年义务制教育入手，引入金融教育课程，将金融知识渗透到不同学科中，并加强对老年人、农村地区的金融教育，动员多种社会力量，通过多种形式，让金融消费者懂得“买者有责、卖者有责”的理念和约束作用。

再次，建设多样化的金融教育平台，建立全面的反馈机制和有效性评估机制。监管部门可以利用网络教育的开放平台，制定完善的金融教育教程，向公众提供全方位的金融教育。监管部门应当创造条件开设金融教育服务区，作为公众学习金融知识的场所，定期开展各类金融知识讲座，接受来访者电话和现场咨询，开展消费者保护方面调查研究，发布金融消费者风险提示等，并以此作为监管部门向社会公众开展面对面金融教育的平台。同时，监管部门应成立专门的研究小组，负责对金融消费者的消费行为和习惯进行研究，定期对金融教育成效进行评估，不断完善金融教育并持续推进工作的开展。

最后，确立对金融消费者教育背后的资金保障。持续推进国民金融教育，除政府专项资金支持的方式外，可参照发达国家的做法，设立国民金融教育基金，对不同规模的法人金融机构，按照一定比例计提金融教育基金，由政府有关部门负责资金管理、分配和使用，专项用于全民金融教育。

（四）保障与补偿机制的完善

金融市场中，除加强信息披露、账户管理、损失准备金拨付等金融交易过程中的预防手段以外，当金融机构已经出现危机和严重问题时，完善的金融机构保障与补偿机制对消费者的金融权益安全保护不可或缺。建立有效的保障与补偿机制可以从以下四方面入手：

第一，明确银行业存款保险基金管理机构的定位。需在立法层面对存款保险基金管理机构进行精准定位，确定其法律地位、治理结构、独立运营等基本要求。在存款保险制度发挥重要作用的国家，其存款保险基金管理机构一般都有实质性的金融监管权力，而我国现阶段的存款保险制度还只是稳定金融体系运行的辅助机制，其独立性尚未完全得到确立。如果要想使存款保险制度形成最后贷款人制度和金融审慎监管制度共同监管的框架，还需要进一步结合我国实际，更多地聚焦于行业监管和微观监管，进一步完善金融机构的有序退出机制。

第二，完善证券投资者保护基金赔付制度，对赔偿的对象、范围、额度方面进行详细规定。首先，证券投资者保护基金的赔偿对象应限定为中小投资者，因其与机构投资者相比，投资经验、证券知识不足，风险承受能力较差。同时可考虑将非属于机构投资者但具有一定利害关系的个人投资者排除在外。其次，关于证券投资者保护基金赔偿范围的选择，明确可以予以赔偿和不予赔偿的具体情况，使投资者有一个稳定预期，同时提高投资者的风险意识，增强基金赔付的可操作性。最后，关于证券投资者保护基金赔偿额度，我国证券投资者保护基金并没有具体规定，可以借鉴境外运作比较成熟的证券投资者保护基金，根据本国或本地区的具体实际，在保证基金正常运转的前提下，设置一定的赔偿限额。我国可以对个人债权可沿用《个人债权及客户证券交易结算资金收购意见》的规定，按比例进行赔偿，重新评估确定新的赔偿起点和区分幅度，同时根据社会经济、证券市场的投资状况等提高最高赔偿限额。还可借鉴美国对现金赔偿方式的限额，将剩余部分通过证券、债权等进行赔偿，以促使原有的交易在证券市场中得以继续，促进证券市场的活跃度，从而取得双赢。

第三，健全保险公司退出机制。保险市场的准入条件与退出机制密切相关，也是控制市场风险的重要监管要素。从国际经验来看，退出机制灵活的国家，准入机制也适度宽松，退出机制相对不完善的国家，准入机制也更为严格，我国应建立起系统的切实可行的保险公司市场退出机制，使保险公司经营不善导致的风险在相关市场主体之间合理分担，让保险业能够健康可持续发展。一方面，尽快制定保险公司风险处置规范性文件，保险公司风险处置规范性文件的立法层级类似于《证券公司风险处置条例》，内容应涵盖风险化解和市场退出制度，偏重于行政处置措施的具体规定和相互衔接。另一方面，明确保险公司退出机制中行政权与司法权的关系。破产程序的启动和重要事项仍然需要保监会的审批，保障基金公司的救济程序需要与破产程序有效配合，保单持有人的救济及保单受让公司的选择也需要银保监会的支持。另外，行政处置措施中需要司法权的支持和配合。行政处置措施是由监管部门所主导的风险处置程序，但在具体办理过程中需要法院的支持和配合，为行政处置措施提供相应司法保护。

第四，重构信托业保障基金差别认购制。基于现今保障基金制度统一缴纳制的缺点已经显露，实行差别缴纳制实属必要，即在将信托公司划分为不同级别的基础上适用不同的缴纳标准。首先，建议以信托公司评级为基础，综合信托公司的经营管理能力、发展质量、风险管理能力、市场影响力以及业务规模与风险管理能力的匹配性等方面的情况，将信托公司划分为不同级别。其次，不同级别的信托公司采用不同的缴纳标准。以保障基金计提比例与风险级别相配比的原则为依托，科学制定保障基金的计提比例。对于评级高、信誉好、风控能力强的信托公司，可适当降低其认购标准；对于为了业绩不顾风控的低评级信托公司则要适当提高其认购标准。

第五，完善互联网金融业保障与补偿机制。针对互联网应用的普遍性，应加快确立面对互联网金融业消费者的保障与补偿机制。首先，统一是否设立风险备付金等制度的态度，降低金融消费者对补偿不确定性的顾虑；其次，重新定位互联网金融行业保障与补偿机制的功能和目的，与其他行业相一致，即在于当金融服务机构出现重大经营风险时，及时向中小投资者进行偿付。

九、结语：金融消费者保护视阈下我国行为监管的制度走向

金融消费者权益保护是金融市场健康发展的重要基石。与域外成熟国家相比，我国对金融消费者权益保护的国家立法显得较为滞后。目前，最高级别的政策性文件是国务院办公厅颁布的《关于加强金融消费者权益保护工作的指导意见》。但该指导意见在法律效力上更多是一种纲领性、宣示性的文件，并非法律意义上具有普遍法律约束力的法律规范，无法作为日常行政监管或者司法审判援引的法律渊源。正是由于缺乏统一的立法和行为监管标准，所以，虽然我国已经初步构建起有关金融消费者权益保护的监管体系，有关金融消费者权益保护的行为监管要求也不断涌现，但这些行为监管的规定和要求却散落于各金融监管部门自行出台的行政规章或者政策文件之中，这不仅增加了各被监管机构及其工作人员对于行为监管具体要求理解、执行的难度，同时也增加了被监管对象的守法成本。为此，今后我国应当出台高位阶的、统一的、专门针对金融消费者保护的法律或行政法规。相对而言，由国务院出台行政法规在现阶段应更为可行。

在该行政法规中，应当明确如下几方面问题：

第一，应从金融安全的高度看待金融消费者保护。金融消费者保护不仅是维护消费者个人权利的需要，也是防范金融风险和维护金融稳定的需要。金融监管的目标不仅是为了金融机构的安全稳健，更需要维护金融消费者的正当权益。从长远来看，金融机构的发展离不开金融消费者的依赖和信任，“杀鸡取卵”式发展最终会祸及金融业本身。第二，应构建新的监管体制，尤其是应当通过立法逐步确立以消费者保护为导向，消费者保护、宏观审慎监管及微观审慎监管相结合的监管机制。第三，应当细化行为监管的具体要求，增加规则的可操作性。尤其是对金融产品和服务的信息披露、个人金融数据保护、账户管理、非法商业行为的规制、金融机构保障与补偿机制等。第四，应注重多元化的纠纷解决机制构建。尤其是从投诉机制、调解机制、仲裁机制等主要的 ADR 方式着手，探索制度的突破点，增强制度的可适用性。第五，应建立对监管者的问责制度。权力与责任统一是监管权行使的一项基本准则。2008 年的金融危机中，金融消费者保护的失败固然与金融法制相对滞后于金融创新有关，但一些监管机构负有消费者保护的法定职责，但实际上顾此失彼，有法不依，面对多个方面在危机前发出的警告置之不理，教训亦十分深刻。危机爆发后，美英监管改革重点从体制上实现消费者保护与审慎监管的分离，消除消费者保护职能分散在不同机构的弊端，的确是监管制度的一种创新，但同时还是忽视了另一个重要问题，即对监管者的问责制。在完善我国金融消费者保护制度时，应当弥补上述不足，在规定消费者保护监管目标与监管权力的同时，应当规定明确的问责制，建立查明定期评估监管者是否实现监管目标的机制，对监管

过程中监管者的不当作为或不作为追究相应的法律责任。[1]

此外，对于金融消费者权益的保护还应当关注两方面问题：一是就金融机构而言，应当调整其经营理念。就金融机构而言，需要从公司战略、治理框架、风险文化、风险偏好、激励机制、薪酬结构、行为准则等方面全方位评估，重视自身管理与经营行为中某一方面的缺陷可能给客户造成的不良后果，以便采取针对性措施，积极主动适应我国金融业行为监管新理念和新趋势。重塑治理框架，培育良好的行为和风险文化。进一步明确公司价值、战略、董事会责任、个人责任、激励机制和风险文化等方面的政策，从各个方面涵盖公平对待客户的承诺。从公平对待客户和产生良好客户体验的角度出发，获取客户的信任、让客户了解产品、为客户提供公平交易以及确保产品的透明度等。健全管理流程，改善与业绩挂钩的激励机制。提高实践标准，完善面向消费者的行为准则。金融机构应进一步提高市场实践标准，强化行为准则的“确定性”，减少执行中的“灰色地带”，行为准则应充分考虑消费者利益，制定强有力的且以面向消费者为宗旨的行为准则并付诸实践。[2]二是从宏观的营商环境来看，应当不断优化我国的营商环境。重视市场诚信度建设，促进形成金融机构诚信经营、消费者诚实守信的环境。一些金融消费者纠纷的本质就是交易双方的博弈，属于市场机制作用的具体表现。对这类情况需要提高政府相关部门的风险容忍度，促进消费者对自己的金融决策负责，减少道德风险的发生。

---

〔1〕 岳彩申、张晓东：《金融监管制度发展的新趋势——消费者保护与审慎监管的分离》，载《上海财经大学学报》2011 年第 3 期。

〔2〕 惠平：《积极适应行为监管的新理念》，载《中国金融》2017 年第 17 期。

案件聚焦

2020年中国资本市场最具影响力案件评析

蚂蚁上市“踩刹车”，金融监管“服不服”

——“蚂蚁集团暂缓上市事件”的法律分析

朱　倩

轰轰烈烈的蚂蚁科技集团股份有限公司（以下简称蚂蚁集团）上市活动被临时叫停，何时可以继续上市犹未可知，这中间到底发生了什么？蚂蚁集团虽一直以科技公司自居，但从此次相关机构叫停上市进程、施加监管手段来看，其本质究竟如何仍值得探究。此外，暂停上市后，投资者又该何去何从，其利益如何保障，同样值得思考。

【案情介绍】[1]

（一）蚂蚁集团宣布寻求上市

2020 年 7 月 20 日，蚂蚁集团对外发布 A + H 公告，正式宣告寻求科创版和港股同时上市。8 月 21 日，证监会公告，已接收到审批材料。至此，蚂蚁集团的上市计划拉开序幕。

8 月 25 日，蚂蚁集团正式在港交所提交 IPO 申请，并且在前一日科创版上市申请获得上海证券交易所受理。至此，蚂蚁金服 A + H 两地上市之路正式启动。

10 月 16 日，根据证监会官网显示，蚂蚁集团已经收到证监会有关其申请赴港上市的行政许可决定书，蚂蚁集团被允许赴港股上市。

---

〔1〕参见鹭岛文少：《马老师稳住！一条时间线梳理出蚂蚁暂停上市全逻辑》，载 https：//zhuanlan. zhihu. com/p/273251874，最后访问时间：2021 年 3 月 6 日。

10月18日，据外媒报道，因需求强劲，蚂蚁集团估值从2500亿美元上调至2800亿美元，融资350亿美元。另根据路透社表示，蚂蚁集团计划在香港和上海科创板同步上市，并在两个市场平均分配其股票，预计筹资总规模约为350亿美元，可能成为全球最大规模的IPO。

（二）上市申请通过

10月21日，证监会正式通过蚂蚁集团科创板IPO注册，证券代码688688，证券简称“蚂蚁集团”。

10月22日，蚂蚁集团更新招股意向书并公布上市发行方案，本次IPO发行的初步询价时间为10月23日，申购时间为10月29日，缴款日期为11月2日，股票代码为“688688”。当日还公布了港股挂牌时间为11月6日。

（三）金融峰会发言

10月24日，马云在外滩金融峰会上发言，“炮轰”银行是“当铺思想”，嘲讽巴塞尔协议像一个“老年人俱乐部”，扼杀创新，并表示目前中国金融“没有系统性风险”，因为“没有系统”。另外，马云还对目前中国的金融监管理念进行了抨击。

因为马云此次发言的各种观点颇为犀利，引发了广泛关注，因此有怀疑认为，马云此后被约谈甚至蚂蚁集团的暂缓上市，与此发言有很大关系。

（四）上市进程仍在推进

10月26日，蚂蚁集团发布公告，公布蚂蚁科创板代码为688688，发行人和联席主承销商根据初步询价结果，定价68.8元/股，港股为80港元/股，总估值约2.1万亿元人民币。

10月29日，蚂蚁集团新股网上网下申购开始。

11月1日，针对新股申购，蚂蚁集团公布了网上发行申购情况、中签率公告。

（五）约谈并暂缓上市

11月2日，中国人民银行、中国银保监会、中国证监会、国家外汇管理局对蚂蚁集团实际控制人马云、董事长井贤栋、总裁胡晓明进行了监管约谈。被约谈后，蚂蚁集团回复称，会深入落实约谈意见，继续沿着“稳妥创新、拥抱监管、服务实体、开放共赢”的十六字指导方针，继续提升普惠服务能力，助力经济和民生发展。至此，蚂蚁集团上市进程明显能够看出受到阻滞。

11月3日20：50，上海证券交易所公告，由于蚂蚁科技集团股份有限公司实际控制人及执行董事长、总经理被约谈以及金融科技监管环境发生变化等重大事项，可能使得其不符合相关发行上市条件，或者信息披露要求，因此，决定暂缓蚂蚁集团科创板上市；同日21：40，港交所公告，暂缓蚂蚁集团港股上市。至此，蚂蚁集团上市进程暂时宣告中止。

【法律分析】

（一）上市被叫停依据何在

根据上海证券交易所发布的公告，蚂蚁集团被叫停上市的原因在于集团相关负责人被有关部门联合监管约谈以及公司自己报告所处的金融科技监管环境发生重大变化，因而导致公司不符合上市条件，所以导致上市暂缓。那么证监会是否有权力做出蚂蚁集团暂缓上市的决定？根据《科创板首次公开发行股票注册管理办法（试行）》（2020 年修正）第 27 条以及《上海证券交易所科创板股票发行上市审核规则》（2020 年修订）第 60 条的规定，[1]显然证监会是有权力做出暂缓上市决定的，并未超出法定权限范围。

主体并无不妥之处，那么证监会对蚂蚁集团做出暂缓上市决定是否有依据？2020 年 11 月 3 日，银监会会同人民银行等部门发布了《网络小额贷款业务管理暂行办法（征求意见稿）》（以下简称《办法》），《办法》中对于开展小额贷款业务的资质、注册资本贷款金额、联合贷款限制等方面都进行了细致严格的规定。比照蚂蚁集团的经营方式，一旦此文件正式出台，蚂蚁在业务经营方面必然存在许多违规之处，监管风险很大。例如，在这份意见稿中，要求在单笔联合贷款中，经营网络小额贷款业务的小额贷款公司出资比例不得低于 30%，而蚂蚁集团进行的贷款业务杠杆率远超于此。就目前的征求意见稿内容而言，一旦文件正式通过，蚂蚁集团所面临的监管环境确实必然发生重大变化，并且此重大变化足以对蚂蚁集团造成巨大冲击，可能导致其不符合上市条件。虽然目前《办法》仍然处在征求意见的阶段，但是其针对蚂蚁集团等金融科技巨头的网络小贷业务，意图对此类业务进行相应监管，蚂蚁集团相关业务必然会受到相应规制这是可以预见的。因此，出于规避风险的考量，监管机构对蚂蚁集团的上市做出暂缓决定，这并不是无据可依。

其实，在《办法》出台之前，国家早已通过多部文件表达出对金融严格监管的决心。比如，2008 年出台的《中国银行业监督管理委员会、中国人民银行关于小额贷款公司试点的指导意见》、2020 年 7 月 12 日出台的《商业银行互联网贷款管理暂行办法》等。如果严格根据这些文件的相关规定，蚂蚁集团在经营中存在法律与监管方面的多项风险。对此，蚂蚁集团在招股说明书"风险因素"中也进行了论及。但蚂蚁集团之前在相关规定中能够有所规避，与其业务特点及对自身公司的定性存在一定关系，对此将在下文予以论及。

---

〔1〕《科创板首次公开发行股票注册管理办法（试行）》（2020 年修正）第 27 条第 1 款：中国证监会作出注册决定后、发行人股票上市交易前，发现可能影响本次发行的重大事项的，中国证监会可以要求发行人暂缓或者暂停发行、上市；相关重大事项导致发行人不符合发行条件的，可以撤销注册。

《上海证券交易所科创板股票发行上市审核规则》（2020 年修订）第 60 条第 1 款：中国证监会作出注册决定后至股票上市交易前，发生重大事项，可能导致发行人不符合发行条件、上市条件或者信息披露要求的，发行人应当暂停发行；已经发行的，暂缓上市。本所发现发行人存在上述情形的，有权要求发行人暂缓上市。

总体来说，蚂蚁集团的业务确实存在很大监管风险，尤其是一旦《办法》正式生效，对蚂蚁集团必然产生极大冲击。在这种情况下，证监会对蚂蚁集团做出暂缓上市的决定无论是从法律，还是从稳定金融市场的角度来说都是合理的。

（二）金融还是科技——蚂蚁集团业务分析

蚂蚁集团，全称“蚂蚁科技集团股份有限公司”，其官方对于自己的定义是“一家旨在为世界带来普惠金融服务和数字生活新服务的创新型科技企业”，可以看出蚂蚁集团希望自己被定义为“科技企业”，而非“金融企业”。但是，对于蚂蚁集团来说，其最初由“支付宝”发展而来，所提供的服务也几乎全部与金融相关，即使其金融服务与科技平台相互融合并有所创新，能否仅凭此就以科技公司自居，仍然存在争议。

首先，从蚂蚁集团自身的业务构成来看，蚂蚁集团虽然在表面上的业务构成繁多，涉及娱乐、教育、运动等多个方面，但是其主要盈利却只依靠三大板块，分别是：数字支付与商家业务、数字金融科技平台、创新业务及其他。就数字支付与商家业务来说，蚂蚁集团主要依靠在支付发生时向商家与个人用户收取一定手续费获得收入；数字金融科技平台实质是信贷业务、理财业务与保险业务的线上表现形式；创新业务及其他包括了云计算、区块链等高新科技，但是仍然处于发展阶段，业务比重较低。从蚂蚁集团披露的相关数据来看，2020年上半年，数字金融科技平台业务收入为459.72亿元，占收入比例63.4%；数字支付与商家服务业务收入260.11亿元，占收入比例35.9%；创新业务及其他仅占比0.8%。2019年间，数字金融科技平台收入占比56.2%；数字支付与商家服务收入占比22.9%。[1]因此，从蚂蚁集团的业务分布及其收入构成来看，金融业务几乎占了收入来源的全部，而创新业务所提供的收入来源微不足道。虽然集团业务在表面上与科技结合紧密，但本质仍属金融交易，蚂蚁集团在创新业务收入占比如此低的情况下定位自己是“科技企业”，这似乎无法立足。

其次，金融科技究竟无论是属于金融，还是属于科技，都值得探讨。根据金融稳定理事会（Financial Stability Board）的定义，金融科技主要是指由大数据、区块链、云计算、人工智能等新兴前沿技术带动，对金融市场以及金融服务业务供给产生重大影响的新兴业务模式、新技术应用、新产品服务等。从该定义可以看出，金融科技虽然借助了大数据、区块链等前沿技术，但目的在于对金融市场及业务产生影响，重点是借助高新科技为金融业务提供服务，创新的对象在于金融业务，而非科技本身。因此，究其本质来讲，金融科技的本质仍在于金融，所遵循的应是金融规律。

综上所述，无论是从蚂蚁集团的业务结构、利润来源，还是金融科技的定义来说，蚂蚁集团本质上都应属于金融公司，而非其自身定义的科技公司。

---

〔1〕参见《2020年蚂蚁集团经营情况及三大业务构成数据分析（图）》，载中商情报网，https://www.askci.com/news/chanye/20200828/1523511201272.shtml，最后访问时间：2021年3月6日。

（三）金融科技的监管挑战

蚂蚁集团之所以宣称自己是科技公司，必然是因为有可图之利，首先就体现在所受到的监管之上。

为了保持金融市场的稳定，国家出台了相对严格的政策对金融公司进行监管。自 2018 年开年以来，各金融监管机构陆续召开工作会议，均释放出金融监管部门防风险、去杠杆、强监管、重视货币政策与宏观审慎政策"双支柱"政策框架的强烈信号。[1]而蚂蚁集团的自身运作方式，高杠杆体现十分明显，有的杠杆高达 10 倍，这与监管的原则明显不符。[2]以花呗与借呗业务为例，蚂蚁集团以向子公司注入的 30 亿元本金作为抵押，向银行贷款 60 亿元，形成 90 亿元的资金池，以此为基础向投资者放款，再将形成的应收账款与预期收益作成资产证券发债回收资金；对于回收的资金又可以进行新一轮的放款、发债、回收资金，如此循环，30 亿元的本金撬动了数倍的资金，杠杆率极高，风险极大。很显然，蚂蚁集团对此也十分清楚，因此其意图通过模糊公司性质，将自己定性为科技公司，以到达规避相关金融监管的目的。

金融科技的出现带来了金融中介、金融服务模式等方面的改变，尤其是像蚂蚁集团这类的金融科技公司，一直宣称自身是对于传统金融体系的颠覆。不可否认，蚂蚁集团确实通过技术手段扩大了金融服务的广度与深度，但是其本质上仍然未改变传统的基于信息处理的金融中介模式，只是在其上加持了科技以及大数据，并未改变资金融通以及资源配置的本质。[3]虽然在金融与科技之间存在的一定模糊界限给监管带来挑战，但是正如前文分析，只要明确金融科技的本质在于金融，无论蚂蚁集团自身如何定义，只要其业务范围涉及金融，就应接受金融监管。央行在 2020 年 9 月 11 日所发布的《金融控股公司监督管理试行办法》[4]，对非金融企业投资形成的金融控股公司依法准入，实施监管。对金融控股公司依照金融机构管理，正是这一思路的体现。蚂蚁集团对外提供了大规模的金融服务，实质在金融领域内运作，在享受了金融带来利益的情况下，想要规避金融相关监管，显然不合理。

为尽可能减少风险，监管应当随着时代发展做出相应改变。面对金融科技所带来的监管挑战，监管者需要变更监管原则，转换监管模式，主动构建金融科技监管的法律制度规

---

〔1〕 参见许凌艳：《金融监管法制的货币维度——由"宝万之争""北八道"杠杆资金运作引发的思考》，载《晋中学院学报》2018 年第 2 期。

〔2〕 蚂蚁集团杠杆——蚂蚁自营放贷主体为两家小贷公司，分别为重庆市蚂蚁小微小额贷款有限公司和重庆市蚂蚁商诚小额贷款有限公司，两家小贷公司的注册资金分别为 120 亿元、40 亿元。截至 2020 年 6 月末，两家小贷发放贷款和贷款余额总计 362 亿元，通过资产转让业务实现的贷款余额 1708 亿元。蚂蚁集团目前有共计 21540 亿元信贷规模，其中 98% 的资金来自合作银行和发行 ABS 产品。

〔3〕 参见冯圆圆：《十问蚂蚁》，载微信公众号"AI 财经社"2020 年 11 月 5 日，https：//mp. weixin. qq. com/s/8gYcmqNly7PD6LNf5g9O8g，最后访问时间：2021 年 6 月 27 日。

〔4〕 参见 http：//www. gov. cn/zhengce/zhengceku/2020 -09/13/content_5543147. htm，最后访问时间：2021 年 3 月 6 日。

范。〔1〕蚂蚁集团目前的贷款业务所采取的是“表外信用创造”模式，在这种模式之下，蚂蚁集团通过信贷分工发放贷款，获得收益，但是却没有体现在自身的资产负债表中。其提供的贷款主要是由合作银行发放，绝大部分不体现在资产负债表中，所创收益也不折算回表中，这导致根据传统的监管方式，根本无法找到合适指标对蚂蚁集团进行监管，蚂蚁集团因此游离于监管体系之外。〔2〕因此，目前需要对于金融监管方式进行创新，各监管部门应立足于金融科技本身的特点，制定符合金融科技性质的指标，及时弥补金融科技监管方面的空白。

【案外思考】

（一）战略配售基金的投资者退出问题

蚂蚁集团被暂缓上市之后，事情并未到此画上句号。对于基金投资者来说，其本身出于对蚂蚁集团上市后股票溢价的预期购买了相关战略投资基金，但由于蚂蚁集团的暂缓上市，基金将无法获得蚂蚁集团的上市红利，投资者是否有权利退出、通过什么途径退出，成为需要考虑的问题。

目前5家基金管理公司提出了申请基金上市交易的解决方案，基金持有人可以将所持有的基金份额进入场内进行交易。根据基金合同的约定，“在该基金封闭期满之后可以转为开放式基金”，但是对于是否可以上市交易并无相关约定，基金管理人是否有权限直接做出上市交易的决定存在争议。在笔者看来，投资者与基金管理公司应在合同的基础上处理相关事务，而合同的本质在于双方达成合意。另外，在基金合同的约定中，上市交易并不属于必须召开持有人大会的特定事项，也不属于“对基金合同当事人权利和义务产生重大影响的其他事项”，因为管理人并未就上市交易收取额外的管理费用，对于投资者利益并未增加负担。〔3〕因此，对于基金管理人提出的上市交易解决方案，虽未在最初的合同条文中规定，但如果投资人实际选择上市交易，应视为达成合意，此种解决方案并不违反法律规定。

在上种解决方案引发争议后，另有5家基金公司提出为基金安排退出选择期，在规定期间内允许投资者按照基金份额净值退出。此类退出机制的设置背后应当是遵循了情势变更的

---

〔1〕 参见张永亮：《金融科技监管的原则立场、模式选择与法制革新》，载《法学评论》2020年第5期。

〔2〕 参见丁安华：《十目所视——金融科技公司的监管问题》，载微信公众号“首席经济学家论坛”2020年10月31日，https：//mp. weixin. qq. com/s/FABcVbvYqGBh26yr2k－m2w，最后访问时间：2021年3月7日。

〔3〕 参见《蚂蚁战略配售基金投资者退出路径的法律分析》，载微信公众号“律眼看法”2020年11月19日，https：//mp. weixin. qq. com/s/A8f6_AN_ZWChSVL－9nYYMg，最后访问时间：2021年7月1日。

逻辑。[1]有观点认为，蚂蚁集团因为监管环境及监管政策变化暂缓上市，导致投资者参与蚂蚁集团战略配售的目的落空，可以理解为"当事人在订立合同时无法预见的、不属于商业风险的重大变化"，可以认为构成了情势变更，进而允许解除合同即退出基金。[2]虽然对于此路径存在观点质疑，认为在基金配置中蚂蚁集团所占比例并不高，即使被暂缓上市对于基金整体收益影响并不大。但是我们需要考虑到，对大众投资者而言，在做出决定时并不是完全理性的，大多数投资者极大可能就是被蚂蚁集团的"明星效应"所吸引而购买了基金，并不会考虑整体配置，因此蚂蚁集团不能按时上市对于投资者而言就属于投资目的的落空。总体看来，以"情势变更"为由解除合同的路径在法律上存在解释路径，也考虑了实际影响投资者做出决定的因素，同时在一定程度上为投资者提供了选择余地，不失为目前在解决蚂蚁集团暂缓上市问题时，对于投资者利益进行保护的相对合适的路径。

（二）A 股及 H 股市场的投资者保护

根据我国《证券法》第 24 条规定，对于已经发行尚未上市的，撤销发行注册决定，发行人应当按照发行价并加算银行同期存款利息返还证券持有人。在蚂蚁集团事件中，认购蚂蚁集团股份的投资者可以依据《证券法》第 24 条规定，请求蚂蚁集团返还股款并且加算同期银行存款利息，此点应不存在疑问。因此，对于 A 股投资者后续保护问题来说，中间存在的法律争议空间较小。

与我国内地做法不同，蚂蚁集团发布的公告显示，香港公开发售的申购股款将不计利息分两批退还。对于港股投资者尤其是杠杆投资者来说，如果仅退还资金而不加算利息，必然会带来一定损失。针对可能对港股投资者带来的融资利息损失，目前如富途证券等多家券商均采取了豁免蚂蚁集团 H 股"打新"投资者的杠杆打新融资利息与手续费的措施。[3]如果券商都能够为投资者的利息损失"买单"，这当然是最好的解决方案，可以有效减少纠纷的产生。但是，并不是所有的券商都能够豁免投资者的全部利息损失，如华泰国际所采取的措施是将原利率3.9%降至2.5%利率收取费用，投资者仍然要承担一部分损失，而这部分损失投资者是否拥有索赔权就值得考虑。

按照港股的通常做法，杠杆打新的融资利息是不予退还的。目前一些券商所采取的豁免或者减免杠杆利息的做法，是希望通过一定损失的承担换取更大的客户"黏性"，长远来看仍然"有利可图"，但是希望蚂蚁集团承担融资利息损失可能具有一定困难。首先，蚂蚁集

---

〔1〕《民法典》第533条第1款：合同成立后，合同的基础条件发生了当事人在订立合同时无法预见的、不属于商业风险的重大变化，继续履行合同对于当事人一方明显不公平的，受不利影响的当事人可以与对方重新协商；在合理期限内协商不成的，当事人可以请求人民法院或者仲裁机构变更或者解除合同。

〔2〕参见邹星光：《蚂蚁战略配售基金投资者退出路径的法律分析》，https：//mp. weixin. qq. com/s/n8OHNklyZwgtrMxd9rHhNQ，最后访问时间：2021 年 3 月 8 日。

〔3〕参见陈植：《蚂蚁 H 股：部分券商买单打新利息、国际机构投资者转投其他中国股票》，载 21 经济网，http：//www. 21jingji. com/2020/11 -5/1NMDEzNzhfMTYwMzM1Nw. html，最后访问时间：2021 年 7 月 21 日。

团此次被暂缓上市理由在于监管环境发生重大变化，而蚂蚁集团在招股说明书的风险提示处有写道：“面对新的法规和监管环境，公司不能保证始终对业务做出及时调整以应对合规要求。为此，公司可能增加成本，预期业务也可能受到影响。”显然评估机构对于蚂蚁集团可能遭受的监管风险有所预见，并且进行了提示。对投资者而言，在招股说明书中既然已经进行了风险提示，投资者就应当有所预见，证券投资本就是一种风险行为，希望在获取收益的同时规避所有风险，这显然是不可能的。而融资利息损失就是此次证券投资中投资者所面临的风险，要求蚂蚁集团承担此损失很难得到支持。再者，投资者索赔还需要考虑收益与成本的问题，在香港的法律体系中并没有证券集体诉讼制度，这意味着在个人投资者损失并不大的情况下，索赔可能需要投入大量人力物力，收益无法与成本成比例，这并不是一个适当的选择。

因此，就目前来看H股投资者获赔融资利息损失的可能性并不大，但是究竟结果会如何，还需要关注事情进一步的发展。

（三）蚂蚁集团重新上市问题

虽然蚂蚁集团此次并未成功上市，但是监管机构也并未完全杜绝蚂蚁集团的上市机会，那么蚂蚁集团后续还有上市机会吗？

笔者认为，蚂蚁集团仍然有重新上市的机会，但是重新上市在短时间内可能无法做到。首先，正如前文分析，《网络小额贷款业务管理暂行办法（征求意见稿）》（以下简称《办法》）一旦正式生效，必然对蚂蚁集团产生重大影响。该《办法》目前仍然出于征求意见阶段，最终面貌犹未可知，蚂蚁集团想要实现成功上市的目标，需要通过调整自己的业务模式满足监管要求才有上市的可能性。而《办法》正式生效时间还未确定，蚂蚁集团目前模式也已运作多年，在短时间内要实现改变并非易事。再者，蚂蚁集团在上市之前必然要履行一系列审查批准手续，只有监管机构认定蚂蚁集团业务符合监管要求时，蚂蚁集团才能够上市。而是否合规并非蚂蚁集团自身所能决定，审批流程的履行也需要时间，并且具有不确定性。

虽然时间上具有不确定性，但是蚂蚁集团并非没有上市机会。正如前文分析，蚂蚁集团业务不符合《办法》监管要求的主要原因在于杠杆率过高。对此，蚂蚁集团可以选择通过补充资本金的方式降低杠杆率，满足监管要求，以寻求重新上市。或者，蚂蚁集团也可以进行业务拆分，在剥离信贷业务后寻求上市，这样可以规避《办法》中的监管规定。但是，采取这两种方法，还需要考虑到运作成本与上市后估值收益的问题，蚂蚁集团究竟能否上市，会以何种方式重新上市目前为止都未有定论，未来究竟何去何从，仍待进一步展望。

预警还是“甩锅”？

——“*ST 兆新违规披露年报事件”的法律分析

杨亚楠

2020年上市公司深圳市兆新能源股份有限公司（以下简称兆新股份）的董事、监事、高管集体发声，在公司2019年年度报告中表示无法保证年报内容的真实、准确和完整，引起了金融投资和金融监管等领域的多方关注。近年来，上市公司董监高对其所在公司年报、财报不保真事件时有发生，主要通过证交所、证监会行政监管责令其改正。新《证券法》颁布后，第82条的修订或对此类案件处理有了新的角度和方法。

【案情介绍】〔1〕

（一）董监高年报不保真

兆新股份前身为深圳市彩虹精细化工股份有限公司（以下简称彩虹精化），2008年于深圳证券交易所上市。彩虹精化原主营精细化工，2014年公司战略转型进入新能源领域，2016年彩虹精化更名为兆新股份，目前公司的主营业务是新能源、精细化工、生物降解材料。

---

〔1〕 本文中的案情整理参考如下相关资料：兆新股份2008年7月18日《公司章程》、2016年11月8日《彩虹精化：关于变更公司名称及证券简称的公告》、2020年4月24日《2019年年度审计报告》（勤信审字〔2020〕第0905号）、2020年4月24日《2019年年度报告》、2020年4月30日《2019年年度报告》、2020年4月24日《深圳市兆新能源股份有限公司第五届董事会第二十五次会议决议公告》等在巨潮资讯网（www. cninfo. com. cn/）发布的公告，以及相关媒体报道材料。本文仅是基于上述资料进行的学术分析与探讨，特此说明。

2020 年 4 月 24 日上市公司兆新股份发布《2019 年年度报告》（以下简称年报），但是年报的内容很快便引起了投资者和监管部门的注意。该年报的第一节“重要提示、目录和释义”中，公司一众董事、监事、高管表示“无法保证本报告内容真实、准确、完整”“无法保证不存在任何虚假记载、误导性陈述或重大遗漏”并“不承担任何个人或连带责任”。结合年报第九节“董事、监事、高级管理人员和员工情况”，公司在任的所有董事，包括独立董事，以及监事和高管都对年报内容不保真。

4 月 27 日，深圳证监局下发《深圳证监局关于对深圳市兆新能源股份有限公司采取责令改正措施的决定》，要求兆新股份进行整改和纠正，重新编制年报，公司董事会、监事会对重新编制的年报进行审议，并于 4 月 30 日之前依法披露经董事会、监事会审议通过的 2019 年年报。

在股价遭遇三连跌之后，4 月 30 日，兆新股份发布重新编制并经董事会、监事会审议的年报。这一版年报中公司董监高按照法律、法规规定，表示保证年度报告内容真实、准确、完整，不存在虚假记载、误导性陈述或重大遗漏，并承担个别和连带的法律责任。公司负责人、主管会计工作负责人及会计机构负责人声明保证年度报告中财务报告的真实、准确、完整。

（二）不保真声明发布始末

根据兆新股份 2019 年年报及一系列公告，截至年报公告时，兆新股份控股股东陈永弟持有的公司 26.26% 股份已经被司法冻结，且累计被轮候冻结股占其持有公司股份总数的 813.71%，公司董事和副总经理杨钦湖代行董事长、董事会秘书职责。披露年报的这届董监高中，大部分人在年报公告之前已提出辞职申请，在公司选举产生新的董监高就任之前依照法律、行政法规和公司章程的规定履行职责。

会计师事务所出具的该公司《2019 年年度审计报告》（以下简称审计报告）显示，公司主要存在以下几个问题：公司的某项长期股权投资减值准备计提金额的合理性缺乏充分依据；子公司与保理公司的应收账款无追索权保理业务很可能没有商业实质，审计时会计师事务所无法获取充分、适当的审计证据；公司涉及多项债务违约、诉讼事项；公司董事会无法保证所提供的财务报表真实、准确、完整，不存在虚假记载、误导性陈述或重大遗漏，也无法获取充分、适当的审计证据证明其真实、准确、完整。于是，会计师事务所对公司财务会计报告进行审计后，对公司出具了无法表示意见的审计报告和否定意见的《内部控制鉴证报告》。

对此公司董事会回应称，公司的财务管理内部控制制度存在设计缺陷，公司与非金融机构和自然人签署的多笔短期借款实际上未经董事会审议批准，以及部分投资项目计提减值准备依据不充分，公司对某公司长期股权投资计提减值准备，由于对方未能按预期时间完成财务报表，公司未能取得审计报告。

总言之，由于公司内部控制存在重大缺陷，导致公司不能保证向会计师事务所提供真实、准确、完整的财务报告等审计资料。会计师事务所出具非标准审计报告和否定意见的内部控制鉴证报告后，公司董监高又以此为由在年报中表示无法保证年报内容的真实、准确、完整和不存在任何虚假记载、误导性陈述或重大遗漏，不承担任何个人或连带责任。

（三）无独有偶

兆新股份的董监高年报不保真事件曝光后，舆论哗然。然而通过新闻检索发现，兆新股份并非第一家对年报不保真的公司。早在2015年*ST博元的董监高便对其2014年年度报告、2015年第一季度报告表示不保真。2019年，有10家上市公司的董监高在其年报中表示“无法保证公司2018年度报告内容的真实、准确、完整”。[1]细数其缘由，也多是由于公司治理结构与内部控制失效，控股股东通过关联交易、违规要求上市公司提供担保、占用上市公司及子公司资金等形式侵害公司利益，以及子公司管理失控，上市无法获得相关财务资料或了解清楚财务，财务报告不能保证真实、准确、完整，继而导致年报不保真。

【法律分析】

上市公司作为金融投资领域的重要主体，披露真实、准确、完整的信息是金融监管的必然要求。虽然新《证券法》第82条增加了规定，董监高对披露信息有异议的，可以书面发表意见、陈述理由，但此“异议”如何提出、不保真声明是否有效仍需要进一步探讨。

（一）年报不保真声明违反信息披露要求

新《证券法》第82条在原第68条的基础上增加了第4款：“董事、监事和高级管理人员无法保证证券发行文件和定期报告内容的真实性、准确性、完整性或者有异议的，应当在书面确认意见中发表意见并陈述理由，发行人应当披露。发行人不予披露的，董事、监事和高级管理人员可以直接申请披露。”这一款是将2007年《上市公司信息披露管理办法》（以下简称《信披办法》）第24条第2款以法律的形式进行明确。[2]

新增的第4款从内容上来看，赋予了董监高对披露信息真实、准确、完整提出异议的权利。根据《信披办法》和《股票上市规则》，上市公司要在规定的期限内编制并披露定期报告，若不能如期披露，须向证交所申请变更时间且只能申请一次，且须及时公告不能按期披露的原因、解决方案及延期披露的最后期限。若上市公司未在规定期限内披露年度报告和中期报告的，将被证监会立案调查。事实上，每年年报季过后，仍有部分上市公司因公司治理

---

〔1〕参见《内部控制从上市公司董监高对财务报告“不保真”解读》，载 http://www.cairongquan.com/Article/view/100091.html，最后访问时间：2021年4月15日。

〔2〕《上市公司信息披露管理办法》（2007年）第24条第2款：董事、监事、高级管理人员对定期报告内容的真实性、准确性、完整性无法保证或者存在异议的，应当陈述理由和发表意见，并予以披露。

结构和风险内控制度缺陷、高管不勤勉尽责等各种原因未按期披露年报。因此，一些上市公司会采取披露年报但附带董监高不保真声明的做法，使公司得以按期披露，避免被证监会调查，如本案中的兆新股份。实践中有观点对不保真年报采取容忍态度，认为相比较于不披露年报，不保真的年报尚且能够提供一些信息，并且由于不保真声明的存在，市场会对该年报中披露的信息更加谨慎。但是披露一个内容真实性不能保证的报告，会导致投资者在分析报告内容的时候首先需要考虑其真实性，显著增加市场判断的成本。

信息不对称是导致市场失灵的主要原因之一。证券市场中上市公司与投资者、证券服务机构和监管机关之间存在明显的信息差，信息披露制度是解决信息不对称问题最根本、最直接的途径，也是保护投资者合法权益。维护金融市场稳定和维持社会经济有序发展的重要监管手段之一。新《证券法》设第5章专章规定信息披露制度，从信息披露义务人的范围和自愿披露行为、信息披露的内容等方面进一步规范和明确，系统完善了信息披露制度。从信息披露制度的设立目的来看，认可不保真声明的结果是与制度存在的意义是相违背的。[1]

新《证券法》第82条前两款要求上市公司董监高均对定期报告签署书面确认意见，第三款要求董监高保证及时、公平地披露信息，所披露的信息真实、准确、完整。从条款体系设计上看，提出异议条款规定在第82条之内，且“发行人不予披露的，董事、监事和高级管理人员可以直接申请披露”。立法者如此设计的初衷，是把董监高对定期报告提出异议看作是其对公司所披露信息的质疑，向市场传达一种预警或提示，期望董监高对公司信息披露进行更好的监督，而非回避其自身信息披露责任的“但书”免责条款，因而虚假信息披露责任条款依然适用。

（二）通过不保真年报的决议程序违规

兆新股份公告的不保真年报，事实上仍未经董事会决议通过，属于程序违规。

兆新股份第五届董事会第二十五次会议，以5票同意、0票反对、0票弃权审议通过了《关于审议〈2019年度财务决算报告〉的议案》《关于审议〈2019年年度报告及其摘要〉的议案》，公司董事均同意按期公布年报，却表示无法保证内容真实、准确、完整，不同意承担个别及连带法律责任。董事杨钦湖声明：公司某全资子公司与商业保理公司之间交易的相关事项尚未查清，子公司财务报表以及相关的评估报告尚未提交，以及不能完全保证公司是否还有潜在的为大股东违规担保的情况。

根据深圳证券交易所《股票上市规则》规定，上市公司董事会应当确保公司定期报告的按时披露，因故无法形成有关定期报告的董事会决议的，应当以董事会公告的方式对外披露相关事项，说明无法形成董事会决议的具体原因和存在的风险。兆新股份既然存在尚未查清且应当在年报中披露的事项，本应当按照规定说明因为上述事项的存在，公司无法形成决

---

〔1〕 参见刘燕：《关于财报不保真的法律思考》，载《财务与会计》2020年第15期。

议，向深圳证券交易所申请变更披露时间直至能够将事实查清，及时公告不能按期披露的原因、解决方案及延期披露的最后期限。然而兆新股份董事会仅对是否披露公司年报形成了决议，并未实质审议通过年报的内容，将“董事会公告”和“董事会决议”概念混淆，发布了不保真的年报。深圳证监局也认为该不保真年报的披露存在程序瑕疵，责令兆新股份改正时明确表示，兆新股份董事会、监事会实际上仅对是否披露公司2019年年报形成决议，并未审议通过公司2019年年报，违反了《证券法》第78条、第79条的规定。

由于法律、法规只规定了董监高可以就定期报告提出异议并陈述理由，缺少异议提出的适用条件和背景的说明，因此公司在董事会审议、监事会审核定期报告的过程中存在操作上的误解，即董事、监事在声明不保证真实性的同时，是否必须在决议时投反对票？此反对票是针对是否披露年报的反对票，还是针对是否认可年报内容的反对票？[1]

兆新股份及其他发布不保真年报的上市公司，在2007年的《信披办法》和新《证券法》的规定下，认为在审议、审核年报议案过程中，即使董事、监事无法保证年报真实、准确、完整，无法保证不存在任何虚假记载、误导性陈述或重大遗漏，只要表明异议并陈述理由就可以投出赞成票，于是产生了不保真的年报。而按照深圳证监局的观点，如果公司董事、监事无法保真，即等同于不认可年报内容，就应当投出反对票或弃权票。兆新股份董事会会议上，两位董事和三位独立董事均声明不保真，那么年报是不应通过的，会议并没有形成有效决议。

信息披露制度的设立是为了保护投资者，使上市公司受到公众监督，从制度设立的目的来看，显然深圳证监局的观点更符合新《证券法》第82条第4款的立法目的。由于董监高在提出异议时需要详细记载其理由，如果异议的董监高占少数，虽然最终决议通过，年报得以公告，年报中记载的异议及董监高的理由可以为市场提供更多公司信息，特别是负面的警示性信息。若公司没有披露董监高的异议及理由，董监高可以要求公司进行披露，可以起到一定的监督作用。如果异议的董监高占多数，即投反对票或弃权的董监高占多数，最终年报不能被按时披露，根据《信披办法》和《股票上市规则》，上市公司应当以董事会公告的方式对外披露相关事项，说明无法形成董事会决议的具体原因和存在的风险。因此，在默认异议董事在董事会决议上投反对票的情况下，董事信息披露异议是符合信息披露制度的理念的。这种解释下，第82条第4款是对信息披露制度的补充和完善，而非董监高保证信息真实、准确、完整的责任豁免。[2]

---

〔1〕 参见彭冰：《董监高不保证信息披露的真实性？——解读〈证券法〉第82条第4款》，载 https：//mp. weixin. qq. com/s/_HOb4oATJSEQUzwCW6SSWQ，最后访问时间：2021年4月15日。

〔2〕 参见陈友春、黄越杰：《〈证券法〉第八十二条修订后董监高对年报信披义务的改变》，载微信公众号“君泽君湾区法律研究院”2020年5月15日，https：//mp. weixin. qq. com/s/hRzVXQpjzN7yVCavajGE6A，最后访问时间：2021年4月15日。

2007 年《信披办法》第 24 条第 2 款首次规定了董监高信息披露时的提出异议权，新《证券法》第 82 条第 4 款将这一规定上升为法律，但是没有释明异议提出和决议表决之间的内在关系，规定董监高提出异议的条件和效果。2021 年 3 月 4 日证监会审议通过《上市公司信息披露管理办法》，针对个别上市公司董监高在定期报告披露时集体发表异议声明的问题作出了针对性安排。《信披办法》（2021）第 16 条明确表示，提出异议的董事、监事应当在董事会或者监事会审议、审核定期报告时投反对票或者弃权票，并审慎发表其异议意见。以及第 58 条规定，在定期报告披露时既无法保真，又决议中投赞成票的董监高，将会受到行政处罚。[1] 由此董事、监事的异议提出和董事会、监事会决议表决之间形成逻辑闭环，既完善了信息披露制度，又杜绝了以往上市公司董监高以不保真声明回避其信息披露责任行为的发生。

（三）信息披露异议能否免责？

认可上市公司为避免不符合披露要求被追责的不保真年报，不仅不符合《证券法》第五章规定的信息披露制度，同时也架空了董监高对公众股东的信义义务。

上市公司董监高受信于股东、受聘于公司，《公司法》第 147 条明确规定董监高“应当遵守法律、行政法规和公司章程，对公司负有忠实义务和勤勉义务”，向公司和全体股东负责。根据《证券法》第 78、79 条，上市公司应当按照中国证监会和证交所规定的内容和格式编制定期报告并报送、公告，保证定期报告内容真实、准确、完整，简明清晰，通俗易懂，无虚假记载、误导性陈述或者重大遗漏。

具体到定期报告的制作程序和责任主体，《信披办法》（2021）第 32 条规定，公司经理、财务负责人、董事会秘书等高级管理人员应当及时编制定期报告草案，提请董事会审议；董事长负责召集和主持董事会会议审议定期报告；监事会负责审核董事会编制的定期报告；董事会秘书负责组织定期报告的披露工作。定期报告的编制、审议、审核、发布，既是董监高向全体股东和公司汇报工作，也是董监高履行其忠实勤勉义务的过程。

那么，在定期报告中对其真实、准确、完整提出异议的董事，公司定期报告虚假陈述案件中，是否还要承担责任呢？

对此，《信披办法》（2021）第 16 条明确表示，提出异议并在决议中投出反对票或弃权票的董监高并不因其发表意见，就当然免除其保证责任。因此，公司虚假陈述案件中，在年报中提出异议的董监高，仍须按照《信披办法》和《证券法》的规定，以充分证据证明其已经履行勤勉尽责义务才能免责。杨雄胜案、胡凤滨案中法院明确表示“董事的勤勉义务是一种过程性义务和积极的注意义务”，应当在公司违法行为实施的整个过程中，认定其是否

[1] 参见《上市公司信息披露管理办法》（2021）第 16 条、第 58 条。

勤勉地履行了自己应当履行的职责。[1]因而需要充分综合考虑提出者异议的理由以及其行为进行责任认定。

上市公司年度报告作为信息披露要求中最重要的内容之一，是投资者全面了解公司年度生产经营状况最直接的渠道。公司的虚假记载、误导性陈述或重大遗漏等行为本就影响信息披露制度的有效实施，公司董监高试图通过不保真异议声明，在享有法律赋予的提出异议权的同时，利用法律法规语义的不周延逃避其应当承担的责任。通过体系解释和目的解释，可以认定此种行为违反了法律关于信息披露制度的规定。修订后的《信披办法》对董监高不保真异议声明问题及时作出了回应，明确了不保真异议提出的正确方式，弥补了不保真异议声明在实际操作与法律制度制定所期待达成的效果之间的偏差，逻辑上修正了董事、监事披露定期报告时提出异议权的实现方式和意义。

〔1〕参见张婷婷：《独立董事勤勉义务的边界与追责标准——基于15件独立董事未尽勤勉义务行政处罚案的分析》，载《法律适用》2020年第2期。

“突袭会议”能否“突出重围”

——“13海航债事件”的法律分析

俞雪薇

我国的债券持有人会议制度旨在解决债券持有人的集体行动困境，使债券持有人通过召开会议的形式维护债券持有人的集体利益，但因目前规则体系的不完善却可能反遭滥用，反而成为损害债券持有人权益的“利器”。“13海航债事件”一经新闻媒体报道便引发了各界的广泛关注。海航集团选择在“13海航债”到期的前一天晚上召开债券持有人会议。此次会议开出了新速度，短短3小时内完成会议的通知、召开以及表决，众多小额债券持有人也因来不及履行参会程序而被拒之门外。尽管最终的表决结果显示，豁免议案和展期议案均获得占出席会议的债券持有人所持有效表决权的98.26%通过，但是市场间对于海航集团的花式操作仍有一片质疑之声。基于公开可查询资料的有限性，本文将主要就第一项豁免决议的法律效力展开讨论。

【案情介绍】〔1〕

（一）“13海航债”发行、上市概况〔2〕

“13海航债”经国家发展和改革委员会发改财金〔2013〕703号文件批准公开

〔1〕 本文案情介绍内容皆源于如下所示公开信息，本文仅在此基础之上做学理分析，文责自负。

〔2〕《海航集团有限公司2013年公司债券上市公告书》，载http：//www.sse.com.cn/disclosure/bond/corporate/publicoffer/corporatebulletin/c/2013－06－17/124286_20130618_1.pdf，最后访问时间：2021年2月20日。

发行，发行人为海航集团有限公司，发行募集资金为人民币 11.5 亿元，将用于公司全资子公司首都航空引进 3 架波音 B737 - 700IGW 公务机和 2 架空中客车 A320 飞机。该债券通过承销团成员设置的发行网点向境内机构投资者公开发行和上海证券交易所市场向机构投资者协议发行。该债券的每张面值为 100 元，按面值平价发行。该证券为 7 年期固定利率债券，第 5 年末附发行人上调票面利率选择权及投资者回售选择权。该期债券计息期限自 2013 年 4 月 15 日起至 2020 年 4 月 14 日止；如投资者行使回售选择权，则其回售部分债券的计息期限为自 2013 年 4 月 15 日起至 2018 年 4 月 14 日止。每年付息一次，到期一次还本，最后一期利息随本金的兑付一起支付。年度付息款项自付息日起不另计利息，本金自兑付日起不另计利息。该期债券于 2013 年 4 月 24 日起在全国银行间债券市场交易流通，证券代码为 1380157。[1] 经上海证券交易所同意，该期债券于 2013 年 6 月 19 日起在上海证券交易所挂牌交易，证券代码为 124286。

（二）“突袭会议”引热议

1. 会前“紧急”通知

2020 年 4 月 14 日 18 点 30 分，投资者收到海航集团财务部的邮件，邮件标题为《关于召开 2013 年海航集团有限公司公司债券 2020 年第一次债券持有人会议的通知》（以下简称通知）。海航集团通知要求，投资者若决定参加会议，必须在 4 月 14 日当天晚上 19：00 前通过电子邮件方式将准备材料送达会议召集人指定的电子邮件地址，会议将于晚间 20：00 召开；债券持有人为法人、由法定代表人参加本次会议的，应发送法定代表人本人身份证、企业法人营业执照副本复印件等，均需加盖公章；债券持有人为非法人单位、由负责人参加本次会议的，应发送加盖公章并经负责人签字的授权书等，均需加盖公章。多位“13 海航债”的投资者表示，收到通知与开会的时间间隔太短，他们来不及准备材料无法参加会议。当晚 21：01，海航集团才在中国债券信息网发布有关会议通知的公告。[2]

2. 会中“集中”审议

2020 年 4 月 14 日 20：00，该债券持有人会议以线上会议方式召开，主要涉及两项议案的审议。“议案一”具体内容如下：由于受疫情影响，本息兑付日期临近，结合《持有人会议规则》的相关规定，豁免或修改如下条款：1. 关于“第十一条 当出现本会议规则第十条第（二）项以外之任一情形时，发行人应在知悉或应当知悉该事项发生之日起 10 个工作日内书面通知债券代理人及债券持有人，债券代理人应在收到发行人的书面通知之日起 5 个工作日内通知债券持有人召开债券持有人会议”、“第十二条 当出现本规则第十条第（二）项

---

〔1〕《2013 年海航集团有限公司公司债券上市》，载和讯网：http：//bond. hexun. com/2013 - 04 - 24/185016017. html，最后访问时间：2021 年 2 月 20 日。

〔2〕 蔡越坤：《公募债首例！海航债“突击开会”始末：多个中小投资者质疑会议流程违规》，载微信公众号“经济观察报”2020 年 4 月 19 日，https：//mp. weixin. qq. com/s/luSJ7gWBUG5uq5lBvApMyw，最后访问时间：2021 年 2 月 20 日。

之情形时，发行人应在债券持有人提出之日起10个工作日内，以书面方式或其他有效方式通知债券持有人召开债券持有人会议”、“第十九条　会议召集人应于会议召开前三十日以书面方式通知全体债券持有人、拟列席人员及其他相关人员”，豁免发行人未按此时间召集会议的相关法律责任；2. 修改关于“第二十二条　债券持有人会议原则上应在发行人的住所地所在地召开”的条款。对于本次持有人会议，修改为“债券持有人会议采取非现场方式召开”。豁免发行人未按此地点召开会议的相关法律责任；3. 修改关于“第三十五条　债券持有人会议采取现场记名方式进行投票表决，不得采取通信、网络等表决方式”的条款。对于本次持有人会议，修改为“本期债券持有人会议以记名投票表决的方式进行表决”。“议案二”的内容为本期债券2019年4月15日至2020年4月15日的本息递延至2021年4月15日支付；递延期间，递延的本金按基准利率计息、递延的利息不计复利。[1]

3. 会上“迅速”表决

该次大会的表决截至时间为2020年4月14日下午21：30。根据2020年4月15日公布的《关于2013年海航集团有限公司公司债券2020年第一次债券持有人会议决议的公告》（以下简称决议公告）显示，两项议案均已获得出席会议的债券持有人（包括债券持有人代理人）所持表决权的98.26%通过（同意3名；反对29名；弃权票0张）。此次持有人会议的议案经出席会议的本期债券持有人所持表决权二分之一以上的债券持有人或代理人同意，符合议案表决通过条件。

4. 隔日公开致歉

2020年4月15日，海航集团官微发布《致歉信》，表明直至4月14日，其一直与主要投资人协商展期事宜，并通过召开投资人电话会议方式进一步沟通并对展期方案进行解决。由于投资人数量较多，会议通知和准备工作存在一定不足，使得会议程序较为仓促，向全体投资人深表歉意。[2]2020年4月16日早间，海航集团官微发布文章，文中执行董事长顾刚针对“13海航债”对财务总监及相关人员提出了严肃批评。[3]

【法律分析】

（一）法律适用说明

结合前述对“13海航债”的发行、上市概况介绍可知，“13海航债”的性质为企业债，

〔1〕《关于2013年海航集团有限公司公司债券2020年第一次债券持有人会议决议的公告》，载 http：//www.sse.com.cn/disclosure/bond/announcement/corporate/c/3843757098588946874199566.pdf，最后访问时间：2021年2月20日。

〔2〕海航集团：《致歉信》，载微信公众号“海航集团”2020年4月15日，https：//mp.weixin.qq.com/s/WLK2k91bDP8u03Hj5ypw0w，最后访问时间：2021年2月20日。

〔3〕海航集团：《工作要慎终如始，从细微处着手》，载微信公众号“海航集团”2020年4月16日，https：//mp.weixin.qq.com/s/eqcxelgt3cs7ZbwrtmBuuQ，最后访问时间：2021年2月20日。

同时在银行间市场和上海证券交易所进行交易。对现行企业债相关规则进行梳理，发现其在债券持有人会议规则供给方面有所欠缺。发改委发布的一些规范性文件仅就应当召开债券持有人会议的情形进行规定，[1]并未建立起债券持有人会议的召集程序、议事范围以及决议效力等规则。相比较而言，企业债券的债券持有人会议规则实属最不完善，需要参照其他类型债券的规则来解决纠纷。

对此，2020 年 7 月 15 日发布的《全国法院审理债券纠纷案件座谈会纪要》（以下简称《债券会议纪要》）明确规定“要根据法律和行政法规规定的基本原理，对具有还本付息这一共同属性的公司债券、企业债券、非金融企业债务融资工具适用相同的法律标准”。《人民银行、证监会、发展改革委关于进一步加强债券市场执法工作的意见》也规定，由证监会对银行间债券市场、交易所债券市场违法行为开展统一的执法工作。上述两个文件也传递出在处理企业债问题时，可以参照公司债、非金融企业债务融资工具两类债券规则。

因此，本文的分析将遵循上述思路，结合《证券法》《公司债券发行与交易管理办法》《上交所债券上市规则》《银行间债券市场非金融企业债务融资工具管理办法》《银行间债券市场非金融企业债务融资工具持有人会议规程》等规则，进一步对“13 海航债”2020 第一次债券持有人会议豁免决议效力问题进行分析。

（二）豁免决议效力探究

《债券会议纪要》明确了债券持有人会议是强化债券持有人权利主体地位、统一债券持有人立场的债券市场基础性制度。《债券会议纪要》第 15 条规定：“债券持有人会议根据债券募集文件规定的决议范围、议事方式和表决程序所作出的决议，除非存在法定无效事由，人民法院应当认定为合法有效，除本纪要第 5 条、第 6 条和第 16 条规定的事项外，对全体债券持有人具有约束力。”据此，可以总结出债券持有人会议决议有效的三个要件：一是符合债券持有人会议规则的议事方式和表决程序；二是表决事项属于债券持有人决议范围；三是不存在法定无效事由。以下将结合上述三个要件对“13 海航债”的豁免决议进行分析：

1. 豁免决议的召集程序存有瑕疵

《证券法》第 92 条第 1 款规定公开发行公司债券的，应当设立债券持有人会议，并应当在募集说明书中说明债券持有人会议的召集程序、会议规则和其他重要事项。《公司债券发

---

[1]《国家发展改革委办公厅关于进一步加强企业债券存续期间监管工作有关问题的通知》第 3 条规定：“除定期披露信息之外，在企业债券存续期内，发行人经营方针和经营范围发生重大变化，生产经营外部条件发生重大变化，未能清偿到期债务，净资产损失超过 10% 以上，作出减资、合并、分立、解散及申请破产决定，涉及重大诉讼、仲裁事项或受到重大行政处罚，申请发行新的债券等重大事项，均应及时披露相关信息。如发行人拟变更债券募集说明书约定条款，拟变更债券受托管理人，担保人或担保物发生重大变化，作出减资、合并、分立、解散及申请破产决定等对债券持有人权益有重大影响的事项，应当召开债券持有人会议并取得债券持有人法定多数同意方可生效，并及时公告。”

行与交易管理办法》第62条规定债券持有人会议规则应当公平、合理。上海证券交易所《公司债券上市规则》第4.3.5条规定“受托管理人或者自行召集债券持有人会议的提议人（以下简称召集人）应当至少于持有人会议召开日前10个交易日发布召开持有人会议的公告，召集人认为需要紧急召集持有人会议以有利于持有人权益保护的除外。债券持有人会议规则另有约定的，从其约定”。相应的《银行间债券市场非金融企业债务融资工具持有人会议规程》第13条规定“召集人应当至少于持有人会议召开日前10个工作日在交易商协会认可的渠道披露召开持有人会议的公告”。第19条规定“若发行人披露债务融资工具本息兑付的特别风险提示公告、出现公司信用类债券违约以及其他严重影响持有人权益的突发情形，召集人可在有利于持有人权益保护的情形下，合理缩短持有人会议召集程序。符合本条规定情形的，召集人应在持有人会议召开前披露持有人会议召开公告，并将议案发送至持有人及相关机构，同时披露议案概要。”以上这些规定表明，通常情况下债券持有人会议的召开均需提前一段期间进行通知公告，如10个工作日或者10个交易日，以使投资者有充足时间阅读了解会议的议案并参与会议提出自己的意见，进行相应表决，从而维护自身合法权益；紧急情况下若召开债券持有人会议有利于持有人权益保护，可合理缩短持有人会议召集程序；债券持有人会议规则也可另有更长或者更短的召集时间要求。

上述规定源于正当程序原则的要求。正当程序之意义既体现在其对决议结果的价值，亦体现在其自身独立的价值。就其对决议结果的价值而言，一方面，程序规则可以保障议事过程中各方主体充分参与，优化并促进集体意思形成。民主决策理论认为决议中的民主包含议事民主和表决民主两个方面，其中议事民主即强调对全体成员参与性权益的平等保障，要求参与决议成员要在会议前得到适当的通知（知情权）、有提案的机会（话题权）、有发言的机会（表达权）、可参与辩论（辩论权）、有协商程序（协商权）等，此类权益需由适当程序性规则为保障。[1]另一方面，某些程序规则可前置性过滤内容存在瑕疵的决议，如在会议召集阶段通过议案协商程序来修改显然违反法律或行政法规的决议内容，在优化决议同时提高效率。就正当程序自身的独立价值而言，正当程序得到实施时，其程序正义自身的自愿、公平、及时、人道等价值亦能够使结果正当化。[2]

“13海航债”的豁免决议建立在存有严重瑕疵的召集程序之上，理由如下：第一，根据决议公告显示《持有人会议规则》中明确规定一定情形下发行人提前10日通知或召集人提前30日通知债券持有人召开会议。第二，两项议案中涉及的修改《持有人会议规则》、豁免发行人未按《持有人会议规则》召集会议的法律责任以及债券延期兑付的内容很难被视为有利于维护债券持有人权益的做法。第三，尽管发改委在疫情防控期间发

---

〔1〕 杭雅伦：《不能免死的“免死金牌”——13海航债程序豁免决议效力探究》，载 https：//mp. weixin. qq. com/s/_TLGk6rkqvA5BDWUDQ1hMw，最后访问时间：2021年2月20日。

〔2〕 参见陈醇：《意思形成与意思表示的区别——决议的独立性初探》，载《比较法研究》2008年第6期。

文[1]认为可以合理简化债券持有人会议召集召开程序，但是海航集团为避免债券违约，仅给投资者预留1.5小时参会，并且事先未在指定平台就会议通知进行公告，会后才在中国债券信息网补发公告的做法很难谓之合理。综上所述，海航集团的做法很显然会造成大量的投资者无法参与到持有人会议当中，参与讨论、发表意见和进行表决。事实上，从海航集团发布的《道歉信》内容来看，其早已与大额债券持有人就延期兑付进行商议。从表决结果来看，海航集团也成功说服了大额债券持有人。因此，只有大量的中小投资者被蒙在鼓里，未在《持有人会议规则》规定的期间内收到召集通知，其表决权在相当程度上已被剥夺。

2. 豁免决议可能超出债券持有人会议议事范围

债券持有人会议的议事范围决定债券持有人会议能够对哪些事项进行决议。此议事范围理论上受到两方面的限制：一是来自持有人作为债权人的权限限制；二是来自债券持有人会议作为债券持有人集体决策机构的权限限制。债券持有人会议的权利本质上来自持有人签订债券募集协议时，默认受到债券持有人会议规则之约束而做出的权利让渡。持有人未必将所有的权利让渡给持有人会议集体行使，持有人个体强调保留对于特定事项的权利，持有人会议的多数决议不能对少数否定该决议的持有人产生约束力。[2]

在“13海航债”债券持有人会议中，能否就“豁免海航集团未按照《持有人会议规则》规定的时间和地点召集会议的相关法律责任”进行表决？结合前述理论，此处议事范围的判断需要结合《债券持有人会议规则》的具体约定进行判断。遗憾的是，“13海航债”的《债券持有人会议规则》并未公开。从公开途径检索到的《“13海航债”募集说明书摘要》[3]记载来看，本案涉及的《募集说明书》、《债券持有人会议规则》以及《债权代理协议》均只可在线下查询，须前往海航集团或者安信证券所在地查询。因此，无法知悉《持有人会议规则》有关议事范围的规定。有实务界人士认为，正常来说，债券持有人会议决议范围内不会有“豁免发行人法律责任”这一内容，[4]因此，豁免海航集团未按约定规则进行会议召集的法律责任的表决事项可能超出债券持有人会议的议事范围。

3. 豁免决议内容存在法定无效事由

《公司债券发行与交易管理办法》第54条第1款规定，“债券持有人会议规则应当公平、合理”，上海证券交易所及深圳证券交易所《公司债券上市规则》第4.3.1条第2款也均规

---

[1] 《国家发展改革委办公厅关于疫情防控期间做好企业债券工作的通知》（发改办财金〔2020〕111号）中规定：“稳妥做好本息兑付。疫情期间涉及债券还本付息的，发行人应尽早安排偿债资金，确保顺利完成本息兑付。确需召开债券持有人会议的，鼓励以视频或电话会议等非现场方式召开，并可合理简化召集召开程序。”

[2] 朱书仙：《债券持有人会议制度》，载https://mp.weixin.qq.com/s/4cj-ixU44h090uUZhAw1TA，最后访问时间：2021年5月22日。

[3] 《2013年海航集团有限公司公司债券募集说明书摘要》，载http://finance.sina.com.cn/stock/t/20130413/010015134474.shtml，最后访问时间：2021年2月20日。

[4] 饺子兄弟：《为信仰埋单，债券持有人究竟还能怎么办?》，载微信公众号“领带金融”2020年4月16日，https://mp.weixin.qq.com/s/TV50QfrMwaML3nxySR284g，最后访问时间：2021年2月20日。

定："债券持有人会议规则应当公平、合理、合法。"公平原则强调法律关系各方权利义务相适应，在持有人会议程序规则领域则要求持有同期债券的全体持有人平等地享有相应程序性权利、承担程序性义务，也即全体持有人应获得同等对待。《证券法》第4条也规定"证券发行、交易活动的当事人具有平等的法律地位，应当遵守自愿、有偿、诚实信用的原则"。债券持有人对发行人按照《募集说明书》、《债券持有人会议规则》召开债券持有人会议享有合理期待，发行人就债券持有人会议的召集应遵循善意合理的方式。

从海航集团的道歉信内容可以看出，海航集团早已开始尝试说服3名大额债券持有人同意"13海航债"展期，而在此期间并未按照《债券持有人规则》的要求，提前30日将相应事项也同样向其他小额债券持有人进行披露。由此可见，海航集团此次会议突袭，是针对众多小额债券持有人的突袭。这些小额债券持有人的程序性权利被侵犯，丧失合理期待，在此基础上，豁免发行人会议召集程序瑕疵的法律责任应属无效，因其违背了公平、合理和诚实信用原则。

4. 程序与内容双重瑕疵下豁免决议效力：无效

《债券会议纪要》虽然涉及债券持有人会议的效力要件，但是并未具体指明不符合效力要件的决议究竟是无效的，抑或是可撤销的？债券持有人是否可以参照股东有权请求撤销股东会决议或者请求确认决议无效的方式获得救济？在（2020）京01民终6514号民事裁定书中，北京市第一中级人民法院针对该问题认定，如当事人对债券持有人会议的召集、召开、表决程序及决议的合法有效性发生争议的，应当按照《募集说明书》的约定向仲裁机构申请仲裁，不得直接决定该决议合法有效。[1]该案例也并未明确给出答案，而是强调就效力争议问题的解决应当遵守《募集说明书》已经确立的有效的争议解决方式。

就债券持有人会议决议效力的认定问题，可以进一步参考较为成熟的比较法规则。域外各国和地区对债券持有人会议决议的效力大致采取两种立法思路：一种是基于保护少数持有人的原则，认为决议需经法院认可才生效，并同时列举不予认可的情形。例如，日本规定公司债债权人会议的召集人应自决议通过日起一周内，请求法院认可决议，同时还规定了四种法院不得认可的情形：会议召集程序或决议方法违反法律或募集说明书、决议方式不公正、决议显失公平以及决议违反公司债权人一般利益。另一种则是更加注重效率，决议做出后原则上立即生效，异议持有人可通过后续诉讼改变决议的效力。[2]以德国为例，其《债券法》规定持有人会议决议原则上自表决通过之时随即生效并执行，持有人认为决议违反法律或募集说明书约定的，可在异议期（决议公布之日起一个月内）向发行人注册地州法院提出异

〔1〕参见王团团、李盛：《票券圈（二）：债券持有人和持有人会议的职能分工》，载 https：//mp. weixin. qq. com/s/3sKRqSLgSrPMU3cT_Y2BLA，最后访问时间：2021年5月22日。

〔2〕参见伍坚、黄入凌：《债权人参与公司治理视野下的债券持有人会议制度研究》，载《上海金融》2016年第7期。

议。对决议享有异议权的持有人既包括在会议召集通知发布前已持券并参与表决的持有人，也包括因表决权行使受到不当限制而未能参与表决的持有人。具体而言，债券持有人提出异议的事由包括决议形式瑕疵和内容瑕疵，即决议程序或决议内容违反了法律规定或募集说明书的相关约定。同时，异议程序下的决议还将产生暂缓执行的效力。[1]但上述两种思路都体现了效力二分的思路，认定决议有效或者无效。基于我国并未确立法院事先介入审查股东（大）会决议效力的司法模式，我国可具体借鉴第二种思路进行异议持有人的救济。

结合以上对于“13 海航债”豁免决议存在的召集程序瑕疵、存疑的议事范围以及决议内容实质违反公平合理原则和诚实信用原则的分析，加之比较法效力认定规则的参考，此依据多数决规则通过的豁免决议应当被认定为无效。

（三）结语

债券持有人会议规则为提高债券持有人维护自身权益的效率而设，以“13 海航债事件”为代表的实践做法却将其演绎成侵害乃至压制小额债券持有人的重要工具，众多小额债券持有人未能得到同等对待。在债券违约常态化背景下，债券发行人有动力利用尚不完善的债券持有人会议规则来避免债券违约。由此可知，一方面仍然要对债券持有人会议召集程序进行底线规制，设定不允许发行人突破的门槛；另一方面，要进一步明确债券持有人会议决议因不同情形瑕疵出现而发生的效力变化以及异议债券持有人相配套的救济规则。

---

〔1〕 参见甘霈原、成睿:《德国债券持有人会议制度研究》，载《金融市场研究》2019 年第 11 期。

通道业务“免责”被打破？

——“华澳信托与吴曼财产损害赔偿案”的法律分析

王琰萍

通道业务曾是信托公司的常见业务，但因其涉嫌规避金融监管，一直以来备受争议。2020年6月，上海金融法院在一起经济纠纷案件中，判令华澳国际信托有限公司（以下简称华澳信托）在其通道业务中承担赔偿责任。通道业务属于信托公司的被动管理型业务，在通道业务逾期时，信托公司多对外强调“通道业务”的属性来表明自己不会承担风险，此前也未出现过信托公司向委托人、受益人等信托利害关系之外的不特定对象承担义务的先例，因而此案被业界称为通道担责“第一案”，引起了广泛关注，亦为《全国法院民商事审判工作会议纪要》（以下简称《九民纪要》）关于通道业务纠纷的规定落地提供了实施样本，为界定信托公司作为通道业务受托人的义务范围提供了思考方向。

【案情介绍】〔1〕

（一）信托产品暗藏骗局

2013年6月，上海寅浔投资管理中心（有限合伙）（以下简称上海寅浔）与华澳信托签订了《单一资金信托合同》以及相关的《贷款合同》《保证合同》，约定上海寅浔作为委托人，基于对华澳信托的信任，将“合法所有的自有资金”委托给华澳信托，由华澳信托本着“受人之托，代人理财”的理念，将信托资金向

〔1〕 本案案情参见上海金融法院（2020）沪74民终29号判决书。

浙江联众建设有限公司（以下简称浙江联众）发放流动资金贷款的方式进行运用，以获取收益。该信托产品属于被动事务管理型信托，为华澳信托的通道业务。辽阳红美置业有限公司（以下简称辽阳红美）为浙江联众的保证人，为其提供连带责任保证担保。浙江联众、辽阳红美以及杭州中楚实业有限公司（以下简称杭州中楚，杭州中楚为上海寅浔的普通合伙人）的实际控制人均为陈某某。浙江联众收到贷款后，划款2.53亿余元至辽阳红美账户，划款558万余元至陈某某账户，上述钱款主要用于归还辽阳红美股东的对外债务。（各方关系见图1）由此可见，资金来源方与资金使用方存在相互勾结。

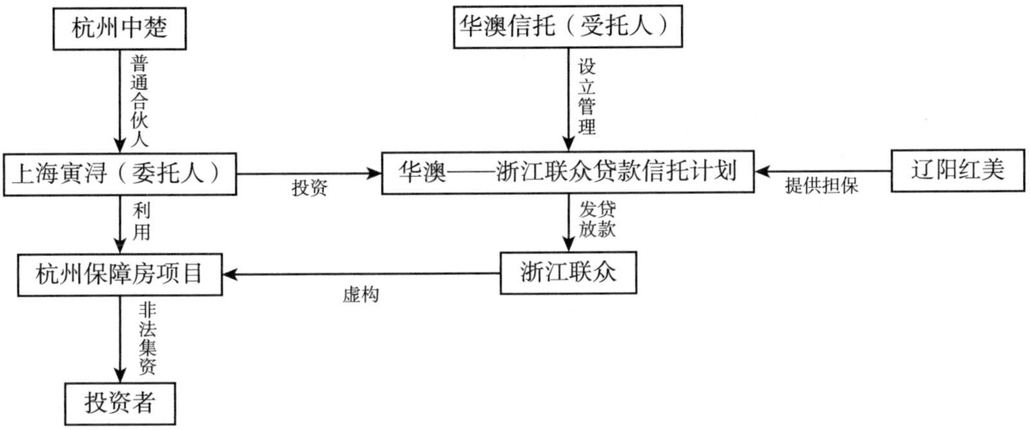

图1　各方关系

此外，该信托项目的资金来源并非"合法所有的自有资金"，系非法集资所得。为实现融资目的，陈某某自行伪造浙江联众承建杭州保障房项目的合同，并指使林某某（系浙江联众挂名的法定代表人）伪造浙江联众的虚假财务报告，授权王某成立并控制了上海寅浔等7家有限合伙企业（均由陈某某控制的杭州中楚担任执行事务合伙人，王某控制银行账户和网银）。2013年6月至8月，王某使用上海寅浔等有限合伙企业的名义，以年化利率9.5%～12.5%的高额利息为诱，向社会不特定公众销售"浙江联众杭州保障房投资基金项目"，非法集资2.8亿余元。至案发，各投资人共计收到5308万余元，尚有2.3亿余元经济损失。

（二）刑事判决已经生效

关于陈某某、林某某用上海寅浔等有限合伙企业的名义，以高额利息为诱，向社会不特定公众销售并不存在的"浙江联众杭州保障房投资基金项目"，非法集资2.8亿余元的行为，因涉嫌集资诈骗罪已被提起公诉。上海市第一中级人民法院作出刑事判决，判处被告人有期徒刑，并处没收财产和罚金后；同时判决"追缴违法所得人民币二亿三千一百八十七万五千二百元，发还被害人"。

刑事判决让犯罪者受到了惩罚，但对于投资人的经济损失（根据刑事判决书，信托产品标的总额为2.8亿余元，而该资金来源157名投资者，但是截至案发所有的投资人共计仅收到5308万余元，尚有2.3亿余元经济损失），虽然有追缴违法所得的判决，但实际上追缴困难重重，投资者想要通过刑事判决追回损失，这一目的恐难实现，还需要求助于民事诉讼。

（三）民事诉讼华澳担责

虽上海市第一中级人民法院判处陈某某、林某某集资诈骗罪，判处王某非法吸收公众存款罪，同时追缴违法所得，但实际上投资者共计2.3亿余元的实际损失尚未追回。其中就有本案原告吴曼投入的100万元尚未追回。

2018年11月，吴曼起诉要求华澳信托承担侵权损害赔偿责任。一审法院认定案外人陈某等人的犯罪行为是造成吴曼财产损失的直接原因，且吴曼自身对其损害发生亦具有过错，故应自行承担相应损失。但华澳信托在管理涉案信托业务的过程中亦存在一定过错，故华澳信托应对吴曼涉案损失承担20%的补充赔偿责任，即吴曼应自行根据前述生效刑事判决通过追赃程序向犯罪分子追索其全部损失，但对其损失中不超过20万元的部分，在吴曼追索不成的情况下，应由华澳信托向吴曼承担补充赔偿责任。一审原告和被告均上诉，二审法院维持一审判决。该案被称为通道担责“第一案”，引起广泛关注。

【法律分析】

（一）通道业务的效力判断

通道类信托业务是我国金融实践的产物。通道类信托并不是一个法律概念，一般是指资金端和项目端两头由商业银行或指定的第三方主导，信托公司出借其金融牌照，在信托项目中只起到通道作用的融资活动。从业务模式上讲，它似乎偏离了信托业“受人之托，代人理财”的主业，其权利义务设置也与传统信托法的原理有悖，故监管部门对其合法合规性一直抱以谨慎态度。实践中，随着通道类信托业务的高速增长，后又受经济增速放缓及下行的影响，部分通道业务出现无法兑付的情况，有的还因资金被犯罪分子利用挥霍而最终引发群体性纠纷。[1]

为此，2018年《关于规范金融机构资产管理业务的指导意见》出台，禁止金融机构为其他金融机构的资产管理产品提供规避投资范围、杠杆约束等监管要求的通道服务。但为平稳过渡，《关于规范金融机构资产管理业务的指导意见》规定了过渡期。与之相适应，《九民纪要》第93条规定，对通道类业务，应当按照《关于规范金融机构资产管理业务的指导意见》第29条明确的“新老划断”原则，“在过渡期内，对通道业务中存在的利用信托通道掩盖风险，规避资金投向、资产分类、拨备计提和资本占用等监管规定，或者通过信托通道将表内资产虚假出表等信托业务，如果不存在其他无效事由，一方以信托目的违法违规为由请

〔1〕 参见朱颖琦：《通道类信托业务中受托人外部责任的司法认定》，载《法律适用》2020年第20期。

求确认无效的，人民法院不予支持。至于委托人和受托人之间的权利义务关系，应当依据信托文件的约定加以确定”，肯定了通道业务的效力。

本案所涉信托为指定管理单一资金信托，根据《单一资金信托合同》约定，委托人向受托人交付资金设立信托时，在信托文件中就信托财产的运用方式、运用期限等进行明确指定，由受托人根据信托文件管理、运用、处分信托财产的资金信托业务。华澳信托作为受托人接受委托人的指定发放贷款，对于这类“当事人在信托文件中约定，委托人自主决定信托设立、信托财产运用对象、信托财产管理运用处分方式等事宜，自行承担信托资产的风险管理责任和相应风险损失，受托人仅提供必要的事务协助或者服务，不承担主动管理职责的”业务，应当认定为通道业务。[1]

本案中，一审和二审法院均对华澳信托通道业务的效力予以了肯定。一审法院认为：本案为指定管理单一资金信托，华澳信托根据《单一资金信托合同》的约定，接受委托人的指定发放贷款，此类被动事务管理型信托文件中约定的内容并不违反合同签订时的信托业务相关规定，由此产生的法律后果亦应根据《单一资金信托合同》的约定由委托人自行承担。二审法院亦认为：根据“新老划断”原则，系争单一资金信托合约非属违规业务，委托人和受托人之间的权利义务关系，仍应当依据信托文件的约定加以确定。法院的判决与《九民纪要》第93条的规定相一致，可以说本案是《九民纪要》第93条落地的标志。

（二）通道业务受托人义务的要求

在肯定通道业务效力后，判断通道业务受托人义务是本案的重中之重。对于这一争议，一审、二审法院虽然最后都认为华澳信托在管理涉案信托业务的过程存在一定过错，应对原告吴曼涉案损失承担相应的赔偿责任，但是在裁判思路上，二者有明显不同。

一审法院认为，华澳信托应根据《信托法》第25条[2]的规定，“必须恪尽职守，履行诚实、信用、谨慎、有效管理的义务”，审慎尽职地履行受托业务的法定责任。该责任贯穿事前、事中、事后管理全流程，具体表现为：事前应充分调查机构委托人，审查信托资金来源，把控业务准入标准，完善项目尽职调查，对信托项目背景以及委托资金和项目用途进行合规性审查，不得向委托人转移信托计划合规风险管理责任；事中应严格资金支付；事后应严格贷后管理。而在信托项目进行过程中，根据华澳信托自行出具的《项目风险排查报告》，华澳信托作为信托受托人，并没有发现、排除涉案信托项目的各种风险，反而出具报告认为“浙江联众财务状况良好，由建设的多项目保障营收稳定；保证人辽阳红美的现金流充足，项目去化速度令人满意，担保意愿正常，担保实力佳。该项目为单一被动管理类信托项目，

---

〔1〕 参见最高人民法院民事审判第二庭编著：《〈全国法院民商事审判工作会议纪要〉理解与适用》，人民法院出版社2019年版，第488页。

〔2〕《信托法》第25条：“受托人应当遵守信托文件的规定，为受益人的最大利益处理信托事务。受托人管理信托财产，必须恪尽职守，履行诚实、信用、谨慎、有效管理的义务。”

项目风险可控，本次检查未发现重大风险事项”，可见华澳信托对信托项目管理流于形式，存在信托失责的情况。原银监会出具的银监行复决字〔2017〕183号《行政复议决定书》亦显示华澳信托违规行为，“对机构委托人未作充分调查，对其委托资金来源的调查流于形式，对该信托计划的委托资金来源未尽到合规审查义务，违反审慎经营规则”。华澳信托作为专业信托机构，即使本案的信托履行属于被动事务管理型信托，华澳信托也应当审慎尽职地履行《信托法》第25条规定的受托人的法定责任。综上所述，华澳信托在签订及履行案涉《单一资金信托合同》的过程中并没有尽到其责任，存在一定过错。华澳信托作为专业信托机构，应当遵守《信托法》等法律和行政法规的相关规定，但从前述华澳信托的过错行为来看，其已经违反了《信托法》所要求的受托人诚实、信用、谨慎、有效管理的法定义务，存在违法行为。

二审法院对受托人的义务要求却是首先看信托合同的约定，不轻易打破当事人之间的合意，尊重当事人之间关于权利义务的约定。在此基础上，二审法院又提出信托公司应当遵循审慎经营原则，尽到必要和合理注意、审慎管理的职责。具体表现为以下三个方面：（1）关于信托公司是否有义务核查资金来源。根据《单一资金信托合同》约定，信托公司对委托人提供的信托资金来源无核查义务。但审慎经营原则确有审查委托人资金为自有资金的规范要求。而且本案中华澳信托项目负责人员已了解到资金来源于向社会不特定人员募集，却未采取必要防控措施，也未对社会投资者作相应警示，客观上促成了犯罪分子的集资诈骗行为。（2）关于信托公司是否有义务对信托产品所涉项目开展尽职调查。根据本案信托合同约定，华澳信托仅依据委托人的指令履行后续管理义务，不对借款人和信托资金运用的项目做实质性尽职调查和审核。因此，华澳信托在系争信托产品运行过程中确实无义务对项目开展尽职调查。但二审法院认为，信托公司虽主要依据信托合同约定履行相应义务，但其在以自身名义独立从事信托管理事务时，仍应尽到合理注意义务。本案中，华澳信托在未经调查的情况下出具没有任何事实依据的《项目风险排查报告》，该行为客观上起到了蒙骗投资者的作用。（3）关于信托公司是否有义务对信托财产进行监管。信托通道业务的委托人和受托人之间的权利义务关系，仍应当依据信托文件的约定加以确定。根据本案《单一资金信托合同》约定，华澳信托作为受托人，仅负有根据指定发放贷款并最终收回贷款的义务，华澳信托并不负有主动管理的职责，也不承担贷款风险。事实上，华澳信托根据单一信托委托人的指令将款项发放给浙江联众公司后，对后续资金流向和使用情况也无法进行监管。

从上述说理中可以看出，一审法院采用的是主动管理型信托的义务标准，而主动管理型信托受托人的义务相当于《信托法》上受托人的善良管理注意义务。二审法院则采用被动管理型信托的义务标准，即依照《九民纪要》第93条规定的“委托人和受托人之间的权利义务关系，应当依据信托文件的约定加以确定”，但二审法院认为，被动管理型信托受托人的义务标准并不局限于《九民纪要》第93条所确定的要求，还应课以审慎经营管理义务。

讨论信托公司在通道业务中究竟应当承担何种义务，离不开对通道信托业务法律性质的分析。目前，理论和实践中对通道信托业务的法律性质有较大争议，主要存在三种观点：

1. 通道信托业务中委托人与受托人之间不再是信托关系，而是委托关系或其他民事法律关系。因为受托人是完全按照委托人的指令进行操作的，其管理权、处分权受到极大的限制，使得通道业务更像是委托贷款，不再具有信托属性。

2. 通道信托业务仍属信托关系，应严格按照《信托法》确定受托人的义务。受托人义务是《信托法》施加给受托人为实现委托人意愿和受益人利益而实施一定行为的法律拘束。[1]信托关系设立后，信托公司应当确保信托财产独立性，对信托财产所投项目的尽职调查、信托产品的推广和销售、信托存续期间的事务管理、信托到期后的清算和收益分配等负有全面管理的责任。受托人的谨慎管理义务是不能被约定排除的。

3. 通道信托业务属于事务管理类信托，仍是信托关系的一种，但受托人的义务由信托文件及委托人指令决定，并不必然负有全面义务。受托人核心义务仅是基于信托基本原理而产生的指引受托人义务履行的基本原则，具有高度的抽象性，不能直接运用于具体信托实践。[2]受托人的事务性管理主要表现在按委托人指令，提供相应的管理服务。

在本案的《单一资金信托合同》中，双方约定受托人不承担信托财产的管理职责。受托人承担的管理职责之大小轻重，可由当事人根据信托事务的内容来确定，上述第二种观点完全否定当事人的意思自治，并不可取。而上述第一种观点将通道业务双方关系归于委托关系的观点亦不可取，原因在于：《信托法》第 2 条规定，“信托是委托人基于对受托人的信任，将其财产权委托给受托人，由受托人按委托人的意愿以自己的名义，为受益人的利益或者特定目的，进行管理或者处分的行为”，因而，通道业务具备信托的要件，受托人虽然主要听从信托文件指示（被动管理），但也构成“管理”。《民法典》规定自然人可以依法设立遗嘱信托，而遗嘱信托，一般包括管理遗产业务，管理内容也取决于委托人的指令和信托文件的约定，这也佐证了信托中的“管理”包括受托人根据委托人的指令或信托文件的约定进行的操作。因此，通道业务中受托人虽然是听从信托文件进行“被动管理”，但该“被动管理”仍属于信托中“管理”的概念范畴，委托人与受托人之间的关系是信托关系而不是普通的委托关系。上述第三种通道类信托业务属于事务管理型信托的观点比较合理，上述分析已经得出委托人与受托人之间的关系是信托关系，在信托关系下进一步细分，事务管理类信托是指委托人交付资金或财产给信托公司，指令信托公司从事事务性管理的信托业务，在事务管理类信托中，信托公司既不负责资金的募集，也不负责资金的管理，其只进行账户监管、结算

---

〔1〕 参见刘继虎、王巍：《受托人义务的若干基本理论研究》，载《武汉大学学报》（哲学社会科学版）2006 年第 4 期。

〔2〕 参见李彧：《论通道类信托对受托人亲自管理义务的免除——基于客观目的解释的分析》，载《法律方法》2016 年第 2 期。

等事务性工作。通道业务中，信托公司也未承担代人理财、实现财务增值的积极信托职责，仅处理例如贷款、收款等事务性业务。

在通道类信托业务属于事务管理型信托的定性基础上，考虑到通道业务中受托人不承担主动管理职责，要求其承担善意管理人的注意义务未免强人所难，因此，通道业务中的受托人仅需尽到普通谨慎人的注意义务。《九民纪要》第93条中关于通道业务中受托人的义务的规定为“……应当依据信托文件的约定加以确定。”但需要注意的是信托合同的任意约定，不能完全排除受托人的义务，在尊重当事人合同约定的前提下，受托人需要承担最底线的信托法上的法定义务。

（三）受托人责任范围的认定

和传统的信托业务不同，在通道业务中，委托人或第三方主导信托项目的确定及管理工作，受托人只按照委托人或第三方的指示进行相应的管理工作，因此，上文已分析得出受托人只需尽到普通谨慎人的注意义务这一结论。与此相对应，在受托人未尽到其注意义务时，在责任的分配上，一般来说，由于受托人未尽注意义务并非造成投资者损失的主要原因，主导投资业务一方实施违法经营、侵害投资者利益行为才是主要原因，在认定信托公司的责任时，需要认识到信托公司不是直接责任主体，考虑共同责任的形态，分别认定各责任人的责任性质、责任顺位及责任范围。

本案中，信托公司承担补充责任而不是连带责任，主要是考虑到其与直接责任主体不存在共同故意的侵权，且信托公司的未尽注意义务不能单独造成损害结果。虽然认定信托公司承担补充责任，没有法律、司法解释的直接依据，但《最高人民法院关于审理人身损害赔偿案件适用法律若干问题的解释》中规定经营者违反安全保障义务致人损害，侵权行为人承担补充赔偿责任，经营者没有尽到安全保障义务与信托公司没有尽到注意义务的情形较为相似，可以作为参考。[1]犯罪分子陈某某、王某、林某某等人的集资诈骗行为才是本案中吴曼等投资者损失的根本和主要原因，而华澳信托并不具有集资诈骗的故意。华澳信托未对通道业务进行审查，并出具内容失实的《项目风险排查报告》，违反了审慎经营原则及其应负的注意义务，一定程度上侵害了投资者的利益，但其行为仅是集资诈骗行为的一个辅助项，投资者的损失并不是由信托公司侵权行为单独造成的，因此，华澳信托仅承担补充责任。

同时信托公司与直接责任主体之间也不是区分过错大小的按份责任关系，因为他们各自的侵权行为是分层次的。陈某某、王某、林某某因其故意侵权行为，需对投资者的损失承担全额的赔偿责任，其责任顺位先于信托公司，并且其责任范围不因华澳信托承担了20%的补充责任而缩小。至于信托公司的责任比例确定，本案中，法院综合考量了信托公司未进行审查出具内容失实的《项目风险排查报告》的过错，以及投资人吴曼在进行投资时没有甄别清

〔1〕 参见朱颖琦：《通道类信托业务中受托人外部责任的司法认定》，载《法律适用》2020年第20期。

楚投资标的，过于轻信他人的推荐，没有充分了解投资风险，自身对损害发生亦具有过错，酌情认定华澳信托对吴曼的涉案损失承担20%的补充赔偿责任，而不是全额的补充赔偿责任，具有合理性。基于法律的公平性，确定各方应承担的责任比例，需要根据相关当事人之间的法律关系、损失与行为的因果联系以及各责任人的过错大小、主张权利一方自身的过错来确定。

【案外余论】

在金融监管层面，金融机构不得为其他金融机构的资产管理产品提供规避投资范围、杠杆约束等监管要求的通道服务已经成为一项明确的政策要求。从应然的角度，对违反监管政策所开展的通道业务，依法应当以违反公序良俗为由认定无效。但信托通道业务作为我国特定金融发展时期自发形成的业务类型，出于有序化解金融风险、防止在处置风险的过程中引发操作风险的考虑，在《关于规范金融机构资产管理业务的指导意见》过渡期届至前，仍将作为一项有效的资管业务存在。通道类信托发生兑付违约风险时，委托人与受托人、投资者与委托人或受托人等主体之间的纠纷仍需解决。本案作为通道业务判赔“第一案”，明晰了通道业务受托人的义务不能被信托合同约定完全排除，受托人应尽到与其特殊身份和能力相应的必要注意义务和合理注意义务，为《九民纪要》关于通道业务纠纷的规定落地提供了实施样本，也为界定信托公司作为通道业务受托人的义务范围提供了思考方向。

民企“挂靠”不可靠

——“中科建案”的法律分析

纪佳莉

【案情介绍】

中科建设开发总公司（以下简称中科建）归中国科学院管理，由中科院行政管理局100%持股。2014年后，中科建“蒙眼狂奔”以央企身份大举融资，2018年以来中科建融资违约事件不断曝出，业务濒临崩溃，负债几百亿元，上海市第三中级人民法院于2020年10月10日正式受理中科建破产重整案，因旗下存在大量挂靠公司，引发广泛关注和讨论。〔1〕

（一）转型狂奔猛融资

中科建原本主营业务为建筑施工承包，基本没有融资贷款。自2014年以来，中科建将业务扩展到房地产、新材料、城市配套服务、文旅、贸易、能源、汽车、生物制药等众多领域。四年来以央企身份大规模融资，相关资料显示，2014年年

〔1〕 案情介绍参见《中科建破产重整进入司法程序，负债总额达370亿》，载https：//www.yicai.com/news/100845055.html，最后访问时间：2021年3月15日；《中科院全资持有的中科建，为何走到负债700亿、濒临破产的地步?》，载https：//m.sohu.com/a/409845084_347856，最后访问时间：2021年3月15日；《中科建如何欠下巨额债务？曾向小贷公司寻求高利贷》，载https：//m.sohu.com/a/432969063_114986，最后访问时间：2021年3月15日；《中科建700亿债务迷局：内部人自曝400多家子公司存在大量挂靠》，载https：//www.163.com/dy/article/FFIH1H470519DKDI.html，最后访问时间：2021年3月15日；《中科建破产重整调查：如何欠下371亿巨额债务　以央企身份大举融资》，载https：//finance.ifeng.com/c/81XuPLfb9Or，最后访问时间：2021年3月15日。

末中科建总负债仅37.14亿元，2015年年末总负债为90.29亿元，2016年年末总负债增加到282.2亿元，截至2018年年初，其债务已高达560亿元。融资方式多样：包括银行贷款、非公开定向债务融资工具（PPN）、售后回租、债权转让回购、信托、私募、P2P，甚至民间借贷，几乎涵盖了所有可能的融资方式；融资对象复杂：包括国内的大银行、国外的摩根斯坦利甚至自然人、小贷公司、融资租赁公司；融资成本高昂：旗下有子公司曾以超过72%的年化利率向另一公司借款，还有以日0.23%的利率向个人借款。中科建转型期展现出狂热融资迹象。

（二）协议“挂靠”埋隐患

业务转型四年间，中科建以直接投资或间接控股的方式开设了大量的分公司、子公司，子公司规模从7家增加到400多家。但除部分公司是自身并购取得，其他多是外部挂靠公司，这些公司名义上是中科建控股或全资子公司，但实际出资人并非中科建，中科建对其不具有实际控制力，不参与运营管理，不掌握其经营、财务状况，仅收取“挂靠费”。这些公司之所以挂靠中科建，主要是看重国企对外的资源协调能力，无论是承接项目还是融资都更为便利。工商登记显示中科建是这些子公司的股东，但实际上内部约定二者并非股权投资关系，挂靠行为为后续的纠纷埋下了伏笔。

中科建在融资路上高歌猛进，巨额债务除中科建自身“借新还旧”或“收购项目”需要融资外，还与这些挂靠公司有关。挂靠的民企一方面可以借用中科建的资质承接项目，另一方面挂靠的民企原本就需要资金，通过挂靠在中科建旗下后，便利用国企名号以各种方式融资，中科建体系下的公司互相担保。中科建作为最上层的控股公司，承担了集团绝大部分的负债和担保责任，而核心资产则主要沉淀在旗下各个子公司，这些挂靠公司对外融资一旦不能如期还款，中科建就可能面临财务危机。若中科建对外无法偿还债务，则形式上中科建对挂靠公司持有的股权也有被处置用于偿还债务的风险。

（三）破产重整引忧虑

2018年中科建开始曝出债务违约，2018年6月29日到期的10.5亿元银行贷款未偿还最后一期90%的本金及利息，共计约9.576亿元。2018年9月，吉林信托·汇融38号中科建设特定资产收益权集合资金信托计划违约，涉案金额4.5亿元。2018年12月，中科建2015年发行的“15中科建设PPN001”未按期支付本息，构成违约。2020年7月，法院判决上海同丰房地产开发有限公司向渤海国际信托归还借款本金及利息，中科建承担连带责任，涉案金额高达22.2亿元……大量债务问题导致中科建深陷法律纠纷。

2019年1月24日，在银保监部门牵头下，178家“中科系”金融机构债权人组成债委会，协商化解“中科系”债务危机，但巨额债务处置未果。由于融资违约，中科建被债权人申请破产预重整，2019年11月21日，上海市第三中级人民法院受理中科建预重整，2020年4月16日，预重整案第一次债权人会议披露，各方的申报债权总额为699.23亿元，债权人超过2000名。预重整也未能挽救债台高筑的中科建。由于不能清偿到期债务，且资产不足以清偿所有债务，2020年10月10日上海市第三中级人民法院受理中科建破产重整案，经审计负债总额达371亿元，市场一片哗然。国企走到破产的境地，众多债券持有人陷入被动局面。

公开资料显示，中科建很大一部分核心资产和重点项目在其重点子公司中，囿于母子公司人格独立，一些优质的子公司即使有偿债能力，也无法当然用其资产偿还中科建的债务；对于大量挂靠的公司而言，自己和中科建之间仅是收取“管理费”的挂靠关系，除基于公司人格、财产独立，自己的资产不能用于偿还中科建的债务外，中科建并非真实的股权出资人，也不能通过处置中科建对其持有的股权来偿还债务。

众多债券持有人做出购买中科建发行的债券决定时，是基于信赖其披露的经营管理情况的真实性，现在中科建资不抵债，进入破产重整状态，如果按照这些挂靠公司们主张的尊重和保护双方内部的意思自治，不认可股权投资关系，这些债券持有人的权益将难以得到保护。

外部看来，中科建和众多参股、控股、全资子公司之间是股权投资关系，但内部双方约定仅为收取“管理费”的挂靠关系，破产重整的状态下，应该如何认定双方之间的关系？由此产生是充分尊重双方意思自治还是优先保护外部交易效率和安全的问题。若认定为前者，中科建众多的债券持有人利益该如何保护？能否将中科建名义上持有的股权用于清偿其债务？此案在市场上引起热议，对此案相关法律问题的讨论也在进行中。

【法律分析】

（一）认定关系：名为股权投资，实为挂靠关系

“挂靠”是一个具有中国特色的术语，肇始于20世纪80年代我国计划经济体制向市场经济体制转型时期，也被戏称为“戴红帽子”，挂靠关系的产生具有历史性，由于当时政府将部分项目的经营特许权给予某些企业或部门，使大部分民营企业无法通过正当途径获得独立的经济资格，只有通过挂靠才可以取得合法的经营权。[1]

挂靠经营广泛存在于建筑行业、旅游行业、车辆船舶等交通运输行业，是指挂靠者挂靠在被挂靠企业的名下，以该企业的名义对外从事经营活动，被挂靠企业不参与企业的经营，仅提供资质、信誉、技术、管理等方面的服务并收取一定管理费用的经营方式。[2]挂靠经营的行为属于一种借名行为，表现为一方主体借用另一方主体的名义或资质等而作出一定的法

---

〔1〕 参见薄燕娜：《股东出资形式法律制度研究》，中国政法大学2004年博士学位论文。

〔2〕 参见徐阳光：《论建筑业企业破产重整的特性与模式选择——兼评“分离式处置”模式》，载《法律适用》2016年第3期。

律行为，通常会造成法律行为的“名”与“实”不一致的情况。[1]民营企业初创时规模不大、资金不足、信用存疑，在融资、承接项目方面存在劣势，常常借助挂靠国企的方式谋取便利。

本案中，中科建是以建筑施工为主业、由中科院行管局100%持股的国企。在2014年开启转型扩张之路时大量公司看重其国企身份，纷纷通过缴纳管理费的方式，为自己加上国资背景，戴上了“红帽子”，成为中科建名义上的分公司、子公司或者参股、控股公司。中科建旗下400多家公司中有不少是外部挂靠的项目公司，这些公司从表面上看归属中科建，但都有另外的实际控制人。[2]目前公开信息显示，中科建旗下挂靠的公司从建筑业到房地产、文旅、贸易、能源、汽车、生物制药等众多领域。中科建自身除了通过挂靠收取管理费外，这些形式上的持股也让中科建的业绩看上去更好，便于中科建自身对外扩张融资，双方之间可谓一举多得。从外部看上去，这些公司形式上是国企，但双方之间却有着内部“抽屉协议”，仅只是管理费的收受关系，这种“国皮民骨”存在潜在的风险。

通常情况下，对于挂靠关系中的责任承担问题，考虑到市场经济是一种信用经济，第三人往往基于对被挂靠方的信任才与挂靠方进行交易，被挂靠方从允许他人挂靠经营中获得了利益，由此造成的债务，应由挂靠方和被挂靠方二者共同承担连带责任，以保护善意第三人、规范市场交易秩序。但本案并非常见的挂靠公司对外产生债务由双方承担连带责任的问题，而是作为被挂靠方的中科建名义上持有这些公司的股权，破产重整时如何确定这些股权的归属，能否处置用以偿还中科建的债券持有人存在争议，进而导致其债券持有人利益可能难获保护的问题。

（二）性质影响：所持股权能否用于偿还债务

经过四年异乎寻常的发展，中科建旗下有400多家子公司，然而从2018年屡屡曝出债务违约，深陷法律纠纷，最终被法院裁定受理破产重整。面对中科建的状况，挂靠公司纷纷主张双方之间仅为挂靠关系，不存在投资关系，实际经营和有关资产都与中科建没有关系。本案中，中科建持有这些公司的股权，经过工商登记公示，这也是这些民企当初谋求挂靠股权所欲实现的外观形式，但在中科建资不抵债时，民企们请求穿透形式看实质，主张实为挂靠，前后迥异的主张和行为都是从自身利益出发。无论双方之间是基于挂靠还是为了实现其他目的，从形式上来看，公司内部股东名册和外部工商登记上记载的股东均是中科建；实质上看，是这些公司内部股东或实际控制人认缴或实缴出资取得股权，并实际参与公司的经营管理，行使包括管理权和财产权在内的所有股东权利，中科建只是挂名而已。

国资挂靠模式在市场上发展繁荣，存在众多中介代理机构，依据挂靠国企的层级、国企

---

〔1〕 参见冉克平：《论借名实施法律行为的效果》，载《法学》2014年第2期。

〔2〕 参见《中科院全资持有的中科建，为何走到负债700亿元、濒临破产的地步?》，载 https://m.sohu.com/a/409845084_347856，最后访问时间：2021年3月15日。

的最终实控人要求以及是否与公司有业务协同等衡量挂靠费用，价格基本遵循层级越高、价格越高的原则，从几十万元到几百万元不等，通常由民营企业的实控人实际提供出资资金和相应成本，一般通过签订股权转让或增资协议同时附加股权代持协议的方式实现。[1] 股权代持仅是对事实的描述并非法律概念，狭义上的股权代持，是指实际出资人与名义股东之间通过合同约定，由实际出资人出资，名义股东代实际出资人在股东名册上显名的一种安排。[2] 本质上是双方自愿达成的借名行为。股权代持相关法律问题涉及合同法和公司法两大领域，关系到实际出资人与名义股东及其与公司内部其他股东、公司以及公司外部第三人等多方利益，较为复杂，方式也较为隐蔽。股权代持项下主体分离，是当事人采取代持方式所追求的目标，也是代持关系确立后产生的结果，同时也为被代持人和代持人内外部关系埋下纠纷的隐患。中科建和一些公司之间存在股权代持协议，通过让中科建在股东名册和工商登记中显名，挂靠公司的实际控制人认购股权实际出资，并约定中科建并非股东，不享有任何股东权利也不承担任何义务，仍是由这些公司实际控制人自己管理，这样既可以达到国有背书的目的，又能自我保护，降低自身利润和资产等被中科建分走的风险。[3]

面对包括众多债券持有人在内的债权人，若法院依外观主义，将风险分配给挂靠公司，认定中科建是这些公司的股东，则中科建持有的这些公司的股权属于中科建的资产，将会被拍卖变卖用以偿还债务。这虽然保护了外部第三人的信赖利益，维护了交易安全，但中科建形式上的持股多是控股甚至100%持股，挂靠公司的实际控制人将遭受巨大损失。若坚持实质重于形式，穿透实质，尊重当事人内心真意，将风险分配给外部债权人，认定不存在股权投资关系，进而不能处置这些股权用于偿还中科建的债权人，那么，虽然保护了当事人的意思自治，但有损交易安全。这也体现出实质主义原则和外观主义原则的冲突。这也是为何在本案中，子公司纷纷主张穿透形式，力证双方之间仅为挂靠关系，公司资产与中科建无关，甚至向法院提起股东资格确认之诉。[4] 此举于他们而言，具有重要意义：中科建处于资不抵债状态，若坚称股权并不属于中科建资产则可避免被用于偿还中科建债务的风险，从而免遭损失。

（三）处理原则：区分内外关系，坚持外观主义

因中科建资不抵债，债券持有人和挂靠公司间的利益冲突背后是外观主义和实质主义的

---

〔1〕 参见王小伟、曹晨：《民企挂靠国资悄然走俏 "国皮民骨" 亟待规范》，载《证券时报》2020 年 3 月 10 日，A001 版。

〔2〕 参见葛伟军：《股权代持的司法裁判与规范理念》，载《华东政法大学学报》2020 年第 6 期。

〔3〕《中科院全资持有的中科建，为何走到负债 700 亿元、濒临破产的地步?》，载 https：//m. sohu. com/a/409845084_347856，最后访问时间：2021 年 3 月 15 日；参见王小伟、曹晨：《民企挂靠国资悄然走俏 "国皮民骨" 亟待规范》，载《证券时报》2020 年 3 月 10 日，A001 版。

〔4〕 参见鑫控集团与中科建设开发总公司股东资格确认纠纷案，最高人民法院（2018）最高法民辖终 369 号二审民事裁定书。

冲突，故需要厘清外观主义这一商事法律原则的内涵和适用范围，进而判断本案能否适用外观主义判定股权归属、解决争议。

外观主义是一项在特定场合权衡实际权利人与外部第三人之间利益冲突所应遵循的原则。[1]其构成要件包括：外观事实、相对人的合理信赖以及本人的可归责性。具体而言，第一，存在客观的外观事实，但该外观事实与真实情况不符，具有虚假性。第二，相对人对该外观事实存在合理的信赖，即一般理性人不知该外观事实与真实情况不符且对此尽到了注意义务，属于善意无过失。此时，信赖人的注意义务需结合相应的身份及行为状态加以综合考量。第三，本人具有可归责性。当实际权利人对外观事实的形成存在积极作为时，根据与因原则，只要实际权利人对虚假的外观事实的形成给予了一定的原因力，就应认定其具有可归责性。当实际权利人不作为导致虚假的外观事实形成时，采用过失原则，若其对外观事实的虚假性知情且放任，亦认定其具有可归责性。[2]英国大法官丹宁勋爵认为：“当一个人通过言行致他人相信某种事实状态，若推翻会产生不公正，将不被允许。”[3]商事外观主义原则突出维护交易安全，保护第三人的合理信赖，与此同时，就会弱化对行为人意思自治和行为自由的保护。

理论和实务界对商事外观主义原则能否适用于非交易第三人的理解存在差异，因此本案能否根据外观主义判定股权归属存在争议。有观点主张，将外观主义限定于交易领域，认为适用外观主义原则的目的在于减少商事活动中的交易成本，是为了维护交易活动的安全稳定，才不得不赋予实际权利人相较于信赖利益人更高的风险义务，但仅是为了登记股东的其他债务而将实质属于他人的股权用以清偿，则有悖于法律之公平正义原则，故非商事交易第三人不能适用《公司法》第 32 条第 3 款的规定。[4]在《全国法院民商事审判工作会议纪要》中，最高院强调，外观主义系民商法上的学理概括，并非现行法律规定的原则……坚持实质审查原则，在涉及登记、借名挂靠等名义权利人与实际权利人不一致的情况下，不能仅依据权利外观表象即作出裁判，否则将会使执行异议之诉制度目的落空。

然而，限制外观主义的适用范围，看似维护了个案正义，但却损害了整体交易安全，影响市场效率，与商事法律领域坚持的效率优先、兼顾公平原则相冲突。“商事外观主义其实更是站在宏观层面，着眼于整个商事交易的安全、效率的大环境而言的，而非仅仅并且过于强调必须拘泥于某一个具体交易之中。”[5]本案中，挂靠公司和中科建均是为了自身利益达成协议，形成权利外观，在第三人看来，中科建对这些公司存在股权投资关系，中科建既是

[1] 参见张勇健：《商事审判中适用外观主义原则的范围探讨》，载《法律适用》2011 年第 8 期。
[2] 参见马思旭：《商事外观主义在股权执行异议之诉中的适用》，黑龙江大学 2019 年硕士学位论文。
[3] [英] 丹宁勋爵：《法律的训诫》，杨百揆等译，法律出版社 1999 年版，第 196 页。
[4] 参见张勇健：《商事审判运用外观主义原则的范围探讨》，载《法律适用》2011 年第 8 期。
[5] 司伟：《有限责任公司实际出资人执行异议之诉的裁判理念》，载《人民法院报》2018 年 8 月 22 日，第 7 版。

国企又有众多子公司，第三人对其经营管理和业绩产生信赖，进而为其提供借贷或购买其发行的债券。在中科建破产重整时期，若根据挂靠公司主张的充分保护双方意思自治，关注实质、穿透形式，让内部约定对抗外部第三人，将置包括债券持有人在内的众多债权人的利益于不顾，难谓公平。此外，众多的债券持有人使本案具有涉众性，若不能妥善处理，将会影响社会的稳定和谐和司法公信力。而且若如一般挂靠国企的操作模式，双方之间会有股权代持协议，可能牵涉到公共利益，不能仅考虑尊重交易主体的意思自治，还需综合考虑股权代持对交易安全的影响，由于实际出资人和名义出资人的内部关系一般是非公开的，存在信息不对称，需要保护相对人对此的信赖。〔1〕就内部关系而言，股权代持协议对名义股东与实际出资人原则上具有法律拘束力；但就外部关系而言，股权代持协议并不能当然、自动地对抗第三人（包括名义股东的债权人），将股权代持的内部法律事实凌驾于债权人的善意信赖之上，不利于维护交易安全、促进商事流转。〔2〕

由上文分析可知，本案应适用外观主义原则，债券持有人并非交易关系中的第三人也应适用，这与《公司法》及其相关司法解释的精神一致。《公司法》及其司法解释并未将“第三人”限定在交易关系中，而且《公司法司法解释三》第26条〔3〕将公司债权人的非交易信赖利益延伸至登记股东个人财产寻求保护，从公平角度而言，非交易债权人的信赖利益亦应得到法律保护。〔4〕但需明确的是，适用外观主义原则并不意味着置这些挂靠公司于不顾，完全忽视其利益，而是要区分内外部关系。“甘蔗没有两头甜”，挂靠公司不能既享受挂靠为自己带来的好处和便利，又不承受其中可能的风险。因此，既不能让中科建和挂靠公司们之间的挂靠约定对外部债权人产生效力，损害债权人的利益，又不能将外部显示出的股权投资关系适用于解决中科建和挂靠公司之间的纠纷。故而，从整体交易安全和信赖利益保护的角度考量，本案应坚持外观主义原则，区分内外部关系。从外部关系来看，这些公司和中科建之间是股权投资关系，中科建是股东，其内部约定的挂靠关系不能对抗外部第三人，由此，中科建作为股东，持有这些公司的股权，可以被用于清偿自身债务；从内部关系来看，双方约定了挂靠关系，在双方内部，中科建并非真实的股东，中科建形式上持有的股权实质上是这些公司的实际控制人出资形成的，在股权被拍卖变卖偿还中科建的债务的情况下，挂靠公司实际控制人的损失可以向中科建主张，按照双方之间的内部约定处理。

---

〔1〕 参见王莹莹：《〈证券法〉2019年修订背景下股权代持的区分认定》，载《法学评论》2020年第3期。

〔2〕 参见刘俊海：《代持股权作为执行标的时隐名股东的异议权研究》，载《天津法学》2019年第2期。

〔3〕《最高人民法院关于适用〈中华人民共和国公司法〉若干问题的规定（三）》第26条第1款：公司债权人以登记于公司登记机关的股东未履行出资义务为由，请求其对公司债务不能清偿的部分在未出资本息范围内承担补充赔偿责任，股东以其仅为名义股东而非实际出资人为由进行抗辩的，人民法院不予支持。

〔4〕 参见马思旭：《商事外观主义在股权执行异议之诉中的适用》，黑龙江大学2019年硕士学位论文。

【案外反思】

挂靠经营行为20世纪八九十年代出现，后被整顿清理，但近年来国资挂靠现象却再度兴起，众多民营企业不惜支出高昂的挂靠费用，取得国企背书，这与我国融资市场的二元化结构不无关系，国企在融资方面具有超越民营企业的诸多优势；而民营企业由于制度原因存在融资困难问题。[1]大量“国皮民骨”企业的出现反映出国企资质是民营企业参与市场竞争的隐性条件甚至关键因素，这并非正常的竞争手段。各参与主体平等竞争，是市场经济应有之义，对民企差别对待会导致市场秩序混乱、市场资源错配、市场效率低下。

中科建下属公司存在大量挂靠现象，子公司管理失控、失范、失灵，甚至存在优质资产消失、疑似腐败的高昂融资顾问费等问题，内部管理混乱。中科建的管理制度在实际运行中未起到应有的作用。中科建对“三重一大”（重大事项决策、重要干部任免、重大项目投资决策、大额资金使用）事项的讨论流于形式。当下，国企改革大力推进，现代企业制度基本建立健全，中科建的问题说明国企改革仍有遗漏，中科院行管局作为出资人，也未切实履行好国资监管责任。

作为一家因问题重重才被公众知悉的央企，中科建的出名之路让人唏嘘不已。目前，中科建处于破产重整状态，因其混乱的管理出现的问题持续显现，关于国企内部决策和管理机制、国资监管、民企和国企平等竞争等问题，尚需进一步的探索和研究。

---

〔1〕 参见王涌：《融资市场二元化催生国企与民企新型挂靠关系》，载微信公众号“中国商业法研究会”，2020年12月31日。